V&R Academic

Erinnern an Demokratie in Deutschland

Demokratiegeschichte in Museen und Erinnerungsstätten der Bundesrepublik

Herausgegeben von Thomas Hertfelder,
Ulrich Lappenküper und Jürgen Lillteicher

Vandenhoeck & Ruprecht

Redaktion: Jörn Retterath

Mit 104 Abbildungen

Umschlagabbildung: © Zeitgeschichtliches Forum Leipzig/PUNCTUM: Bertram Kober

Bibliografische Information der Deutschen Nationalbibliothek
Die Deutsche Nationalbibliothek verzeichnet diese Publikation in der
Deutschen Nationalbibliografie; detaillierte bibliografische Daten sind
im Internet über http://dnb.d-nb.de abrufbar.

ISBN 978-3-525-30093-0

Weitere Ausgaben und Online-Angebote sind erhältlich unter: www.v-r.de

Gefördert mit Mitteln der Beauftragten der Bundesregierung für Kultur und Medien.

© 2016, Vandenhoeck & Ruprecht GmbH & Co. KG, Theaterstraße 13, D-37073 Göttingen/
Vandenhoeck & Ruprecht LLC, Bristol, CT, U.S.A.
www.v-r.de
Alle Rechte vorbehalten. Das Werk und seine Teile sind urheberrechtlich
geschützt. Jede Verwertung in anderen als den gesetzlich zugelassenen Fällen
bedarf der vorherigen schriftlichen Einwilligung des Verlages.
Printed in Germany.

Satz: textformart, Göttingen | www.text-form-art.de
Druck und Bindung: Memminger MedienCentrum Druckerei und Verlags-AG,
Fraunhoferstraße 19, D-87700 Memmingen

Gedruckt auf alterungsbeständigem Papier.

Inhalt

Thomas Hertfelder/Ulrich Lappenküper/Jürgen Lillteicher
7   Erinnern an Demokratie in Deutschland

Nach Obrigkeitsstaat, Monarchie und Diktatur: Wege zur Demokratie

Andrea Mork
37   Nach Nationalismus, Diktatur und Krieg – Bausteine einer europäischen Geschichte der Demokratie
Das Haus der Europäischen Geschichte

Frank Bösch
57   Konsum, Protest und innerdeutsche Konkurrenz
Repräsentationen der bundesdeutschen Demokratie im Haus der Geschichte und im Deutschen Historischen Museum

Irmgard Zündorf
81   Akteure zwischen Monarchie, Diktatur und Demokratie
Die Ausstellungen der Politikergedenkstiftungen des Bundes

Thomas Lindenberger
107   Geschichtswerkstätten und die Erinnerung an »demokratische Traditionen« in Deutschland

Meistererzählungen der Demokratiegeschichte

Paul Nolte
121   Von Glück und Streit, Lernen und Stabilität
Historiografische Meistererzählungen deutscher Demokratie

Thomas Hertfelder
139   Eine Meistererzählung der Demokratie?
Die großen Ausstellungshäuser des Bundes

Andreas Biefang
179   Gründungsmythen der parlamentarischen Demokratie?
Erinnern an die Verfassungsgebungen von 1848/49 und 1948/49 am historischen Ort

Personenzentrierte Zugänge zur Demokratiegeschichte

Michele Barricelli
199 Öffentlich historisierte Leitbilder
Die biografischen Ausstellungen der Politikergedenkstiftungen in geschichtsdidaktischer Perspektive

Bernd Braun
223 Märtyrer der Demokratie?
Das Hambacher Schloss, der Friedhof der Märzgefallenen in Berlin-Friedrichshain und die Erinnerungsstätte für die Freiheitsbewegungen in der deutschen Geschichte in Rastatt

Harald Schmid
247 Ein »kaltes« Gedächtnis?
Erinnern an Demokraten in Deutschland

Jürgen Lillteicher
265 Lebensgeschichtliche Perspektiven
Biografische Ansätze und Zeitzeugenschaft
in den großen Ausstellungshäusern des Bundes

Ein Demokratiegedächtnis für die Berliner Republik?
Essayistische Überlegungen

Richard Schröder
301 Gedenken in der Demokratie
Überlegungen zum Umgang mit der DDR-Vergangenheit

Martin Sabrow
317 Die Last des Guten
Versuch über die Schwierigkeiten des Demokratiegedächtnisses

335 Dank

337 Herausgeber und Autoren

339 Bildnachweis

341 Personenregister

Thomas Hertfelder/Ulrich Lappenküper/Jürgen Lillteicher
Erinnern an Demokratie in Deutschland

1. Nach Obrigkeitsstaat, Monarchie und Diktatur: Wege zur Demokratie

»Jede Kultur beruht auf Erinnerung«, beteuerte Bundestagspräsident Norbert Lammert am 19. September 2006 in einer Ansprache anlässlich der Eröffnung des Deutschen Historikertages in Konstanz.[1] »Wer von der Notwendigkeit des Erinnerns redet, sollte vom Nutzen des Vergessens ausgehen«, meint Peter Reichel[2] und bedient sich zur Begründung eines Wortes von Friedrich Nietzsche: »Es ist möglich, fast ohne Erinnerung zu leben, ja glücklich zu leben, wie das Tier zeigt, es ist aber ganz und gar unmöglich, ohne Vergessen überhaupt zu *leben*«.[3] Ohne Vergessen, dies verdeutlicht der Blick in die Geschichte, gibt es keinen Frieden. Nur das Vergessen schien die Völker nach den Gräueltaten ihrer Kriege vor Rachegelüsten zu schützen und damit die Bewahrung eines Friedensschlusses überhaupt erst zu ermöglichen. Nach den Erfahrungen des Holocaust im Zweiten Weltkrieg war das Vergessen als Mittel zur Bewältigung der Vergangenheit für Deutschland indes nicht mehr vorstellbar.[4] Eine nachfolgende Generation »von der Notwendigkeit des Rückblicks und der Frage nach der Schuld der Eltern, der Vorfahren, der Nation zu befreien«,[5] wie jüngst der russische Politikwissenschaftler Leonid Poljakow mit Blick auf die eigene Geschichte gefordert hat, konnte für die Deutschen nach 1945 nicht geltend gemacht werden.

Mag auch das anfängliche Beschweigen der nationalsozialistischen Vergangenheit, so die 1983 von Hermann Lübbe in einer Rede zum 50. Jahrestag der sogenannten

---

1 Norbert Lammert, Jede Nation hat ihre eigene Geschichte, in: ders., Zwischenrufe. Politische Reden über Geschichte und Kultur, Demokratie und Religion, Berlin 2008, S. 73–85, hier: S. 84.
2 Peter Reichel, Politik mit der Erinnerung. Gedächtnisorte im Streit um die nationalsozialistische Vergangenheit, München 1995, S. 13.
3 Friedrich Nietzsche, Unzeitgemäße Betrachtungen. Zweites Stück: Vom Nutzen und Nachteil der Historie für das Leben, in: ders., Werke. In drei Bänden, hg. von Karl Schlechta, Bd. 1, München 1966, S. 209–285, hier: S. 213 (Hervorhebung im Original).
4 Vgl. Volkhard Knigge, Statt eines Nachworts: Abschied der Erinnerung. Anmerkungen zum notwendigen Wandel der Gedenkkultur in Deutschland, in: ders./Norbert Frei (Hg.), Verbrechen erinnern. Die Auseinandersetzung mit Holocaust und Völkermord, München 2002, S. 423–440, hier: S. 427; ausführlich dazu: Christian Meier, Das Gebot zu vergessen und die Unabweisbarkeit des Erinnerns. Vom öffentlichen Umgang mit schlimmer Vergangenheit, München 2010.
5 Zitiert nach: Michael Thumann, Ich kann da leider nicht. Wenn Moskau in diesem Jahr des Sieges über Nazi-Deutschland gedenkt, dann werden viele Staatschefs fernbleiben. Geschichte wird wieder zur politischen Waffe, in: Die Zeit 18/2015, 29.4.2015, S. 8.

Machtergreifung formulierte aufsehenerregende These, für die westdeutsche Demokratie zunächst stabilisierend gewirkt haben,[6] gilt die kritische Erinnerung an die NS-Verbrechen mittlerweile doch gerade als Qualitätsmerkmal der deutschen Demokratie. Ist es möglicherweise um ihrer Stabilität willen sogar notwendig, sich der Katastrophen und Verbrechen zu erinnern, die ihrer Gründung vorausgingen?

Auch wenn die kulturwissenschaftliche Forschung inzwischen statt von »Vergangenheitsbewältigung« lieber von »Erinnerungskultur« oder »kollektiver Vergegenwärtigung von Vergangenheit« spricht,[7] ist eines doch gewiss: »Erinnerung« und »Gedächtnis« sind im Laufe der letzten Jahre zu Leitbegriffen geworden. Dies umso mehr, als sie ein »transdisziplinär anschlussfähiges Paradigma«[8] umfassen, das seit den Studien von Maurice Halbwachs neben den individuellen Erinnerungen einzelner Menschen auch zunehmend das »kollektive Gedächtnis« sozialer Gruppen in den Blick nimmt.[9] Im Bewusstsein seines »sperrigen Charakters«[10] wurde nicht nur intensiv der von Reinhart Koselleck aufgeworfenen Fragen-Trias nachgegangen: »*Wer* ist zu erinnern? *Was* ist zu erinnern? *Wie* ist zu erinnern?«[11]; anknüpfend an die durch Halbwachs' frühen Tod fragmentarisch gebliebenen Ergebnisse haben inzwischen namhafte Forscher seine Thesen ausdifferenziert und um die Dimensionen eines »kulturellen« und »sozialen Gedächtnisses« erweitert.[12]

Im wiedervereinigten Deutschland besteht ein breiter gesellschaftlicher Konsens darüber, dass die Erinnerung an den von Deutschen betriebenen Mord an den Juden Europas, an den vom Deutschen Reich entfesselten Zweiten Weltkrieg, aber auch an

---

6 Hermann Lübbe, Der Nationalsozialismus im politischen Bewußtsein der Gegenwart, in: Martin Broszat u. a. (Hg.), Deutschlands Weg in die Diktatur. Internationale Konferenz zur nationalsozialistischen Machtübernahme im Reichstagsgebäude zu Berlin. Referate und Diskussionen. Ein Protokoll, Berlin 1983, S. 329–349.

7 Helmut König, Von der Diktatur zur Demokratie oder Was ist Vergangenheitsbewältigung?, in: ders. u. a. (Hg.), Vergangenheitsbewältigung am Ende des zwanzigsten Jahrhunderts, Opladen 1998, S. 371–392, hier: S. 375; Reichel, Politik, S. 331, Anm. 11; Wolfgang Hardtwig, Von der »Vergangenheitsbewältigung« zur Erinnerungskultur. Vom Umgang mit der NS-Vergangenheit in Deutschland, in: Thomas Hertfelder/Andreas Rödder (Hg.), Modell Deutschland. Erfolgsgeschichte oder Illusion? Göttingen 2007, S. 171–189.

8 Aleida Assmann, Einführung in die Kulturwissenschaft. Grundbegriffe, Themen, Fragestellungen, Berlin 2006, S. 179; vgl. dazu den Sammelband: Michael C. Frank/Gabriele Rippl (Hg.), Arbeit am Gedächtnis. Für Aleida Assmann, München 2007.

9 Maurice Halbwachs, La Mémoire collective, Paris ²1968 (Erstaufl. 1950); deutsche Ausgabe: ders., Das kollektive Gedächtnis, Stuttgart 1967.

10 Heinz Bude, Die Erinnerung der Generationen, in: Helmut König u. a. (Hg.), Vergangenheitsbewältigung am Ende des zwanzigsten Jahrhunderts, Opladen 1998, S. 69–85, hier: S. 69.

11 Reinhart Koselleck, Formen und Traditionen des negativen Gedächtnisses, in: Volkard Knigge/Norbert Frei (Hg.), Verbrechen erinnern. Die Auseinandersetzung mit Holocaust und Völkermord, München 2002, S. 36.

12 Jan Assmann, Das kulturelle Gedächtnis. Schrift, Erinnerung und politische Identität in frühen Hochkulturen, München ⁶2007; Harald Welzer (Hg.), Das soziale Gedächtnis. Geschichte, Erinnerung, Tradierung, Hamburg 2001.

die zweite deutsche Diktatur, die DDR, für das demokratische Selbstverständnis der Bundesrepublik von herausragender Bedeutung ist. So ist es kaum überraschend, dass auch die Memorialkultur in Deutschland maßgeblich vom Gedenken an die Opfer der NS- und SED-Herrschaft geprägt wird. Eine ebenso reiche wie kontroverse Forschungsliteratur erörtert die vielfältigen Formen des öffentlichen Erinnerns an die beiden deutschen Diktaturen und deren Folgen.[13]

Unverkennbar ist aber auch das mittlerweile einsetzende Unbehagen über ein allzu stereotypes »negatives Gedenken« bzw. »negatives Gedächtnis«[14] sowie über die Formeln und Praktiken, die dieses im Laufe der letzten Jahrzehnte hervorgebracht hat. Dem Urteil Volkhard Knigges zufolge verliert ein solchermaßen eingeengter Erinnerungsimperativ in doppelter Hinsicht seinen Sinn: erstens, »weil nur erinnert werden kann, was zuvor erlebt, erfahren und im persönlichen Gedächtnis bewahrt wurde«, und zweitens, weil dieser Imperativ eng mit dem Leugnen der NS-Verbrechen in der »Beteiligtengeneration« verbunden gewesen sei.[15]

Während Knigge aus diesem Befund die Forderung ableitet, die »Erinnerung der Vergangenheit« durch eine »Auseinandersetzung mit der Vergangenheit« zu ersetzen,[16]

---

13 Vgl. in chronologischer Reihung: Uwe Backes u. a. (Hg.), Die Schatten der Vergangenheit. Impulse zur Historisierung des Nationalsozialismus, Frankfurt am Main ²1992; Reichel, Politik; Bundeszentrale für politische Bildung (Hg.), Gedenkstätten für die Opfer des Nationalsozialismus. Eine Dokumentation, 2 Bde., Bonn 1995/1999; Aleida Assmann, Erinnerungsräume. Formen und Wandlungen des kulturellen Gedächtnisses, München 1999; Helmut Dubiel, Niemand ist frei von der Geschichte. Die nationalsozialistische Herrschaft in den Debatten des Deutschen Bundestages, München 1999; Etienne François/Hagen Schulze (Hg.), Deutsche Erinnerungsorte, 3 Bde., München 2001; Welzer, Gedächtnis; Frei/Knigge (Hg.), Verbrechen; Stefan Aust/Gerhard Spörl (Hg.), Die Gegenwart der Vergangenheit. Der lange Schatten des Dritten Reichs, München 2004; Peter Reichel, Erfundene Erinnerung. Weltkrieg und Judenmord in Film und Theater, München 2004; Aleida Assmann, Der lange Schatten der Vergangenheit. Erinnerungskultur und Geschichtspolitik, München 2006; Meier, Gebot; aus museums- bzw. medienwissenschaftlicher Perspektive: Detlef Hoffmann (Hg.), Das Gedächtnis der Dinge. KZ-Relikte und KZ-Denkmäler 1945–1995, Frankfurt am Main 1998; Michael Braun, Wem gehört die Geschichte? Erinnerungskultur in Literatur und Film, St. Augustin 2010; im internationalen Kontext: Matthias Haß, Gestaltetes Gedenken. Yad Vashem, das U.S. Holocaust Memorial Museum und die Stiftung Topographie des Terrors, Frankfurt am Main 2002.
14 Knigge, Nachworts, S. 423 f.; vgl. auch Koselleck, Formen. Zum neueren Unbehagen an der Erinnerungskultur vgl. vor allem: Margrit Frölich u. a. (Hg.), Das Unbehagen an der Erinnerung – Wandlungsprozesse im Gedenken an den Holocaust, Frankfurt am Main 2012; Dana Giesecke/Harald Welzer, Das Menschenmögliche. Zur Renovierung der deutschen Erinnerungskultur, Hamburg 2012; Aleida Assmann, Das neue Unbehagen an der Erinnerungskultur. Eine Intervention, München 2013; Günter Morsch, Das »neue Unbehagen an der Erinnerungskultur« und die Politik mit der Erinnerung: zwei Seiten der gleichen Medaille, in: Zeitschrift für Geschichtswissenschaft 10 (2015), S. 829–848.
15 Knigge, Nachworts, hier: S. 428 f.
16 Ebd., hier: S. 429.

regt der vorliegende Sammelband dazu an, den Fokus der Erinnerung auf die demokratischen Traditionen in Deutschland auszuweiten. Er greift dabei auf ein Wort von Bundespräsident Gustav Heinemann zurück, der schon vor über vierzig Jahren anmahnte, »nach jenen Kräften zu spüren und ihnen Gerechtigkeit widerfahren zu lassen, die dafür gelebt und gekämpft haben, damit das deutsche Volk politisch mündig und moralisch verantwortlich sein Leben und seine Ordnung selbst gestalten kann«.[17] Die Erinnerung an die von Heinemann in der deutschen Geschichte diagnostizierte »Fülle von Anläufen zu einer freiheitlichen Grundordnung und zu sozialer Gerechtigkeit«[18] wachzuhalten, sollte seines Erachtens helfen, die Belastungen der Demokratie in einem »schwierigen« Vaterland zu überwinden.[19] Besonders am Herzen lag Heinemann die Erinnerungsstätte für die Freiheitsbewegungen in der deutschen Geschichte in Rastatt, die er 1974 – ganz undemokratisch – durch eine weisungsgebundene Behörde »ohne öffentliche Debatte« errichten ließ.[20]

Indem der vorliegende Band jene Museen in den Mittelpunkt der Betrachtung stellt, die an die demokratischen Perioden, Ereignisse oder Persönlichkeiten in Deutschland erinnern, leistet er in mancherlei Hinsicht Pionierarbeit. Untersuchungen zu der Frage, auf welche Weise in Ausstellungen deutsche Demokratietraditionen präsentiert werden, sind nämlich nur spärlich vorhanden.[21] Eine Erklärung für die bemerkenswerte Zurückhaltung der Forschung liegt wohl in der Sorge, die Erinnerung an die Demokratie könne zu einer national verengten Erfolgsgeschichte geraten und darüber die Diktaturvergangenheit verblassen lassen. Derlei Befürchtungen, wie sie etwa im Vorfeld der Gründung des Hauses der Geschichte der Bundesrepublik (HdG), des Deutschen Historischen Museums (DHM) und der Otto-von-Bismarck-

---

17 Gustav Heinemann, Rede bei der Schaffermahlzeit am 13.2.1970 im Bremer Rathaus, zitiert nach: Christoph Stölzl (Hg.), Deutsches Historisches Museum. Ideen – Kontroversen – Perspektiven. Frankfurt am Main 1988, S. 28–30, hier: S. 30; vgl. auch den Appell zur Intensivierung der Forschung über Erinnerungskulturen von Monika Grütters: Rede von Kulturstaatsministerin Monika Grütters anlässlich der Konferenz »Kultur und Medien: Mit der Forschung im Gespräch«. Datum: 16. September 2014, Ort: Haus der Geschichte Bonn, http://www.bundesregierung.de/Content/DE/Rede/2014/09/2014-09-16-gruetters-forschungskonferenz.html (letzter Aufruf: 17.6.2016).
18 Rede Gustav Heinemanns im Deutschen Bundestag vom 24.5.1974, in: Dolf Sternberger (Hg.), Reden der Deutschen Bundespräsidenten. Heuss, Lübke, Heinemann, Scheel, München 1979, S. 190–201, hier: S. 192.
19 Antrittsrede Heinemanns im Deutschen Bundestag vom 1.7.1969, in: ebd., S. 145–151, hier: S. 147 u. 151.
20 Edgar Wolfrum, Geschichtspolitik in der Bundesrepublik Deutschland. Der Weg zur bundesrepublikanischen Erinnerung 1948–1990, Darmstadt 1999, S. 462, Anm. 102; vgl. dazu auch den Beitrag von Bernd Braun in diesem Band.
21 Vgl. Beatrix Bouvier/Michael Schneider (Hg.), Geschichtspolitik und demokratische Kultur. Bilanz und Perspektiven, Bonn 2008. Der Band von Bouvier und Schneider behandelt vorwiegend die sozialdemokratische und linke Tradition und geht auf entsprechende Ausstellungen kaum ein.

Stiftung vorgetragen wurden,²² haben sich jedoch als unbegründet erwiesen. Der gesellschaftliche Konsens über Ausmaß und Bedeutung insbesondere der nationalsozialistischen Diktatur darf inzwischen als soweit gesichert gelten, dass die Erinnerung an demokratische Traditionslinien in Deutschland nicht von vornherein dem Verdacht der »Relativierung« verfällt. Weder ein »positiver Nationalismus«, der eine Kontinuität der positiv besetzten Momente deutscher Geschichte konstruiert und die NS-Gräuel überspringt, noch ein »negativer Nationalismus«, in dessen Zentrum die »Sakralisierung des Holocaust« steht und die Vernichtung der Juden zur »negativen Sinnstiftung deutscher Geschichte« macht,²³ sind geeignet zur Verankerung und Stabilisierung demokratischer Traditionen in der Erinnerungskultur.

Ohne den antitotalitären Konsens, den negativen Bezug auf die nationalsozialistische Diktatur wie auch auf das SED-Regime, ist die Entwicklung der Demokratie in der Bundesrepublik schlechthin nicht erklärbar. Auch die erinnerungskulturelle Perspektive lässt eine Trennung zwischen »Katastrophen-« und »Demokratiegedächtnis« nicht zu. Zu groß und nachhaltig sind die Verwüstungen, die die beiden Diktaturen in Deutschland und Europa angerichtet haben, zu zahlreich die Opfer, als dass man umstandslos und exklusiv eine demokratische Traditionspflege neben der Erinnerung an die Diktaturen betreiben könnte.²⁴ Freilich gilt auch: Sechzig Jahre praktizierte Demokratie bilden in Verbindung mit den demokratischen Tiefenströmungen der deutschen Geschichte – dem Kampf gegen Fürstenwillkür, Obrigkeitsstaat und monarchischen Absolutismus – einen Erfahrungshintergrund, der die alleinige Fixierung auf die Katastrophengeschichte nicht mehr zu rechtfertigen vermag.²⁵ Gerade weil zur Erinnerungskultur des 21. Jahrhunderts neben den dunklen Kapiteln der Vergangenheit etwa die erfolgreiche Diktaturüberwindung in der Friedlichen Revolution des Jahres 1989 gehört, rücken heute auch andere Freiheitstraditionen der Deutschen stärker ins Bewusstsein. So hat die historische Forschung – ganz gegen eine ältere Schule – seit geraumer Zeit ein verblüffendes Interesse nicht nur an den demokratischen Potenzialen des deutschen Kaiserreichs,²⁶ sondern vor allem

---

22 Vgl. Stölzl (Hg.), Deutsches Historisches Museum; Ulrich Lappenküper, Bismarcks Erbe. Friedrichsruh als Medium der Erinnerung, in: Tilman Mayer (Hg.), Bismarck: Der Monolith. Reflexionen am Beginn des 21. Jahrhunderts, Hamburg 2015, S. 234–266, hier: S. 245–252; Reichel, Politik, S. 246–257.
23 Aleida Assmann/Ute Frevert, Geschichtsvergessenheit Geschichtsversessenheit. Vom Umgang mit deutschen Vergangenheiten nach 1945, Stuttgart 1999, S. 66.
24 Vgl. zuletzt Andreas Wirsching u. a. (Hg.), Erinnerung an Diktatur und Krieg. Brennpunkte des kulturellen Gedächtnisses zwischen Russland und Deutschland seit 1945, Berlin 2015.
25 Vgl. Bernd Faulenbach, Diktaturerfahrung und demokratische Erinnerungskultur in Deutschland, in: Anna Kaminsky (Hg.), Orte des Erinnerns. Gedenkzeichen, Gedenkstätten und Museen in SBZ und DDR, Berlin 2007, S. 15–26; Martin Sabrow, Wohin treibt die DDR-Erinnerung? Dokumentation einer Debatte, Göttingen 2007.
26 Vgl. z. B. Margret Lavinia Anderson, Practicing Democracy. Elections and Political Culture in Imperial Germany. Vgl. zu diesem Argument auch den Beitrag von Paul Nolte in diesem Band, S. 127 f.

auch an den stabilisierenden, demokratischen Kräften der Weimarer Republik entwickelt.[27] Noch mehr gilt dies für neuere Synthesen zur Geschichte der Bundesrepublik: Von der alten, kritischen Restaurationsthese ist dort keine Rede mehr.[28]

Der vorliegende Band geht auf eine wissenschaftliche Konferenz zurück, die die fünf Politikergedenkstiftungen des Bundes im Oktober 2014 am Zeitgeschichtlichen Forum Leipzig (ZFL) veranstaltet haben. Am Beispiel ausgewählter Institutionen befasst er sich mit der Vielfalt und Vielstimmigkeit der Erinnerung an und der Erforschung von Demokratie durch Einrichtungen in öffentlich-rechtlicher Trägerschaft sowie durch Vereine bzw. Initiativen, deren Agenda von demokratisch-bürgerschaftlichem Engagement geprägt ist. Blickt man auf die vom Bund getragenen oder institutionell geförderten Einrichtungen, so wird die Erinnerung an Demokratie im Wesentlichen betrieben vom Haus der Geschichte der Bundesrepublik in Bonn (sowie dem zu ihm gehörenden Zeitgeschichtlichen Forum Leipzig), vom Deutschen Historischen Museum in Berlin, von den fünf Politikergedenkstiftungen des Bundes sowie von der Rastatter Erinnerungsstätte. Daneben widmen sich dieser Aufgabe vor allem Geschichtswerkstätten und -initiativen sowie Geschichtsvereine wie etwa der Paul Singer Verein, der sich für eine nationale Gedenkstätte auf dem Friedhof der Märzgefallenen in Berlin-Friedrichshain einsetzt.[29] Die Herausgeber des vorliegenden Bandes haben sich von der Prämisse leiten lassen, dass die genannten »Agenturen der Erinnerung« am besten im systematischen Vergleich und zudem im Blick von außen zu untersuchen sind: Mit Ausnahme des noch nicht realisierten Hauses der Europäischen Geschichte werden alle hier vorgestellten Ausstellungen von wissenschaftlich ausgewiesenen Autorinnen und Autoren analysiert, die den jeweiligen Häusern und Museen weder angehören noch institutionell mit ihnen verbunden sind.

---

27 Vgl. z. B. Christoph Gusy, Demokratisches Denken in der Weimarer Republik, Baden-Baden 2000; Andreas Wirsching/Jürgen Eder (Hg.), Vernunftrepublikanismus in der Weimarer Republik. Politik, Literatur, Wissenschaft, Stuttgart 2008; Kathrin Groh, Demokratische Staatsrechtslehrer in der Weimarer Republik. Von der konstitutionellen Staatslehre zur Theorie des modernen demokratischen Verfassungsstaats, Tübingen 2010; Tim B. Müller, Nach dem Ersten Weltkrieg. Lebensversuche moderner Demokratien, Hamburg 2014.

28 Vgl. Heinrich August Winkler, Der lange Weg nach Westen. Band 2: Deutsche Geschichte vom »Dritten Reich« bis zur Wiedervereinigung, München 2000; Peter Graf Kielmansegg, Nach der Katastrophe. Eine Geschichte des geteilten Deutschland, Berlin 2000; Konrad H. Jarausch, Die Umkehr. Deutsche Wandlungen 1945–1999, München 2004; Edgar Wolfrum, Die geglückte Demokratie. Die Geschichte der Bundesrepublik Deutschland von ihren Anfängen bis zur Gegenwart, Stuttgart 2006; Ulrich Herbert, Geschichte Deutschlands im 20. Jahrhundert, München 2014.

29 Vgl. Susanne Kitschun/Ralph-Jürgen Lischke (Hg.), Am Grundstein der Demokratie. Erinnerungskultur am Beispiel des Friedhofs der Märzgefallenen in Berlin-Friedrichshain, Frankfurt am Main 2012.

Wer Ausstellungen nicht als begehbare Bücher, sondern als ein eigenes wirkmächtiges Medium der Deutung von Geschichte betrachtet, benötigt Kriterien und Methoden der Analyse, die über die geschichtswissenschaftliche Quellenkritik hinausgehen.[30] Ausstellungen konstruieren und popularisieren Geschichtsbilder nicht nur im Medium »Text«, sondern vor allem durch Formen der ästhetisierenden Veranschaulichung; sie sind »Orte emotionaler Erinnerung, bildlich-symbolischen und kreativ-assoziativen Denkens«.[31] Die Analyse historischer Ausstellungen sollte folglich nicht nur danach fragen, welche Themen für ausstellungswürdig erachtet werden, sondern insbesondere, *wie* sie erzählt, präsentiert und inszeniert werden, von *wem* – also mit welchen offengelegten oder subkutanen Intentionen – sie erarbeitet wurden und *welche* öffentlichen Reaktionen und Diskussionen sie hervorgerufen haben. Nach Ansicht von Claudia Fröhlich, Harald Schmid und Birgit Schwelling muss sich diese Untersuchung von Ausstellungen in einem analytischen Viereck bewegen:[32] Welcher Geschichtsausschnitt wird präsentiert? Wie sieht die ästhetisch-didaktische und narrative Aufarbeitung aus? Wer sind die Ausstellungsmacher[33]? Wie verhält sich die Öffentlichkeit zur präsentierten Geschichte? Ein etabliertes und weithin anerkanntes Analyseraster, an dem sich Rezensenten von Ausstellungen orientieren können, ist allerdings (noch) nicht in Sicht.[34]

Die Ausstellungen und Ausstellungshäuser, die in diesem Band untersucht werden, stehen im Spannungsfeld von Geschichtspolitik, Erinnerungskultur und historischer Forschung.[35] Sie sind eminent politische Institutionen, da sie Geschichte autoritativ deuten und damit zur Legitimierung bzw. Delegitimierung des politischen und gesellschaftlichen Systems beitragen.[36] Sie verfügen über ein größeres Reper-

---

30 Kristiane Janeke diskutiert verschiedene Ansätze der Ausstellungsanalyse, so auch den der Semiotik oder den von Volkhard Knigge favorisierten »dokumentarisch argumentativen« Zugang im Vergleich zum narrativen Ansatz. Kristiane Janeke, Zeitgeschichte in Museen – Museen in der Zeitgeschichte, in: Docupedia-Zeitgeschichte, 8.3.2011, http://docupedia.de/zg/Zeitgeschichte_in_Museen?oldid=106500 (letzter Aufruf: 17.6.2016), S. 13.
31 Ebd.
32 Claudia Fröhlich u. a., Editorial, in: Jahrbuch für Politik und Geschichte 4 (2013), S. 6.
33 Sämtliche Beiträge dieses Bandes bedienen sich des generischen Maskulinums, in dem alle Geschlechter mitgemeint sind.
34 Vgl. Joachim Baur (Hg.), Museumsanalyse. Methoden und Konturen eines neuen Forschungsfeldes, Bielefeld 2010; Sibylle Lichtensteiger u. a. (Hg.), Dramaturgie in der Ausstellung. Begriffe und Konzepte für die Praxis, Bielefeld 2014; Vanessa Schröder, Geschichte ausstellen – Geschichte verstehen. Wie Besucher im Museum Geschichte und historische Zeit deuten, Bielefeld 2013.
35 Vgl. Hans Günter Hockerts, Zugänge zur Zeitgeschichte: Primärerfahrung, Erinnerungskultur, Geschichtswissenschaft, in: Konrad H. Jarausch/Martin Sabrow (Hg.), Verletztes Gedächtnis. Erinnerungskultur und Zeitgeschichte im Konflikt, Frankfurt am Main 2002, S. 39–73; Wolfrum, Geschichtspolitik.
36 Thomas Thiemeyer, Evidenzmaschine der Erlebnisgesellschaft. Die Museumsausstellung als Hort und Ort der Geschichte, in: Jahrbuch für Politik und Geschichte 4 (2013), S. 13–29, hier: S. 16.

toire an Repräsentationsmöglichkeiten als das historische Sachbuch. Als »Evidenzmaschinen«, die allein durch das Arrangement von Objekten und Kulissen etwas visuell suggerieren, müssen sie, anders als der schreibende Historiker, nicht zwingend Analysen und Erklärungen liefern.[37] Vielmehr bieten sie ein dreidimensionales Geschichtserlebnis. Sie legen Deutungen nahe und lenken die Wahrnehmung ihrer Besucherinnen und Besucher. Schon seit Jahrzehnten erfreuen sich die Ausstellungen der großen Häuser eines enormen Besucherzuspruchs: So zählte im Jahr 2014 die Dauerausstellung des Deutschen Historischen Museums in Berlin knapp 450.000, die Dauerausstellung des Hauses der Geschichte der Bundesrepublik in Bonn rund 415.000 und das Zeitgeschichtliche Forum Leipzig etwas unter 100.000 Besuche.[38] Diese historischen Ausstellungen erreichen somit einen weitaus größeren Rezipientenkreis als etwa die Standardwerke der Geschichtsschreibung.

Im ersten Abschnitt behandelt der vorliegende Band unter der Überschrift »Nach Obrigkeitsstaat, Monarchie und Diktatur: Wege zur Demokratie« die Frage, wie Phasen der Demokratie und Perioden der Diktatur in Deutschland in den ausgewählten Museen und Gedenkstätten zueinander in Beziehung gesetzt werden. Mit welchen Formen, Medien und Narrativen werden Demokratie und Diktatur öffentlich präsentiert und vermittelt? Welche Rolle spielen markante Wendepunkte, historische Orte, herausragende Persönlichkeiten, geschichtsmächtige Bewegungen sowie Ideen und Institutionen für die Konstruktion der Demokratieerzählung? Wird die Geschichte der Demokratie vorwiegend als eine Geschichte des Scheiterns und Niedergangs, des Aufstiegs und Erfolgs, der Überwindung von Diktatur oder der Bewältigung von Krisen erzählt?[39] Inwieweit fließen die Ergebnisse und Kontroversen der Forschung in die museale Vergegenwärtigung demokratischer Traditionen ein?

Zur Einbettung der Gesamtthematik in den europäischen Kontext liefert zunächst *Andrea Mork* am Beispiel des von ihr mitaufgebauten Hauses der Europäischen Geschichte in Brüssel »Bausteine einer europäischen Geschichte der Demokratie«.[40] Sie entfaltet die konzeptionellen Planungen, Narrative sowie Zielsetzungen der Ausstellung, die zwar keine »zukunftsgewisse« Vergangenheitsdeutung, sondern eine kritische Auseinandersetzungen mit der Geschichte anstrebt, zugleich aber herausstellen will, dass die Europäische Union als »Vehikel der Demokratisierung« erheblich zur Bewältigung europäischer Konflikte beigetragen habe.

37 Ebd., hier: S. 29.
38 Zahlen nach freundlicher Mitteilung des DHM vom 28.7.2015; für das HdG und das ZFL vgl. Stiftung Haus der Geschichte der Bundesrepublik (Hg.), Bericht 2013/14, Bonn 2015, S. 75.
39 Vgl. Paul Nolte, Was ist Demokratie? Geschichte und Gegenwart, München 2012.
40 Beitrag von Andrea Mork in diesem Band, S. 37–56. Zu diesem Projekt vgl. auch: Volkhard Knigge u. a. (Hg.), Arbeit am europäischen Gedächtnis. Diktaturerfahrung und Demokratieentwicklung, Köln 2011; Claus Leggewie, Der Kampf um die europäische Erinnerung. Ein Schlachtfeld wird besichtigt, München 2011, bes. S. 182–188.

Frank Bösch untersucht sodann die »Repräsentationen der bundesdeutschen Demokratie im Haus der Geschichte und im Deutschen Historischen Museum« unter dem Rubrum »Konsum, Protest und innerdeutsche Konkurrenz«.[41] Er unterzieht die kontrastierende bzw. symmetrische Gegenüberstellung der Geschichte Ost- und Westdeutschlands im HdG und im DHM einer kritischen Betrachtung und deutet das Ringen um Ausgewogenheit bei der Erarbeitung der zunächst hochkontrovers diskutierten Ausstellungen beider Häuser, die Offenheit der Ausstellungskonzeptionen und die diskursiv angelegten Veranstaltungsprogramme als Kennzeichen demokratischer Museen. Zudem weist Bösch auf eine für die Ausstellung von Demokratie charakteristische Asymmetrie hin, die darin besteht, dass die »Flachware der demokratischen Verfassungssymbole und Rituale [...] es nur schwer mit den bunten Objekten der Konsumwelt und der Demonstranten aufnehmen« könne.

Irmgard Zündorf präsentiert die Politikergedenkstiftungen des Bundes und ihre Ausstellungen als »Akteure zwischen Monarchie, Diktatur und Demokratie«.[42] Auch wenn die Namensgeber der fünf Einrichtungen nicht alle für Demokratiegeschichte stehen, stellen die Präsentationen ihres Erachtens nicht nur wichtige Epochen der Entwicklung der Demokratie dar, sondern tragen auch zur »Demokratiegestaltung« bei, indem sie das Wirken der Protagonisten transparent und offen zur Diskussion stellen.

Welche Rolle Geschichtswerkstätten bei der »Erinnerung an ›demokratische Traditionen‹ in Deutschland« spielen, analysiert exemplarisch der Beitrag von *Thomas Lindenberger*.[43] Nach einem kurzen Rückblick auf die Anfänge der Geschichtswerkstättenbewegung diskutiert er anhand zweier Beispiele aus Berlin, wie diese Initiativen das Thema »Demokratie« behandeln. Wenngleich seine Analyse der Praxis zu bisweilen ernüchternden Befunden führt, lautet Lindenbergers Fazit, dass »ein zeitgemäßes Demokratienarrativ [...] hinter die Erfahrung der Fundamentalliberalisierung der alten Bundesrepublik und des zweiten massiven Demokratieschubs, den die Friedliche Revolution von 1989 darstellte, nicht zurückfallen« könne.

2. Meistererzählungen der Demokratiegeschichte

In einem zweiten Kapitel wendet sich der Band der Frage zu, auf welche Weise die Geschichte der Demokratie in Deutschland *erzählt* wird. Da nicht die zeitgeschichtliche Demokratieforschung, sondern die öffentliche Praxis des Erinnerns im Mittelpunkt des Interesses steht, bietet sich das Konzept der historischen Meistererzählung als Analyseinstrument an. Weitgehend unabhängig von dem polemischen Kontext, in dem die Karriere des Terminus in der Debatte um die Dekonstruktion

---

41 Beitrag von Frank Bösch in diesem Band, S. 57–80.
42 Beitrag von Irmgard Zündorf in diesem Band, S. 81–105.
43 Beitrag von Thomas Lindenberger in diesem Band, S. 107–117.

der »méta recits« begann,⁴⁴ wird der Begriff »Meistererzählung« in Deutschland bevorzugt im Sinne eines analytischen Konzepts zur Beschreibung eines Verfahrens historischer Sinnbildung verwendet. So verstehen Martin Sabrow und Konrad H. Jarausch unter Meistererzählung »eine kohärente, mit einer eindeutigen Perspektive ausgestattete und in der Regel auf den Nationalstaat ausgerichtete Geschichtsdarstellung, deren Prägekraft nicht nur innerfachlich schulbildend wirkt, sondern öffentliche Dominanz erlangt«.⁴⁵ Mit der öffentlichen Wirksamkeit ist ein entscheidendes Moment benannt, das den Begriff der Meistererzählung für die Analyse von Museen und Erinnerungsstätten, die sich mit Themen der nationalen Geschichte befassen, empfiehlt.

Eine Meistererzählung setzt – wie jede Erzählung – einen für die Geschichte relevanten Anfang (etwa die napoleonische Ära) und ein sie beschließendes – und damit den zeitlichen Rahmen setzendes – Ende voraus (etwa das Jahr 1945),⁴⁶ sie organisiert die Erzählung um einen entscheidenden oder mehrere ineinandergreifende Plots (etwa die Revolution 1848/49 und das Ende der liberalen Ära 1878/79), sie stattet bestimmte Individuen und Gruppen mit »Agency« aus (etwa vormoderne Eliten), sie setzt auf strukturierende und wertende Semantiken (»gescheiterte Revolution«, »innere Reichsgründung«, »Stunde Null«), sie wählt bestimmte Verlaufs- und Erzählmuster (etwa Narrative von Aufstieg, Krise und Niedergang, Helden-, Leidens- und Märtyrergeschichten) und sie vertraut auf einen Argumentations- und Denkstil, der von maßgeblichen Gruppen der Gesellschaft als zeitgemäß bzw. zukunftsträchtig erachtet wird (etwa ein Gestus der Traditionskritik unter Rückgriff auf sozialwissenschaftliche Terminologie).

Meistererzählungen stehen nicht primär im akademischen Raum, vielmehr fließen in ihnen »fachwissenschaftliche Erkenntnisanteile mit kulturellen Gedächtnistraditionen, medialen Vergegenwärtigungen und politischen Inszenierungen zusammen«.⁴⁷ Diese Verschränkung wissenschaftlicher und außerwissenschaftlicher Momente ist entscheidend: Nur indem die Meistererzählungen sich auf das kulturelle Wissen, auf symbolische Praktiken sowie Formen und Strategien der kollektiven Erinnerung ihrer Zeit beziehen, gewinnen sie jene Überzeugungs- und Durchschlagskraft, die sie als Meistererzählungen ausweist und für die Analyse von

---

44 Vgl. Kerwin Lee Klein, In Search of Narrative Mastery: Postmodernism and the People without History, in: History and Theory 34 (1995), S. 275–298; Matthias Middell u. a., Sinnstiftung und Systemlegitimation durch historisches Erzählen. Überlegungen zu Funktionsmechanismen von Repräsentationen des Vergangenen, in: dies. (Hg.), Zugänge zu historischen Meistererzählungen, Leipzig 2000, S. 7–35, hier: S. 21–23.

45 Middell u. a., Sinnstiftung; ferner: Konrad H. Jarausch/Martin Sabrow, »Meistererzählung« – zur Karriere eines Begriffs, in: dies. (Hg.), Die historische Meistererzählung. Deutungslinien der deutschen Nationalgeschichte nach 1945, Göttingen 2002, S. 9–32, hier: S. 16.

46 Vgl. Ann Rigney, History as Text. Narrative Theory and History, in: Nancy F. Partner/Sarah Foot (Hg.), The SAGE Handbook of Historical Theory, Los Angeles 2013, S. 183–201, hier: S. 189 f.

47 Jarausch/Sabrow, »Meistererzählung«, hier: S. 18.

nationalen Erinnerungskulturen als »invented communities« interessant macht.[48] Als hegemoniale Interpretationsmodelle von Geschichte sind Meistererzählungen in Konkurrenz zu anderen, weniger erfolgreichen Interpretationen, auf relevante Trägergruppen (etwa Wissenschaftler, Publizisten, Politiker, Lehrer), die sich die Deutung zu eigen machen, auf Medien und Institutionen (z. B. Verlage, meinungsführende Blätter, Museen), die sie verbreiten, sowie auf ein aufnahmebereites Publikum angewiesen: Der Begriff des Meisters impliziert nicht nur Kennerschaft, sondern auch Macht. Der Machtaspekt kommt in der Diskussion über die Erinnerungskultur in Deutschland notorisch zu kurz. Dabei liegt es auf der Hand, dass der Staat auch auf dem Feld der Erinnerungskultur seine Deutungsmacht etwa in Gestalt spektakulärer Museums- und Denkmalprojekte, in öffentlichen Inszenierungen und Ritualen und mittels der Kulturförderung zur Geltung bringt.[49] Eine Meistererzählung zu implementieren, vermag freilich weder der Staat noch ein anderer Akteur alleine. Als das »geronnene Ergebnis einer sozialen Memorialisierung« sind Meistererzählungen tief eingelassen in die kulturelle Sinnordnung und entziehen sich somit der allzu handfesten Instrumentalisierung.[50] Eine staatlich verordnete Geschichtsideologie begründet noch keine Meistererzählung.

Als narratologischer Begriff kann sich der Terminus »Meistererzählung« nicht auf einzelne Meisterwerke der Geschichtsschreibung oder bestimmte Ausstellungen beziehen; er zielt vielmehr auf deren epistemische Tiefenstruktur, auf die dominanten Deutungsmuster, die ihnen gemeinsam zugrunde liegen.[51] Die Meistererzählung wurde daher treffend mit einem unsichtbaren Magnetfeld verglichen, das »die unterschiedlichen Partikel der historischen Repräsentationen zu integrieren und einheitlich auszurichten vermag«.[52] Das Konzept der Meistererzählung ruft einmal mehr in Erinnerung, dass jede Form der Vergegenwärtigung von Geschichte als ein konstruktiver, auf die Gegenwart hin perspektivierter und zudem als ein

---

48 In seinem Nachruf auf Hans-Ulrich Wehler schreibt Jürgen Habermas: »Selten haben ein Methodenwechsel und die Entstehung einer entsprechenden akademischen Schule, weit über die Grenzen des akademischen Faches hinaus, eine solche subkutane Breitenwirkung entfaltet. Im Einklang mit dem Zeitgeist haben sie zur Entblätterung jener falschen Kontinuitäten beigetragen, von denen sich das politische Selbstverständnis des Landes erst im Laufe jahrzehntelanger Kontroversen freigemacht hat.« Wehlers Gesellschaftsgeschichte habe »cine nachhaltige Bedeutung für die Mentalitätsgeschichte der Bundesrepublik gewonnen«. Jürgen Habermas, Stimme einer Generation. Zum Tode meines Freundes, in: Frankfurter Allgemeine Zeitung, 8.7.2014. Habermas beschreibt hier nichts anders als die Etablierung einer Meistererzählung.
49 Vgl. Reichel, Politik; Wolfrum, Geschichtspolitik.
50 Jarausch/Sabrow, »Meistererzählung«, hier: S. 18.
51 Dies unterscheidet den hier gewählten Analyserahmen von dem der literaturwissenschaftlichen Erzählanalyse, wie ihn Heike Buschmann für Museen und Ausstellungen vorschlägt: Heike Buschmann, Geschichten im Raum. Erzähltheorie als Museumsanalyse, in: Joachim Baur (Hg.), Museumsanalyse. Methoden und Konturen eines neuen Forschungsfeldes, Bielefeld 2010, S. 149–170.
52 Middell u. a., Sinnstiftung, hier: S. 24.

kommunikativer Akt zu begreifen ist.[53] Auch aus diesen Gründen eignet sich das Konzept besonders gut zur Analyse der erinnerungskulturellen Vergegenwärtigung nationaler Geschichte.

In pluralistischen Gesellschaften konkurrieren Meistererzählungen mit einer Vielzahl anderer Deutungen, mit Gegen- oder subversiven Erzählungen, die sich unkonventioneller narrativer Mittel oder anderer Präsentationsweisen bedienen, mit den »subaltern stories« marginalisierter Gruppen[54] sowie mit der Polyphonie wortgewaltiger Zeitzeugen. Und sie ändern sich unter dem Druck der Gegengeschichten, wie sich anhand des Wandels der vorherrschenden Interpretationen der jüngeren deutschen Nationalgeschichte ohne Weiteres zeigen lässt.

So erfreute sich in der frühen Bundesrepublik eine nationale Meistererzählung großer Beliebtheit, die das »Dritte Reich« als »Betriebsunfall«, »Verhängnis« und »Abweichung« von einem im Kern »gesunden« Entwicklungspfad der Nation zu interpretieren und zugleich die mit der Französischen Revolution beginnende Durchsetzung der modernen, demokratisch verfassten Massengesellschaft – also externe Faktoren – für das Unheil verantwortlich zu machen neigte.[55] Eine dagegen anschreibende, kritische Geschichtswissenschaft, die sich in den 1970er- und 1980er-Jahren durchsetzte und auf breite öffentliche Resonanz stieß, unternahm genau das Gegenteil, indem sie den Nationalsozialismus strukturell auf eine Reihe langfristiger, tief ins 19. Jahrhundert zurückreichender, spezifisch deutscher Pathologien zurückführte und etwa in der unzureichenden Modernisierung, Demokratisierung und Liberalisierung des Kaiserreichs eine der strukturellen Ursachen des Nationalsozialismus ausmachte.[56] In beiden Meistererzählungen gerieten demo-

---

53 Vgl. den erhellenden Überblick bei: Jan Eckel, Der Sinn der Erzählung. Die narratologische Diskussion in der Geschichtswissenschaft und das Beispiel der Weimargeschichtsschreibung, in: ders./Thomas Etzemüller (Hg.), Neue Zugänge zur Geschichte der Geschichtswissenschaft, Göttingen 2007, S. 201–229 (mit weiterer Literatur).
54 Vgl. Dipesh Chakrabarty, History and the politics of recognition, in: Keith Jenkins u. a. (Hg.), Manifestos for History, London 2007, S. 77–87.
55 So etwa: Gerhard Ritter, Europa und die deutsche Frage. Betrachtungen über die Eigenart des deutschen Staatsdenkens, München 1948. Belege und Gegenbelege zur Betriebsunfalldeutung bei: Jürgen Steinle, Hitler als »Betriebsunfall« in der Geschichte. Eine historische Metapher und ihre Hintergründe, in: GWU 45 (1994), S. 288–302; vgl. resümierend: Ulrich Herbert, Liberalisierung als Lernprozess. Die Bundesrepublik und der deutschen Geschichte, in: ders. (Hg.), Wandlungsprozesse in Westdeutschland. Belastung, Integration, Liberalisierung 1945–1980, Göttingen 2002, S. 7–49, hier: S. 19–23; zum Kontext: Christoph Cornelißen, Der wiedererstandene Historismus. Nationalgeschichte in der Bundesrepublik der fünfziger Jahre, in: Konrad H. Jarausch/Martin Sabrow (Hg.), Die historische Meistererzählung. Deutungslinien der deutschen Nationalgeschichte nach 1945, Göttingen 2002, S. 78–108.
56 Vgl. Thomas Welskopp, Identität ex negativo. Der »deutsche Sonderweg« als Metaerzählung in der bundesdeutschen Geschichtswissenschaft der siebziger und achtziger Jahre, in: Konrad H. Jarausch/Martin Sabrow (Hg.), Die historische Meistererzählung. Deutungslinien der deutschen Nationalgeschichte nach 1945, Göttingen 2002, S. 109–139; Konrad H. Jarausch/Mi-

kratische Prozesse und Bewegungen des 19. und frühen 20. Jahrhunderts in ein merkwürdig fahles Licht: Während den einen die Demokratie als Büchse der Pandora des kommenden Aufstands der Massen galt, sahen die anderen auch die demokratischen Entwicklungen von vormodernen Pathologien durchwirkt. Für die Verfechter dieses letztgenannten, kritischen Narrativs war der negative deutsche »Sonderweg« mit dem Jahr 1945 an sein verdientes Ende gelangt. Die junge Bundesrepublik stand in dieser Sicht entweder unter dem Verdacht der Restauration[57] oder sie galt als eine auf Dauer angelegte Resozialisierungsmaßnahme: Der jungen Demokratie war aus dieser Perspektive keinesfalls über den Weg zu trauen.

Diese Erzählung ist inzwischen vielfach kritisiert, dekonstruiert, relativiert und dabei ihres Markenkerns, der Traditionskritik, entkleidet worden. Dadurch hat sie in ihrer klassischen, kritischen Variante ihren Status als nationale Meistererzählung eingebüßt. Statt ihrer schält sich seit rund zwanzig Jahren eine magistral vorgetragene Geschichte Deutschlands im Sinne eines »langen Wegs nach Westen« (Heinrich August Winkler) heraus, die zwar Elemente der Sonderwegsdeutung verarbeitet, die neuere deutsche Geschichte insgesamt jedoch im Modus einer »whig interpretation« als eine in westlicher Freiheit und nationaler Einheit gipfelnde Ankunftsgeschichte deutet.[58] In diese neue »Meistererzählung der Berliner Republik« (Anselm Doering-Manteuffel) fügen sich nahezu bruchlos jüngere Synthesen zur Geschichte der Bundesrepublik ein, die diese als eine »geglückte Demokratie« (Edgar Wolfrum) darstellen.[59] Stets also hat die vorherrschende Großinterpretation unter dem doppelten Druck kritischer Deutungen und Forschungen einerseits und aktueller Erfahrungen andererseits einer neuen großen Erzählung, die auch frühere Epochen in einem anderen Licht erscheinen lässt, Platz gemacht.

Gegenüber solchen Meistererzählungen, die mit ihrem Anspruch auf Kohärenz der Geschichte einen schlüssigen Sinn unterstellen, herrscht in der Theoriediskussion

chael Geyer, Shattered Past. Reconstructing German Histories, Princeton 2003, S. 91–108; Paul Nolte, Darstellungsweisen deutscher Geschichte. Erzählstrukturen und »master narratives« bei Nipperdey und Wehler, in: Christoph Conrad/Sebastian Conrad (Hg.), Die Nation schreiben. Geschichtswissenschaft im internationalen Vergleich, Göttingen 2002, S. 236–268.

57 Walter Dirks, Der restaurative Charakter der Epoche, in: Frankfurter Hefte 5 (1950), S. 942–954; Harry Pross, Dialektik der Restauration. Ein Essay, Olten 1965; Ernst-Ulrich Huster u. a., Determinanten der westdeutschen Restauration 1945–1949, Frankfurt am Main 1972; zur Restaurationsthese vgl. auch: Jürgen Kocka, 1945: Neubeginn oder Restauration? Historische Grundlagen der Bundesrepublik Deutschland, in: ders., Arbeiten an der Geschichte. Gesellschaftlicher Wandel im 19. und 20. Jahrhundert, Göttingen 2011, S. 256–279, hier: S. 256–259.

58 Heinrich August Winkler, Der lange Weg nach Westen. Bd. 1: Deutsche Geschichte vom Ende des Alten Reiches bis zum Untergang der Weimarer Republik; Bd. 2: Deutsche Geschichte vom »Dritten Reich« bis zur Wiedervereinigung, München 2000. Zwar stellt Winkler in seinem Resümee apodiktisch fest: »Es *gab* einen ›deutschen Sonderweg‹« (Bd. 2, S. 648, Hervorhebung im Original), allerdings argumentiert er, z. B. indem er auf die spezifisch deutsche Reichstradition abhebt, anders als die klassische Sonderwegstheorie.

59 Vgl. hierzu den Beitrag von Paul Nolte in diesem Band, S. 129–132.

ein hohes Maß an Skepsis.[60] Dort werden vielmehr offenere Formen der Darstellung empfohlen, die auf ein zentrales Emplotment als organisierendem Zentrum der Erzählung, auf lineares Erzählen und auf die Fiktion des auktorialen Erzählers verzichten, um der Illusion zu begegnen, die Geschichte des 20. Jahrhunderts sei erzählbar, als sei nichts gewesen. Bereits 2003 plädierten Konrad H. Jarausch und Michael Geyer angesichts einer »zerschmetterten« deutschen Vergangenheit für die Auflösung der großen Erzählungen in multiperspektivische Geschichten unterschiedlicher Gruppen und Akteure, für die zwar letztlich die Nation als nach wie vor dominantes Erinnerungskollektiv den Rahmen setzt, aber nicht mehr das primäre Referenzobjekt der Erzählung bildet. Nach dem Ende des nationalen Meisternarrativs sei, so Jarausch und Geyer, nicht etwa die Suche nach einem neuen Referenzobjekt, etwa in Form von Europa, der Schoah oder der Demokratie angezeigt, sondern die Bereitschaft, sich auf das unsichere Gelände partikularer Perspektiven mit ihrem »Eigensinn« und ihren »multiple histories« einzulassen.[61]

Dass sich weder das Gros der akademischen Geschichtsschreibung noch die großen historischen Museen an derlei ambitionierte Empfehlungen halten und stattdessen weiterhin das Genre der großen, kohärenten, totalisierenden Erzählung vom Gang der nationalen (oder europäischen) Geschichte pflegen, hat vielfältige Gründe, die hier nicht erörtert werden können.[62] Solange Geschichte mit großer Wirkung auf die Öffentlichkeit bevorzugt auf diese Weise erzählt wird, hat das Konzept der historischen Meistererzählung als analytische und kritische (nicht präskriptive) Kategorie alles andere als ausgedient.[63] Sehr viel unmittelbarer als die spezialisierten Studien der Zeitgeschichtsforschung bedienen Meistererzählungen ein gesellschaftliches Bedürfnis nach kollektiver Selbstvergewisserung, nach Orientierung und nach

60 Vgl. aus gesellschaftsgeschichtlicher Perspektive: Chris Lorenz, Postmoderne Herausforderungen an die Gesellschaftsgeschichte?, in: Geschichte und Gesellschaft 24 (1998), S. 617–632; Daniel Fulda, Die Texte der Geschichte. Zur Poetik modernen historischen Denkens, in: Poetica 31 (1999), S. 27–60; ders., Formen des Erzählens in der Zeitgeschichte. Gegenläufige Trends und ihr Zusammenhang, in: Zeitgeschichtliche Forschungen 6 (2009), S. 435–440; Jarausch/Geyer, Past. Konrad H. Jarausch und Michael Geyer begründen diese Zurückhaltung auch mit der Spezifik ihres Gegenstandes, der deutschen Geschichte.

61 Vgl. Jarausch/Geyer, Past, S. 17, 58–60, 101–108.

62 »From Levi Strauss to Lyotard, from Clifford to Fukuyama, we remain haunted by history, returning ever and again to big story even as we anxiously affirm our clear break with the evils of narrative mastery«; vgl. Klein, Search, hier: S. 276. Ann Rigney spricht vom »conservatism of most historians when it comes to writing« und sieht in der zunehmenden Lust am historischen Erzählen eine kompensatorische Reaktion auf die Digitalisierung der Medien; vgl. Rigney, History, S. 198. Für Daniel Fulda liegt die Erklärung in einer Arbeitsteilung zwischen »arrivierten« (d. h. die Meistererzählung pflegenden) und »nachfolgenden« (d. h. Meistererzählung kritisierenden) Forschergenerationen, was ebenfalls nur einen Teilaspekt benennt; vgl. Fulda, Formen.

63 Vgl. hierzu: Middell u. a., Sinnstiftung; Jarausch/Sabrow,»Meistererzählung«. Provokativ stellt Daniel Fulda fest:»Über die Geschichte der Bundesrepublik wird heute so geschrieben wie Sybel über Preußen schrieb«; Fulda, Formen, S. 435.

Identifikation; insofern spricht vieles dafür, bei der Analyse von Ausstellungen, die im staatlichen Auftrag die nationale Geschichte thematisieren, mit dem Konzept der historischen Meistererzählung zu arbeiten.

Kann man nun von einer »Meistererzählung« der Demokratie sprechen? In einer großen, transnational angelegten Synthese über die Geschichte der Demokratie hat *Paul Nolte* diese Frage verneint.[64] Bezogen auf die *deutsche* Geschichte *nach 1945* gelangt er in seinem Beitrag über »Historiografische Meistererzählungen deutscher Demokratie« allerdings zu einer anderen Einschätzung.[65] Vor dem Hintergrund des Scheiterns von Weimar und dessen Folgen neigten profilierte Historiker heute, anders als noch vor dreißig Jahren, dazu, die Geschichte der Bundesrepublik weitgehend als eine »progressive Erlösungs-, Erfüllungs- und Ankunftsgeschichte« zu erzählen. Diese neue Meistererzählung der deutschen Nachkriegsdemokratie werde, so Nolte, nicht losgelöst von der nationalsozialistischen Diktatur vorgetragen, im Gegenteil: Ihr Emplotment sieht Nolte in der »Erlösung und Wiedergutmachung im Blick auf die nationalsozialistische Vergangenheit«. Genau dieses kompensatorische Moment einer durch und durch nationalen Meistererzählung wirft indessen die Frage auf, wann eine Geschichte der deutschen Demokratie im Kontext »europäischer und globaler Demokratiedynamiken« erzählbar wird, die sich »nicht mehr primär als Reparatur von Schäden des ›Dritten Reichs‹ begreifen lässt«. Zudem weist Nolte auf konkurrierende, vorwiegend in der Fachwissenschaft etablierte Gegennarrative hin, die – wie etwa in der Debatte um die »Postdemokratie« – eine Niedergangserzählung der Demokratie im Zeichen des »Neoliberalismus« konstruieren.

Auf die Suche nach einer Meistererzählung der Demokratie hat sich *Thomas Hertfelder* in die drei großen Geschichtsmuseen des Bundes begeben.[66] Seine Analyse macht deutlich, dass die Ausstellung des Deutschen Historischen Museums in Berlin nicht nur auf eine nationale Meistererzählung, sondern auch auf ein Demokratienarrativ weitgehend verzichtet. Die dadurch gewonnene Offenheit der Interpretation verleihe der Ausstellung ein überraschend »modernes« Gepräge, habe allerdings, so sein Befund, in der elitenkulturellen Perspektivierung, die das Museum vornimmt, ihre Begrenzung und ihren Preis: Aufgrund ihrer geringen narrativen Kohärenz biete die Ausstellung kein Deutungsmuster, das ohne Weiteres erinnerungskulturell memorierbar wäre. Ganz anders fällt Hertfelders Befund für das Haus der Geschichte der Bundesrepublik in Bonn aus, dessen stark inszenierte Dauerausstellung eine ebenso dichte wie kohärente Narration der Demokratie der Bundesrepublik im Sinne einer Erfolgs- und Fortschrittsgeschichte entfalte und damit ein Beispiel für ebenjene neue Meistererzählung liefere, auf die Paul Nolte hingewiesen hat. In der Dauerausstellung des Zeitgeschichtlichen Forums Leipzig schließlich

---

64 Vgl. Nolte, Demokratie, S. 424.
65 Beitrag von Paul Nolte in diesem Band, S. 121–137.
66 Beitrag von Thomas Hertfelder in diesem Band, S. 139–178.

erkennt Hertfelder das Narrativ einer »revolutionären Romanze«, welches die Parole »Wir sind das Volk« auf die gesamte Geschichte der DDR projiziert und – unter Rückgriff auf ein prominentes Erzählmuster der Revolutionsgeschichtsschreibung des 19. Jahrhunderts – die Friedliche Revolution von 1989/90 in eine mächtige Deutungsfigur vom Ende der DDR und von der erfolgreichen Bewerkstelligung der Wiedervereinigung integriert. Trotz dieses starken Deutungsangebots könne aufgrund der Fragmentierung der DDR-Erinnerung in unterschiedliche, kontroverse Gedächtnismilieus von einer Meistererzählung der DDR-Geschichte im Sinne einer demokratischen Ankunftserzählung allerdings keine Rede sein.

Erstaunliches fördert *Andreas Biefang* in seinem Beitrag über die Erinnerungsstätte für den Herrenchiemseer Verfassungskonvent und die Frankfurter Paulskirche zutage.[67] Die Frankfurter Paulskirche wirke in ihrer aktuellen Raumgestaltung, so Biefang, »wie die unfreiwillige Inszenierung des Triumphs der Gegenrevolution«, während die ihr zugeordnete Ausstellung eine überraschend staatszentrierte Perspektive einnehme. Dies gelte erst recht für die Erinnerungsstätte auf Herrenchiemsee, die sich mit der Arbeit des Verfassungskonvents vom August 1948 beschäftigt. Bemerkenswert und verwunderlich bleibt für Biefang das Resultat, dass sowohl die Frankfurter Paulskirche als auch die Erinnerungsstätte auf Herrenchiemsee zwar an zentrale Momente demokratischer Verfassungsgebung in Deutschland erinnern, dabei aber den demokratischen Souverän weitgehend ausblenden und zudem darauf verzichten, dessen verblüffende Abwesenheit und die damit verbundenen Legitimationsprobleme für eine Geschichte der Demokratie zu thematisieren. In Biefangs Interpretation erliegen beide Orte einer Tendenz zur retrospektiven Harmonisierung bzw. Ignorierung zentraler zeitgenössischer Konflikte. Durch ihre Thematisierung in den Ausstellungen hätten entscheidende Legitimationsfragen parlamentarischer Demokratie erörtert werden können.

Im Licht solcher Ergebnisse muss die Frage nach einer Meistererzählung der Demokratie in Deutschland also differenziert beantwortet werden: Während zumindest die Dauerausstellung des Bonner Hauses der Geschichte und die meisten neueren Synthesen zur Geschichte der Bundesrepublik einer immer markanter werdenden Meistererzählung der deutschen Demokratie nach 1945 folgen, fügen sich das Zeitgeschichtliche Forum Leipzig, die Frankfurter Paulskirche und die Erinnerungsstätte auf Herrenchiemsee in das hegemoniale Deutungsmuster aus ganz unterschiedlichen Gründen nur sehr bedingt ein.

---

67 Beitrag von Andreas Biefang in diesem Band, S. 179–196.

3. Personenzentrierte Zugänge zur Demokratiegeschichte

Zwar mangelt es im Zeitalter der Massendemokratie nicht an Nachrufen auf das »historische Individuum«, doch hat gerade die Demokratie in Gestalt des »demokratischen Führers«[68] einen neuen Typus des Politikers und Staatsmanns hervorgebracht, dem das öffentliche Interesse nicht minder gilt als einst den Monarchen. Demokratische Politiker müssen um ihre Wahl werben, ihre Entscheidungen vor dem »Demos« begründen, ihre Politik, ihre Biografie und ihr Auftreten in zustimmungsfähiger Weise inszenieren und sich als historische Persönlichkeit entwerfen. Dies gilt zumal in einer Zeit der Professionalisierung, Personalisierung und Medialisierung des Wahlkampfs.[69] Die Inszenierung demokratischer Politik erweist sich vor diesem Hintergrund als durchaus ausstellungsaffin: Öffentliche Reden, Wahlplakate, Foto- und Filmmaterial sind für das 20. Jahrhundert im Überfluss tradiert, und die Kuratorinnen und Kuratoren von Ausstellungen greifen gerne darauf zurück.

Das Genre der biografischen Ausstellung eines demokratischen Politikerlebens nahm seinen Ausgang mit der Entscheidung des amerikanischen Präsidenten Franklin D. Roosevelt nach Beginn seiner dritten Amtszeit im Juni 1941, ein auf seinem Familienbesitz in Hyde Park im Hudson Valley liegendes Gebäude der Öffentlichkeit zu übergeben, das er dafür errichtet hatte, als Archiv, Museum und Bibliothek seiner Präsidentschaft zu dienen. Damit war der Prototyp der Presidential Library geboren: Seit Roosevelt hat sich jeder US-Präsident bei seinem Ausscheiden aus dem Amt unter Aufbietung enormer privater Spendensummen eine Presidential Library errichten lassen, um die Nachwelt von seiner historischen Bedeutung zu überzeugen.[70] In abgewandelter und weitaus bescheidenerer Form machte das geschichtspolitische Erfolgsmodell der Presidential Library auch in der Bundesrepublik Deutschland Schule: Unmittelbar nach Konrad Adenauers Tod schenkten im Dezember 1967 dessen Erben der Bundesrepublik sein Anwesen in Rhöndorf. Daraufhin errichtete diese die Stiftung Bundeskanzler-Adenauer-Haus, die das ehemalige Wohnhaus des »Alten« als öffentliche Erinnerungsstätte an das Wirken des ersten deutschen Bundeskanzlers betreibt und die 1978 in eine Stiftung des öffentlichen Rechts umgewandelt wurde.[71] Diesem Muster folgend wurden per Bundesgesetz nach und nach vier weitere Stiftungen gegründet, die an originalen Schau-

---

68 Vgl. den kanonischen Text von: Max Weber, Parlament und Regierung im neugeordneten Deutschland, in: ders., Gesammelte Politische Schriften, hg. v. Johannes Winckelmann, Tübingen ²1958, S. 294–431.
69 Vgl. Thomas Mergel, Propaganda nach Hitler. Eine Kulturgeschichte des Wahlkampfs in der Bundesrepublik 1949–1990, Göttingen 2010.
70 Thomas Hertfelder, In Presidents we trust. Die amerikanischen Präsidenten in der Erinnerungspolitik der USA, Stuttgart 2005; Benjamin Hufbauer, Presidential Temples. How Memorials and Libraries Shape Public Memory, Lawrence 2005.
71 Vgl. Stiftung Bundeskanzler-Adenauer-Haus, Konrad Adenauer. Dokumente aus vier Epochen deutscher Geschichte. Das Buch zur Ausstellung, Bad Honnef/Rhöndorf 1997, S. 9–13.

plätzen in ständigen Ausstellungen an Friedrich Ebert, Theodor Heuss, Willy Brandt und Otto von Bismarck erinnern.[72] Sieben der in diesem Buch analysierten Ausstellungen sind den genannten Staatsmännern gewidmet und geben Anlass, danach zu fragen, welche Rolle Persönlichkeiten in der musealen Präsentation der deutschen Demokratiegeschichte spielen.[73] Auch die großen Ausstellungshäuser des Bundes bedienen sich gerne personalisierender Darstellungsweisen, sodass im dritten Kapitel dieses Bandes die Frage nach biografischen und personalisierenden Zugriffen im Mittelpunkt steht.

Unter ihrem Motto »Biografien erzählen – Geschichte entdecken« folgen die Politikergedenkstiftungen des Bundes einem gesetzlichen Auftrag.[74] In ihren Ausstellungen versuchen sie unter anderem aufzuzeigen, welchen Beitrag der jeweilige Staatsmann zur Fortentwicklung der Demokratie in Deutschland geleistet hat. Damit finden sie sich inmitten der geschichtswissenschaftlichen und erinnerungspolitischen Diskussion um die Rolle der Persönlichkeit bzw. des »hegemonialen Akteurs« in der Geschichte wieder. Reden die Stiftungen mit ihrem Fokus auf eine herausragende historische Persönlichkeit dem treitschkeschem Diktum »Männer machen die Geschichte« das Wort?[75] Oder machen sich die Kuratoren die Erkenntnisse der neueren Biografik zunutze, indem sie sich der Biografie von ihren Brüchen her nähern und den »Helden« in gebotener Distanz historisieren? Wird die Biografie als ein Prisma genutzt,[76] an dem sich politische, gesellschaftliche, kulturelle und wirtschaftliche Entwicklungen der Zeit auffächern lassen?

Bei den großen Ausstellungshäusern des Bundes und den Orten zur Erinnerung an die Demokratiegeschichte des 19. Jahrhunderts stehen historische Persönlichkeiten zumeist nicht im Zentrum der Betrachtung. Aber bei aller Komplexität der wirtschaftlichen, politischen und gesellschaftlichen Entwicklungen können die Ausstellungen zumindest aus didaktischen Gründen nicht ganz auf den Menschen

---

72 Vgl. Biografien erzählen, Geschichte entdecken. Die Politikergedenkstiftungen des Bundes, http://www.politikergedenkstiftungen.de (letzter Aufruf: 17.6.2016).
73 Vgl. hierzu auch die Beiträge von Irmgard Zündorf und Michele Barricelli in diesem Band.
74 Gesetz über die Errichtung der Stiftung Bundeskanzler-Adenauer-Haus vom 24.11.1978, in: Bundesgesetzblatt 1978/I, S. 1821; Gesetz über die Errichtung der Reichspräsident-Friedrich-Ebert-Gedenkstätte vom 19.12.1986, in: Bundesgesetzblatt 1986/I, S. 2553; Gesetz über die Errichtung der Stiftung Bundespräsident-Theodor-Heuss-Haus vom 27.5.1994, in: Bundesgesetzblatt 1994/I, S. 1166; Gesetz über die Errichtung der Bundeskanzler-Willy-Brandt-Stiftung vom 25.10.1994, in: Bundesgesetzblatt 1994/I, S. 3138; Gesetz über die Errichtung der Otto-von-Bismarck-Stiftung vom 23.10.1997, in: Bundesgesetzblatt 1997/I, S. 2582.
75 Heinrich von Treitschke, Deutsche Geschichte im neunzehnten Jahrhundert. Band 1: Bis zum zweiten Pariser Frieden, Leipzig ⁶1897, S. 28; vgl. auch: Thomas Hertfelder, Machen Männer noch Geschichte? Das Stuttgarter Theodor-Heuss-Haus im Kontext der deutschen Gedenkstättenlandschaft, Stuttgart 1998, sowie die Beiträge in: Astrid M. Eckert (Hg.), Institutions of Public Memory. The Legacies of German and American Politicians, Washington 2007.
76 Vgl. Barbara Tuchman, Die Biographie – ein Prisma der Geschichte, in: dies: In Geschichte denken. Essays, Düsseldorf 1984; Ulrich Herbert: Best. Biographische Studien über Radikalismus, Weltanschauung und Vernunft 1903–1989, Bonn 1996, S. 19 f. u. 25.

als »handlungs- und damit geschichtsmächtigen Protagonisten des historischen Geschehens«[77] verzichten. In welchem Verhältnis stehen im Darstellungsmedium »Ausstellung« historischer Prozess und Beitrag des Individuums zueinander? Lässt sich ein Trend erkennen, dass historische Museen verstärkt auf personalisierte Zugänge zur Geschichte setzen?[78] Werden nur die großen politischen Entwicklungen und die mächtigen Entscheider in den Ausstellungen gewürdigt oder spielt auch der demokratische Souverän eine Rolle?

Als ein besonders »demokratischer« Zugang zur Geschichte gilt seit den späten 1970er-Jahren die Oral History. In bewusster Abkehr von einer Strukturgeschichte erschließt sie die Lebenswelten und Erfahrungen der »kleinen Leute«.[79] Ihr Anliegen war: in lokalhistorischer Perspektive die Geschichte von Personen zu erzählen, die in den »oft apologetischen Meistererzählungen«[80] nicht vorkamen. In Ermangelung der dafür notwendigen Quellen wurden die Zeugen der Geschichte nach ihren Erlebnissen befragt. Dabei war den Verfechtern dieses Ansatzes stets klar, dass mit individuellen Lebensberichten allein keine exakte Rekonstruktion historischer Vorgänge möglich ist, sondern nur eine Ergänzung oder Korrektur vorherrschender Perspektiven. Schließlich neigen Befragte dazu, keineswegs nur von historischen Ereignissen zu berichten, sondern deuten vielmehr ihre individuellen Erlebnisse im Licht biografischer Erfahrungen und aktueller Ereignisse.[81]

Die Erschließung von Lebens- und Erfahrungswelten in der historischen Forschung und ihre öffentliche Präsentation in Ausstellungen wäre ohne die erfolgreiche Etablierung der Oral History als geschichtswissenschaftliche Methode gar nicht möglich gewesen. Wenn Ausstellungsmacher die sogenannten kleinen Leute als Subjekte der Geschichte in die Darstellung einbeziehen, ist folglich danach zu fragen, inwieweit sie die methodischen Standards der Oral History berücksichtigen oder ob sie sich nicht eher an einem anderen Modell orientieren, nämlich dem wirkmächtig etablierten Typus der Präsentation von Zeitzeugenschaft im Geschichtsfernsehen.

Auf jeden Fall hat die Figur des Zeitzeugen für die Ausstellungsarbeit in den vergangenen Jahren erkennbar an Bedeutung gewonnen. In Gedenkstätten und Museen, die dem Nationalsozialismus und der Ermordung der europäischen Juden gewid-

---

77 Michele Barricelli, Darstellungskonzepte von Geschichte im Unterricht, in: ders./Martin Lücke (Hg.), Handbuch Praxis des Geschichtsunterrichts. Bd. 2, Schwalbach am Taunus 2012, S. 202–223, hier: S. 219.
78 Erste Formen dieser individuellen Zugänge gab es im United States Holocaust Memorial Museum und im Auswandererhaus Bremerhaven, wo Einzelpersonen bzw. Einzelbiografien als ständige Ausstellungsbegleiter eingesetzt werden.
79 Vgl. hierzu zusammenfassend: Knud Andresen u. a., Es gilt das gesprochene Wort. Oral History und Zeitgeschichte heute, in: dies. (Hg.), Es gilt das gesprochene Wort. Oral History und Zeitgeschichte heute, Göttingen 2015, S. 7–24.
80 Dorothee Wierling, Zeitgeschichte ohne Zeitzeugen. Vom kommunikativen zum kulturellen Gedächtnis – drei Geschichten und zwölf Thesen, in: BIOS 21 (2008) 1, S. 28–36, hier: S. 31.
81 Ebd., hier: S. 31.

met sind, spielen Zeitzeugen[82] heute eine zentrale Rolle. Dies war jedoch nicht immer so. Erst ab Mitte 1980er-Jahre – in der neu aufgeflammten Debatte um ein Ende des kollektiven »Beschweigens« der nationalsozialistischen Vergangenheit – fanden Zeitzeugen zunehmend das Interesse der Kuratorinnen und Kuratoren. Den bis dato eingeübten Ritualen der Vergangenheitsbewältigung sollte die Verfolgungs- und Leidensrealität der individuellen Opfer gegenübergestellt werden.[83] In den Mittelpunkt des öffentlichen Interesses rückte die Figur des Zeitzeugen schließlich durch die Geschichtsdokumentationen des Zweiten Deutschen Fernsehens in den 1990er-Jahren, die sich vor allem mit den Themen »Zweiter Weltkrieg« und »Holocaust« beschäftigten. TV-Journalisten pflegten die Zeitzeugen allerdings nach ganz anderen Kriterien und Zielsetzungen zu befragen als die Historiker der Oral History, die mit einer ethischen Haltung und einer wissenschaftlichen Methode vorgingen. Für das Fernsehen musste sich der individuelle Lebensbericht der »storyline« des jeweiligen Sendeformats anpassen. Der Zeitzeuge der Oral History der 1980er- wandelte sich somit zum öffentlichen und medialen Zeitzeugen der 1990er-Jahre. Die mediale Darstellung der Geschichte des Nationalsozialismus und des Holocaust scheint seither ohne die Zeitzeugen und mithin ohne eine Präsentation individueller Leidenserfahrung nicht mehr auszukommen. Die individuelle Leidensgeschichte und ihre öffentliche Verhandlung sind nach Martin Sabrow zu einer »Leitfigur des öffentlichen Geschichtsdiskurses nicht nur in Deutschland, sondern in der gesamten westlichen Welt« geworden.[84]

Dies wirft die Fragen auf, wie Zeitzeugeninterviews medialer Machart verwendet werden können.[85] Vielfach werden die Lebensberichte völlig unhinterfragt für die öffentliche Rekonstruktion von Geschichte benutzt. Der spezifisch »demokratische« Zugang zur Geschichte, den die Oral History noch für sich reklamierte, ist in den medial aufbereiteten Zeitzeugenberichten gänzlich verschwunden. Zeithistoriker kritisieren zudem, dass in der medialen Präsentation von Geschichte die Zeitzeugen der NS-Geschichte und des Holocaust zu »Statisten und Stichwortgebern historischer Sinnbilder«[86] und damit zu »autoritativen Beglaubigungsinstanzen« sowie zu »affirmativen Belegspendern«[87] geworden seien.

---

82 Zur Geschichte des Begriffs »Zeitzeuge« vgl.: Martin Sabrow, Der Zeitzeuge als Wanderer zwischen zwei Welten, in: ders./Norbert Frei (Hg.), Die Geburt des Zeitzeugen nach 1945, Göttingen 2012, S. 13–32, hier: S. 14–19.
83 Sabrow, Zeitzeuge, hier: S. 14–19; Frank Bösch, Geschichte mit Gesicht. Zur Genese des Zeitzeugen in Holocaust-Dokumentationen seit den 1950er Jahren, in: Thomas Fischer/Rainer Wirtz (Hg.), Alles authentisch? Popularisierung der Geschichte im Fernsehen, Konstanz 2008, S. 51–73.
84 Sabrow, Zeitzeuge, hier: S. 19.
85 Dorothee Wierling spricht sich sogar für eine »Befreiung der Zeitgeschichte vom Zeitzeugen« aus. Wierling, Zeitgeschichte, hier: S. 36.
86 Ebd., hier: S. 31.
87 Sabrow, Zeitzeuge, hier: S. 25.

Gleichwohl möchten Ausstellungsmacher und Museumspädagogen nicht auf Zeitzeugen als Vermittler von Authentizität verzichten, zumal sich diese mit ihren Lebensberichten genau an der Nahtstelle zwischen Vergangenheit und Gegenwart befinden. Eine Begegnung mit Zeitzeugen scheint eine direkte und unverfälschte Begegnung mit der Geschichte zu ermöglichen. Die Relevanz geschichtlicher Ereignisse für die Gegenwart wird somit augenfällig und muss nicht umständlich erklärt werden.

Wie steht es nun um die Zeugen der Demokratie? Obwohl das Kriegsende schon 70 Jahre zurückliegt, so stellen Knud Andresen, Linde Apel und Kirsten Heinsohn fest, seien die Erlebnisse der Zeitzeugen der NS-Verbrechen öffentlich wesentlich präsenter als die Erfahrungen der mindestens drei Generationen, die den Nationalsozialismus nicht mehr bewusst wahrgenommen, sondern in Westdeutschland Wiederaufbau, Kalten Krieg, Ausbau der Konsumgesellschaft und des Sozialstaats, deutsche Teilung, Mauerbau, Mauerfall und Wiedervereinigung miterlebt haben.[88] Ein möglicher Grund hierfür könnte darin liegen, dass sich die Oral History den Erfahrungen dieser Generation noch nicht in vollem Maße zugewandt hat. Lebenswege, die von sozialem Aufstieg und materieller Absicherung berichten, weisen offensichtlich einen geringeren Spannungsbogen auf als Erzählungen von Krieg und Diktatur. Zudem passen sie nicht zu jenem »opferzentrierten« Erinnern, das als charakteristisch für die Erinnerungskultur der Gegenwart gilt.[89] Sind sie deshalb weniger erzählenswert?[90] Ist die Forschung »für die revolutionäre Tiefe von Veränderungen mitten im Frieden«[91] noch nicht sensibilisiert? Während die »dramatische Zeitzeugenschaft«[92] der NS-Zeit in Deutschland ihre Fortsetzung in der Geschichte der DDR findet, bildet die Zeitzeugenschaft der bundesrepublikanischen Geschichte offenbar einen anderen Typus.

Dass zeitgeschichtliche Ausstellungen sich der Figur des Zeitzeugen bedienen, liegt nahe, schließlich gehören Authentizität und Originalität des Materials zu den Gütekriterien des Museums. Wie also werden Zeitzeugen in den großen Ausstellungshäusern des Bundes eingesetzt? Welche Funktion kommt ihnen dabei zu? Dienen sie lediglich als »affirmative Belegspender« und »Stichwortgeber« für eine übergeordnete Meistererzählung?

Michele Barricelli löst sich in seiner Analyse der ständigen Ausstellungen der fünf Politikergedenkstiftungen von den Fragestellungen der geschichtswissenschaft-

---

88 Andresen u. a., Wort, hier: S. 13.
89 Vgl. Martin Sabrow, »Erinnerung« als Pathosformel der Gegenwart, in: ders. (Hg.), Der Streit um die Erinnerung, Leipzig 2008, S. 9–24, hier: S. 15; Ulrike Jureit/Christian Schneider, Gefühlte Opfer. Illusionen der Vergangenheitsbewältigung, Stuttgart 2010, S. 15–37.
90 Diese Frage stellen insbesondere: Andresen u. a., Wort, hier: S. 13.
91 Axel Schildt, Ankunft im Westen. Ein Essay zur Erfolgsgeschichte der Bundesrepublik, Frankfurt am Main 1999, S. 22.
92 Wierling, Zeitgeschichte, hier: S. 28.

lichen Biografik und begegnet den Ausstellungen stattdessen aus der Perspektive der Erzähltheorie.[93] Bei biografischen Ausstellungen handele es sich mitnichten »um die Abbildung einer (vorher) niedergeschriebenen Biografie in Vitrinen und auf Tafeln«, zumal sich im Museum die schöpferische Tätigkeit auf viele Häupter statt auf einen einzigen Autor verteile. Barricelli postuliert die Musterhaftigkeit gelungener Lebensläufe, die in den Ausstellungen als bleibender Wert für die Nachwelt entworfen werden. Dennoch stellt sich auch für ihn die von der Biografik aufgeworfene Frage, wie die Ausstellungen den permanenten Kampf zwischen Nähe und Distanz bzw. Identifikation und Abgrenzung bewältigen.[94]

Bernd Braun wendet sich in seinem Beitrag über das Hambacher Schloss, über die Rastatter Erinnerungsstätte für die Freiheitsbewegungen in der deutschen Geschichte und über den Friedhof der Märzgefallenen in Berlin-Friedrichshain gegen die Bezeichnung »Märtyrer« für diejenigen, die im Kampf für die Demokratie ihr Leben lassen mussten.[95] In der Tat gehört der Begriff des »Märtyrers« nicht in das analytische Vokabular des Historikers. Gleichwohl stellt sich die Frage, inwieweit etwa die Märzgefallenen von 1848 in der öffentlichen Erinnerung mit Zügen des Märtyrers versehen werden – gleichsam in Fortführung zivilreligiöser Deutungsmuster der Revolutionsepoche. Braun unterstreicht den erinnerungskulturellen Nutzen des biografischen Ansatzes. Er betont, dass die von ihm untersuchten Erinnerungsstätten keinen Märtyrerkult betreiben und überrascht mit der Empfehlung, einzelne »Märzgefallene« wie Ernst Zinna und hingerichtete Revolutionäre wie Ernst Elsenhans als »ideale Identifikationsfiguren« zu betrachten.

Harald Schmid präsentiert die Ergebnisse seiner Suche nach Museen, Gedenkstätten oder Erinnerungsorten in Deutschland, die maßgeblichen historischen Akteuren der Demokratisierung gewidmet sind.[96] Die erste empirische Annäherung zeigt eine auffällige Dichte von Erinnerungsorten im Südwesten Deutschlands. Dies ist allerdings keine Überraschung, denn diese Region war einer der »Gravitationsschwerpunkte der Revolutionsgeschichte von 1848/49«. Die Erinnerung konzentriert sich in Baden-Württemberg indessen eher auf Orte und Ereignisse und weniger auf Personen. Schmid führt plausible Gründe für die Randständigkeit der Erinnerung an Demokraten an. So werde die Dominanz des »negativen Gedächtnisses« von einer verbreiteten Überzeugung getragen, »demokratische Lernpotenziale seien vorwiegend im diktatorischen-verbrecherischen Gegenbild von NS- und SED-

---

93 Beitrag von Michele Barricelli in diesem Band, S. 199–222.
94 Es bleibt daher ein Desiderat der Forschung, biografische Ausstellungen dahingehend zu untersuchen, ob sie in Konzeption und Realisierung die Fragen der geschichtswissenschaftlichen Biografieforschung berücksichtigt haben. Wird beispielsweise der Sehnsucht vieler Ausstellungsbesucher nach abgeschlossenen und geglätteten Lebensläufen nachgegeben oder werden ganz neue Formen der Darstellung eines Lebens im historischen Kontext ausprobiert?
95 Beitrag von Bernd Braun in diesem Band, S. 223–246.
96 Beitrag von Harald Schmid in diesem Band, S. 247–264.

Staat zu finden«. Zudem fehle das zivilgesellschaftliche Engagement, wie es etwa in der Erinnerung an die NS-Verbrechen zum Ausdruck komme, für die Etablierung von Stätten der Demokratieerinnerung. Möglicherweise sei das eher geringe Interesse an demokratischen Traditionen in Deutschland aber auch darauf zurückzuführen, dass die Demokratie hierzulande nicht als gefährdet gelte, sondern vielfach als selbstverständlich hingenommen werde.

Jürgen Lillteicher widmet sich vornehmlich der Präsentation von Zeitzeugen und Zeitzeugeninterviews in den großen Ausstellungshäusern des Bundes.[97] Ob Zeitzeugen und damit auch alltags- und lebensgeschichtliche Perspektiven in einer Ausstellung Platz finden, so Lillteicher, hänge vielfach davon ab, wie die einzelnen Häuser ihren gesetzlichen Auftrag interpretierten und wie sie sich mit ihren Ausstellungen in der geschichtswissenschaftlichen, erinnerungspolitischen und geschichtsdidaktischen Diskussion positionierten. So finden sich im DHM, das einer objektzentrierten,»konservativen Museumsästhetik«[98] und einer Politikgeschichte der Eliten verpflichtet bleibt, weder Zeitzeugenberichte noch nennenswerte biografische Angebote. Das Haus der Geschichte in Bonn hingegen biete in seiner inszenatorischen Ausstellung als Zusatzangebot lebensgeschichtliche Perspektiven an und setze im Wesentlichen auf die Wirkung des medialen Zeitzeugen. Von den untersuchten Häusern orientiere sich nur das Zeitgeschichtliche Forum Leipzig erkennbar an den Methoden der Oral History. So könne sich zur eigentlichen Ausstellung, die Opposition, Widerstand und die erfolgreiche Friedliche Revolution thematisiert, eine Gegenerzählung etablieren, die vom Arrangement mit der SED-Diktatur und von der Enttäuschung der Menschen nach dem Systemwechsel erzähle. In einem Museum wie dem Berliner»Tränenpalast«, das der deutsch-deutschen Erfahrungsgeschichte mit dem DDR-Grenzregime und der Überwindung der Teilung im Einigungs- und Demokratisierungsprozess 1989/90 gewidmet ist, sei das Zeitzeugeninterview das ausstellungsdidaktische Mittel der Wahl.

Das Feld der Demokratieerinnerung bildet in der wissenschaftlichen wie auch in der erinnerungspolitischen Diskussion gleichermaßen eine noch kaum vermessene Terra incognita. Daher haben die Herausgeber des Bandes zwei profilierte Experten darum gebeten, die Erinnerung an Demokratie in Deutschland abschließend und unter übergreifenden Perspektiven zu diskutieren. *Richard Schröder* hat eine sprachlich zunächst kaum merkliche, für die Diskussion jedoch entscheidende Verschiebung der Perspektive vorgenommen, indem er vom Gedenken *in* der Demokratie spricht statt vom Erinnern *an* Demokratie.[99] Somit geraten ihm Formen und Defizite der Erinnerung an die SED-Diktatur in den Blick. Einen Problemkern der

---

97 Beitrag von Jürgen Lillteicher in diesem Band, S. 265–298.
98 Jürgen Kocka, Ein chronologischer Bandwurm. Die Dauerausstellung des Deutschen Historischen Museums, in: Geschichte und Gesellschaft 32 (2006), S. 398–411, hier: S. 408.
99 Beitrag von Richard Schröder in diesem Band, S. 301–316.

Demokratieerinnerung in Deutschland trifft Schröder mit seiner These, Erinnern in der Demokratie sei stets bipolar angelegt, indem es Freiheit nur in Abgrenzung von Unfreiheit und Diktatur zu denken vermöge: Das Erinnern an Demokratie sei also vom Erinnern an Diktatur und Gewaltherrschaft nicht zu trennen. Seine Feststellung, Opposition und Widerstand kämen in der DDR-Erinnerung ebenso notorisch zu kurz wie die Transformationsphase der Jahre 1989/90, verweist im Übrigen erneut auf die These des vorliegenden Bandes, dass die Erinnerung an Demokratie hierzulande marginalisiert sei. Liegt dies an einer »unter uns weitverbreiteten Unfähigkeit zur Freude an der Freiheit«, wie Schröder vermutet? *Martin Sabrow* entwickelt in seinem weit ausgreifenden »Versuch über die Schwierigkeiten des Demokratiegedächtnisses« einen anderen, tiefer liegenden Erklärungsansatz.[100] »Merkwürdig ortlos« seien die Gründungsmythen der parlamentarischen Demokratie hierzulande geblieben, stellt auch er fest, doch sieht er hier weniger eine spezifisch deutsche Unfähigkeit zur Freude am Werk als vielmehr einen fundamentalen Wandel der Modi des Erinnerns: Die einstmals vorwaltende, mimetische Aneignung von Traditionsbeständen habe in den vergangenen dreißig Jahren einem Erinnern Platz gemacht, das sich zur Vergangenheit nur noch kritisch und im Modus der Katharsis in Beziehung zu setzen vermöge. Im Verständnis der gegenwärtigen Geschichtskultur könne man aus der Vergangenheit nur lernen, indem man sich entschieden von ihr distanziere. So werde Vergangenheit vorwiegend als »Albtraum historischen Versagens« imaginiert. Wer unter solchen Prämissen dennoch den Versuch einer Vergegenwärtigung demokratischer Geschichtsperioden unternehme, müsse diese, um dem Narrativ Legitimität zu verleihen, in einen Bedrohungsrahmen einbetten: Das Menetekel eines permanent drohenden Rückfalls in vordemokratische Zustände bildet den Hintergrund, vor dem wir heute nach Hitler legitimerweise die Geschichte der Demokratie in Deutschland erzählen können.

4. Resultate und Perspektiven

Die überwiegende Mehrzahl der hier versammelten Beiträge legt nahe, dass die Demokratie in Deutschland nicht als normativ-statisches Konzept, sondern mittlerweile als ein dynamischer, historischer Prozess zum Gegenstand öffentlichen Erinnerns geworden ist. Anders als noch vor dreißig Jahren wird sie nicht mehr ausschließlich oder vorwiegend als normatives Gegenprojekt zu einer braunen oder roten Diktatur imaginiert, sondern vielmehr in ihrem steten Wandel sowie in ihrer erstaunlichen Responsivität und Integrationsfähigkeit historisiert. In besonders augenfälliger Weise gilt dies für die Darstellung der Bundesrepublik, deren Demokratie in den beiden großen Ausstellungshäusern in Umrissen als ein konflikthafter Aushandlungsprozess und ein aus Katastrophen lernendes System erscheint. Die Historisierung der Bundesrepublik mag eher kritisch (wie im DHM) oder eher affir-

---

100 Beitrag von Martin Sabrow in diesem Band, S. 317–333.

mativ (wie im HdG) getönt sein, in beiden Varianten profitieren die Ausstellungen von Fremdheits- und Alteritätseffekten, die das gelegentlich durchscheinende pädagogische Pathos auf wohltuende Weise einhegen.

Die Ausgangshypothese, dass in Deutschland die Erinnerung an Demokratie von der an die Diktaturen weder historiografisch noch erinnerungskulturell getrennt werden kann, haben die Beiträge an einer ganzen Reihe von Beispielen aus der Praxis bestätigt: Das Erinnern an Demokratie bleibt auf vielfache Weise gerahmt vom Erinnern an das nationalsozialistische Regime und den staatlich betriebenen Völkermord; in kaum einer der in diesem Band untersuchten Ausstellungen bleibt dieser Zusammenhang gänzlich ausgeblendet. Wie diese Rahmung in den Ausstellungsnarrativen im Einzelnen konkret konstruiert und sinnfällig gemacht wird, bleibt freilich eine ebenso offene wie anregende Frage, die zu weiteren Forschungen stimulieren sollte. Umfasst der Bedrohungsrahmen auch die Erinnerung an demokratische Bewegungen des 19. Jahrhunderts, etwa im Sinne der noch mächtig nachwirkenden These vom »deutschen Sonderweg«? Inwieweit wird die Republik von Weimar noch immer (und gegen einen klaren Trend der jüngeren Forschung) als Exempel spektakulären Demokratieversagens, mithin als Vorgeschichte der nationalsozialistischen Diktatur dargestellt? Oder wird, gegenläufig dazu, das demokratische Potenzial der Weimarer Republik, das jenseits vermeintlicher Strukturmängel weit über die Zäsuren von 1933 und 1945 hinausweist, als Chance und Struktur sui generis thematisiert? Oder spricht nicht vielmehr einiges für die Vermutung, die Weimarer Republik verliere mit ihrer einstmals so prominenten Funktion als warnendes Exempel überhaupt ihren Ort in der deutschen Erinnerungslandschaft?

Die Aufsätze in diesem Band machen klar, dass die Erinnerung an Stationen und Akteure der Demokratiegeschichte nach 1945 zwar nach wie vor auf die NS-Diktatur und die daraus erwachsenden Belastungen rekurriert, in diesem negativen Rekurs jedoch mitnichten aufgeht. Schon deshalb, weil die Ausstellungen die Geschichte der Bundesrepublik auch in ihren erfahrungsgeschichtlichen Dimensionen einzufangen suchen, präsentieren sie die Demokratie nach 1945 keineswegs mehr als eine bloße Resozialisierungsmaßnahme nach der Katastrophe des »Dritten Reichs«. So ist zu vermuten, dass der Bezug auf die Jahre 1933 bis 1945 in der Demokratieerinnerung der Bundesrepublik zwar weiterhin präsent bleiben, sich im Rückblick auf über 70 Jahre Demokratiegeschichte aber eher abschwächen wird, und zwar zugunsten aktueller Bedrohungsszenarien, etwa dem des Demokratieversagens oder des drohenden Zerfalls eines politisch verfassten Europa.

Für die Demokratie der Bundesrepublik als Gegenstand öffentlicher Erinnerung eröffnen die Beiträge dieses Bandes ein ganzes Spektrum anregender Fragen, etwa zur Konstruktion der immer mächtiger werdenden Meistererzählung einer Ankunfts- und Erfolgsgeschichte der zweiten deutschen Republik:[101] Wie genau fügt sich der

---

101 Vgl. hierzu den Beitrag von Thomas Hertfelder in diesem Band.

doppelte Diktaturbezug in diese Erzählung ein? Was geschieht mit jenen historiografisch gesicherten Befunden und den sich daran knüpfenden Erfahrungen und Erinnerungen, die zu diesem Narrativ nicht so recht passen wollen?[102] Werden sie ausgeblendet, wegerzählt, umgedeutet? Wie gehen Ausstellungen, die der Meistererzählung folgen, mit jenem von Herfried Münkler attestierten Defizit an demokratischen Gründungsmythen um?[103] Welche Rolle spielen zivilreligiöse Überhöhungen und Auratisierungen etwa der Verfassung und ihrer Institutionen?

Die jüngere Diskussion zur Geschichte der Bundesrepublik bietet zu deren Verortung im Kontext des 20. Jahrhunderts ein erstaunliches Ensemble von Weg- und heilsgeschichtlichen Metaphern an, die von der »Ankunft« über die »Umkehr« bis zur »Erlösung« reichen.[104] Welche Rolle spielen solche Metaphern, deren Wirkung nicht zu unterschätzen ist, in zeitgeschichtlichen Ausstellungen? Werden sie visualisiert, ignoriert, dekonstruiert?

Einige Beiträge dieses Bandes arbeiten mit den Kategorien »Personalisierung«, »Biografie« und »Authentizität«. Hier liegt ein ertragreiches Feld brach, das bei der Analyse erinnerungspolitischer Strategien noch kaum genutzt wurde. Die Personalisierung zeitgeschichtlicher Zusammenhänge gehört zur Raison d'être historischer Museen und Ausstellungen, und sie fächert sich vielfach auf: Das Spektrum reicht von der ausgestellten Biografie des demokratischen Staatsmanns über die Einspielung erfahrungsgeschichtlich orientierter Interviews bis hin zu Inszenierungen »dramatischer« Zeitzeugenschaft, die dem Gebot der medialen Fingierung von Authentizität folgen. Die Frage, in welchem Umfang und in welcher Weise die öffentliche Vergegenwärtigung von Demokratiegeschichte von solchen personalisierenden Modi der Darstellung Gebrauch macht und was dies für das vermittelte Geschichtsbild bedeutet, ist bestenfalls in Ansätzen ausgeleuchtet. Dies gilt insbesondere für das Genre der biografischen Ausstellung, das in der bundesdeutschen Demokratieerinnerung besonders ausgeprägt ist. Sämtliche Fragen einer kontroversen biografischen Methodendiskussion können darin aufgeworfen und diskutiert werden.[105] In

---

102 Etwa die einer liberalen Demokratie Hohn sprechende Praxis der Post- und Fernmeldeüberwachung in der Bundesrepublik während des Kalten Krieges oder die Zustände in der Jugend- und Behindertenpflege. Vgl. Josef Foschepoth, Überwachtes Deutschland. Post- und Telefonüberwachung in der alten Bundesrepublik, Göttingen ⁴2014; Margret Kraul u. a., Zwischen Verwahrung und Förderung. Heimerziehung in Niedersachsen 1945–1975, Opladen 2012; Abschlussbericht des Runden Tisches »Heimerziehung in den 50er und 60er Jahren«, Berlin 2010, http://www.rundertisch-heimerziehung.de/documents/RTH_Abschlussbericht.pdf (letzter Aufruf: 17.6.2016); Miriam Gebhardt, Die Angst vor dem kindlichen Tyrannen. Eine Geschichte der Erziehung im 20. Jahrhundert, München 2009; allgemein die Beiträge in: Ulrich Herbert (Hg.), Wandlungsprozesse in Westdeutschland. Belastung, Integration, Liberalisierung 1945–1980, Göttingen 2002.
103 Vgl. Herfried Münkler, Die Deutschen und ihre Mythen, Berlin ²2009, S. 455–476.
104 Vgl. hierzu den Beitrag von Paul Nolte in diesem Band.
105 Vgl. hierzu den Beitrag von Jürgen Lillteicher in diesem Band.

diesem Zusammenhang wäre auch zu fragen, inwieweit das historische Individuum als hegemonialer Akteur zu jenen Fiktionen gehört, auf die selbst eine aufgeklärt-reflexive Erinnerungskultur nicht zu verzichten vermag.

Wer sich die jüngsten Debatten über den Zustand der deutschen Erinnerungskultur vor Augen hält, mag sich nicht genug darüber wundern, auf welch schwachem empirischen Fundament diese geführt werden. Die vorliegenden Bestandsaufnahmen der deutschen Gedenkstättenlandschaft sind in der Regel rein deskriptiv angelegt,[106] sie veralten rasch und nehmen oft keine weiteren Systematisierungen und Analysen vor. Vor allem aber folgen sie dem Imperativ des »negativen Gedächtnisses«: Erinnerung bedeutet per Definition die Aufarbeitung von Verbrechen. Dass eine solche Sichtweise mit eklatanten Verkürzungen arbeitet, wird anhand der in diesem Band erörterten Beispiele des Erinnerns an Demokratie plausibel gemacht. Umso mehr ist zu bedauern, dass zur Demokratieerinnerung in Deutschland nur wenige empirisch gesicherte Befunde existieren und das Verhältnis von »negativem Gedächtnis« und Erinnern an Demokratie nicht ausreichend geklärt ist. Hier kann der vorliegende Band nur erste Anstöße für eine weitere Diskussion liefern.[107]

Eines der vordringlichsten Desiderate für künftige Arbeiten liegt folglich in der exakten, nach systematischen Gesichtspunkten vorgehenden Vermessung der Erinnerungslandschaft der Bundesrepublik. Eine solche Vermessung müsste berücksichtigen, dass mit dem Thema und Gegenstand der an einem bestimmten Ort gepflegten Erinnerung noch wenig darüber gesagt ist, was dort auf welche Weise und in welcher Interpretation verhandelt und erzählt wird. So wäre es eine lohnende Aufgabe, zumindest die Ausstellungen größerer Häuser anhand eines methodischen Instrumentariums zu untersuchen, das mit den Fragestellungen zeithistorischer Forschung ebenso vertraut ist wie mit den noch wenig kanonisierten Kategorien der

---

106 Vgl. z. B. das Standardwerk: Bundeszentrale für politische Bildung (Hg.), Gedenkstätten für die Opfer des Nationalsozialismus. Eine Dokumentation, 2 Bde., Bonn 1995/1999; Anna Kaminsky (Hg.), Orte des Erinnerns. Gedenkzeichen, Gedenkstätten und Museen in SBZ und DDR, Berlin 2007; Stefanie Endlich, Wege zur Erinnerung. Gedenkstätten und -orte für die Opfer des Nationalsozialismus in Berlin und Brandenburg, Berlin 2007; Martin Sabrow (Hg.), Erinnerungsorte der DDR, München 2009; Peter Steinbach u. a. (Hg.), Entrechtet – verfolgt – vernichtet. NS-Geschichte und Erinnerungskultur im deutschen Südwesten, Stuttgart 2016; ferner z. B.: Holocaust Memorials. Monuments, Museums and Institutions in Commemoration of Nazi Victims, http://www.gedenkstaetten-uebersicht.de/europa/cl/deutschland/ (letzter Aufruf: 17.6.2016); Gedenkstättenportal zu Orten der Erinnerung in Europa, http://www.memorialmuseums.org (letzter Aufruf: 17.6.2016); Arbeitskreis der NS-Gedenkstätten und -Erinnerungsorte in NRW e. V., Gedenkstätten bundesweit. NS-Gedenkstätten und Dokumentationszentren in der Bundesrepublik Deutschland, http://www.ns-gedenkstaetten.de/de/gedenkstaetten-bundesweit (letzter Aufruf: 17.6.2016); Interessengemeinschaft niedersächsische Gedenkstätten mit Initiativen zur Erinnerung an die NS-Verbrechen, http://www.gedenkstaetten-niedersachsen.de (letzter Aufruf: 17.6.2016); sowie den Beitrag von Harald Schmid in diesem Band.
107 Vgl. hierzu den Beitrag von Harald Schmid in diesem Band.

Ausstellungsanalyse. Auf diesem Feld dominiert momentan weitgehend das Feuilleton, das freilich die forschungsgeleitete Analyse nicht ersetzen kann. Sollte der vorliegende Band zu solchen Untersuchungen anregen und damit zu einem differenzierteren Blick auf das weite Feld der Erinnerungskultur in Deutschland beitragen, dann hätte er ein wesentliches Ziel erreicht.

Nach Obrigkeitsstaat, Monarchie und Diktatur: Wege zur Demokratie

Andrea Mork
Nach Nationalismus, Diktatur und Krieg – Bausteine einer europäischen Geschichte der Demokratie
Das Haus der Europäischen Geschichte

Was man unter Europa zu verstehen hat, war immer höchst umstritten und ist es bis heute. Weder geografisch noch politisch ist Europa ein klar umrissener Raum. Prägend in der europäischen Geschichte war nicht die politische Einheit, sondern die Vielfalt staatlicher Organisationsformen und politischer Gebilde. »Die europäische Identität ist komplex, fast flüchtig, in ständiger Bewegung und vielköpfig. Ein Kaleidoskop.«[1]

Zur Entstehungsgeschichte des Museums

Auf Anregung des damaligen Präsidenten des Europäischen Parlaments, Hans-Gert Pöttering, der in seiner Antrittsrede am 13. Februar 2007 erstmals die Idee eines Hauses der Europäischen Geschichte in die Diskussion gebracht hatte, legte ein wissenschaftlicher Sachverständigenausschuss einen ersten Konzeptentwurf vor. Dieser wurde im Dezember 2008 vom Präsidium des Europaparlaments zur Realisierung empfohlen. Seit Januar 2011 erarbeitet ein Team – mittlerweile bestehend aus 29 Mitarbeitern aus 14 verschiedenen Nationen – ein Konzept für das Museum sowie das Narrativ und die historischen Inhalte für die Dauerausstellung. Das Haus der Europäischen Geschichte wird in ein ehemaliges Klinikgebäude im Brüsseler Leopoldpark einziehen, das der amerikanische Unternehmer George Eastman in den 1930er-Jahren für die medizinische Behandlung sozial benachteiligter Kinder errichtet hat (Abb. 1). Das Gebäude wird zurzeit von den Architekten- und Ingenieurbüros Chaix & Morel et associés (Frankreich), JSWD Architekten (Deutschland) und TPF (Belgien) restauriert, erweitert und für seine museale Nutzung vorbereitet. Auch wenn das Haus sicherlich niemals über die Möglichkeiten eines »echten« Ausstellungsbaus verfügen wird, entschädigt es durch seinen historischen »Mehrwert«. Indem es auf die maßgebliche Rolle verweist, welche die Vereinigten Staaten von Amerika in der europäischen Geschichte gespielt haben, wird das Eastman-Building seine Besucher tagtäglich daran erinnern, in ihren historischen Anschauungen nicht

---

1 Olivier Guez, Sprich über deine Schatten [Interview mit Julia Kristeva], in: Frankfurter Allgemeine Zeitung, 4.5.2013, S. 40.

Abb. 1
Das Gebäude des künftigen Hauses der Europäischen Geschichte

zu eurozentrisch zu werden. Das Ausstellungsdesign wurde vom spanischen Gestalterbüro GPD/Acciona (Sevilla) entwickelt. Die Eröffnung des Hauses der Europäischen Geschichte ist für November 2016 geplant.

Theoretische Fundierung und methodische Vorentscheidungen

Wer ein Haus baut, braucht ein Fundament. Wer sich anschickt, ein historisches Museum zu gestalten, muss sich im Koordinatenkreuz dreier Begriffe positionieren: Geschichte, Gedächtnis, Identität.

»Kollektive Identität« scheint seit den frühen 1990er-Jahren in den Kulturwissenschaften zu einem Schlüsselbegriff für das Verständnis der Geschichte geworden zu sein. Der überwältigende Erfolg dieses Konzepts kann gleichzeitig als Zeichen einer tiefen Krise betrachtet werden. Mit dem Ende des Kalten Krieges hatte der Prozess der europäischen Integration eine beachtliche Beschleunigung erfahren, mit der das allgemeine Bewusstsein der europäischen Völker kaum Schritt halten konnte. Tatsächlich bestand die Gefahr, dass sich die Entfremdung zwischen politischer Klasse und Gesellschaft vergrößere. In dieser Situation war die Forderung nach einem Gemeinschaftsgefühl und -bewusstsein, das die Menschen jenseits von politischen Notwendigkeiten und ökonomischen Interessen miteinander verbindet, nur allzu verständlich.

Das Wissenschaftlerteam, das die Ausstellung im Haus der Europäischen Geschichte vorbereitet, kam in langen Diskussionen zu der Überzeugung, dass sich das Konzept der Identität als theoretische Grundlage des Museums nicht eigne. Eine allseits geteilte Definition dessen, was europäische Identität sein soll, gebe es nicht wirklich. Wolle man diese näher bestimmen, erreichten die Beschreibungen einen derartigen Grad an Allgemeinheit, dass sie jede konkrete Bedeutung verlieren würden. Das Konzept der Identität erscheint als zu statisch und beruht darüber hinaus auf einem Essentialismus, der eine Einheit voraussetzt, welche die vielfältigen Erscheinungsformen überwölbt. Vor allem aber würde der Versuch, das Haus der Europäischen Geschichte zur Plattform für die Präsentation einer a priori gesetzten europäischen Identität zu machen, die öffentliche Diskussion über die durchaus sinnvolle Frage, worin diese bestehen solle, eher blockieren als anregen.

Wegweisend auf der Suche nach einer Alternative zum Leitkonzept der Identität war die Erkenntnis, die der Schweizer Schriftsteller Adolph Muschg folgendermaßen formuliert hat: »Was Europa zusammenhält und was es trennt, ist im Kern eines: das gemeinsame Gedächtnis […].«[2] Statt »von oben herab« eine Identität zu definieren, erscheint es angemessener, an den Begriff des »kollektiven und kulturellen Gedächtnisses« anzuknüpfen, der in den 1920er-Jahren von Maurice Halbwachs entwickelt und seit den 1990ern von Pierre Nora sowie Aleida und Jan Assmann erneut in die Debatte eingeführt worden ist.[3] Der Vorteil dieses Konzepts liegt in seiner Multiperspektivität und in seinem kritischen Potenzial. Sein besonderer Reiz besteht in der doppelten Perspektive, die ganz konkret zu den folgenden, die Ausstellung konstituierenden Fragen Anlass gibt:

– Was bindet Europa zusammen? Was sind die Kernelemente und die Besonderheiten der europäischen Kultur? Welche Ereignisse und Entwicklungen waren prägend für den Kontinent?
– Welche historischen Erfahrungen, Interpretationen und Erinnerungen verbinden die verschiedenen Nationen und sozialen Gruppen mit diesen zentralen Ereignissen und Entwicklungen in der europäischen Geschichte, in die sie in je unterschiedlicher Weise involviert gewesen sind?

Das Haus der Europäischen Geschichte strebt in seiner Dauerausstellung weder an, die europäische Geschichte – wie komprimiert auch immer – im Allgemeinen darzustellen, noch kann es sich als bloße Addition von Nationalgeschichten präsentieren. Stattdessen wird sich die Dauerausstellung auf Phänomene konzentrieren, die

a) in Europa entstanden sind,
b) sich mehr oder weniger über den ganzen Kontinent verbreitet haben und
c) bis heute wirkungsmächtig geblieben sind.

2 Adolph Muschg, Kerneuropa. Gedanken zur europäischen Identität, in: Neue Zürcher Zeitung, 31.3.2003.
3 Vgl. Maurice Halbwachs, Das Gedächtnis und seine sozialen Bedingungen, Frankfurt am Main 1985; Pierre Nora, Zwischen Geschichte und Gedächtnis, Berlin 1990; Aleida Assmann, Das neue Unbehagen an der Erinnerungskultur. Eine Intervention, München 2013.

Um die ungeheure Stofffülle eines solchen Mammutprojekts zu bewältigen, wird sich die Dauerausstellung ausschließlich mit Ereignissen und Entwicklungen befassen, die sich als formativ für die europäische Geschichte erwiesen haben. Diese bilden die Rahmenhandlung, innerhalb derer die Verschiedenheit der Erfahrungen und Interpretationen der europäischen Nationen zur Darstellung gebracht wird. In diesem Sinne stehen Geschichtswissenschaft und kulturelles Gedächtnis nicht als Gegensätze einander gegenüber, sondern ergänzen sich gegenseitig.

Mit anderen Worten: In einem historischen Überblick soll den Ereignissen und Entwicklungen, welche die europäische Geschichte maßgeblich geprägt haben, so weit wie notwendig nachgegangen werden, um die Bezugspunkte und Rahmenbedingungen für ein europäisches Gedächtnis herauszuarbeiten. Nur darauf aufbauend lässt sich eine Einordnung der unterschiedlichen europäischen Erfahrungen in den historischen Zusammenhang – im Unterschied etwa zu regionalen oder nationalen Betrachtungen – in sinnvoller Weise vornehmen. Ohne historische Kontextualisierung würde das »europäische Gedächtnis« ein Luftgebilde bleiben.

Es sei ausdrücklich zugestanden, dass eine solche Präsentation Lücken hinterlassen muss, die der Historiker mit gutem Recht beanstanden könnte. Grundsätzlich kann man davon ausgehen, dass Geschichte nicht eine flächendeckende Wiedergabe dessen ist, was sich ereignet hat. Sie wird immer eine Konstruktion bleiben. Das heißt aber nicht, dass alles, was dargestellt wird, beliebig und subjektiv ist. Plausibilität ist das Ziel, Nachprüfbarkeit und intersubjektive Verständlichkeit sind die Mittel.

In diesem Sinne soll das Haus der Europäischen Geschichte ein »Reservoir des europäischen Gedächtnisses« werden, das die verschiedenen Gesichtspunkte eines europäischen Bewusstseins in seiner Vielfalt umfasst und darstellt. Es ist vom Ansatz her eher auf Ambivalenzen als auf Einheitlichkeit ausgerichtet, auf Differenzierung statt auf Homogenität, auf kritische Aufklärung statt auf Affirmation. Das zentrale Anliegen dieses Projekts ist es, das Bewusstsein für europäische Gemeinsamkeiten zu schärfen. Indem die Erinnerungen und Traditionen verschiedener Nationen und Gruppen zusammengebracht werden, wird der Besucher angeregt, andere Perspektiven zur Kenntnis zu nehmen und auf diese Weise die eigene nationale Voreingenommenheit zugunsten eines erweiterten Verständnisses der europäischen Geschichte zu transzendieren. Auch wenn das Museum den Begriff der Identität im beschriebenen Sinne vermeidet, zielt es gleichwohl darauf ab, den Besucher bei seinem Rundgang durch die Ausstellung Kristallisationskerne und Identifikationspunkte in der europäischen Geschichte entdecken zu lassen, die als Ansatzpunkte für ein gemeinsames Europabewusstsein dienen könnten.

Abb. 2
Das zentrale Treppenhaus im Haus der Europäischen Geschichte wird von einer riesigen Kunstinstallation beherrscht

Multiperspektivität und Vielsprachigkeit

Dass die Ausstellung nicht einen vermeintlich globalen Beobachterposten einzunehmen, sondern ein bewusstes Spiel mit der Relativität von Sichtweisen in Gang zu setzen versucht, ist der neuartige methodische Ansatz des Projekts. Ausstellungsobjekte sind das Herzstück jeder musealen Präsentation. Sie sind Quellen historischen Wissens und historischer Erkenntnis. Das Haus der Europäischen Geschichte hat damit begonnen, seine eigene Sammlung aufzubauen, die Objekte aller möglichen Gattungen umfassen soll – vom Kunstwerk bis zum Alltagsgegenstand. Gleichwohl wird die Dauerausstellung in hohem Maße auf Leihgaben angewiesen sein, auf schätzungsweise 1.500 Exponate aus rund 200 Museen. Kontextualisiert durch Texte und andere Objekte, reflektieren sie die Vielfältigkeit und die Komplexität der historischen Vorgänge und die Schwierigkeit, die Vergangenheit zu verstehen.

Eine 25 Meter hohe Installation (Abb. 2), die aus Zitatbändern zusammengefügt ist, symbolisiert die für das Museum konstitutive Vielsprachigkeit und Multiperspektivität. Im zentralen Treppenhaus werden die Zitate leitmotivartig zu bestimmten Ausstellungsthemen hinführen und die jeweilige historische Situation treffend kennzeichnen. Die Zitate stellen die Objekte in einen sinnvollen Kontext und sollen gleichzeitig zum Widerspruch anregen. Zusammengenommen ergeben sie eine Polyphonie unterschiedlichster Interpretationen. Die Texte der Dauerausstellung und das Bildungsprogramm des Hauses der Europäischen Geschichte sollen in den 24 Amtssprachen der Europäischen Union zugänglich gemacht werden.

Thema und Aufbau der Dauerausstellung

Die Struktur des Gebäudes erlaubt die Präsentation der Dauerausstellung über fünf Etagen auf insgesamt 4.000 Quadratmetern Fläche (Abb. 3). Die Darstellung konzentriert sich auf die europäische Geschichte des 19. und 20. Jahrhunderts mit einem Hauptaugenmerk auf der europäischen Integration nach 1945. Die Reichweite des Narrativs bemisst sich nicht nach den heutigen Außengrenzen der Europäischen Union. Eine solche Eingrenzung würde wohl kaum die Bezeichnung »europäische Geschichte« verdienen.

Im Folgenden wird dargelegt, wie im neuen Museum die politische Geschichte präsentiert werden soll. Es ist keine Geschichte des ununterbrochenen Fortschritts in Richtung auf mehr Freiheit und Demokratie, sondern eine zwei Jahrhunderte andauernde Auseinandersetzung mit den Ideen von 1789; eine Entwicklung, in der Norm und Praxis häufig in Widerspruch zueinanderstanden, ein Prozess der Ungleichzeitigkeiten. Es ist eine Darstellung der Geschichte der Demokratie in fünf Akten mit einem Vorspiel.

Abb. 3
Der thematische Aufbau der Dauerausstellung im Querschnitt

Vorspiel

Der Ausstellungsbesuch beginnt mit einer Einführung, die den Besuchern grundlegende Kenntnisse über Europa und über Kernelemente der europäischen Geschichte vermittelt.
»Europa gibt es, seitdem die alten Griechen ihm einen Namen gegeben haben.«[4] Die Präsentation beginnt mit dem Mythos Europa, einer Prinzessin aus Phönizien, die vom griechischen Gott Zeus, der ihr in Gestalt eines weißen Stiers erscheint, nach Kreta entführt wird. Bereits im 5. Jahrhundert v. Chr. mutmaßte Herodot, dass diese phönizische Königstochter die Namensgeberin des Kontinents sei. So wurde Europa zur emblematischen Figur für den Kontinent. Die Ausstellung beleuchtet an verschiedenen Beispielen aus Kunst, Literatur und Politik, wie sich jede Zeit ihr eigenes Bild der mythischen Europa gemacht hat und wie sich in der breiten Rezeptionsgeschichte die jeweils aktuellen Themen widerspiegelten. Unbeindruckt von der Prominenz der Bildmotive »Europa und der Stier« in der politischen Ikonografie bis heute, ist – wie wir aus Umfragen wissen – dieser Ursprungsmythos im allgemeinen Bewusstsein nahezu unbekannt.
Die Ausstellung versucht, beim Besucher Staunen darüber zu erregen, dass die Namensgeberin des Kontinents eine Nichteuropäerin gewesen ist. Der Mythos birgt die historische Kernaussage, dass die europäische Kultur antike Wurzeln hat, die außerhalb Europas liegen. Er erzählt, dass Europas Bruder, Cadmus, auf der Suche

---

4 Eric J. Hobsbawm, On History, London 1997, S. 283.

Abb. 4
Das Einführungskapitel der Ausstellung beschäftigt sich mit dem Thema »Mapping Europe«

nach seiner entführten Schwester den Griechen das phönizische Alphabet gebracht habe. Damit ruft der Mythos ein außerordentliches Beispiel von frühem Kulturtransfer in Erinnerung. In der Tat haben die Griechen das phönizische Alphabet übernommen und daraus das erste vollständige – Vokale und Konsonanten umfassende – Alphabet entwickelt, das wiederum zur Grundlage für zahllose andere Alphabete in Europa und im Nahen Osten wurde.

Des Weiteren stellt die Ausstellung die Frage: Wo fängt Europa an, und wo hört es auf? Anhand von Landkarten wird sie zeigen, dass Europa, geografisch gesehen, keine klar definierbare Entität ist, sondern mit Asien zusammen *einen* Erdteil bildet (Abb. 4). Trotzdem gilt Europa seit jeher aufgrund seiner kulturellen und historischen Prägung als eigener Kontinent. So erweist sich Europa als ein dehnbarer Begriff – ein Kulturbegriff, ein Konstrukt.[5] Politische, kulturelle, soziale, religiöse Vorstellungen bestimmen bis heute, was seine Bewohner unter Europa verstehen. »Es hat seinen Ort in der Selbstidentifikation und Selbstdefinition derer, die sich Europäer nennen.«[6]

Hat Europa gemeinsame Wurzeln und ein gemeinsames Erbe? Die Ausstellung wirft gleich eingangs die Frage auf, welche europäischen Ideen, Erfindungen und Traditionen als »typisch europäisch« bezeichnet werden können, insofern sie sich von der Geschichte, Zivilisation und Kultur anderer Kontinente unterscheiden. Können wir

---

5 Vgl. Norman Davies, Europe. A History, Oxford 1996.
6 Richard Schröder, Europa – Eine Wertegemeinschaft?, in: Michael Hüttenhoff (Hg.), Christliches Europa? Studien zu einem umstrittenen Konzept, Leipzig 2014, S. 169.

Abb. 5
Aufbruch in die Moderne – Der Ausstellungsbereich zum 19. Jahrhundert

von einer gemeinsamen Geschichte sprechen, obwohl die Menschen doch in ganz unterschiedlicher Weise von den historischen Ereignissen betroffen waren? Erinnert wird in diesem Zusammenhang an die Entstehung der Demokratie im antiken Griechenland, wo in der attischen Polis zum ersten Mal eine Form der politischen Selbstorganisation auf Grundlage staatsbürgerlicher Gleichheit praktiziert wurde. Deutlich werden soll, dass hier Ideen ihren Anfang nahmen, die – wiewohl es keine direkte Linie in die Neuzeit gibt – später in anderem Kontext und in anderer Form geschichtsmächtig wurden.

Die Ausstellung wirft zugleich ein Schlaglicht auf andere Merkmale der europäischen Kultur, wie etwa auf das Römische Recht, die Dominanz des Christentums, die Aufklärung, den Kapitalismus, den Sozialismus, den Wohlfahrtsstaat und auf zentrale Erfahrungen wie die Gewalt zweier Weltkriege, um nur einige Beispiele zu nennen. Ziel ist es, die Besucher dazu anzuregen, gleich eingangs der Dauerausstellung über das europäische Erbe nachzudenken, über die Wirkungsmacht von Geschichte, über Chancen und Verpflichtungen, die aus ihr erwachsen. Die Frage ist, welche Teile des europäischen Erbes wir antreten und welche wir zurückweisen wollen.

Erster Akt: Das »lange 19. Jahrhundert«

Das eigentliche Ausstellungsnarrativ beginnt mit dem 19. Jahrhundert und zeigt Europa auf dem Weg in die politische, soziale und kulturelle Moderne. Deutlich werden soll, dass in dieser Zeit Ideen und Konzepte zum Durchbruch gelangten, die das europäische Denken bis heute kategorial bestimmen: Menschen- und Bürgerrechte,

Nationalstaat, Staatsbürgerschaft, parlamentarische Demokratie, Industrialisierung, Kapitalismus und Sozialismus. Die Ausstellung versucht, die transnationalen Verflechtungen dieser Entwicklungen, ihre Parallelen und ihre Verbindungen sichtbar zu machen.

Die politische Moderne in Europa beginnt mit der Französischen Revolution (1789–1794), deren Ideale und Wirkungsmacht die Ausstellung thematisiert (Abb. 5). Auch wenn sich schon vorher Frühformen politischer Partizipation und Selbstbestimmung herausgebildet hatten, die sich von der Monarchie zu emanzipieren suchten – beispielsweise innerhalb der Städte oder in Gestalt der Parlaments- und Freiheitsrechte, die bereits im 17. Jahrhundert in England erkämpft worden waren –, markiert die Französische Revolution aufgrund ihrer radikal antifeudalistischen und egalitären Forderungen eine Zäsur. Die Legitimität von Herrschaft wurde entsakralisiert. Das Gesetz des Handelns sollte beim Parlament liegen. Politische Herrschaft wurde aus dem Grundsatz der Gleichheit abgeleitet und an die Entscheidung der Mehrheit des Volkes gebunden. Die »Déclaration des Droits de l'Homme et du Citoyen« schrieb allen Menschen allgemeine und gleiche Rechte zu. Die politischen Ideale »Freiheit, Gleichheit, Brüderlichkeit« haben sich seitdem in ganz Europa als handlungsleitend etabliert. Alle Revolutionen des 19. Jahrhunderts folgten diesem Muster. Die Ausstellung lenkt das Augenmerk auf die Jahre 1848/49, die wegen der Dichte an revolutionären Ereignissen und deren geografischer Reichweite durchaus als ein europäischer Handlungszusammenhang betrachtet werden können.

Die Ausstellung zeigt, dass der Nationalstaat zur politischen Leitidee wurde, weil er als der territoriale Rahmen galt, in dem Rechtsstaatlichkeit, Volkssouveränität und Selbstbestimmung durchzusetzen seien. Dabei wird eine bunte Vielfalt an Heldensagen und Gründungsmythen präsentiert. Sie sind Beispiele für den europaweiten Einfallsreichtum im Erfinden von weit zurückreichenden politischen Traditionen, mit deren Hilfe dem entstehenden Nationalbewusstsein eine historische Grundlage verliehen werden sollte. Die Suche nach Exklusivität, die in den nationalen Bewegungen zur Geltung kam, folgte überall vergleichbaren Mustern. Es waren nur einige wenige Intellektuelle, die bereits die politische Utopie eines vereinigten Europa entwarfen, wie Victor Hugo in seiner Eröffnungsrede zum Pariser Friedenskongress im August 1849: »Der Tag wird kommen, wo Ihr, Frankreich, Russland, Italien, England, Deutschland, all ihr Nationen des Kontinents ohne die besonderen Eigenheiten Eurer ruhmreichen Individualität einzubüßen, Euch eng zu einer höheren Gemeinschaft zusammenschließen und die große europäische Brüderschaft begründen werdet […].«[7]

In der Präsentation soll der Zusammenhang der europäischen Geschichte deutlich werden: Die großen umwälzenden und prägenden Ereignisse und Entwicklungen waren grenzüberschreitend, ob es sich nun um nationale Aspirationen, die Indus-

---

[7] Victor Hugo, Discours d'ouverture du Congrès de la Paix, 21 aout 1849, in: Œuvres complètes. Actes et paroles. Avant l'exil. Paris 1882, S. 479.

trialisierung, den Liberalismus, die Arbeiterbewegung oder die Forderung nach Demokratie handelte. Insofern die Nationalstaatlichkeit untrennbar zu den Charakteristika der europäischen Kultur gehört, manifestieren sich diese Entwicklungen in jeweils spezifischen Formen. Auf dieser Diversität beruht die ganze »Kompliziertheit und der Reichtum der europäischen Kultur und Geschichte«.[8] Sie bildet das Grundmuster der Ausstellungskonzeption.

Die Dauerausstellung wird keine isolierte Darstellung der politischen Entwicklungen liefern, sondern ein dichtes Panorama der zentralen Triebkräfte des Modernisierungsprozesses. Die auf dem rasanten technischen Fortschritt basierende Industrialisierung und der sie begleitende Imperialismus gingen mit radikalen Veränderungen in allen Lebensbereichen einher und versetzten die europäischen Großmächte in die Lage, eine den ganzen Erdkreis beherrschende Dominanz aufzubauen. Technischer Fortschritt und imperialistische Expansion zeigten sich als zwei Seiten einer Medaille und waren zugleich in den Augen der Europäer sinnfälligster Ausdruck ihres Glaubens an den Fortschritt und die Bestätigung ihres Überlegenheitsgefühls. Die Ausstellung zeigt, dass für Afrika, das in der zweiten Hälfte des 19. Jahrhunderts zu einem »Treibhaus des Imperialismus« (Hannah Arendt) wurde, andere Standards als für Europa galten, nämlich Sozialdarwinismus und Rassismus, mit denen Ausbeutung und Geringschätzung des »Anderen« als Teil der europäischen Mission gerechtfertigt wurden.

Europa wurde zur tonangebenden Macht. »Nie zuvor hatte die westliche Halbinsel Eurasiens derart große Teile des Globus beherrscht und ausgebeutet.«[9] Am Ende des »langen 19. Jahrhunderts« stand Europa auf dem Gipfel seiner globalen Machtentfaltung. Die Darstellung des 19. Jahrhunderts soll die sozialen und politischen Spannungen und internationalen Rivalitäten hervorheben, die sich zu einem gigantischen und vielfältigen Konfliktpotential aufgebaut hatten, das sich im 20. Jahrhundert entlud.

Die Ausstellung kann die Entwicklung der Demokratie in Europa nicht im Einzelnen beschreiben. Entscheidend ist, festzuhalten, dass am Vorabend des Ersten Weltkrieges nur wenige Länder des Kontinents eine demokratische Verfassung mit allgemeinen Wahlen und parlamentarisch verantwortlicher Mehrheitsregierung hatten: die Schweiz, Frankreich, Norwegen, seit 1911 Schweden und Großbritannien.

Zweiter Akt: Das Zeitalter der Zerstörung

Der Erste Weltkrieg, »the Great War«, »la Grande Guerre«, die »Urkatastrophe des 20. Jahrhunderts« (George F. Kennan) erschütterte Europa in seinen Grundfesten. Er wurde zum Ausgangspunkt für das gewalttätigste Jahrhundert der europäischen

---

8 Karl Schlögel, Grenzland Europa. Unterwegs auf einem neuen Kontinent, München 2013, S. 164.
9 Jürgen Osterhammel, Die Verwandlung der Welt. Eine Geschichte des 19. Jahrhunderts, München 2009, S. 20.

Abb. 6
Die Einheit zum Ersten Weltkrieg zeigt Feldpostkarten von Soldaten verschiedener Nationen

Geschichte, für das »Zeitalter der Zerstörung«,[10] dem die Ausstellung breiten Raum widmen wird (Abb. 6). Hinter dieser konzeptionellen Entscheidung steht die Überzeugung, dass sich die Geschichte der europäischen Integration nach 1945 ohne die Darstellung der Desintegration in der ersten Hälfte des 20. Jahrhunderts nicht verstehen lässt. Die Dialektik der Moderne zeigte sich in diesen Jahrzehnten im Umschlagen äußerster Rationalität, wie sie sich in der neuzeitlichen Gesellschaft entwickelt hatte, in äußerste Irrationalität, die sich in den verschiedenen Gewaltexzessen zwischen 1914 und 1945 manifestierte: im verantwortungslosen Massensterben im Ersten Weltkrieg, im stalinistischen Terrorsystem, im auf hegemoniale Herrschaft und rassische »Säuberung« angelegten Vernichtungskrieg des nationalsozialistischen Deutschlands, der in dem systematisch geplanten, bürokratisch organisierten und mit industriellen Methoden durchgeführten europaweiten Genozid an Juden sowie Sinti und Roma gipfelte.

Die Schüsse von Sarajewo am 28. Juni 1914 gaben das Signal für die Selbstzerstörung des alten Europa. Die unermesslichen Energien, die sich mit der Industrialisierung aufgestaut hatten, wurden nun durch die Rivalität der sich radikalisierenden Nationalismen zur Explosion gebracht. »In ganz Europa gehen die Lichter aus; wir werden es nicht mehr erleben, dass sie wieder leuchten werden.«[11] Die hellsich-

---

10 Vgl. Eric J. Hobsbawm, The Age of Destruction, in: ders., The Age of Extremes. The Short Twentieth Century 1914–1991, London 1997, S. 21–222.
11 Ebd., S. 22.

Abb. 7
Die politische Neuordnung nach 1918 als Thema in der Dauerausstellung

tige Feststellung des britischen Außenministers Edward Grey am Vorabend des Kriegseintritts seines Landes wirkt wie eine Prophezeiung, begriff Grey doch die neue Qualität des Krieges, der ein industriell induziertes Massensterben jenseits aller Vorstellungskraft mit sich brachte. Die Ausstellung erinnert an die alptraumartige Erfahrung von Gewalt und Zerstörung als an ein europäisches Szenario, das tiefe Spuren im kollektiven Gedächtnis hinterließ und das die Nachkriegsordnung auf das Äußerste belastete. Revisionismus und Revanchismus zwischen den ehemaligen Kriegsparteien machten es unmöglich, den »Krieg in den Köpfen« zu beenden.[12] In »Die letzten Tage der Menschheit«, veröffentlicht 1922, diagnostiziert der Wiener Satiriker Karl Kraus das fatale Fortwirken des Militarismus und prophezeit die Fortsetzung des Krieges: »Alles was gestern war, wird man vergessen haben [...], daß man den Krieg verloren, [...] daß man ihn begonnen, [...] daß man ihn geführt hat. Darum wird er nicht aufhören.«[13]

Der Erste Weltkrieg veränderte die Landkarte Europas nachhaltig (Abb. 7). Politisch blieb nichts, wie es vorher war. Alte Reiche brachen zusammen, neue Nationalstaaten wurden gegründet. Die Ausstellung macht deutlich, dass sich die parlamentarische Demokratie unaufhaltsam und nahezu flächendeckend in ganz Europa

---

12 Lutz Raphael, Imperiale Gewalt und mobilisierte Nation. Europa 1914–1945, München 2011, S. 66.
13 Karl Kraus, Die letzten Tage der Menschheit. Tragödie in 5 Akten mit Vorspiel und Epilog, Frankfurt am Main 1986, S. 659.

durchsetzte. Kurze Zeit später aber war sie bereits im Niedergang begriffen, während sich Autoritarismus und Totalitarismus in ganz Europa auf dem Vormarsch befanden. 1922 wichen nur die Sowjetrepubliken und Ungarn vom parlamentarisch-demokratischen Modell ab. 1939 aber, nicht einmal zwei Jahrzehnte später, wurde die Mehrheit der Europäer von Diktatoren regiert. So erfolgreich die Einrichtung des Nationalstaats bei der Durchsetzung der Demokratie gewesen war, so sehr versagte er in der Konsolidierung während der europäischen Zwischenkriegszeit. Pazifismus und Europaidee, die in den 1920er-Jahren wachsende Verbreitung fanden, wurden von Chauvinismus und Revanchismus an den Rand gedrängt.

Die Ausstellung richtet ein besonderes Augenmerk auf die Zwischenkriegszeit. Nationalsozialismus und Stalinismus werden einem systematischen Vergleich unterzogen, der die Gemeinsamkeiten und die Unterschiede dieser extremsten und mörderischsten Manifestationen totalitärer Herrschaft verdeutlichen soll. Entstanden aus sehr unterschiedlichen ideologischen Wurzeln und innerhalb völlig verschiedener historisch-politischer Rahmenbedingungen, sind sich Nationalsozialismus und Stalinismus doch in ihrer Skrupellosigkeit und ihrem radikal gewalttätigen Charakter verbunden. »Die prinzipielle Vergleichbarkeit beider Regime liegt in den furchtbaren Auswirkungen unbegrenzter Machtausübung, in der Gewissenlosigkeit, mit der reale und eingebildete Gegner rücksichtslos verfolgt wurden, sowie in der Allmacht von Terrorapparaten, die an keinerlei überlieferte Rechtsnormen gebunden waren.«[14] Ziel der Darstellung ist es, die Strukturelemente zweier Systeme aufzuzeigen, die einander Todfeinde waren, die beide aber einen entschiedenen Bruch mit Liberalismus und Demokratie bedeuteten. Während das eine System seinen Expansionismus als Kampf für den Sieg des Proletariats legitimierte, deklarierte das andere sein Hegemoniestreben in Europa als Kampf für neuen Lebensraum und eine rassistische Neuordnung des Kontinents. Gleichzeitig holten beide Regime zur umfassenden Zerstörung der europäischen Zwischenkriegsordnung aus. In einem gesonderten Ausstellungsbereich werden Verlauf und Auswirkungen des vom nationalsozialistischen Deutschland entfesselten »totalen« Krieges dokumentiert.

Dritter Akt: Europa nach 1945

Europa im Schatten des Kalten Krieges steht am Beginn des Dritten Aktes. Nach dem Ende des Zweiten Weltkrieges lag Europa in Trümmern, es hatte seine globale Führungsrolle verloren und wurde zwischen den beiden Supermächten USA und Sowjetunion in Einflusszonen aufgeteilt. Zwar wurden nach 1945 die Nationalstaaten von den Siegermächten wiederhergestellt, ethnisch homogener denn je, um

---

14 Hans Mommsen, Vorwort, in: Jörg Baberowski/Anselm Doering-Manteuffel (Hg.), Ordnung durch Terror. Gewaltexzesse und Vernichtung im nationalsozialistischen und im stalinistischen Imperium, Bonn 2006, S. 7–14, hier: S. 13.

Abb. 8
Das Haus der Europäischen Geschichte zeigt die Meilensteine des europäischen Einigungsprozesses

eine Neuauflage der in der Zwischenkriegszeit so verhängnisvollen Minderheitenfragen zu verhindern. Flucht und Vertreibung großer Menschenmassen in Osteuropa dienten letztendlich dem expansiven Machtstreben der Sowjetunion. Die nationale Souveränität der europäischen Staaten aber verlor für die sich bildende Nachkriegsordnung an Bedeutung.

Das zentrale Thema in diesem Ausstellungsbereich ist die europäische Integration, die als Ergebnis eines langen und schmerzvollen Lernprozesses und zugleich als »Produkt« des Kalten Krieges kenntlich gemacht wird. Angesichts des Verlusts der geopolitischen Führungsrolle Europas und vereint in der Angst vor dem Kommunismus im neuen bipolaren Nachkriegszeitalter, begaben sich einige westeuropäische Vorreiterstaaten auf den Weg eines Einigungsprozesses, der unter zwei komplementären Gesichtspunkten beschrieben wird: Auf der einen Seite zielte das Projekt auf Aussöhnung und Domestikation zwischenstaatlicher Konflikte, auf der anderen Seite auf die Förderung der Kooperation der Nationalstaaten durch Aufbau neuer supranationaler Strukturen. Verständigung und Kooperation waren die primären Handlungsziele der Europapolitiker, getragen von dem Bestreben, die aggressiven Tendenzen des Nationalismus, namentlich des deutschen, der in der ersten Jahrhunderthälfte seine gewaltige Zerstörungskraft bewiesen hatte, einzudämmen. Dahinter stand die zwingende politisch-ökonomische Logik, die Nationalstaaten durch Verflechtung ihrer Ökonomien, insbesondere der deutschen Schwerindustrie, Schritt für Schritt in supranationale Strukturen einzubinden und kriegerische Konflikte da-

Abb. 9
Die Ausstellung legt ein besonderes Augenmerk auf die Erinnerung an die Schoah und ihre zentrale Bedeutung für das europäische Selbstverständnis

mit unmöglich zu machen – eine Strategie, die maßgeblich zur »Pazifizierung dieses bluttriefenden Kontinents« beigetragen hat.[15] Dabei wurden die nationalen Loyalitäten zunehmend durch transnationale Bindungen wie die Zugehörigkeit zur Gemeinschaft der westlichen Demokratien und den Gegensatz zum Kommunismus sowjetischer Prägung überlagert. Paradoxerweise gelang es den Mitgliedstaaten des supranationalen Gemeinwesens, ihre relative Unabhängigkeit und politische Macht noch einmal auszubauen. Die ökonomische Integration war auch ein Reflex auf die sich abzeichnende Dekolonialisierung. Europäische Staaten, die im Begriff waren, ihre kolonialen Besitzungen zu verlieren, fanden Ersatzmärkte innerhalb Europas.

Wie lässt sich die äußerst komplizierte und wechselhafte, von Krisen und Rückschlägen begleitete Geschichte der Integration einem Massenpublikum begreiflich machen, ohne deren Komplexität allzu sehr zu reduzieren? Wir folgen dem Vorschlag von Jean Monnet, der dazu riet, bei der Verwirklichung der europäischen Idee langsam und schrittweise vorzugehen, und jede Generation ihre eigenen Aufgaben und Zielsetzungen finden zu lassen. So konzentriert sich die Ausstellung auf 15 Meilensteine der Integration, die richtungsweisend für den Aufbau eines supranationalen Beziehungsgeflechts und beispielhaft für die Problemlösungen des europäischen Einigungsvorganges sind: vom Haager Kongress über die Montanunion und die Römischen Verträge bis hin zum Vertrag von Lissabon (Abb. 8).

15 Jürgen Habermas, Zur Verfassung Europas. Ein Essay, Berlin 2011, S. 61.

Eingebunden werden diese Meilensteine in die Darstellung allgemeiner europäischer, aber auch globaler Prozesse. So geht die Konsolidierung der westeuropäischen Nachkriegsdemokratien mit der Entwicklung einer weiteren europäischen Errungenschaft einher: dem Aufbau des Wohlfahrtsstaates.

Die Dauerstellung richtet ein besonderes Augenmerk auf die Erinnerung an die Schoah, die von zentraler Bedeutung für das europäische Selbstverständnis geworden ist. Sie kann heute als Beginn und Nukleus eines europäischen Gedächtnisses gelten. Das war nicht immer so. Die Ausstellung dokumentiert anhand von sechs Fallbeispielen die verschiedenen Verdrängungs- und Rechtfertigungsstrategien, die beispielhaft zeigen sollen, wie es gelang, die Schoah jahrzehntelang vergessen zu machen (Abb. 9). Mittlerweile ist deren moralische Hinterlassenschaft konstitutiv für das Selbstverständnis eines Europas geworden, das sich seiner eigenen humanistischen Traditionen nicht mehr sicher sein kann. So hat sich ein spezifisch europäischer Erinnerungsstandard herausgebildet. Für Tony Judt »ist die wiederentdeckte Erinnerung an Europas tote Juden Definition und Garantie für die wiedergefundene Humanität des Kontinents«.[16]

Vierter Akt: Ende des Kalten Krieges und Erweiterung der Europäischen Union

Ökonomische Krisen und gesellschaftliche Emanzipationsschübe bestimmten die 1970er- und 1980er-Jahre. Neue soziale Bewegungen unterschiedlichster Couleur und Provenienz stellten im Westen mit Forderungen nach mehr Demokratie und Partizipation das konsensdemokratische Modell der repräsentativen Demokratie infrage. Parallel dazu wird gezeigt, dass in Osteuropa der diktatorische Staatssozialismus seine Leistungsfähigkeit und nach und nach auch allen Rückhalt in der Bevölkerung verlor. Die KSZE-Schlussakte von Helsinki (1975), einer der 15 Meilensteine der europäischen Integration, hat entscheidend zur Auflockerung der Blöcke und zur Überwindung der Spaltung Europas beigetragen.

Das Jahr 1989 bildet einen der Höhepunkte der Dauerausstellung: Die Revolutionen in Ostmittel- und Südosteuropa, die weitestgehend friedlich blieben, und die politische Neuordnung nach dem Zusammenbruch des Kommunismus und dem Ende des sowjetischen Imperiums führten zur »Integration eines schwer beschädigten Kontinents« (Karl Schlögel). Dass die Europäische Gemeinschaft in dieser Situation ein Entwicklungsmodell bot, hat bereits im Herbst 1989 das Civic Forum Prague programmatisch auf den Begriff gebracht: »Wir rechnen mit der Einbindung in die europäische Integration.«[17] Die meisten nationalen Eliten sahen die Rückkehr nach Europa als Vollendung ihres Befreiungsprojekts.

---

16 Tony Judt, Postwar. A History of Europe since 1945, London 2010, S. 804.
17 CO CHCEME! Programové zásady Občanského fóra [Programm des Bürgerforums], Prag, 26. November 1989, http://www.svedomi.cz/dokdoby/of_1989.htm (letzter Aufruf: 17.6.2016).

Die Perspektive, der Europäischen Union beitreten zu können, hat die Demokratisierungsprozesse in Ostmitteleuropa beschleunigt und in bestimmte Bahnen gelenkt. Die Integration sollte die Demokratie stärken und die Demokratisierung wiederum die Integration vorantreiben. Im Zuge des auf die Ereignisse des Jahres 1989 folgenden Erweiterungsmarathons hat die Europäische Union ihre Mitgliederzahl mehr als verdoppelt und erstreckt sich heute beinahe über den gesamten Kontinent.

Fünfter Akt: Probleme und Chancen der Gegenwart

Dass es im Haus der Europäischen Geschichte nicht um »zukunftsgewisse« Vergangenheitsdeutung geht, sondern um kritische Auseinandersetzung, zeigt auch der abschließende Raum, der auf Kontroverse und Interaktivität ausgerichtet sein wird (Abb. 10). Ausgestellt wird der Nobelpreis, den die Europäische Union 2012 erhalten hat. Hier wird der Besucher mit aktuellen Fragen konfrontiert.

Die Macht der supranationalen Organe ist durch Verlagerung nationalstaatlicher Kompetenzen auf europäische Ebene gestärkt worden. In dem komplizierten Handlungsgeflecht aus intergouvernementalen Zuständigkeiten und supranationalen Organen ist die Rolle des Europäischen Parlaments zwar Zug um Zug erweitert worden, ein Großteil der demokratischen Legitimität Europas aber kommt weiterhin aus den Mitgliedstaaten.

Die Eigenlegitimation der Europäischen Union, die über die Wahl des Europaparlaments vermittelt wird, krankt am Fehlen eines europaweiten Diskurses. Trotz des Zusammenschlusses bestimmter Parteifamilien gibt es weiterhin keine europäischen Parteien im eigentlichen Sinne.

In der gegenwärtigen Lage tun sich Probleme auf, deren Lösung die Europäer vor grundsätzliche Entscheidungen stellt: Wie müsste die Europäische Union ausgestaltet werden, dass die Organe handlungsfähiger und zugleich demokratischer würden, das heißt, dass sie enger an den Willen des Volkes rückgekoppelt wären? Wie könnten die Gewichte zwischen intergouvernementalen und supranationalen Organen besser verteilt werden? Wie lässt sich eine Verbesserung der Repräsentativität des Europaparlaments erreichen? Soll es eine Vollparlamentarisierung der Europäischen Union geben? Wäre eine Europäisierung der Wahlen zum Europaparlament denkbar? Wäre eine Begrenzung der Handlungsmacht des Europäischen Gerichtshofs und der Kommission wünschenswert? Wie ist es um Europas Zukunftsfähigkeit bestellt, das durch die riesenhaft gewachsene Weltbevölkerung in die Rolle einer kleinen Minderheit versetzt worden ist?

Bereits in den 1980er-Jahren hat die EG als ein Stabilitätsanker für die neuen südeuropäischen Demokratien Griechenland, Portugal und Spanien gewirkt. Auch nach 1989 hat die Beitrittsperspektive zur Europäischen Union als Vehikel der Demokratisierung erheblich zur Krisenbewältigung beigetragen. Konzipiert mit supranationaler Perspektive, um dem Nationalstaat durch Vergemeinschaftung Fesseln anzulegen, wurde die Europäische Union paradoxerweise zum Medium des ge-

Abb. 10
Das Haus der Europäischen Geschichte bietet am Ende der Ausstellung Raum für Reflexion und Debatten

nauen Gegenteils: der Förderung des Nationalstaats in seiner Rolle bei der Durchsetzung von Demokratie, Recht und Freiheit. Wenn man diese positive Rolle der Europäischen Union – die produktive Wechselwirkung zwischen Zivilgesellschaft, Nationalstaat und europäischer Integration – in Betracht zieht, relativiert sich die teilweise berechtigte Kritik an deren Demokratiedefizit. Der Besucher des Hauses der Europäischen Geschichte ist aufgefordert, sich anhand des Gesehenen darüber Gedanken zu machen, welche Lehren aus der Geschichte zu ziehen sind und welche Leitbilder und Leitmotive den gemeinsamen europäischen Kurs in Zukunft bestimmen sollen.

Fazit

Zusammenfassend lassen sich drei Grundüberzeugungen herausstellen, die für das Museumsprojekt fundamental sind:

1. Die großen revolutionären und in die Zukunft weisenden Ereignisse in der europäischen Geschichte kamen aufgrund grenzüberschreitender Entwicklungen zustande. Daher erweist sich die Erweiterung der engen nationalen Perspektive als hilfreich für das Verständnis der Komplexität historischer Zusammenhänge.
2. Der wechselseitige Austausch von Erinnerungen lehrt den Umgang mit kultureller Vielfalt. Die Konstruktion einer europäischen Geschichte ist untrennbar mit

dem Bewusstwerden von kulturellen, sozialen und politischen Unterschieden verknüpft.
3. Das Haus der Europäischen Geschichte möchte eine Plattform der Auseinandersetzung mit der europäischen Identität werden. Diese soll sich im Rahmen allgemeiner Diskussionen und im Lichte der Öffentlichkeit konstituieren.

Frank Bösch
Konsum, Protest und innerdeutsche Konkurrenz
Repräsentationen der bundesdeutschen Demokratie im
Haus der Geschichte und im Deutschen Historischen Museum

In Deutschland gibt es zahlreiche Museen, die sich der Geschichte der beiden deutschen Diktaturen widmen. Dagegen existiert mit dem Haus der Geschichte in Bonn nur ein großes Museum, das seinen Schwerpunkt auf die Entwicklung der Bundesrepublik und damit auf die bundesdeutsche Demokratie legt. Während die DDR-Alltagsmuseen und -Gedenkstätten überall aus dem Boden sprießen, wirkt die bundesdeutsche Demokratie anscheinend zu selbstverständlich oder unspektakulär, um sich mit ihrer Entwicklung museal auseinanderzusetzen. Aber auch international sind »Museums of Democracy« selten und ein entsprechendes Projekt in New York sucht schon länger Spender.[1] Während die Amerikaner oder Briten die demokratischen Errungenschaften in ihren großen Nationalmuseen integrieren, sind es in Deutschland die Museen, Dokumentationszentren und Gedenkstätten zu den deutschen Diktaturen, die indirekt den Wert der Demokratie vermitteln sollen.

Die Bedeutung und die Regeln der Demokratie haben sich seit den 1950er- bzw. 1970er-Jahren so grundlegend gewandelt, dass einiges für eine stärkere Musealisierung spricht. Die weitgehende Ausblendung der bundesdeutschen Demokratiegeschichte in Ausstellungen steht zudem im Kontrast zu anderen Formen der Erinnerung. So erschienen seit 1999, oft in Verbindung mit den Gründungsjubiläen, zahlreiche umfangreiche Publikationen zur Geschichte der Bundesrepublik, die das Gelingen der deutschen Demokratie oder den »langen Weg nach Westen« thematisierten.[2] Ebenso nahm die Zahl der Fernsehdokumentationen zu, die der Geschichte der Bundesrepublik auch episch nachspürten – sei es aus Perspektive der Kanzler oder der Alltagswelt.[3] Die hohe Reichweite dieser zeithistorischen Darstel-

---

1 In New York wird seit Längerem ein entsprechendes Museum geplant, wobei der Grundstock die Jordan M. Wright Collection mit 1,25 Millionen Objekten sein soll: www.museumofdemocracy. org (letzter Aufruf: 17.6.2016).

2 Vgl. etwa, als kleine Auswahl: Eckart Conze, Die Suche nach Sicherheit. Eine Geschichte der Bundesrepublik Deutschland von 1949 bis in die Gegenwart, München 2009; Edgar Wolfrum, Die geglückte Demokratie. Geschichte der Bundesrepublik Deutschland von ihren Anfängen bis zur Gegenwart, München 2007; Manfred Görtemaker, Geschichte der Bundesrepublik Deutschland. Von der Gründung bis zur Gegenwart, München 1999; Heinrich August Winkler, Der lange Weg nach Westen. 2. Bd.: Deutsche Geschichte vom »Dritten Reich« bis zur Wiedervereinigung, München 2000.

3 Vgl. etwa: Die Deutschen Bundeskanzler, Spiegel TV 2013; oder die Online-Präsentation: 60 Jahre Bundesrepublik, ZDF 2009 (nicht mehr online aufrufbar).

lungen verdeutlicht das Bedürfnis nach großen Erzählungen, nach nationaler Reflexion und Identifikation.

Die Gründung der beiden nationalen Geschichtsmuseen, des Deutschen Historischen Museums (DHM) in Berlin und des Hauses der Geschichte (HdG) in Bonn, im Jahr 1987 steht in diesem Zusammenhang. Das DHM präsentiert, abgetrennt von seinen opulenten Räumen zu der Zeit vom Mittelalter bis 1918, in seinem Erdgeschoss gesondert die Geschichte beider deutschen Demokratien und Diktaturen. Zweifelsohne dürfte die Wiedervereinigung mit dazu beigetragen haben, dass die deutsche Nationalgeschichte und die Erfolgsgeschichte der Demokratie im DHM und HdG stärker in den Vordergrund rückten. Zugleich entstanden in vielen Ländern Nationalmuseen neu oder wurden umgebaut.[4] Gerade dieser internationale Trend zeigt, dass derartige Museen nicht einfach auf eine konservative Identitäts- und Geschichtspolitik unter Helmut Kohl zurückzuführen sind. Die Museen stehen vielmehr für eine weitverbreitete nationale Selbstvergewisserung, die gerade dadurch gefördert wurde, dass die nationale Kultur durch die europäische Einigung, durch die Globalisierung oder auch durch die Migration weniger homogen erschien.

Für die geringe Präsenz der Demokratiegeschichte in Museen gibt es viele Gründe: Die fehlende Fremdheit, die eher geringe ästhetische Qualität ihrer Zeugnisse, aber auch die Konkurrenz mit lebendigen Orten der Demokratie wie dem Berliner Reichstag, dessen Kuppel vermutlich ihr zentrales Symbol und wichtigster Ort für Touristen geworden ist. Während Objekte und Zeitzeugen aus den Diktaturen überwältigen können, sind Zeugnisse von Wahlen, Parlamenten oder Verfassungsgerichten emotional weniger ergreifend. Entsprechend wurden auch die Ausstellungen des HdG und des DHM bisher vergleichsweise selten wissenschaftlich thematisiert, während sich Studien zur Musealisierung der Diktaturen stapeln. Die wenigen Analysen zu den beiden Museen beschäftigen sich zudem vor allem mit der Entstehungsgeschichte, den didaktischen Konzepten und der Ausgewogenheit sowie neuerdings auch mit den Besuchern des HdG und des DHM.[5]

Dieser Artikel fragt, auf welche Weise das HdG und das DHM die bundesdeutsche Demokratie darstellen und wie sie diese von den deutschen Diktaturen – insbesondere von der DDR – abgrenzen. Er argumentiert einerseits, dass die beiden Museen bereits durch ihre Entstehung und Situierung selbst Orte der Demokratie geworden sind. Andererseits zeigt er die Erzähllinien und Repräsentationen der Demo-

---

4 Vgl. die Zusammenstellung der Neugründungen in: Hans-Martin Hinz, Nationale Geschichtsmuseen – Orte des Gedächtnisses der Nationen? Eine Annäherung, in: Hans-Martin Hinz/Rosemarie Beier-de Haan (Hg.), Nationalmuseen. Gedächtnis der Nationen, Berlin 2011, S. 11–15.

5 Vgl. etwa, mit Lob für die Multiperspektivität im HdG: Karl Heinrich Pohl, Der kritische Museumsführer. Neun historische Museen im Fokus, Schwalbach am Taunus 2013, S. 11–56; Vanessa Schröder, Geschichte ausstellen – Geschichte verstehen. Wie Besucher im Museum Geschichte und historische Zeit deuten, Bielefeld 2013.

kratie in den Museen auf. Dabei macht der Beitrag an vielen Punkten überraschend starke Ähnlichkeiten zwischen den ansonsten sehr unterschiedlichen Ausstellungen aus. Neben ähnlichen Verweisen auf Politiker, Parteien und Verfassungssymbole arbeitet er vor allem drei Felder der Demokratiegeschichte heraus, die beide Häuser akzentuieren: erstens die Abgrenzung der bundesrepublikanischen Demokratie von der sozialistischen Diktatur in der DDR; zweitens die Verbindung von Konsum und Demokratie; und drittens die Protestbewegungen von unten. Neben den Dauerausstellungen des HdG und des DHM wird zumindest mit Seitenblicken auch das Zeitgeschichtliche Forum Leipzig einbezogen, das ebenfalls zur »Stiftung Haus der Geschichte der Bundesrepublik Deutschland« gehört und sich vornehmlich »als Ort des lebendigen Erinnerns an Diktatur, Widerstand und Opposition unter der Herrschaft der SED« versteht.[6]

DHM und HdG als Orte der Demokratie

Die beiden großen Häuser lassen sich aufgrund ihrer Entstehung selbst als Symbole der Demokratie begreifen, deren Gründungsgeschichte man museal mitausstellen könnte. Bereits die intensiven Diskussionen um ihren Bau und ihre Ausgestaltung in den 1980er-Jahren waren Ausdruck einer lebendigen Demokratie. Vieles, was damals angeführt wurde, klingt heute fern und fremd, ebenso der Grad der Politisierung, der die Diskussion dynamisierte. Treibend bei der Debatte war bekanntlich die Angst, die CDU würde mit dem DHM und dem HdG eine konservative Deutung der deutschen Geschichte zementieren, die zu einer Identifikation mit Deutschlands Größe einlade und die gerade aufgeblühte Erinnerung an die NS-Diktatur überschreibe.[7] Diese Bedenken führten zu einer umfangreichen Auseinandersetzung um die Ausgestaltung der beiden Museen. Nach Parteienproporz besetzte Kommissionen und Hearings, harte Kämpfe in den Feuilletons sowie die Einbindung breiter Expertenkreise und Gesellschaftsgruppen – von Vertretern der Gewerkschaften, Kirchen und Vertriebenen bis hin zu Repräsentanten der Frauen, der Jugend und des Sports – stellten für die bundesdeutsche Demokratie typische Mechanismen dar, die schließlich den Museumsprojekten einen großen gesellschaftlichen Rückhalt verschafften. Im Fall des DHM verschickte die Kommission ihr Kon-

---

6 Rainer Eckert, Das Zeitgeschichtliche Forum Leipzig: Die SED-Diktatur zwischen Repression und Widerstand, in: Volkhard Knigge/Ulrich Mählert (Hg.), Der Kommunismus im Museum. Formen der Auseinandersetzung in Deutschland und Ostmitteleuropa, Köln 2005, S. 181–189, hier: S. 182.

7 Dies war auch Teil der Vorwürfe, die Jürgen Habermas in dem Artikel erhob, der den Historikerstreit auslöste: Jürgen Habermas, Eine Art Schadensabwicklung. Die apologetischen Tendenzen in der deutschen Zeitgeschichtsschreibung, in: Die Zeit, 11.7.1986. Zur Debatte um das DHM vgl.: Moritz Mälzer, Ausstellungsstück Nation. Die Debatte um die Gründung des Deutschen Historischen Museums in Berlin, Bonn 2005.

zept an nicht weniger als 3.000 Experten und Verbandsvertreter, was unterstrich, wie groß das Bedürfnis war, sich demokratisch zu legitimieren.[8] Auch der in Kohls Regierungserklärung 1987 formulierte Anspruch, das Museum solle »offen für kontroverse Deutungen und Diskussionen« sein (ein Ziel, das bereits ein Jahr zuvor die Sachverständigenkommission zum DHM postuliert hatte), war ein Bekenntnis zum Pluralismus in der Demokratie.[9]

Das daraus resultierende Ringen um Ausgewogenheit stellte somit eine demokratische Bewährungsprobe dar, die gelang. Im Ergebnis kam es zu einer anteiligen Berücksichtigung von konkurrierenden Geschichtsbildern. Zumindest in dieser Hinsicht waren nach der Eröffnung des HdG 1994 und des DHM 2006 die einstigen Kritiker versöhnt, wenngleich die Darstellungsart noch vielfältig bemäkelt wurde.[10] In den Ausstellungen selbst wurden die Kontroversen über die Interpretation der Zeitgeschichte freilich nicht direkt abgebildet.[11] Vielmehr dominiert eine mosaikartige Multiperspektivität, die nebeneinander mal eher konservative Akzente (etwa die Verdienste Adenauers oder die Segnungen des »Wirtschaftswunders«), mal eher linksliberale Perspektiven (etwa die Verdienste von Protestbewegungen oder die versäumte Aufarbeitung des Nationalsozialismus) berücksichtigt. Die Gewichtung wird dem Besucher überlassen, der sich seine Erzählung in gewisser Weise aussuchen kann. Die große Fülle an Objekten erleichtert es insbesondere im HdG, eine persönliche Auswahl zu treffen. Das hier angewandte Prinzip der Collage unterschiedlicher Perspektiven erinnert an den Einsatz von Zeitzeugen in öffentlich-rechtlichen Fernsehsendungen. Die Interviewten offerieren oft unterschiedliche Identifikationsangebote und Deutungen, die kaum durch eine auktoriale Gewichtung eingefangen wer-

---

8 Hermann Schäfer, Das Haus der Geschichte der Bundesrepublik Deutschland. Zeitgeschichtliches Museum im Aufbau; in: Michael Fehr/Stefan Grohé (Hg.), Geschichte Bild Museum. Zur Darstellung von Geschichte im Museum, Köln 1989, S. 38–46, hier: S. 40; Christoph Stölzl (Hg.), Deutsches Historisches Museum. Ideen, Kontroversen, Perspektiven, Frankfurt am Main 1989; Burkhard Asmuss, Die Dauerausstellung des Deutschen Historischen Museums. Vorgeschichte, Kritik und Gegenkritik, in: Zeitgeschichte-online, 11.6.2007, http://www.zeitgeschichte-online.de/sites/default/files/documents/dhm_asmuss.pdf (letzter Aufruf: 17.6.2016), S. 5.
9 Vgl. Konzeption für ein Deutsches Historisches Museum. Erster Entwurf der Sachverständigenkommission vom 21. April 1986, in: Stölzl (Hg.), Deutsches Historisches Museum, S. 310–333, hier: S. 311 f.; »… in Berlin (entsteht) ein Deutsches Historisches Museum«. Auszug aus der Regierungserklärung des Bundeskanzlers Helmut Kohl vor dem Deutschen Bundestag am 18. März 1987, in: ebd., S. 641 f.
10 Zum DHM vgl.: Uwe Danker/Astrid Schwabe, Orientierung in der Geschichte der Deutschen? Die Dauerausstellung des Deutschen Historischen Museums, in: Geschichte in Wissenschaft und Unterricht 58 (2007), S. 591–606, hier: S. 593; Katrin Pieper, Stolpern durch deutsche Geschichte. Die neue Ausstellung im DHM, in: WerkstattGeschichte 15 (2006) 44, S. 111–114, hier: S. 112; Jürgen Kocka, Ein chronologischer Bandwurm. Die Dauerausstellung des Deutschen Historischen Museums, in: Geschichte und Gesellschaft 32 (2006), S. 398–411.
11 Vgl. Pohl, Museumsführer, S. 55 f.

den. Im HdG findet sich eine derartige Zusammenstellung von Zeitzeugenaussagen zudem in den Medienstationen.[12] Die Gründung der beiden Museen steht zudem dafür, dass die Regierung Kohl Ende der 1980er-Jahre dauerhaft von einem Nebeneinander der Bonner Demokratie und der sozialistischen DDR ausging: Mit dem für Westberlin geplanten DHM entstand ein Konkurrenzmuseum zum Ostberliner »Museum für Deutsche Geschichte« und der Bau des HdG signalisierte, dass Bonn als dauerhafte Hauptstadt akzeptiert wurde und die Bundesrepublik nun eine eigene Geschichtsdarstellung erhielt. Bezeichnenderweise diskutierte die SED-Führung zeitgleich – aber auch in Reaktion auf die Bonner Pläne – über die Gründung eines »Museums für die Geschichte der DDR«.[13] Jedoch lässt sich nicht nur die Museumsgründung von oben, sondern auch das breite gesellschaftliche Bedürfnis nach Ausstellungen und Museen als ein Zeichen der Demokratisierung fassen. Die vielfachen Erfolge von Ausstellungen und historischen Fernsehdokumentationen sowie die Kontroversen um sie zeigten den breiten Wunsch nach einer kritischen Auseinandersetzung mit der Geschichte. Museen lösten sich aus dem bürgerlichen Elitenkontext. Die Bildungsexpansion, die Politisierung und die lebendige Medienöffentlichkeit förderten diese Demokratisierung der Museen und damit letztlich auch das neue Interesse an Geschichte. Museumsgestaltung hatte sich nun nach den Besuchern zu richten, weniger umgekehrt. In der »Consumer Democracy« entwickelte sich der Besucherzulauf zu einem entscheidenden Kriterium, weniger die Einzigartigkeit der Objekte.

Symbole der Demokratie sind die beiden Museen aber auch in ihrer eigenen Materialität. Im Unterschied zum bildungsbürgerlich-elitären Museum präsentiert sich vor allem das neu gebaute HdG mit besonderer demokratischer Offenheit (Abb. 1): Gläserne transparente Fassaden, der freie Eintritt und Ausstellungsobjekte, die bis in den U-Bahn-Zugang oder, wie in Leipzig, in die Fußgängerzone reichen, sollen deutlich machen, dass das Museum allen Bürgern offensteht. Die Architektur des HdG steht ebenso wie der sich höherschraubende Besucherparcours, der den Rückblick nach unten, auf frühere Jahrzehnte, ermöglicht, für den erreichten Fortschritt der Bundesrepublik. Dass der Museumsbegriff vermieden wurde und man sich stattdessen in Bonn als »Haus« und in Leipzig als »Forum« bezeichnet, unterstreicht den Anspruch, ein offener Ort in einer pluralistischen Demokratie zu sein.

Das DHM dagegen ist bekanntlich architektonisch, vom Namen her und auch von der Gesamtausstellung eher ein klassisches Museum (Abb. 2). Seine Fassade und Form stehen für Statik. Als ehemaliges preußisches Waffenarsenal, militärische Sammlung und DDR-Museum repräsentiert es vor allem die Systemwechsel, wobei es die

---

12 Zu Zeitzeugen und biografischen Ansätzen in den Ausstellungshäusern des Bundes vgl. den Beitrag von Jürgen Lillteicher in diesem Band.

13 Vgl. Andrea Brait, Im Kampf um die Konstruktion des »deutschen« Geschichtsbildes. Zur Entwicklung von historischen Nationalmuseen in Ost- und Westdeutschland, in: Detlev Brunner u. a. (Hg.), Asymmetrisch verflochten? Neue Forschungen zur gesamtdeutschen Nachkriegsgeschichte, Berlin 2013, S. 21–36, hier: S. 34.

Abb. 1 / Abb. 2
Ansicht von HdG und DHM. Bereits die Ausgestaltung des Hauses der Geschichte verkörpert die dargestellte Demokratie

frühere sozialistische Geschichtserzählung spurlos durch eine demokratische ersetzt hat. Lediglich der gläserne Anbau für Wechselausstellungen symbolisiert eine größere Offenheit, allerdings ebenfalls mit einer deutlich höheren Schwelle zu den Objekten als das HdG. Umso auffälliger ist, dass sich im DHM der Trakt zur Demokratiegeschichte signifikant vom restlichen Ausstellungsgebäude abhebt: Während sich die Demokratiegeschichte im HdG auf immer höheren Geschossebenen entfaltet, startet im DHM die Weimarer Zeit in einem gesonderten Bereich im Erdgeschoss, der gedrängter und dessen Eingang im wahrsten Sinne des Wortes niedrigschwelliger ist. Durch den räumlichen Bruch wirkt der Ausstellungsteil über die Zeit ab 1918 wie ein Museum im Museum. Und tatsächlich sehen sich die meisten Besucher wohl nur einen Abschnitt der Ausstellung an.[14] Zugleich sind beide Häuser durch ihr Veranstaltungsprogramm Orte der Demokratie geworden. Regelmäßig eröffnen hochrangige Politiker Ausstellungen oder Veranstaltungen und diskutieren hier historische Fragen mit aktuellem Bezug – egal ob anlässlich des hundertsten Jahrestages des Ausbruchs des Ersten Weltkriegs oder zum Jubiläum der Wiedervereinigung.[15]

Beide Museen sind zwar nicht in Gebäuden beheimatet, die mit der Demokratiegeschichte verbunden sind, wohl aber in entsprechenden Städten. Sie sind umgeben von der Aura der Demokratie und werden von den meisten Besuchern in Verbindung mit authentischen Orten des Parlamentarismus besucht oder zumindest bei der Anreise erlebt: das HdG in Rufweite zum früheren Bundestag und Kanzleramt, das Zeitgeschichtliche Forum im Herzen der Stadt der Montagsdemonstrationen und das DHM in der prominentesten Berliner Straße »Unter den Linden« nahe den Regierungsgebäuden und dem Reichstag. Insofern ist die Erzählung in den Häusern bereits in den Rahmen einer gelungenen Demokratie eingebunden. Würden die gleichen Ausstellungen in Bochum, Passau oder auch nur am Rand von Ostberlin stehen, so wäre diese staatstragende Aura der Demokratie geringer.

Beide Museen entstanden zugleich in abgrenzender Auseinandersetzung mit den deutschen Diktaturen: Einerseits wurden sie in den 1980er-Jahren in einer Phase gegründet, in der die gesellschaftliche und wissenschaftliche Auseinandersetzung mit der NS-Vergangenheit an Fahrt gewann und in der um die Einordnung des Nationalsozialismus in die deutsche Geschichte gerungen wurde. Andererseits wurde ihre Ausgestaltung durch die Wiedervereinigung geprägt, da das Scheitern der DDR diese zu einem ausstellbaren Gegenstück zur westdeutschen Demokratie machte. Erst hierdurch entstand das heutige Narrativ der beiden Häuser, das so in den Konzeptionen der 1980er-Jahre nicht geplant war. Noch 1989, als der Bau des Hauses der Geschichte begann, sah das Konzept eine Gliederung vor, die die DDR kaum berücksichtigte, während das DHM die jüngste Zeitgeschichte ohnehin nur knapp darstellen

---

14 So eine Stichprobe in: Schröder, Geschichte, S. 364.
15 Im Sinne der Typologie von Volker Kirchberg hat es damit eine »Thirdspace«-Funktion: Volker Kirchberg, Das Museum als öffentlicher Raum in der Stadt, in: Joachim Baur (Hg.), Museumsanalyse. Methoden und Konturen eines neuen Forschungsfeldes, Bielefeld 2010, S. 231–265.

wollte.[16] Im damaligen Konzept fällt zudem die stark staatszentrierte Gliederung auf (»Parteienkonsens in Grundfragen«, »Innenpolitische Fundamentalgesetzgebung«). Mit dem Ausbau der DDR-Geschichte, die im HdG bei mehreren Überarbeitungen erst schrittweise an Gewicht gewann, trat freilich der Bezug zum Nationalsozialismus in den Hintergrund.

Erzähllinien der Museen

Die beiden Museen haben bekanntlich unterschiedliche museumsdidaktische Konzepte: Das DHM setzt stärker auf die Aura des Originals, das HdG hingegen mehr auf Inszenierungen. Tendenziell gilt dies auch für die Demokratie- und Zeitgeschichte, die im HdG deutlich häufiger »greifbar« arrangiert wird. Jedoch überrascht, dass die Darstellungen im DHM und im HdG für die Zeit ab 1945 in vielerlei Hinsicht recht ähnlich ausfallen und sich von den DHM-Räumen zur Vormoderne signifikant unterscheiden.[17] Offensichtlich haben die zeitgeschichtlichen Ereignisse, Objekte und medialen Tradierungen eine eigene Macht, die differente Museumskonzepte überwölbt.

Beide Ausstellungen stehen stark unter dem Bann der Chronologie. Während ältere Epochen im DHM in größeren Zeitabschnitten systematisch und themenbezogen präsentiert werden, sind es in der Ausstellung zur Geschichte ab 1945 häufig Jahrzehnte, oft sogar Schritte von wenigen Jahren, die die Erzählung ordnen. Neben den Dekaden erhalten die Abschnitte vor allem durch Wahlen und Kanzler Gesicht und Profil. Damit strukturieren Kernelemente der Demokratie die bundesdeutsche Geschichte. Die Politikgeschichte im engeren Verständnis bildet zwar den roten Faden, aber eher im Sinne von Leitplanken auf dem Weg, der von einem breiten gesellschaftsgeschichtlichen Tableau geschmückt wird. Kritiker monierten bei der Eröffnung, die Ausstellung würde in gewisser Weise Schulbüchern ähneln: Alles Wichtige und Erwartbare werde chronologisch erwähnt. Dies scheint eine Last der allzu vertrauten Zeitgeschichte zu sein: Gerade weil ihr Grundgerüst so bekannt ist, dominiert offensichtlich stärker als bei der Vormoderne die Angst davor, etwas auszulassen oder ungewöhnliche Akzente zu setzen. Angesichts der Fülle an Objekten sind die DHM-Räume zur Zeitgeschichte gedrängter und vielseitiger bestückt als die zu anderen Epochen, weshalb Kritiker spöttisch von einem »Rumpel-Raum« sprachen.[18] Banale Alltagsdinge stehen dicht neben staatspolitischen Objekten. Privates erscheint dadurch politischer und umgekehrt. Man könnte auch sagen, dass gerade diese bunte Vielfalt der Ausstellungsgegenstände aus der Politik- und Alltagsge-

16 Vgl. die Binnengliederung des Konzepts in: Schäfer, Haus der Geschichte, hier: S. 44.
17 Zur Frage der in den drei Museen verfolgten »Meistererzählungen der Demokratie« vgl. auch den Beitrag von Thomas Hertfelder in diesem Band.
18 Thomas Assheuer, Wir waren nicht immer so, in: Die Zeit, 8.6.2006. Diese Tendenz zur Überfrachtung (»nahezu chaotisch«) je näher es an die Gegenwart geht, betonen etwa auch: Danker/Schwabe, Orientierung, hier: S. 598 f.

schichte die pluralistische Demokratie repräsentiert. Wie spezifisch dies für die Zeitgeschichte ist, fällt beim DHM besonders durch den direkten Vergleich mit den Räumen der älteren Epochen auf: Statt lediglich auf die Aura weniger Originalobjekte zu setzen, wagen die Museumsmacher im Ausstellungsbereich nach 1945 eine dichte Inszenierung. Und statt den vorher dominierenden Herrschaftsbildern ist die Demokratie auch im DHM ein Jahrmarkt der Medien- und Konsumwelt, garniert mit Protest von unten.

Demokratiegründung aus Trümmern

Die Ähnlichkeiten der Darstellung und die Grundbausteine der Repräsentationen der Demokratie lassen sich am besten entlang des Rundgangs analysieren. In beiden Häusern erwächst die Demokratie in Abgrenzung zur Diktatur und von dem Chaos des Weltkriegs. Dennoch wird sie unterschiedlich gerahmt und damit hergeleitet: Während das HdG die Weimarer Republik ausspart und stattdessen mit dem Kriegsende 1945 einsetzt, startet im DHM der zweite Teil der Dauerausstellung mit dem Jahr 1918/19. Der getrennte Ausstellungsbereich unterstreicht den Neuanfang. Bereits eingangs wird die Demokratie durch zahlreiche Wahlplakate repräsentiert, also durch massenhafte »billige« und gedrängte Objekte an gereihten Stellwänden, die zunächst den Start der Demokratie chaotisch und konfliktreich erscheinen lassen. Die Poster und die Waffen in diesem Ausstellungsabschnitt verweisen vor allem auf die politische Polarisierung und die blutigen Kämpfe in der Weimarer Republik. Die Verfassungssymbole, die im Teil zur Bundesrepublik am Anfang stehen, rücken so etwas in den Hintergrund.[19] Die Alltags- und Konsumwelt der »Goldenen Zwanziger« ist durchaus ausgestellt, jedoch vor allem in einem Seitenweg des Ausstellungsraums, während der Hauptweg zum Nationalsozialismus führt.

Die Demokratie der Bundesrepublik erwächst sowohl im DHM als auch im HdG aus den Trümmern und dem Chaos der Niederlage. Tote, Flüchtlinge und dunkle Farben bilden visuell den Kontrast zur später gezeigten farbigen Demokratie, aber auch zum rötlich schimmernden Sozialismus. Dieser Wechsel zur Farbe etwa bei Fotografien und Produkten macht die Zeit bis 1949 zu einer grauen Vorzeit, verknüpft die 1950er-Jahre hingegen eng mit der Gegenwart. Überraschend stark ist in beiden Häusern, besonders im HdG, der Eindruck einer »Stunde Null«, wenngleich in einem schwarzen Block die NS-Prozesse und -Verbrechen klug und deutlich thematisiert werden: Man kann diesen Teil der Geschichte, wie einst die Zeitgenossen, einfach umgehen, aber nicht übersehen.[20] Spätere Räume, wiederum mit schwarzem Hintergrund, greifen die Themen »NS-Belastung« und »Elitenkontinuität« erneut auf.

19 Siehe Abb. 10 im Beitrag von Thomas Hertfelder in diesem Band.
20 Zur Angst, der Nationalsozialismus würde hier ausgespart: Ulrich Rose, Geschichte, zur Schau gestellt in Vitrinen: Die Diskussion um zwei Museen und ein Mahnmal, in: Gernot Erler u. a. (Hg.), Geschichtswende? Entsorgungsversuche zur deutschen Geschichte, Freiburg im Breisgau 1987, S. 35–61, hier: S. 35 f.; Mälzer, Ausstellungsstück, S. 94–97.

Abb. 3
Wahlplakate bilden, wie hier im HdG, das museale Symbol für die Demokratie und die politische Kultur

Die Entstehung der Demokratie wird in beiden Häusern mit den Vorgaben der Alliierten verbunden. Besonders das HdG interpretiert die Etablierung der Demokratie in der Bundesrepublik als eine abverlangte Resozialisierungsmaßnahme: »Gegen die bisherige Gleichschaltung verordnen die Besatzungsmächte Vielfalt als Heilmittel«, erklärt der Text. Unübersehbar sind die Schwierigkeiten, die Anfänge der Demokratie auszustellen. So dominieren papierene Vorgaben und Dokumente, während die emotional ergreifenden Objekte daneben vom Leid der Vertriebenen erzählen. Schwer zu musealisieren ist der schrittweise Gesinnungswandel bei einstigen Nationalsozialisten. Blass bleiben aber auch die demokratischen Traditionen vieler Deutscher, insbesondere die der Sozialdemokraten.

Die deutsche Demokratie beginnt sowohl in der Bonner als auch in der Berliner Ausstellung mit Wahlplakaten (Abb. 3). Sie repräsentieren die neue Vielfalt im Westen. Auch im weiteren Verlauf bilden die Plakate strukturierende Elemente für die Erzählung von der Entwicklung der Demokratie. Sie stehen dabei im Kontrast zu den

Abb. 4 / Abb. 5
Die spiegelbildliche Präsentation von Verfassungsdokumenten aus Ost und West im DHM

Propagandaplakaten der DDR. Allerdings sagt die politische Inszenierung eines Plakats noch wenig über die Einstellungen der Bevölkerung zur Demokratie aus, genauso wie die SED-Plakate keine Rückschlüsse auf die Reichweite dieser Propaganda im Osten zulassen.[21] Im HdG deuten zumindest die regelmäßig aufgeführten Ergebnisse der Bundestagswahlen die jeweils dominierende politische Kultur an. Jedoch waren diese statischer als die Einstellungen und Normen in der Bevölkerung. So sind die Wahlergebnisse 1953 und 1990 zwar recht ähnlich, die politische Kultur hatte sich hingegen denkbar stark verändert.

Bei der Thematisierung der doppelten Staatsgründung nach der Berlin-Blockade rücken beide Häuser die Kernsymbole der bundesdeutschen Demokratie in den Vordergrund. Im Mittelpunkt steht die Verfassung. Vor allem im HdG wird die Ausarbeitung des Grundgesetzes durch den Parlamentarischen Rat ausführlich präsentiert,

---

21 Irmgard Zündorf, Dingliche Ostalgie? Materielle Zeugnisse der DDR und ihre Präsentation, in: Justus H. Ulbricht (Hg.), Schwierige Orte. Regionale Erinnerung, Gedenkstätten, Museen, Halle an der Saale 2013, S. 77–95, hier: S. 93 f.

mit Bezügen auf Verfassungsvorläufer seit 1848.[22] Die Entstehung der Demokratie ist in der musealen Darstellung damit stark eine Elitengeschichte einzelner Staatsmänner, unter denen Konrad Adenauer herausragt. In beiden Museen werden auch andere Kernsymbole der Demokratie zur Schau gestellt: Die Bundesflagge, die Robe des Verfassungsgerichts und die Stühle des Bundestags. Greifbar und anschaulich wird die Demokratie im HdG in den Sesseln des früheren Bundestags, an dessen Pult Besucher berühmte Reden lesen können. Dem HdG gelingt es zudem besonders gut, die Konstruktion dieser demokratischen Symbole am Beispiel der Pläne für eine neue Bundesflagge zu zeigen. Deutlich wird hier, dass um die Symbole gerungen wurde und vielfältige Vorschläge aufkamen – wie etwa Flaggen mit christlichen Kreuzen.

Konsum und Antikommunismus: Demokratie im Wirtschaftswunder

In der weiteren Ausstellung erzählen beide Häuser die Geschichte der bundesrepublikanischen Demokratie in Abgrenzung zur Diktatur in der DDR. Das HdG wählt anfangs, das DHM durchgängig, eine stark symmetrische Darstellung. Indem das Grundgesetz und die Verfassung der DDR in gegenüberliegenden Vitrinen ähnlich ausgestellt werden, suggeriert das DHM zumindest visuell eine vergleichbare Bedeutung (Abb. 4 und 5). Zudem werden sowohl im DHM als auch im HdG ähnliche Symbolsprachen einander gegenübergestellt, etwa Büsten von Adenauer denen von Marx und Stalin, CDU- und SPD-Plakate denen von SED und FDJ. Gerade Besucher, die wenig mit der deutschen Geschichte vertraut sind, können im DHM so leicht den Eindruck gewinnen, dass die Ähnlichkeiten zwischen beiden deutschen Staaten überwogen hätten. Dass eine Verfassung, Partei oder Gewerkschaft in der DDR eine fundamental andere Rolle spielte als in der Bundesrepublik, rückt so zumindest für flüchtige Besucher in den Hintergrund.

Im HdG wird der Kontrast zwischen Demokratie und Diktatur stärker akzentuiert. Während die Etablierung der bundesdeutschen Demokratie mit sehr unterschiedlichen und markanten Objekten thematisiert wird, bleibt die DDR zunächst eine eher statische rote Bilderstrecke aus Propaganda, Uniformen und marschierenden Massen. Dabei gelingt es der Bonner Ausstellung sehr gut, am Beispiel des Aufstands vom 17. Juni 1953 eine Verbindung zwischen Ost und West zu ziehen: Das durch den sowjetischen T-34-Panzer symbolisierte gewaltsame Eingreifen der Sowjets wird mit dem westdeutschen Wahlkampf parallel gesetzt; zudem wird die Ausrufung des 17. Juni zum bundesdeutschen Feiertag behandelt, der mahnend an die Einheit und die Gefährdung der Demokratie erinnern sollte (Abb. 6). Der Antikommunismus als Säule der bundesdeutschen Demokratie wird so besonders deutlich, ebenso die Funktion

---

22 Vgl. hierzu den Beitrag von Thomas Hertfelder in diesem Band, bes. S. 158–160.

Abb. 6
Bei der Darstellung des 17. Juni 1953 verklammert das HdG anschaulich Demokratie- und Diktaturgeschichte

des 17. Juni als Integrationsklammer.²³ Entsprechend wird heute der Ort des einstigen Bauarbeiterprotestes an der »Stalinallee« in Berlin als »Ort der Demokratie« bezeichnet.²⁴
Während das HdG den Weg in die Demokratie zunächst eher politikgeschichtlich darstellt, zeigt der viel kleinere Ausstellungsteil des DHM diese Entwicklung stärker anhand von Konsumprodukten. Hierbei präsentiert das DHM – erneut recht symmetrisch – die Konsumkultur in der Bundesrepublik und in der DDR. Der VW Käfer steht – durch andere Produkte nur leicht versetzt – dem Trabbi gegenüber (Abb. 7 und 8). Diese großen farbigen Objekte lassen die demokratischen Verfassungssymbole eher in den Hintergrund treten. Der nach oben strebende VW Käfer wird so, wie auch auf zahlreichen Buchcovern von Überblickswerken zur deutschen Geschichte, zum Zeichen für das Gelingen der jungen Demokratie aufgrund ihres ökonomischen Erfolges.²⁵ Schließlich hing die Akzeptanz der Demokratie in der Bundesrepublik stark von der guten wirtschaftlichen Lage ab, ähnlich wie die

23 Edgar Wolfrum, Geschichtspolitik in der Bundesrepublik Deutschland. Der Weg zur bundesrepublikanischen Erinnerung 1948–1990, Darmstadt 1999.
24 Vgl. Manfred Görtemaker, Orte der Demokratie in Berlin. Ein historisch-politischer Wegweiser, Bonn 2004, S. 159–167.
25 Vgl. etwa Ulrich Herbert, Geschichte Deutschlands im 20. Jahrhundert, München 2014; oder: Konrad H. Jarausch, Die Umkehr. Deutsche Wandlungen 1945–1995, München 2004.

Abb. 7 / Abb. 8
Ähnliche Produkte repräsentieren im DHM die Konsumkultur in der Bundesrepublik und der DDR

Abb. 9 / Abb. 10
Das HdG präsentiert die Konsumkultur mit bunter Warenwelt im Westen und grauen Nischen im Osten

Akzeptanz des Sozialismus in der DDR letztlich an der desaströsen ökonomischen Situation scheiterte. Allerdings überdeckt diese Inszenierung, dass VW und Trabbi lange Zeit nur Sehnsüchte der Deutschen waren. Die bundesdeutsche Demokratie begann wie der Sozialismus auf zwei Rädern, oft sogar ohne Motor.

Das HdG inszeniert dagegen deutlich ausführlicher und dominanter die Überlegenheit der marktwirtschaftlichen Demokratie und Konsumkultur. Sie wird großräumig, farbig und opulent präsentiert, mit Eisdiele und Geschäftsauslagen (Abb. 9 und 10). Die zunächst zugunsten von Plakaten ausgeblendete Alltagskultur im Osten findet sich dagegen im HdG eher versteckt mit kleinen Schwarz-Weiß-Bildern in einer Nische. Auch das Zeithistorische Forum Leipzig präsentiert eine ähnliche Erzählung zur DDR: Erst nach langen Ausführungen zur Herrschaft der SED öffnet sie den Blick auf die DDR-Alltagskultur.[26] Bei der Präsentation der Konsumgüter wird nicht nur die oft gescholtene »Ostalgie« bedient, sondern ebenso die »Westalgie«, also die Erinnerung an die gute alte Bundesrepublik mit ihren deutschen Produkten, ihrem politischen Engagement oder ihrer niveauvollen Kultur. Dadurch, dass die Konsumprodukte in Ost und West getrennt präsentiert werden, fällt es allerdings sowohl im Bonner als auch im Leipziger Museum schwer, sie miteinander in Beziehung zu setzen. Dabei könnte man gerade an zentralen Produkten, wie etwa Kaffee, die Unterschiede und Verbindungen zwischen Ost und West herausstellen: Von der gemeinsamen Phase des Getreidekaffees und Schwarzhandels hin zu den Westpaketen mit Jakobs Krönung und der krisenhaften Versorgung im Osten, die den »Bohnenkaffee« zu einem Symbol für die Überlegenheit der marktwirtschaftlichen Demokratie werden ließ.[27]

Die Demokratisierung baute jedoch nicht nur auf dem wirtschaftlichen Erfolg auf, sondern wurde auch in der Wirtschaft verankert – etwa in der betrieblichen Mitbestimmung, den Tarifverhandlungen und der eher kooperativen Einbindung der Gewerkschaften. Das Haus der Geschichte widmet dem einen eigenen Bereich, wiederum in Gegenüberstellung zum FDGB und zur Planwirtschaft, was durch Plakate und Dokumente verdeutlicht wird. Dieser Raum ist zwar den Erfolgen der christdemokratischen Regierung nachgeordnet, aber unterstreicht dennoch den Anspruch des Museums, unterschiedliche politische Perspektiven zu berücksichtigen.

Für die 1960er-Jahre wird in der Ausstellung mit den NS-Prozessen die Abgrenzung der Bundesrepublik zum Nationalsozialismus thematisiert, dessen Aufarbeitung wiederum als eine Leistung der Demokratie erscheint, wenngleich nicht wenige Demokraten ihr zunächst Steine in den Weg legten. Dass der entsprechende schwarze Kasten im HdG dazu ein wenig versteckt unter der Rampe zur Mondlandung steht,

---

26 Mit der DDR-Alltagskultur beschäftigten sich vor allem private Museen; vgl. Irmgard Zündorf, DDR-Geschichte – ausgestellt in Berlin, in: Jahrbuch für Politik und Geschichte 4 (2013), S. 139–156.

27 Vgl. jetzt dazu: Monika Sigmund, Genuss als Politikum. Kaffeekonsum in beiden deutschen Staaten, Berlin 2015.

ist kritisiert worden. Die NS-Vergangenheit ist hier eine dunkle Kapsel in der Demokratie, die man leicht ignorieren kann, die aber von außen zumindest unübersehbar ist. Ähnlich wie beim schwarzen Kubus am Eingang handelt es sich um eine anspielungsreiche Inszenierung: Die NS-Verbrechen stehen im Schatten des Fortschrittsglaubens und die Moderne führt eben nicht nur zum Mond, sondern ist, wie anhand Wernher von Brauns V-2-Rakate ersichtlich wird, auch mit Massenmorden verbunden.

Demokratie als Protest

Die späten 1960er-Jahre bilden bei der Darstellung der Demokratie einen weiteren Wendepunkt. Ein fester Erinnerungsort ist erwartungsgemäß der Machtwechsel 1969. Brandts »Mehr Demokratie wagen«, seine Ostpolitik und die inneren Reformen finden sich, wie in anderen Darstellungen zur bundesdeutschen Geschichte, hier an prominenter Stelle. Allerdings lässt sich dieser Wandel nur schwer in dreidimensionale Objekte übersetzen. Mehr Gewicht und visuelle Präsenz erhalten dagegen die verschiedenen Protestbewegungen zwischen den späten 1960er- und den 1980er-Jahren. Sie lassen sich, auch wegen ihrer materiellen Hinterlassenschaft, als einen Kern der musealen Demokratiegeschichte fassen, der hier ein stärkeres Gewicht hat als in den Geschichtsbüchern.

Beide untersuchten Museen zeigen zunächst die 68er-Bewegung, die sie vor allem als bunten marxistischen Sponti-Protest darstellen. Die ausgestellten Protestobjekte sind neue Symbole der Demokratisierung, aber ebenso der Herausforderung der Demokratie. Den meisten Platz räumen beide Museen jedoch den Neuen Sozialen Bewegungen der 1970er- und 1980er-Jahre ein. Vor allem die zahlenmäßig starken Anti-AKW-Proteste, die Friedensbewegung und die Frauenbewegung werden in DHM und HdG sehr ausführlich und teilweise recht ähnlich präsentiert. So inszenieren beide Häuser die Antiatomkraftproteste mit einem grünen Bauzaun, geschmückt mit Plakaten (Abb. 11 und 12). Die Demonstranten werden nicht, wie in Teilen der (älteren) Forschung, als Marionetten der Stasi oder als verängstigte Apokalyptiker dargestellt, sondern als »besorgte Bürger«.[28] Auch das HdG betont, dass die »parlamentarisch-rechtstaatliche Demokratie« Impulse der Bewegungen aufgegriffen und daraus gelernt habe; allerdings geht diese These in den Ausstellungseinheiten, die auf die Wiedervereinigung folgen, eher unter.

Breiten Raum erhalten zudem, besonders im HdG, die neu gegründeten Grünen, deren Konstituierung die politische Kultur und die bundesdeutsche Demokratie

---

28 »Öffentliche Proteste besorgter Bürger finden immer mehr statt«, heißt es etwa auf einer Tafel des HdG. Zur Kritik an der Deutung der Friedensbewegung als Marionette der Staatssicherheit der DDR vgl.: Holger Nehring/Benjamin Ziemann, Führen alle Wege nach Moskau? Der NATO-Doppelbeschluss und die Friedensbewegung – eine Kritik, in: Vierteljahrshefte für Zeitgeschichte 59 (2011), S. 81–100.

Abb. 11 / Abb. 12
Die Protestbewegungen der 1970er- und 1980er-Jahre werden – inszeniert mit Bauzäunen – im HdG und im DHM als Ausdruck der Demokratie präsentiert

Abb. 13
Das DHM präsentiert die Mediendemokratie und die Vielfalt der Ereignisse der 1980er-Jahre

zweifelsohne veränderte. Ins Auge sticht, dass hier erstmals eine Partei jenseits ihrer Eliten mit der Kultur ihres Milieus sichtbar wird. Derartiges findet sich, so fällt auf, etwa für die CDU/CSU-Anhänger nicht und scheint auch nur schwer darstellbar, da diese nicht derartig anschauliche Zeugnisse hinterließen. Denkbar wäre etwa, – ähnlich wie im Zeitgeschichtlichen Forum – Medienstationen einzurichten, die die Lebenswege einzelner »normaler« Bürger in der Demokratie darstellen. Dies würde die objektzentrierten Perspektiven des Alltagslebens um biografische Wandlungen ergänzen – von der HJ zur Demokratie oder vom 68er-Protest hin zu bürgerlichen Lebenswegen.

Die 1970er-Jahre erscheinen in beiden Häusern als Zeit der Demokratisierung von unten, des Krisenmanagements und als Bewährungsprobe der Demokratie, die bestanden wurde. Ölkrise, Terrorismus oder auch die Arbeitslosigkeit gefährdeten die demokratische Ordnung nicht. Diese politische Bewährung im sozioökonomischen Strukturwandel lässt sich jedoch nur schwer mit Objekten visualisieren. Neben Bildern von Arbeitsämtern sind es im HdG Gegenstände aus der Arbeitswelt, wie Roboter, die hier die Chancen und Probleme der Automatisierung verdeutlichen sollen.

Die Darstellung der bundesdeutschen Demokratie entfernt sich dabei in den 1970er- und 1980er-Jahren von der DDR. Letztere bleibt besonders im HdG blasser, was akzentuiert, dass die DDR für viele Westdeutsche nun als ein eigenständiger ferner Staat erschien und der Antikommunismus an Bedeutung verlor, gerade weil die Überlegenheit der Demokratie so deutlich war. Im DHM wird dagegen weiterhin mit Symmetrien gearbeitet, die nicht unproblematische Assoziation auslösen können. Auf der rechten Seite wird etwa die Rasterfahndung im Westen gezeigt, die ein BKA-Computer visualisiert, auf der linken Seite steht der Nachbau einer Zelle in Bautzen, der die Repression der Stasi verdeutlicht. Der westdeutsche Schutzzaun gegen die Proteste wirkt wie ein Pendant zum Grenzzaun auf der Linken. Zugleich lässt die Sichtweite aber auch interessante Bezüge zwischen beiden Seiten zu. Parallelen zieht die Ausstellung etwa zu Recht in Bezug auf den Geschichtsboom der Zeit, beispielsweise anhand der Preußen-Renaissance der 1980er-Jahre in Ost und West.[29]

Generell fällt auf, dass in beiden Museen in den 1970er- und 1980er-Jahren die Wege unklarer werden. Während die Besucher des HdG durch die beiden Nachkriegsjahrzehnte noch recht eindeutig nach oben geführt werden, sind die möglichen Wege nun verschlungener. In gewisser Weise wird so die Pluralisierung verdeutlicht, die die Demokratie ausmacht. Dass sich die Besucher im HdG, angesichts der Fülle von Objekten und Seitenwegen, ihre eigene Geschichte zusammenstellen können, wird von ihnen sehr geschätzt.[30] Dies steht zugleich für ein demokratisches Ausstellungskonzept. Auch die Medialisierung der Zeit fördert diese Sichtweise. »Die Gesellschaft hat nie so viele Bilder produziert; gerade deshalb gibt es keine verbindlichen Ansichten«, kommentierte entsprechend Patrick Bahners die HdG-Eröffnung 1994.[31] Die DDR verschwindet dagegen immer stärker aus der Ausstellung, weil sie statischer war und zugleich zunehmend aus der Sichtweite der Demokratie rückte.

In diesem Kontext ist auch die sehr ungewöhnliche und experimentelle Darstellung der 1980er-Jahre im DHM zu deuten, die zunächst wenig einleuchten will: Jedes einzelne Jahr wird hier durch einen Fernseher mit Filmausschnitten und durch ein Objekt visualisiert (Abb. 13). Dabei gehen Politik, Soziales und Populärkultur fließend ineinander über. Boris Becker in Wimbledon steht so neben den Skandalen um Kohl, ebenso AIDS und Breakdance neben Barschel und Jenninger. Auf diese Weise entsteht ein mosaikartiges Panoptikum, das die Pluralisierung in der Mediendemokratie andeutet. Ebenso repräsentiert es die Entpolitisierung im Zeitalter des dualen Rundfunks und die Unübersichtlichkeit gegenwartsnaher Jahrzehnte.

Protest und Demokratie im Osten und das wiedervereinigte Deutschland

Abgerundet werden die Ausstellungen in beiden Häusern recht ähnlich mit den Protesten von 1989 in der DDR. Zu sehen ist ein bunter Strauß an Transparenten, begleitet von Fotos und Fernsehbildern vom Mauerfall. Allerdings ist der Weg dorthin recht unterschiedlich. Vor allem im DHM kommen die Proteste 1989 und der Mauer-

---

29 Kritisch zu Gleichsetzungen bereits: Zündorf, DDR-Geschichte, hier: S. 148.
30 Schröder, Geschichte, S. 189.
31 Patrick Bahners, Glück unter Glas, in: Frankfurter Allgemeine Zeitung, 16.6.1994, Nr. 137, S. 33.

Abb. 14
Die DDR der 1980er-Jahre wird im Zeitgeschichtlichen Forum Leipzig – etwa durch Objekte wie Wolf Biermanns Gitarre – als Land mit starker Oppositionsbewegung dargestellt

fall etwas überraschend und sind trotz großer Plakate eher lieblos inszeniert.[32] Lediglich ein paar graue Dokumente in einer Nische zeugen von der lebendigen Demokratiebewegung, die es 1989 in der DDR gab. Wenngleich die Ausstellung betont: »Die demokratische Meinungsbildung fand auf der Straße statt«, zeigt der Fernseher doch vornehmlich Helmut Kohl am Brandenburger Tor. Naheliegend wäre es hier gewesen, die Beziehung etwa zwischen der Friedens- und Umweltbewegung in West und Ost deutlicher zu machen und den Menschenrechtsdiskurs zu thematisieren. Das Haus der Geschichte hat dagegen die ausführliche Darstellung der Protestbewegung in der DDR in das Zeitgeschichtliche Forum nach Leipzig ausgelagert. Dort er-

32 So auch: Bill Niven, Colourful but Confusing. The Permanent Exhibition in the German Historical Museum, in: Zeitgeschichte-online, Juli 2007, http://www.zeitgeschichte-online.de/thema/colourful-confusing (letzter Aufruf: 17.6.2016), S. 3.

scheint die DDR der 1980er-Jahre als ein Staat mit vielfältiger Opposition und mit einer bunten Umwelt-, Friedens- und Demokratiebewegung. Deren Wortführer werden anhand von markanten Objekten präsentiert, etwa durch Wolf Biermanns Gitarre oder Markus Meckels Parka, die quasi ein Pendant zu Helmut Kohls Strickjacke im HdG bilden (Abb. 14). So wie in der Bonner und der Berliner Ausstellung die beiden deutschen Staaten nebeneinander präsentiert werden, stellt das Zeitgeschichtliche Forum am Ende den Weg von DDR-Staats- und -Oppositionsgeschichte einander gegenüber.

Bei der abschließenden Darstellung der Demokratie im vereinten Deutschland haben alle Ausstellungen die größten Probleme. Sie zerfransen stark und bieten ein kurzes buntes Potpourri, wenngleich ein unterschiedliches: In Leipzig werden mit einzelnen Tafeln das Hochwasser 2002, die Treuhand und der Fußball-WM-Sieg von 1990 nebeneinandergestellt, im DHM die Charta von Paris und der Abzug der Alliierten und im HdG der »Aufbau Ost«, die EU, die Finanzkrise und die Globalisierung. Hier zeigt sich zudem ein typisches Problem gegenwartsnaher Zeitgeschichte, das sich auch in Geschichtsbüchern bemerkbar macht: Je näher zeithistorische Darstellungen an die Gegenwart rücken, desto politiklastiger und aufzählender werden sie. Offensichtlich ist für die letzten 20 Jahre zu schwer abzuschätzen, welche Trends als für die Gesellschaftsentwicklung relevant gelten können; überdies erscheinen manche Entwicklungen aus der Zeitgenossenschaft heraus zu vertraut.

Dabei bieten sich auch für die Geschichte der Demokratie viele Themenschwerpunkte an: Was wurde aus den ostdeutschen Bürgerrechtlern und dem westdeutschen Protest der 1980er-Jahre? Wie wuchsen Ost- und Westdeutschland zusammen? So aber schließen die Ausstellungen etwas rätselhaft ab, wie das Fragezeichen am Ende der HdG-Ausstellung unterstreicht. Das eigentliche Ende bleibt die Wiedervereinigung und damit der Sieg der Demokratie über die Diktatur. Vermutlich wäre es besser gewesen, die Ausstellungen Anfang der 1990er-Jahre enden zu lassen und sie dann erst mit einem gewissen zeitlichen Abstand um einen systematischen Block zur deutschen Geschichte bis zum Ende der rot-grünen Regierung zu ergänzen.

Fazit

Großen Dauerausstellungen wird oft vorgehalten, wie begehbare Geschichtsbücher zu wirken. Auf das HdG und das DHM trifft diese Kritik sicherlich nicht zu. Bei der Darstellung der Demokratie setzen sie eigene Akzente, auch im Vergleich zur Fachliteratur. Während die meisten großen Überblicksbücher entweder nur die Bundesrepublik oder nur die DDR thematisierten, schildern die Museen die bundesdeutsche Entwicklung als Kontrastgeschichte zur DDR, im Falle des DHM sogar in stark symmetrischer Gegenüberstellung. HdG und DHM erzählen die Geschichte der Demokratie zunächst anhand von Wahlen und Verfassungssymbolen, dann vor allem anhand von Konsumprodukten, was ebenfalls einen gewissen Unterschied zu den Fachbüchern bildet. Erst die Gegenüberstellung der Systeme erlaubt es, die Objekte politisch als Ausdruck von Demokratie oder Sozialismus zu lesen. Der in beiden Häusern präsentierte VW Käfer wird so zum Zeichen der gelungenen Demokratie, der Trabi hingegen zum Symbol für den gescheiterten Sozialismus. In dieser antagonistischen Gegenüberstellung kann alles Dargestellte zum Ausdruck von Demokratie werden, wenngleich die Zeitgenossen diese Gegenstände nicht mit ihr in Verbindung gebracht hätten. Selbst Terrorismus und Rechtsradikalismus werden so in die Demokratiegeschichte eingelesen, da sich die Demokratie gegen diese Phänomene erfolgreich behauptete. Durch die permanente Abgrenzung zur DDR rückt freilich die Bedeutung des Nationalsozialismus für die Bundesrepublik und die Demokratie in den Hintergrund.

Starkes Gewicht legen die Ausstellungen auf die Protestbewegungen, also die lebendige Demokratie von unten, wenngleich die Zeitgenossen sie oft nicht als solche empfanden. Auch dies zeigt, wie stark attraktive dreidimensionale Objekte die Erzählung im Museum beeinflussen und dadurch in der Ausstellung etwa das Regierungshandeln der 1980er-Jahre eher in den Hintergrund rückt. Die Flachware der demokratischen Verfassungssymbole und Rituale kann es nur schwer mit den bunten Objekten der Konsumwelt und der Demonstranten aufnehmen, die so zu den eigentlichen Zentren der Demokratiegeschichte werden, stets im Kontrast zur einfarbig grauen bzw. roten DDR.

Die drei hervorgehobenen musealen Darstellungsformen der Demokratie historisieren die Zeit bis 1989 und lassen sie damit in weite Ferne rücken. So kann sich die Demokratie heute nur noch historisch über die Abgrenzung zum Sozialismus und zur DDR definieren. Auch Formen des öffentlichen Protestes von unten und die Alternativkulturen haben seit 1990 an Gewicht verloren. Und im Zeitalter des Massenkonsums stehen Demokratie und Wirtschaftswachstum ebenfalls nicht mehr in einer derartig engen Verbindung wie in den Jahren des »Wirtschaftswunders«. In der künftigen musealen Geschichte der Gegenwart dürften neue Narrative aufkommen; etwa die Distinktion zu weiter entfernten autokratischen Regimen und islamisch geprägten Staaten, Proteste im Internet oder ethische Selbstbeschränkungen beim Konsumieren. Darstellerisch und erzählerisch ist dies gleichwohl deutlich schwieriger umzusetzen.

Dass die großen Museen eine politisch ausgewogene Ausstellung bieten, ist der eigentliche Beweis dafür, dass wir eine demokratische Erinnerung an die Demokratie haben. Die gewissen Ähnlichkeiten zwischen beiden Häusern unterstreichen den Konsens über sie. Generell gelingt es dem HdG jedoch deutlich besser, durch attraktive Inszenierungen die Facetten der Demokratiebildung zu verdeutlichen. Künftig wäre zu überlegen, ob man Prozesse der Demokratie vielleicht noch konkreter und anschaulicher ausstellen könnte als durch Richterroben und Parlamentssitze. Denkbar wäre etwa, auf begehbare Weise die Entstehung und Umsetzung eines prominenten Gesetzes zu präsentieren (etwa der Rentenreform 1957 oder des § 218 StGB in den 1970er-Jahren), mit allen Akteuren, von der Politik über Experten und zivilgesellschaftliche Gruppen bis hin zu den Medien. Prominente Entscheidungen des

Bundesverfassungsgerichts ließen sich ebenfalls museal mit authentischen Objekten inszenieren. Die Gründung eines »Museums der Demokratie« dürfte vielen sicherlich zu sehr nach begehbarem Sozialkundeunterricht klingen – angesichts der Vielfalt der deutschen Museumslandschaft mit all ihren Spezialmuseen wäre »Demokratie« aber nicht das abseitigste Thema.

Irmgard Zündorf
Akteure zwischen Monarchie, Diktatur und Demokratie
Die Ausstellungen der Politikergedenkstiftungen des Bundes

Die Politikergedenkstiftungen des Bundes informieren in ihren Ausstellungen über »den Lebensweg, das politische Denken und Wirken sowie das historische Erbe«[1] von fünf Staatsmännern, die »in der deutschen und europäischen Geschichte eine herausragende Rolle gespielt haben und die von Richtung gebender Bedeutung waren«.[2] Dabei handelt es sich um Otto von Bismarck, Friedrich Ebert, Konrad Adenauer, Theodor Heuss und Willy Brandt.[3] Laut gemeinsamer Website wollen die Stiftungen mit dem Gedenken an diese fünf Männer »zum Verständnis unserer Gegenwart« beitragen und die »Kenntnisse über die Geschichte Deutschlands und Europas im 19. und 20. Jahrhundert« erweitern. Darüber hinaus ist es ihr Ziel, »die positiven politischen Traditionslinien deutscher Geschichte in Erinnerung [zu] bringen; denn diese gilt es ja zu bewahren und fortzuentwickeln: Freiheit, Rechtsstaatlichkeit, Demokratie sowie individuelle wie soziale Verantwortung für das Gemeinwesen«.[4] Allerdings räumt Bernd Neumann, der frühere Bundesbeauftragte für Kultur und Medien, in dessen Verantwortungsbereich die Stiftungen lagen, einschränkend ein, dass nur die Biografien von Ebert, Heuss, Adenauer und Brandt auch als »Lebenslinien der Demokratie« zu verstehen seien.[5] Wiederum einschränkend gibt der Geschäftsführer der Stiftung Bundespräsident-Theodor-Heuss-Haus Thomas Hertfelder zu bedenken, dass sich vor allem am Beispiel der Biografien von Heuss und Adenauer »über die politischen Zäsuren von 1918/19, 1933, 1945 hinweg exemplarisch ein Stück deutscher Demokratiegeschichte, ein demokratisch-rechtsstaatlicher Traditionsstrang deutscher Politik nachzeichnen« lasse.[6]

1 Die Politikergedenkstiftungen des Bundes. Was uns verbindet, http://www.politikergedenk stiftungen.de/was-uns-verbindet (letzter Aufruf: 17.6.2016).
2 Dorothee Wilms, Begrüßung, in: Jürgen Kocka (Hg.), Sozialstaat und Bürgergesellschaft in der deutschen Geschichte. Vom Kaiserreich zur Berliner Republik, Heidelberg 2011, S. 7–11, hier: S. 8.
3 Zu den Ausstellungen der Politikergedenkstiftungen des Bundes vgl. auch den Beitrag von Michele Barricelli in diesem Band.
4 Wilms, Begrüßung, hier: S. 10.
5 Bernd Neumann, Biografien erzählen – Geschichte entdecken. Die Politikergedenkstiftungen des Bundes, in: Jürgen Kocka (Hg.), Sozialstaat und Bürgergesellschaft in der deutschen Geschichte. Vom Kaiserreich zur Berliner Republik, Heidelberg 2011, S. 13–15, hier: S. 14.
6 Thomas Hertfelder, Machen Männer noch Geschichte? Das Stuttgarter Theodor-Heuss-Haus im Kontext der deutschen Gedenkstättenlandschaft, Stuttgart 1998, S. 12.

Die Biografien der fünf Politiker stehen somit nicht alle für Demokratiegeschichte und nicht alle für das 20. Jahrhundert. Trotzdem sollen die Präsentationen der fünf Lebenswege Interesse sowohl an der Geschichte als auch an der aktuellen Politik wecken, zum persönlichen gesellschaftlichen Engagement anregen und damit zur Demokratiegestaltung beitragen.[7] Dafür betreiben die Gedenkstiftungen unter anderem jeweils »Gedenkstätten«, die Hertfelder wie folgt definiert: »Eine Gedenkstätte erinnert an eine historische bedeutsame Person, eine Personengruppe oder ein Ereignis, knüpft an lebendige Erinnerungsbestände an, kombiniert affektive und kognitive Elemente, befindet sich an einem Ort mit unmittelbarem Bezug zu der Person oder der Sache, der gedacht werden soll, ist singulär, nutzt die Aura authentischer Räume und Objekte, ist öffentlichkeitsbezogen.«[8] Dieser Definition entsprechen die Ausstellungen der Gedenkstiftungen in unterschiedlichem Maße, da nicht alle an einem Ort mit unmittelbaren Bezug zu der ausgestellten Person stehen und die »Erinnerungsbestände« teilweise erst wieder »lebendig« gemacht werden müssen. Dies wird in verschiedener Weise versucht – unter anderem soll die Entwicklung gegenwärtiger demokratischer Strukturen in den Präsentationen vermittelt werden. Wie dies unternommen wird und ob es überhaupt sinnvoll erscheint, »eine Persönlichkeit im Interesse demokratischer Sinnstiftung [zu] monumentalisieren«,[9] wird im Folgenden näher untersucht. Dazu werden die Ausstellungen der fünf Politikergedenkstiftungen daraufhin betrachtet, in welchen Formen, Medien und Narrativen sie Demokratie- und Diktaturgeschichte präsentieren, wie in ihnen die politischen Systeme gegeneinander abgegrenzt, welche Merkmale Diktatur und Demokratie konstitutiv zugeordnet und wie diese visualisiert werden. Diese Fragen stellen sich nicht zuletzt vor dem Hintergrund, dass es laut einer aktuellen Studie Schülern schwerfällt, zwischen Demokratie und Diktatur zu unterscheiden.[10]

Um den genannten Fragen nachzugehen, werden alle fünf Einrichtungen (bzw. ihre sieben aktuellen und in Vorbereitung befindlichen Dauerausstellungen) in der chronologischen Reihenfolge der behandelten Epochen analysiert. Die Betrachtung beginnt im 19. Jahrhundert mit der Darstellung Preußens und des Kaiserreichs durch die Otto-von-Bismarck-Stiftung und geht dann über zur Stiftung Reichspräsident-Friedrich-Ebert-Gedenkstätte, die ebenfalls noch das Kaiserreich, darüber hinaus

---

7 Karsten Brenner, Willy Brandt – Ikone der »Linken«? Gedanken zum Bild und zur Wirkung Willy Brandts heute, in: Beatrix Bouvier/Michael Schneider (Hg.), Geschichtspolitik und demokratische Kultur. Bilanz und Perspektiven, Bonn 2008, S. 123–131, hier: S. 131.
8 Hertfelder, Männer, S. 16.
9 Ebd., S. 22.
10 So die Ergebnisse einer Studie des Forschungsverbundes SED-Staat aus dem Jahr 2012, vgl. dazu: Pressemitteilung der Freien Universität 181/2012 vom 27.6.2012: Studie: Schüler halten Demokratien und Diktaturen für gleichwertig, http://www.fu-berlin.de/presse/informationen/fup/2012/fup_12_181/ (letzter Aufruf: 17.6.2016); oder beispielsweise: Studie. NRW-Schüler können nicht zwischen Demokratie und Diktatur unterscheiden, in: Westdeutsche Allgemeine Zeitung, 27.6.2012, http://www.derwesten.de/politik/nrw-schueler-koennen-nicht-zwischen-demokratie-und-diktatur-unterscheiden-id6814896.html (letzter Aufruf: 17.6.2016).

aber auch den Ersten Weltkrieg und die Weimarer Republik präsentiert. Anschließend werden die Ausstellungen der Stiftung Bundeskanzler-Adenauer-Haus, der Stiftung Bundespräsident-Theodor-Heuss-Haus sowie schließlich der Bundeskanzler-Willy-Brandt-Stiftung analysiert, die alle drei zusätzlich zum Kaiserreich und zur Weimarer Republik noch den Nationalsozialismus, den Zweiten Weltkrieg und das geteilte Deutschland thematisieren. In der Präsentation zu Brandt gerät zudem, wenn auch nur sehr knapp, die deutsche Wiedervereinigung in den Blick. Die Ausstellungen überschneiden sich somit thematisch nur teilweise, weshalb es nur partiell möglich ist, die Präsentation bestimmter Ereignisse miteinander zu vergleichen.

Diese Chronologie entspricht nicht derjenigen, in der die Stiftungen entstanden sind. 1978 wurde die Stiftung Bundeskanzler-Adenauer-Haus als erste Politikergedenkstiftung gegründet. Die Rechtsform der übrigen Stiftungen baute jeweils auf dem Stiftungsgründungsgesetz des Bundeskanzler-Adenauer-Hauses auf.[11] 1986 folgten die Reichspräsident-Friedrich-Ebert-Gedenkstätte, 1994 die Bundeskanzler-Willy-Brandt-Stiftung und die Bundespräsident-Theodor-Heuss-Stiftung und schließlich, als bisher letzte Neugründung, 1997 die Otto-von-Bismarck-Stiftung. Organisatorisch unterstanden die Einrichtungen zunächst dem Bundesinnenministerium. Sie wurden mit der Einrichtung des Bundesbeauftragten für Kultur und Medien in dessen Zuständigkeitsbereich übertragen und werden dort vom Referat »Erinnerungskultur« betreut.

Die hier vorgenommene Gliederung folgt auch nicht der Abfolge, in der die Ausstellungen entstanden sind. Die jüngste Präsentation zu Brandt in Berlin wurde erst 2012 eröffnet. Die bisherige Adenauer-Ausstellung in Bad Honnef wurde mittlerweile abgebaut, weshalb sich die Betrachtung hier nur auf die Informationen aus dem Katalog[12] bzw. das nach wie vor zu besichtigende Wohnhaus sowie die Pläne für die neue Ausstellung beziehen. Die Ausstellung zu Bismarck in Schönhausen stammt aus dem Jahr 1998, diejenige in Friedrichsruh aus dem Jahr 2000; die Heuss-Ausstellung in Stuttgart wurde 2002 eröffnet, die Präsentation zu Ebert in Heidelberg ist ebenso wie die zu Brandt in Lübeck von 2007.

Obwohl die Einrichtungen schon seit bis zu 40 Jahren existieren, hat sich die Forschung bisher kaum mit ihnen beschäftigt. Allein ein Sammelband über die Politikergedenkstiftungen und die Presidential Libraries in den USA setzt sich ausdrücklich mit ihnen auseinander.[13] Die Autoren sind jedoch teilweise selbst Mitarbeiter

---

11 Vgl. Gesetz über die Errichtung einer Stiftung Bundeskanzler-Adenauer-Haus vom 24.11.1978, http://www.gesetze-im-internet.de/adenauerhstiftg/BJNR018210978.html (letzter Aufruf: 17.6.2016).
12 Stiftung Bundeskanzler-Adenauer-Haus (Hg.), Konrad Adenauer. Dokumente aus vier Epochen deutscher Geschichte. Das Buch zur Ausstellung, Bad Honnef 1997.
13 Astrid M. Eckert (Hg.), Institutions of Public Memory. The Legacies of German and American Politicians, Washington 2007. Allein der Beitrag von Powers kann als Blick von außen auf die Politikergedenkstiftungen gewertet werden: John C. Powers, Visiting Presidential and Chancellor Museums. An American Perspective, in: Eckert (Hg.), Institutions, S. 33–45.

bzw. Beiratsmitglieder der Einrichtungen, über die sie schreiben. Insgesamt wurde die wenige Literatur zu den Stiftungen vor allem von Beteiligten verfasst.[14] Die folgende Analyse greift trotzdem auf diese Texte zurück, schon weil sie Einblicke in die Zielsetzungen der Ausstellungsmacher ermöglichen.

Bismarck diskutieren

Die vor ihrer Gründung am heftigsten debattierte Stiftung war diejenige zum Gedenken an Otto von Bismarck. Es gab Befürchtungen, dass eine Ausstellung über den Reichskanzler zum »Wallfahrtsort der Rechten«[15] werden könne und sich kaum zur Präsentation deutscher demokratischer Traditionen eigne.[16] Diesen Vorwürfen musste sich die Stiftung stellen. So ist die historische Präsentation in Friedrichsruh Ausdruck dessen, dass Bismarck nicht auf einen Sockel gestellt werden, sondern ganz im Gegenteil besonders kritisch diskutiert werden sollte. Zugleich soll aber auch deutlich werden, dass Deutschlands Entwicklung nicht ohne Kenntnisse über Bismarck nachzuvollziehen sei.[17] Die folgenden Ausführungen konzentrieren sich auf die Präsentation in Friedrichsruh bei Hamburg, da die Ausstellung in Schönhausen vom vorherigen Eigentümer übernommen wurde und noch einer Überarbeitung durch die Politikergedenkstiftung harrt.[18]

Die Ausstellung ist in Friedrichsruh, dem Ort, an dem Bismarck seinen Lebensabend verbrachte, im früheren Bahnhof untergebracht. Das Gebäude steht somit nur in einem indirekten persönlichen Bezug zum Protagonisten und die Ausstellung zeigt auch nur wenige Originalobjekte. Letztere befinden sich überwiegend im Familienbesitz und werden in großer Zahl in dem neben dem Stiftungssitz befindlichen Bismarck-Museum ausgestellt. Das Museum wird seit Kurzem von der Stiftung betreut, ohne dass diese jedoch inhaltliche Veränderungen an der Präsentation vornehmen darf. Daher wird diese hier ebenfalls ausgeblendet. Die Ausstellung der Stiftung zeigt schon allein aufgrund der fehlenden persönlichen Gegenstände eine gewisse Distanz

---

14 Siehe zum Beispiel den Text von Karsten Brenner, dem Vorsitzenden des Vorstandes der Bundeskanzler-Willy-Brandt-Stiftung: Brenner, Willy Brandt; oder den Text von Jan Hoesch, dem Vorsitzenden des Vorstandes der Stiftung Reichspräsident-Friedrich-Ebert-Gedenkstätte, über die Ebert-Ausstellung: Jan Hoesch, Friedrich Ebert – Bilder einer Ausstellung in: Beatrix Bouvier/Michael Schneider (Hg.), Geschichtspolitik und demokratische Kultur. Bilanz und Perspektiven, Bonn 2008, S. 107–112.

15 Siehe beispielsweise: Volker Ullrich, Forschen in Friedrichsruh. Zur Eröffnung der Otto-von-Bismarck-Stiftung, in: Die Zeit, 25.5.2000, http://www.zeit.de/2000/22/Forschen_in_Friedrichsruh (letzter Aufruf: 17.6.2016).

16 Andreas von Seggern, Still a Myth? Public Rememberance of Otto von Bismarck and the Bismarck Foundation, in: Eckert (Hg.), Institutions, S. 127–134, hier: S. 130.

17 Ebd., hier: S. 132.

18 Das Bismarck-Museum in Schönhausen wurde von der Stiftung Schlösser, Burgen und Gärten des Landes Sachsen-Anhalt verwaltet, siehe: Konrad Breitenborn, Otto von Bismarck. Kanzler aus der Altmark. Buch zum Bismarck-Museum in Schönhausen, Halle an der Saale 1998, S. 7.

zur präsentierten Person. Dieser Eindruck wird noch dadurch vertieft, dass es in der Ausstellung mit dem Titel »Otto von Bismarck und seine Zeit« nicht allein um Bismarck geht, sondern vielmehr um die Zeit in der er lebte und dabei vor allem um das Kaiserreich.[19]

Die meisten der präsentierten Bilder und Texte sind direkt auf Wandtafeln gedruckt, die durch ihre farblich unterschiedliche Gestaltung jeweils ein neues Themenfeld ankündigen. Der erste Raum ist in hellem Weiß gehalten und beginnt auf der linken Seite mit einem Einblick in die politische Situation in der ersten Hälfte des 19. Jahrhunderts. Die behandelten Themen sind der Wiener Kongress, die Gründung des Deutschen Bundes und die Revolution von 1848. Auf der gegenüberstehenden Wand werden Informationen über das Privatleben Bismarcks, über seine Eltern, seine Schul- und Ausbildungszeit sowie über seine Heirat präsentiert. Der Raum kann als Einführung verstanden werden, durch die der Protagonist vorgestellt wird: Bismarck ist hier noch nicht Akteur der Geschichte, sondern steht dieser gegenüber. Am Ende des Raumes kommen mit Bismarcks Ernennung zum preußischen Ministerpräsidenten beide Seiten zusammen. Von nun an werden private und politische Geschichte nicht mehr getrennt, die private Situation wird aber auch kaum noch beleuchtet.

Der Weg zum Nationalstaat und damit die Einigungskriege stehen im nächsten Raum im Mittelpunkt. Diese werden eher als politische Ereignisse präsentiert und weniger als Kriege, in denen Menschen litten und starben. Zudem lassen sich die Geschehnisse als Schritte lesen, die zielgerichtet zur Reichsgründung 1871 führten, die positiv in strahlendem Rot präsentiert wird. Hier wird erneut eine Zäsur gesetzt, denn anschließend verläuft die Darstellung getrennt nach außen- und innenpolitischen Ereignissen und Entscheidungen. Interessant ist, dass die Ausstellung von hier an durchaus kritisch mit ihrem Protagonisten umgeht. Dies wird vor allem im Bereich der innenpolitischen Maßnahmen deutlich, wo keine Fortschrittsgeschichte erzählt wird, wie sie noch bei den Einigungskriegen durchscheint. Bismarck wird als Akteur der politischen Entwicklung, aber nicht als strahlender Held dargestellt; herausgearbeitet wird, dass das neue Reich mit vielen Herausforderungen zu kämpfen hatte. Einige problematische, von Bismarck getroffene Entscheidungen werden nicht verschwiegen. Ein besonderer Fokus gilt im innenpolitischen Bereich der Industrialisierung, die zusammen mit der Entstehung des Bürgertums in einem Raum präsentiert wird. Interessant ist, dass die Entwicklung der Arbeiterschaft als soziale Gruppe hier nicht vorkommt – diese wird erst im nächsten Raum thematisiert, wo es um die soziale Frage und die Sozialistengesetze geht. Industrialisierung steht hier erstmal vor allem für den Fortschritt und die mit ihr verbundenen Probleme werden nicht direkt behandelt.

---

19 Dies wird auch im Katalog zur Ausstellung deutlich: Michael Epkenhans u. a. (Hg.), Otto von Bismarck und seine Zeit. Katalog zur Dauerausstellung, Friedrichsruh 2002.

Abb. 1
Eine Litfaßsäule vermittelt in der Bismarck-Ausstellung in Friedrichsruh einen Eindruck von der öffentlichen Meinungsvielfalt

Demokratiegeschichte kommt kaum vor – die Politik scheint in erster Linie in der Hand des Staatsoberhauptes bzw. des Kanzlers zu liegen. Dieser wird als starker Akteur präsentiert, der dem Land Größe verliehen hat. Die Darstellung der Anfänge demokratischer Strukturen anhand statistischer Übersichten zu Wahlergebnissen zeigt vor allem die Unübersichtlichkeit der Parteienlandschaft. Hinzu kommen Schwarz-Weiß-Aufnahmen der Parteivorstände, die überwiegend alte Männer mit Bärten zeigen, die kaum voneinander zu unterscheiden sind. Den Parteivorstandsfotos gegenüber ist eine Litfaßsäule aufgestellt, auf der eine Vielzahl von (sehr textlastigen) Plakaten einen Eindruck öffentlicher Meinungsvielfalt vermittelt (Abb. 1). Demokratische Spuren werden somit aufgezeigt – aber ohne Glanz, nur als Randphänomene. Auch wenn Mitarbeiter in der Ausstellung »den langen und gewun-

Abb. 2
Eine Vitrine in der Friedrichsruher Ausstellung zeigt diverse Bismarck-Souvenirs

denen Weg zur modernen parlamentarischen Demokratie«[20] präsentiert sehen, ist doch festzuhalten, dass die Anfänge des Parlamentarismus kaum positiv dargestellt werden. Der kritische Umgang mit den Entscheidungen des Protagonisten zeigt jedoch, dass die Besucher ernst genommen werden. Sie sollen in dieser Ausstellung aus ihrer heutigen Erfahrung heraus die Geschichte diskutieren, ohne die Akteure einfach zu bewundern oder zu verurteilen. Bismarck wird hier eben nicht »monumentalisiert«. Vielmehr wird neben seinen Verdiensten als »Einiger des Deutschen

20 Laut einem früheren Mitarbeiter des Hauses, Andreas von Seggern, zeigt »die Ausstellung den langen und gewundenen Weg zur modernen parlamentarischen Demokratie«. Seggern, Myth, hier: S. 133.

Reiches« und als Begründer des staatlichen Sozialversicherungssystems auch klar zum Ausdruck gebracht, dass er als »Antidemokrat« gegen die SPD und die Katholiken agierte. Ebenfalls wird seine Ausbürgerungspolitik deutlich als fremdenfeindlich, wenn nicht gar als rassistisch dargestellt.[21] Zudem endet die Ausstellung nicht mit Bismarcks Tod, sondern zeigt eine große Vitrine mit Bismarck-Devotionalien (Abb. 2). Die hier präsentierte unreflektierte und kitschige Bismarck-Verehrung steht im Gegensatz zur gesamten Ausstellung, die den Besucher vom historischen Bismarck-Kult distanziert. Elemente der Demokratie, wie die politische Mitbestimmung und die freie Meinungsäußerung, werden jedoch in der Präsentation nur indirekt, nämlich durch die Kritik am politischen Akteur Bismarck sichtbar.

Ebert kritisieren

Ebenfalls kritisch geht die Ausstellung »Vom Arbeiterführer zum Reichspräsidenten. Friedrich Ebert (1871–1925)« mit ihrem Protagonisten um, der zwar von Amts wegen als erster gewählter Reichspräsident gut in die demokratische deutsche Traditionslinie eingebettet werden, aber aufgrund seiner politischen Entscheidungen und fehlenden Durchsetzungskraft nur bedingt als Vorbild dienen kann. Ebert wird daher auch eher bescheiden präsentiert. Ziel ist es, ihn als Pionier der Demokratie und als Gründer der Republik darzustellen.[22] So versteht sich das Friedrich-Ebert-Haus auch als ein »Lernort deutscher Demokratiegeschichte«.[23]

Die Präsentation befindet sich in Eberts Geburtshaus bzw. in dem dazugehörigen Hinterhaus in der Altstadt von Heidelberg. Im Vorderhaus können die originalgetreuen Wohnräume der Familie Ebert mit der nachgestellten Innenausstattung aus dem 19. Jahrhundert besichtigt werden. Sie vermitteln vor allem den Eindruck einer beengten und kargen, aber nicht ärmlichen Wohnsituation. Es wird deutlich, dass Ebert aus einfachen Verhältnissen stammte.

Die eigentliche Ausstellung befindet sich im modern umgebauten Hinterhaus und stellt eine Mischung aus Text- und Bildtafelpräsentation sowie Inszenierung dar. Persönliche Objekte Eberts finden sich kaum, da diese weitgehend im Zweiten Weltkrieg zerstört wurden.[24] Es gibt aber auch relativ wenig Fotomaterial, da Ebert sich oder seine Familie kaum hat fotografieren lassen.[25] Die Ausstellung beginnt in einem dunkel gestrichenen Raum, in dem Stellwände aufgebaut sind, auf denen einzelne Themen behandelt werden. Auf dem Fußboden ist ein Weg markiert, der den

---

21 So auch: Powers, Museums, hier: S. 36.
22 Walter Mühlhausen, Friedrich Ebert in German Political Memory, in: Eckert (Hg.), Institutions, S. 115–126, hier: S. 124.
23 Siehe die Selbstdarstellung der Stiftung in: Bernd Braun/Walter Mühlhausen (Hg.), Vom Arbeiterführer zum Reichspräsidenten. Friedrich Ebert (1871–1925). Katalog zur ständigen Ausstellung in der Reichspräsident-Friedrich-Ebert-Gedenkstätte, Heidelberg 2012, S. 11.
24 Hoesch, Friedrich Ebert, hier: S. 108.
25 Mühlhausen, Friedrich Ebert, hier: S. 116 f.

chronologischen Rundgang vorgibt und der mit dem Geburtsjahr des Protagonisten (1871) startet. Die erste Stellwand zeigt zunächst das wichtigste politische Ereignis des Jahres – die Reichsgründung, die mit einer Kopie des bekannten Gemäldes der Kaiserproklamation von Anton von Werner (dessen Historienbilder sich auch in der Friedrichsruher Bismarck-Ausstellung finden) präsentiert wird. Darunter hängen zwei Schwarz-Weiß-Fotos von August Bebel und Wilhelm Liebknecht: Das prunkvolle Kaiserreich in Farbe und die genügsamen Arbeiterführer in Schwarz-Weiß bilden den Einstieg in die Ausstellung.

Die relativ unpersönliche Präsentation knüpft in ihrer Aussage an die Darstellung der Wohnräume an und vermittelt das Bild eines Mannes aus einfachen Verhältnissen. Dieses Bild verstärken auch ein frühes Schulklassenfoto und ein Zeugnis, an dem deutlich wird, dass Ebert kein herausragender, sondern eher ein durchschnittlicher Schüler war.

Eberts Lebensgeschichte wird in erster Linie in Bezug zur Politikgeschichte präsentiert. Der erste Raum startet mit einem Blick auf die Industrialisierung. Diese wird hier aber nicht mit einem Gemälde aus einem Stahlwerk (wie in der Bismarck-Ausstellung), sondern mit dem vergrößerten Foto einer Arbeiterwohnung dargestellt. In der Aufnahme kommt die leidvolle Situation der Arbeiter zum Ausdruck. Hier wird ein erster signifikanter Unterschied zur Bismarck-Ausstellungen deutlich: Während die eine den Blick auf die positiven Seiten der Industrialisierung lenkt – auf die Entstehung großer Unternehmen, die Erfindung neuer Maschinen, den Ausbau des Verkehrssystems, den Aufstieg eines neuen Bürgertums –, schaut die andere auf die negativen Seiten, auf das Elend des neu entstehenden Proletariats. Der Blick auf diese für die Entstehung der Sozialdemokratie so wichtige Klasse dient als Ausgangspunkt für die Darstellung der politischen Aktivitäten des Protagonisten und seiner Partei.

So werden im folgenden Ausstellungsabschnitt Forderungen der Arbeiter präsentiert, die als Reaktion auf deren unsichere Situation zu verstehen sind: Dazu zählen sowohl die Forderungen nach einem Achtstundentag, nach längeren ununterbrochenen Ruhepausen und nach einer kostenlosen Gesundheitsfürsorge als auch das Verlangen nach dem Recht auf freie Meinungsäußerung, nach Vereinigungs- und Versammlungsfreiheit, nach der Gleichberechtigung der Frau sowie nach dem allgemeinen, gleichen und geheimen Wahlrecht für Männer und Frauen. Weiter wird gezeigt, wie diese Forderungen dazu führten, dass sich Menschen zusammenschlossen, um sie durchzusetzen; und wie dies wiederum in der Entstehung der Arbeiterbewegung und schließlich in der Gründung der Sozialdemokratie mündete. Hier wird die Fortschrittsgeschichte einer demokratisch-emanzipatorischen Bewegung (aber noch nicht der Demokratie an sich) konstruiert.

Trotz dieser eindimensionalen Entwicklungslinie lassen sich damit anschaulich Bezüge zur Gegenwart herstellen, da die geforderten Rechte heute selbstverständlich sind und somit in der historischen Rückschau legitim erscheinen. Der positiven Seite der friedlich propagierten Forderungen steht eine Wand gegenüber, auf der eine vergrößerte zeitgenössischen Karikatur Bismarcks zu sehen ist, der auf die »kleinen Forderungen« in Form von Käfern einschlägt. Bismarck ist hier also der Gegner der aufkeimenden Demokratie und insbesondere der Sozialdemokratie. Diesen Kampf stellt die Ausstellung allerdings nicht zur Diskussion, sondern bewertet ihn eindeutig als ungerechtfertigt.

Der ungleiche Kampf wird auch noch an einem weiteren Gestaltungselement deutlich, das in Ausstellungen immer wieder zur Veranschaulichung der Demokratie genutzt wird: der grafischen Darstellung von Wahlergebnissen. Wahlen stehen für Bürgerbeteiligung und Parteienvielfalt. Die statistische Darstellung der Wahlergebnisse im Kaiserreich zeigt jedoch unter anderem, dass der Stimmenanteil der Sozialdemokraten bei den Reichstagswahlen stieg, die Zahl ihrer Mandate jedoch nicht. Hier wird deutlich, dass Wahlen nicht immer gleichbedeutend mit der modernen Massendemokratie sind, dieses Symbol der Demokratie also nicht unbedingt positiv besetzt sein muss.

In den nächsten Räumen wird Eberts beruflicher und parteipolitischer Werdegang behandelt. Demokratische Elemente treten hier in Form von politischen Plakaten hervor. Hinzu kommen Fotos von Parteiversammlungen sowie vom Parteivorstand. Auch wenn die Bilder schwarz-weiß sind, wirken sie doch deutlich vielfältiger als die Fotos in der Bismarck-Ausstellung, was vielleicht auch daran liegt, dass die eine oder andere Frau zu sehen ist. Die Sozialdemokratie scheint im Rahmen dieser Narration auf einem guten Weg zu sein, bis der Erste Weltkrieg beginnt. Dieser wird in der Heidelberger Ausstellung als deutliche Zäsur markiert und in einem dunklen Raum präsentiert, der wie ein Schützengraben gestaltet ist. Nur ein enger dunkler Gang ohne Ausweichmöglichkeiten führt durch diesen Ausstellungsabschnitt, der mit Fotos und Filmausschnitten die Schrecken der Kämpfe verdeutlicht. Der Krieg erscheint als Abwesenheit von Licht – und von Entscheidungsmöglichkeiten.

Anschließend betritt der Besucher einen ebenfalls relativ dunklen Flur, der aber eine Vielzahl von Fotos zeigt und dadurch bereits wieder etwas lebendiger wirkt. Die Bilder bieten Impressionen der Revolution 1918/19 dar: Massen von Männern, viele bewaffnet, die auf der Straße stehen, demonstrieren oder mit der Waffe auf etwas zielen. Es wird nicht deutlich, wer hier gegen wen kämpft oder protestiert, sondern allein, dass offenbar alles durcheinanderging.

Nach der Dunkelheit und dem Chaos kommt der Besucher in einen hellen großen Raum, der die Weimarer Republik und damit die erste deutsche Demokratie präsentiert. Der Raum ist weiß gehalten, die Textfahnen sind weiß und rot, die Entwicklung der Republik ist an den Wänden mit Fotos und Texten dargestellt, Eberts Rolle wird in der Mitte in einer flachen runden Medienstation präsentiert. Leider ist diese nur mit dem Audioguide zu verstehen,[26] ohne den die zentralen Informationen über

---

26 Die Hervorhebung dieser Medienstation als besonders gelungen in einer der wenigen Beschreibungen der Ausstellung kann hier nicht geteilt werden, da sie sich nicht ohne Hilfsmittel erschließt. Vgl. Hoesch, Friedrich Ebert, hier: S. 111.

Abb. 3
Die Darstellung der Weimarer Republik in der Ebert-Ausstellung

Eberts Kompetenzen als Reichspräsident und damit als erstes demokratisch gewähltes Staatsoberhaupt in Deutschland nicht wahrgenommen werden können (Abb. 3).

Auch in dieser Ausstellung wird nach Innen- und Außenpolitik differenziert. Allerdings gibt es nicht eine positiv bewertete Außenpolitik und eine problematisierte innenpolitische Entwicklung, wie in der Friedrichsruher Ausstellung bezüglich des Kaiserreichs. Vielmehr wird die Weimarer Republik als durch Probleme und Krisen in beiden Bereichen gekennzeichneter Staat präsentiert. Die Politik ist vom Versailler Vertrag überschattet, was neben den Texten vor allem anhand zeitgenössischer Karikaturen deutlich wird. Die wirtschaftlichen Krisen, die Ruhrbesetzung, der Putsch von 1920 und die Notverordnungen, die im nächsten Raum präsentiert werden, lassen die Republik als in fast allen Bereichen gescheitertes Modell erscheinen. Die einzige positive Entwicklung bilden Kunst und Kultur der frühen 1920er-Jahre.

Die wenigen dreidimensionalen Objekte beziehen sich auf die Krisen (Abb. 4). Es handelt sich um Geldscheine aus der Inflationszeit oder den Stockdegen, mit dem sich der Reichspräsident gegen Attentäter schützen wollte. Elemente zur Illustration der

Abb. 4
Das Thema Inflation in der Heidelberger Ausstellung über Friedrich Ebert

Demokratie sind Zeitungen und Karikaturen. Dadurch wird deutlich, dass es in der Weimarer Republik keine Pressezensur gab; die Meinungsfreiheit hatte freilich ihre Schattenseiten, weil sie auch eine diffamierende Darstellung der herrschenden Ordnung und des gewählten Präsidenten ermöglichte. Die Demokratie wird einmal mehr anhand von Wahlergebnissen und vielfältigen Parteiplakaten dargestellt. Aber auch diese Elemente vermitteln durch die Vielzahl der Wahlen und die sich ständig ändernden Regierungsverhältnisse mehr den Eindruck von Chaos als von Ordnung. Ebert selbst wird nicht »monumentalisiert« und tritt als eher hilflose Person hervor. Seine Entscheidungen etwa zur Niederschlagung von Streiks und zum Erlassen von Sonderregelungen, die die demokratischen Strukturen untergruben, werden als Gründe für die negative zeitgenössische Beurteilung seiner Politik thematisiert. Zudem wird er als Opfer der Presse und der politischen Gegner präsentiert. Fotos zeigen ihn als Staatsmann, der eine Militäreinheit abschreitet, Blumenkränze richtet oder müde hinter seinem Schreibtisch sitzt – dem stehen die Krisen der Weimarer Republik gegenüber, die er nicht bewältigen konnte. Am Ende der Ausstellung findet sich ein Ausblick auf die NS-Zeit, womit eine Linie von der gescheiterten Weimarer Republik in die Diktatur gezogen wird.

Auch wenn die Räumlichkeiten zur ersten deutschen Demokratie durch die helle Gestaltung einen positiven Eindruck vermitteln, wird dieser durch die behandelten Themen konterkariert. Weder die demokratischen Wahlen noch die Pressefreiheit oder die Parteienvielfalt werden positiv präsentiert. Vielmehr wird hier deutlich, dass eine schwache Demokratie wieder ins Dunkle, in die Diktatur, führen kann.

Heuss lesen

Wesentlich weniger Kampf, dafür mehr literarische und intellektuelle Auseinandersetzung findet sich in der Ausstellung »Theodor Heuss. Publizist – Politiker – Präsident«. Laut Ausstellungskatalog soll es hier möglich sein,»Demokratie nicht nur als Theorie, als Verfassungsmuster, sondern als Geschichte und als Kultur des Verhaltens« zu erfahren.[27] Somit kann erwartet werden, dass der Fokus der Ausstellung weniger auf der Politikgeschichte und mehr auf dem Leben des Protagonisten liegt. Die Präsentation ist im ausgebauten Untergeschoss des Hauses untergebracht, in dem Theodor Heuss von 1959 bis zu seinem Tod 1963 gelebt hat. Im Erdgeschoss wurden Ess-, Wohn- und Arbeitszimmer des ersten Bundespräsidenten mit zahlreichen Originalmöbeln rekonstruiert. Diese drei Räume vermitteln einen Einblick in ein relativ bescheidenes, aber auch gemütliches Heim, welches durch vielfältige Kunstwerke an den Wänden beeindruckt.

Die Ausstellung im Untergeschoss zeigt im Vergleich zu den beiden bisher analysierten Präsentationen viel mehr persönliche Objekte und Fotos des Protagonisten. Da sie sich in einem großen Raum befindet und man eine Treppe zu ihr hinuntersteigt, kann sich der Besucher eingangs buchstäblich einen Überblick über alle Zeitabschnitte verschaffen. Die Ausstellung arbeitet dabei von Anfang an mit Transparenz: Der Besucher weiß direkt, wie groß die Präsentation ist und welche Elemente ihn erwarten, und er kann sich seinen Weg selbst suchen. Damit wird ein erstes demokratisches Element deutlich: Der Besucher hat fast in der gesamten Ausstellung die Wahl. Allein der Übergang von der Weimarer Republik in die Bundesrepublik führt zwangsweise durch den Bereich über den Nationalsozialismus.
Der erste Blick in die Ausstellung lässt zudem anhand unterschiedlicher Wandfarben die verschiedenen thematisierten Zeitabschnitte deutlich werden. Dabei ist die Zeit bis 1933 einheitlich auf hellblauen Tafeln dargestellt, der Nationalsozialismus

---

27 Ralf Dahrendorf, Vorwort, in: Thomas Hertfelder/Christiane Ketterle (Hg.), Theodor Heuss. Publizist – Politiker – Präsident. Begleitband zur ständigen Ausstellung im Theodor-Heuss-Haus, Stuttgart 2003, S. 4–6, hier: S. 5.

wird in einem dunklen Kubus präsentiert und die Zeit ab 1945 schließlich ist in aufgelockerter Form auf weißen Tafeln in eine Art Baugerüst eingefügt. Hier wird also in Bezug auf den Ersten Weltkrieg und die Weimarer Republik auf gestalterische Zäsuren verzichtet. Es wird schnell deutlich, dass diese Ausstellung viel stärker als die beiden anderen bereits untersuchten Ausstellungen von der Person des Protagonisten ausgeht und dessen private Lebensabschnitte in den Vordergrund stellt. Dementsprechend wird die politische Geschichte auch nicht als eine Abfolge von Ereignissen präsentiert, die zu einem bestimmten Ziel führten, das auch der Hauptdarsteller verfolgte, wie es in den Ausstellungen über Bismarck und Ebert der Fall ist. Vielmehr ist der Verlauf der Ausstellung relativ offen, was auch am Ende der Gesamtpräsentation deutlich wird: Diese führt in einen leeren Raum, der noch gefüllt werden kann und für Wechselausstellungen genutzt wird.

Den roten Faden der Ausstellung bilden der Liberalismus, die schriftliche und mündliche Auseinandersetzung damit sowie seine Weiterentwicklung als politische Idee. So werden viele Schriften und Bücher, aber auch Reden des Protagonisten zu diesem Thema präsentiert. Zudem werden hier auch – viel stärker als in Friedrichsruh und Heidelberg – andere Personen in den Blick genommen, die für die politische Entwicklung wichtig waren. Die Ausstellung zeichnet ein komplexes Bild einer Epoche, die im Kaiserreich beginnt und erst mit dem Nationalsozialismus endet. Dabei wird die Weimarer Republik vor allem als eine problematische Konstruktion dargestellt. Demokratische Elemente, wie Bürgerbeteiligung, werden vor allem am Beispiel des Protagonisten verdeutlicht, der als Politiker mit Reden und Schriften für seine politischen Ziele einstand. Hinzu kommt auch hier – ähnlich wie in der Bismarck-Ausstellung – eine Litfaßsäule mit Wahlplakaten, die auf die Parteienvielfalt und die Auswahlmöglichkeiten verweist. In der Säule befindet sich zudem eine Wahlurne – eigentlich ein passendes Symbol für Demokratie, das in der Ausstellung jedoch nur versteckt präsentiert wird. Man kann dies als Hinweis darauf lesen, dass die demokratischen Strukturen und ihre Vorzüge in der Weimarer Republik nicht klar zu erkennen und bereits vom Nationalsozialismus, der an der gegenüberliegenden Wand durch ein großes Foto vom Marsch der SA durch das Brandenburger Tor am 30. Januar 1933 präsent ist, überschattet waren.

Den Einstieg in die NS-Zeit bildet Heuss' schriftliche Auseinandersetzung mit Hitler; in einer Vitrine liegt seine Publikation »Hitlers Weg« von 1932. Allerdings wird nicht deutlich, welchen Inhalt das Buch hat. Seine eigene spätere Bewertung, dass er in dieser Schrift den Nationalsozialismus unterschätzt habe, hätte hier stärker diskutiert werden können (Abb. 5).

Die erste deutliche Zäsur in der Ausstellung markiert das Jahr 1933. Der Weg zur Diktatur wird schon durch den tatsächlichen Abstieg in eine tiefer liegende Ebene und durch die Besucherführung, die keinen alternativen Weg anbietet, betont. Der Abstieg beginnt mit dem Hinweis auf Heuss' Zustimmung zum Ermächtigungsgesetz, der zwar leicht zu übersehen ist, aber eben nicht verheimlicht wird. Leider wird auch hier die Chance vertan, an diesem Beispiel die Handlungsoptionen des Prota-

Abb. 5
Die Darstellung der NS- und Besatzungszeit in der Ausstellung zu Theodor Heuss

gonisten zu diskutieren. Die Zeit der Diktatur selbst ist dadurch charakterisiert, dass Heuss nicht mehr aktiver Politiker und Journalist sein konnte, seine Schriften verbrannt wurden und sein Netzwerk aus Freunden zerbrach. Insgesamt wird dieser Zeitraum beengt und dunkel präsentiert – eben ohne Elemente der Mitbestimmung oder der offenen Kritik. Die gelungene Demokratie beginnt fast unmittelbar danach, schon vor der Gründung der Bundesrepublik. Sie zeigt sich in hellen Farben und offenen Gestaltungselementen. Sie wird inszeniert in Form eines Diskussionstisches, an dem die Fragen der Zeit präsentiert werden, sowie eines Rednerpults und eines offenen Baugerüsts. Demokratie wird so gleichgesetzt mit Transparenz. Dabei stehen nicht Wahlen im Vordergrund, sondern die offene Diskussion von Themen, die auch dazu führen konnte, dass sich die Meinung des Protagonisten nicht durchsetzte – beispielsweise hinsichtlich konfessioneller Schulen oder der neuen Nationalhymne. Auch hier wird keine Fortschrittsgeschichte der Demokratie erzählt und Heuss nicht als fehlerloser Held präsentiert. Allerdings findet im Vergleich zu den beiden vorgenannten Ausstellungen die Präsentation mit dem Ankommen in der Demokratie der Bundesrepublik einen vorläufigen positiven Abschluss (Abb. 6).

Abb. 6
Der Abschnitt zur Bundesrepublik in der Heuss-Ausstellung

Nach Auskunft des Geschäftsführers der Stiftung, Thomas Hertfelder, ist Heuss eine Gedenkstiftung gewidmet, weil er für die »demokratische Tradition« in Deutschland stehe.[28] Diese wird in der Ausstellung mit den Elementen Transparenz, Partizipation und öffentliche Kritik verdeutlicht – sowohl in der Gestaltung als auch in den Inhalten. Heuss' Leben dient dabei als Folie und durchaus auch als Vorbild – aber nicht als »monumentales«. So wird vermittelt, dass Heuss ein Intellektueller war, dessen Waffe, das Wort, im Kampf gegen die Diktatur auf Grenzen stieß.

Adenauer bewundern

Eine noch größere Nähe zu ihrem Hauptdarsteller fand sich in der ehemaligen Ausstellung »Konrad Adenauer – Dokumente aus vier Epochen deutscher Geschichte«, und ähnlich scheint es auch in der neuen Dauerausstellung der Stiftung Bundes-

---

28 Hertfelder, Männer, S. 12.

kanzler-Adenauer-Haus geplant zu sein. Die alte Präsentation wurde bis Mai 2014 in einem Neubau aus den 1970er-Jahren zu Füßen des Adenauer-Wohnhauses präsentiert. Das Wohnhaus sieht noch fast genauso aus, wie Adenauer es hinterlassen hat. Es vermittelt, ähnlich wie bei Heuss, den Einblick in ein praktisch eingerichtetes Einfamilienhaus, in dem die Vielzahl christlicher Symbole auffällt (Abb. 7). Durch frische Blumen in den einzelnen Räumen wirkt das Haus sogar, als wäre es noch bewohnt. Eine Distanz zur Person lässt sich hier nur schwer herstellen. Die alte Ausstellung war ebenso von einer starken Nähe zur dargestellten Person geprägt und stellte Adenauer und seine Politik in der Bundesrepublik in den Mittelpunkt. Die geplante neue Ausstellung scheint diesen Fokus ebenfalls einnehmen zu wollen.

Im Vergleich zu den bisher betrachteten Ausstellungen wird hier in erster Linie ein einflussreicher, erfolgreicher Politiker präsentiert. In einem der wenigen Forschungstexte von Außenstehenden über die alte Ausstellung wurde daher auch festgehalten, dass Adenauer dort als »hero« dargestellt werde.[29] Anstatt seine Entscheidungen zu hinterfragen, wurde Adenauer vor allem als weiser Mann präsentiert, der die junge Bundesrepublik stabilisiert und in den Wohlstand geführt habe. Durch diese einseitig positive und eng am Protagonisten ausgerichtete Präsentation dürfte es schwer gewesen sein, keine reine Fortschrittsgeschichte zu erzählen und zur Diskussion anzuregen.

Die Zeit vom Kaiserreich über den Ersten Weltkrieg bis hin zur Weimarer Republik war unter dem Kapitel »Der Beigeordnete und Oberbürgermeister von Köln« zusammengefasst.[30] Es wurde gezeigt, wie die vielen Krisen der Zeit überwunden werden konnten – eine besondere Darstellung der Demokratie von Weimar erfolgte kaum. Umso deutlicher fiel die Zäsur zum Nationalsozialismus aus, die für den Protagonisten das vorläufige Ende seiner politischen Karriere und seiner öffentlichen Tätigkeit bedeutete. Für diese Zeit lag der Fokus der Ausstellung auf dem Privatleben Adenauers und auf den wiederholten Verhaftungen. Die Diktatur wurde hier also (ähnlich wie in der Heuss-Ausstellung) am Fehlen politischer Aktivitäten, am Rückzug ins Private und an der Angst vor Verfolgung deutlich gemacht.

Die Zeit nach 1945 war der politischen Wiedererstarkung Deutschlands und Adenauers gewidmet, was eng miteinander verbunden wurde – nicht umsonst hieß der Abschnitt »Stationen der Ära Adenauer«.[31] Im Katalog der alten Ausstellung fällt auf, dass die üblichen Objekte der Demokratie wie Wahlplakate hier nicht in ihrer Vielfalt präsentiert sind, sondern nur CDU-Plakate gezeigt werden.[32] Die eingebundenen Fotos stellen zudem überwiegend den Protagonisten dar. Dadurch wird eine Erfolgsgeschichte erzählt, die von den kaum hinterfragten Entscheidungen einer Person geprägt ist. Dies wird unter anderem an der Vielzahl von Zitaten Adenauers deutlich,

29 Powers, Museums, hier: S. 36.
30 Stiftung Bundeskanzler-Adenauer-Haus (Hg.), Konrad Adenauer, S. 43–57.
31 Ebd., S. 95.
32 Ebd., S. 83.

Abb. 7
Konrad Adenauers Wohnzimmer in Rhöndorf

die jedes politische Ereignis kommentieren und die ohne Gegenposition im Katalog abgedruckt sind.

Hier wird nicht das Bild einer aufstrebenden Demokratie, sondern das Bild eines von einem Mann gelenkten, aufstrebenden Deutschlands gezeichnet – eines Landes, das sich gegen die Besatzungsmächte behaupten, das sich auf dem internationalen Parkett erst wieder aufstellen und das die Teilung erdulden musste. Es wird deutlich, dass die frühe Bundesrepublik vor allem eine Kanzlerdemokratie war. Somit erscheint diese zweite deutsche Demokratie in ihren Anfängen durch einen Mann beherrscht – der aber alles richtig gemacht hat. Die dadurch zum Ausdruck kommende Bewunderung gegenüber dem Protagonisten erschwert eine kritische Auseinandersetzung mit ihm und damit auch die gewünschte »demokratische Sinnstiftung«.

Brandt hinterfragen

Ganz anders ist dies bei der Bundeskanzler-Willy-Brandt-Stiftung. In ihren Ausstellungen wird durch eine gewisse Distanz zu und vor allem Kritik an ihrem Protagonisten dessen Image als derjenige, der »Demokratie wagt«, geradezu zur Schau gestellt. Weder die Ausstellung »Willy Brandt. Ein politisches Leben im 20. Jahrhundert« in Lübeck noch die Berliner Ausstellung »Willy Brandt – Politik*er*leben« befindet sich in einem Gebäude, das in einem näheren Bezug zur präsentierten Person steht. Nur die Präsentationsstädte stehen in einer gewissen Verbindung zum Protagonisten, da Lübeck Brandts Geburtsstadt ist und er in Berlin Regierender Bürgermeister war. Auch finden sich in beiden Ausstellungen nur wenige Originalobjekte, die eine persönliche Nähe zum Protagonisten herstellen könnten. Beide Präsentationen gehen chronologisch vor und könnten sich somit stark ähneln. Das tun sie jedoch nicht, denn in Lübeck wird wesentlich stärker inszeniert, während in Berlin relativ abstrakte Ausstellungselemente in Form von großen weißen Quadern die einzelnen Lebensabschnitte behandeln.[33]

Die Ausstellung in Lübeck beginnt mit Brandts Geburt 1913 und damit noch im Kaiserreich. Dieses wird jedoch nicht politikhistorisch betrachtet, sondern mit einem großgezogenen Industriefoto symbolisiert. Das bereits in der Bismarck- und Ebert-Ausstellung behandelte Thema Industrialisierung findet hier eine dritte Darstellungsvariante: Es werden weder eine beeindruckende Fabrik noch eine elende Arbeiterwohnung, sondern Arbeiter bei der Arbeit gezeigt. Diese bilden das Umfeld, in dem Brandt in einfachen Verhältnissen aufwuchs. Dies wird durch die Mitte des Raumes deutlich, die Brandts Familie präsentiert: die alleinerziehende Mutter und der Großvater. Auch hier findet sich das obligatorische Zeugnis, das wie bei Ebert belegt, dass der Protagonist der Präsentation kein herausragender Schüler war. Sowohl Ebert als auch Brandt werden in ihren Ausstellungen als einfache Menschen gekennzeichnet, denen die politische Karriere nicht in die Wiege gelegt wurde. Dies erleichtert die Identifikation der Besucher mit der dargestellten Person.

Als für Brandt politisch prägend tritt schließlich die Weimarer Zeit in den Vordergrund – einerseits mit einer Vielzahl von Wahlplakaten, andererseits mit Bildern des Putsches von 1920, der Inflation und der Weltwirtschaftskrise. Weimar ist auch hier wieder gleichzeitig Demokratie und Ort der Krisen, die direkt in die dunkle NS-Zeit führten. So werden noch im gleichen Raum auf dunkelgrauen Wänden großgezogene Schwarz-Weiß-Fotos von Massenaufmärschen, dem Reichstagsbrand und der Bücherverbrennung präsentiert. Die Diktatur ist ein eigenes, dunkles Element (wie in der Heuss-Ausstellung), das sich in die Geschichte hineindrängt. Der

---

33 Einen Ausstellungskatalog gibt es nur für die Lübecker Präsentation: Bundeskanzler-Willy-Brandt-Stiftung (Hg.), Willy Brandt, ein politisches Leben im 20. Jahrhundert. Die Ausstellung im Willy-Brandt-Haus Lübeck, Berlin 2009.

Abb. 8
Die Gegenüberstellung von Ost- und Westfernsehen in der Brandt-Ausstellung in Lübeck

Protagonist tritt hier noch nicht aktiv auf – noch ist er zu jung: Die gezeigten Umstände prägen ihn und nicht umgekehrt. Erst im nächsten Raum ändert sich dies.

Die nationalsozialistische Diktatur tritt nur indirekt in Erscheinung, denn da Brandt bereits 1933 ins Exil ging, spielt die Geschichte nun überwiegend in Norwegen und Schweden. Themeninseln im Raum zeigen Brandt im Zeltlager der norwegischen Arbeiterbewegung oder stellen anhand von Geheimschriften seine Aufgaben im Untergrund dar. So wird Brandts Leben in dieser Zeit eher abenteuerlich geprägt präsentiert. Eine weitere Themeninsel ist seinem Besuch im nationalsozialistischen Berlin 1936 gewidmet und gibt anhand von großgezogenen Fotos einen beeindruckenden Einblick in die mit Fahnen geschmückte Stadt. Die Fahnen sind im sonst schwarz-weißen Bild rot koloriert: Im Blick von außen auf Deutschland dominiert somit der Nationalsozialismus. Die folgende Themeninsel bricht diesen Eindruck teilweise: In einer Art »Black Box« ist ein Volksempfänger aufgestellt, aus dem sowohl NS-Propagandareden zu hören sind als auch Stimmen von NS-Gegnern, die von ausländischen Sendern ausgestrahlt auch in Deutschland empfangen werden konnten. Die Diktaturgeschichte bleibt somit von außen und aus der Ferne

Abb. 9
Protestkultur und Parlamentarismus in der Lübecker Ausstellung über Willy Brandt

betrachtet. Brandt erscheint als jugendlicher Kämpfer. Der Raum endet mit einer Insel zum Kriegsende und zu den Nürnberger Prozessen, bei denen Brandt als Beobachter in norwegischer Uniform anwesend war. Hier wird vor allem seine schwierige Rückkehr nach Deutschland und in die deutsche Politik thematisiert.

Brandts eigentliche Karriere beginnt erst im nächsten Raum, der der Bundesrepublik gewidmet ist. Hier wird der Blick zunächst auf Berlin als geteilte Stadt gelenkt: links Westberlin und rechts die DDR, die dadurch als Diktatur erkennbar wird, dass die sie betreffenden Bereiche der Teilungsgeschichte und des Mauerbaus hinter einem Gitter präsentiert werden. Der Zugang zur Diktatur ist somit eingeschränkt, während der zur Demokratie unmittelbar möglich ist. Der Unterschied zwischen beiden deutschen Staaten wird auch noch einmal in einer Medienstation thematisiert, die auf zwei Fernsehern jeweils die Ost- und die West-Berichterstattungen über bestimmte Ereignisse präsentiert (Abb. 8). Auch ohne Hintergrundwissen werden hier die Einseitigkeit der Presse in der Diktatur und ihre Vielfalt in der Demokratie klar.

Der demokratische Charakter der Bundesrepublik wird besonders im zweiten Teil der Ausstellung deutlich, der einerseits mit Fotos und Plakaten von Demonstrationen einen Fokus auf die Protestkultur der späten 1960er- und 1970er-Jahre legt und anderseits mit der Inszenierung einer Rednerbühne (auf die sich auch jeder Besucher stellen kann) auf den Parlamentarismus hinweist. Parlamentarische und außerparlamentarische Redefreiheit sind hier die bestimmenden Elemente der Demokratie (Abb. 9).

Gegenüber davon werden der Kniefall Brandts in Warschau und die Neue Ostpolitik thematisiert. Das Foto des Kniefalls, umrahmt einerseits von der Nobelpreisurkunde und andererseits von einer Grafik, die die eher ablehnende Haltung der Deutschen gegenüber der Geste zeigt, stellt die Handlungen des Kanzlers zur Diskussion. Hier werden keine eindeutig richtigen Entscheidungen des Protagonisten präsentiert, sondern diese hinterfragt. Dies wird auch noch einmal deutlich in der Präsentation des Rücktritts: Die einsame Entscheidung des Kanzlers steht in Form seines Rücktrittschreibens den vielfältigen Presseartikeln zu den unbewältigten Krisen der Zeit gegenüber. Die Presse wird hier erneut als eigenständige Instanz der Demokratie präsentiert. Der Rücktritt lässt sich durch diese Gegenüberstellung auch als Reaktion auf viele Krisen verstehen und nicht nur als Antwort auf die Spionageaffäre.

Die erwähnten Themen kommen alle auch in der Berliner Ausstellung »Willy Brandt – Politik*er*leben« vor, werden dort jedoch nicht inszeniert. Vielmehr besteht die dortige Präsentation aus mehreren gleich aufgebauten Quadern, die sowohl als Text- und Bildtafeln als auch als Vitrinen für die relativ wenigen Objekte dienen. Die Quader sind jeweils einem Lebensabschnitt des Protagonisten gewidmet. Politische Zäsuren werden nur dort benannt, wo sie mit den Lebensabschnitten übereinstimmen – insofern erinnert die Ausstellung an die zu Theodor Heuss. Beispielsweise ist die Zeit von 1913 bis 1947 in einen Quader eingefügt und es wird äußerlich nicht zwischen Weimarer Republik und Nationalsozialismus unterschieden (Abb. 10).

Die Bundesrepublik wird als Demokratie im Wandel präsentiert: mit außerparlamentarischer Opposition, Regierungswechseln, Krisen und deren Bewältigung. Demokratie ist in der Berliner Brandt-Ausstellung vor allem lebendig, flexibel und mit Veränderungen verbunden. Neben den Protesten stehen hier wieder einmal die Wahlen als typische Merkmale für die Demokratie. Im Gegensatz zur Darstellung in der Adenauer-Ausstellung sind diese jedoch jedes Mal mit unterschiedlichen Ergebnissen verbunden, sodass nicht eine »Ära« gezeigt wird. Zusätzlich eingebunden ist eine Art von Sinnsprüchen (die keine Brandt-Zitate sind – auch wenn dies vermutet werden könnte), die sich auch als Leitlinien eines Demokraten lesen lassen und jeweils auf der Oberseite der Quader angebracht sind: »Grenzen respektieren«, »Versöhnen anstreben«, »Entspannung herbeiführen«, »Widerstand leisten«, »Frieden vorausdenken«, »Freiheit verteidigen« und »Mehr Demokratie wagen«. Die Berliner Schau, die über keine klare Besucherführung verfügt, offen gestaltet ist und mit großen Fenstern zur Straße schon von außen Transparenz verspricht, hat sich somit noch viel stärker als die anderen Ausstellungen der Demokratievermittlung verschrieben.

Abb. 10
Die Gestaltung der Berliner Ausstellung über Willy Brandt

Fazit

Der Überblick verdeutlicht zunächst einmal, dass alle Ausstellungen weit über die Darstellung der Personengeschichte hinausgehen und versuchen, die allgemeine deutsche Geschichte im 19. und 20. Jahrhundert darzustellen. Dabei setzen sie jedoch unterschiedliche Schwerpunkte. In der Summe bieten sie folgendes Bild: Das Kaiserreich diente der Einigung des Landes und brachte erste demokratische Strukturen auf den Weg. Diese Entwicklung wurde durch den Ersten Weltkrieg mehr oder weniger unterbrochen. Die Weimarer Republik war eine schwache Demokratie, die vor allem von Krisen geschüttelt war und diese nicht bewältigen konnte. Der Nationalsozialismus war durch die Abwesenheit jeglicher demokratischer Elemente gekennzeichnet und für die Protagonisten nur in der inneren oder äußeren Emigration zu überleben. Erst in der Bundesrepublik existiert – wenig erstaunlich – eine funktionierende Demokratie, die aber auch erst ab den 1960/70er-Jahren die gesamte Gesellschaft zu erreichen scheint.

Alle Ausstellungen konzentrieren sich auf politische Ereignisse. Kulturelle oder wirtschaftliche Aspekte werden nur am Rande behandelt oder dann, wenn sie für das Verständnis der Politik wichtig sind. So wird zum einen die Industrialisierung in allen Ausstellungen thematisiert, und zwar mit Fokus einerseits auf dem Elend der Arbeiter und der Entstehung der Arbeiterbewegung sowie andererseits auf der Entwicklung großer Unternehmen und dem Aufstieg des Bürgertums. Sie ist somit als Initialzündung der weiteren Entwicklung des Landes und damit auch der demokratischen Strukturen zu verstehen. Zum anderen findet sich die Inflation in der Weimarer Republik als eine der Krisen der ersten deutschen Demokratie, die von dieser nicht bewältigt werden konnte, in (fast) jeder Ausstellung. Die wirtschaftliche Entwicklung kann somit die Demokratie voranbringen, sie aber auch beeinträchtigen.

Alle fünf Stiftungen erinnern an »herausragende Persönlichkeiten« der deutschen Geschichte, wobei fast alle die Politik ihrer Protagonisten zur Diskussion stellen – was an sich schon ein demokratisches Prinzip ist. Die fünf Staatsmänner werden eben nicht »monumentalisiert«. Dies ermöglicht es, durch die Vermittlung ihres Lebens eine »demokratischer Sinnstiftung« zu erreichen.

Allein die Ausstellung zu Adenauer erzählt eine klare Erfolgsgeschichte, in der Entscheidungen des Kanzlers kaum infrage gestellt werden. Die verschiedenen Perspektiven auf die Politiker mögen mit der Nähe oder Distanz der Ausstellungmacher zu ihrem Gegenstand zusammenhängen. So lassen sich die Ausstellungen danach unterscheiden, in welchem Maße sie die Person oder den Kontext in den Vordergrund stellen, was wiederum mit dem Verhältnis der Ausstellungen zum historischen Ort zusammenhängt und mit den persönlichen Objekten, die präsentiert werden. Nicht zufällig besteht die größte Distanz zu Bismarck, von dem die Stiftung kaum Objekte besitzt, und die geringste zu Adenauer, dessen Wohnhaus nach seinem Tod quasi direkt zum Museum wurde.

Hinsichtlich der Frage, wie Demokratie und Diktatur dargestellt werden, lässt sich zunächst einmal feststellen, dass die Demokratie überwiegend in hellen und die Diktatur (hier der Nationalsozialismus)[34] in dunklen Farben präsentiert wird. Die Demokratie wird zudem vor allem durch die Darstellung von Wahlen thematisiert. Dazu gehören verschiedenste politische Parteien und ihre Wahlplakate sowie heterogene Wahlergebnisse und die Veränderung von Regierungskonstellationen. Auch in Demonstrationen und Protesten findet die Demokratie ihren Ausdruck. Hinzu kommt die Pressefreiheit in Form von unzensierten Publikationen, Zeitungen und Fernsehberichten. Die Diktatur ist jeweils durch das Fehlen dieser demokratischen Elemente gekennzeichnet und durch die eingeschränkten Handlungsoptionen der Protagonisten. Insgesamt wird die Diktatur als eine Zwischenphase dargestellt, die bereits durch die Gestaltung deutlich herausragt und nicht in die restliche Geschichte hineinpasst.

Abschließend stellt sich die Frage, ob allein mit den genannten Elementen – freie Wahlen, Bürgerbeteiligung, Pressefreiheit und Demonstrationsrecht – der Unterschied zwischen Diktatur und Demokratie deutlich wird. Objekte wie Wahl- oder Protestplakate, Fotos von Parteisammlungen, Wahlstatistiken oder Zeitungsausschnitte sind einerseits nur begrenzt attraktiv und andererseits nicht eindeutig positiv besetzt, wie der Blick auf die Darstellung der Weimarer Republik in den verschiedenen Ausstellungen zeigt. Die Vielzahl von Parteien und von Regierungswechseln wirken unübersichtlich, die Wahlplakate teilweise sehr aggressiv und nicht wie in einem fairen Wettkampf, die Politikerfotos der alten Männer erscheinen monoton und die Zeitungsartikel sowie Flugblätter erinnern an Pamphlete zur Diskreditierung der Freiheiten, die die Demokratie erst ermöglicht hat. Ein wesentlich stärker wirkendes Element ist die demokratische Struktur der Ausstellung selbst. Wenn sie transparent und offen gestaltet ist und Geschichte zur Diskussion stellt bzw. die vielzitierte Multiperspektivität auf diese zulässt, wird die Idee der Demokratie deutlich.

---

34 Über die DDR kann keine übergreifende Aussage getroffen werden, da sie kaum – ähnlich wie die Geschichte anderer Staaten – als eigenes Thema in den Ausstellungen vorkommt.

Thomas Lindenberger
Geschichtswerkstätten und die Erinnerung an »demokratische Traditionen« in Deutschland

Welche Rolle spielen die Geschichtswerkstätten für die Erinnerung an die Demokratie? Dieser Frage soll im Folgenden in drei Schritten nachgegangen werden. Zunächst ist eine kurze historisch-politische Kontextualisierung der Entstehung der Geschichtswerkstätten um 1980 und ihrer damaligen geschichtspolitischen »Mission«, die in der Erforschung von Alltagsgeschichte und »Geschichte von unten« bestand, vorzunehmen (1.). Danach wird anhand von zwei Beispielen beschrieben, wie damals in einer Geschichtswerkstatt und heute in einem Berliner Bezirksmuseum, dessen Entwicklung aufs Engste mit den Geschichtswerkstätten verbunden war, das Thema »Demokratie« dargestellt wurde bzw. wird (2.). Einige Reflektionen zum möglichen Sinn von Demokratieerinnerung in einem demokratischen Gemeinwesen werden den Beitrag abschließen (3.).

1.

Die Politikergedenkstiftungen des Bundes bilden das parteipolitische Spektrum ab, das im Großen und Ganzen für die frühe Bundesrepublik, etwa bis 1970, repräsentativ ist. Konservative, Christdemokraten, Sozialdemokraten und Liberale verband nicht nur ein antitotalitärer und antikommunistischer Grundkonsens, sondern auch die Herkunft ihrer weltanschaulichen Strömungen aus der Entstehungszeit politischer, zur Demokratie drängender Massenparteien in Deutschland in der zweiten Hälfte des 19. Jahrhunderts sowie die traumatische Erinnerung an die Niederlage gegen die Feinde der Weimarer Demokratie. »Erinnern an die Demokratie« ist daher ganz selbstverständlich das Erinnern an demokratische Politiker der eigenen politischen Milieus, die mit ihren Biografien für den langwierigen Entwicklungsweg vom Kaiserreich über Weimar und den Nationalsozialismus bis hin zu den Aufbaujahren der Bundesrepublik standen. Selbst Bismarck, obgleich ein erklärter Gegner moderner demokratischer Werte, kann als Staatsgründer und Realpolitiker gewissermaßen »gegen seinen Willen« in diese Kontinuität gestellt werden.
Mit den in den 1970er-Jahren entstehenden Neuen Sozialen Bewegungen (NSB) kam es zu einer grundlegenden Verschiebung in der bundesrepublikanischen Parteienlandschaft:[1] Links von der SPD etablierten sich die Grünen als eine genuine Parteineugründung, die in der deutschen Demokratiegeschichte über keine Vorläufer ver-

---
1 Dieter Rucht, Neue soziale Bewegungen, in: Uwe Andersen/Wichard Woyke (Hg.), Handwörterbuch des politischen Systems der Bundesrepublik Deutschland, Wiesbaden ⁶2009, S. 464–468.

fügte. Die Geschichtswerkstätten waren mit den NSB zwar eng verflochten, sahen es aber gerade nicht als ihre Aufgabe an, den Grünen zu einer eigenen historischen Traditionslinie zu verhelfen, die derjenigen der Altparteien entsprochen hätte. Die NSB waren nicht zuletzt als Reaktion auf das Scheitern linksradikaler Kaderparteien, die unmittelbar nach 1968 wie Pilze aus dem Boden geschossen waren, entstanden. Das Interesse dieser »Alternativbewegung« galt den neu aufkommenden, von der etablierten Politik vernachlässigten Themenfeldern wie Ökologie, Stadt- und Landschaftsplanung, Frieden, Geschlechterpolitik und kritische Medizin. Innerhalb dieses breiten Interessenspektrums kam es ab Ende der 1970er-Jahre zur Entstehung einer regelrechten Geschichtswerkstättenbewegung, die sich zugleich als »Basisbewegung« in Opposition zur akademischen und habituell konservativen Geschichtswissenschaft an den Universitäten begriff.[2]

Die Verehrung von Leitfiguren aus einer wie auch immer erfundenen links-alternativen Tradition war mit dem in den NSB wie in den Geschichtswerkstätten vorherrschenden Politikverständnis von vornherein unvereinbar. Die Geschichtswerkstätten traten gegen »Große-Männer-machen-Geschichte«-Narrative an und nahmen dabei die großen demokratischen Männer von ihrer Kritik nicht aus. So wurde zum Beispiel der in die Gründungsversammlung eingebrachte Vorschlag, die sich 1981 als Verein konstituierende Berliner Geschichtswerkstatt »Franz-Mehring-Gesellschaft« zu nennen, mit dem Hinweis darauf rundweg abgelehnt, dass die Benennung von Geschichtsvereinen nach Männern überholt sei.[3] Selbstverständlich war die Arbeit der Geschichtswerkstätten durch demokratische Wertvorstellungen motiviert. Diese resultierten aber – wie in den NSB generell – aus einer kritischen Auseinandersetzung mit dem damals vorherrschenden, auf den Parlamentarismus, die staatliche Verwaltung und das Zusammenspiel von Parteien und Verbänden beschränkten Demokratieverständnis. Der zeitgenössisch vielfach anzutreffende formelhafte Rekurs auf den Demokratiebegriff – wie er etwa in der Berufung auf die »freiheitlich-demokratische Grundordnung«, wenn es um die Bekämpfung von Strömungen links der SPD ging, zum Ausdruck kam – wurde als ausgrenzender Diskurs, mithin als Mangel an Demokratie, wahrgenommen.

Die Forderung nach »Demokratie« schloss im Verständnis der Geschichtswerkstätten auch die Demokratisierung der Auseinandersetzung mit der Vergangenheit ein: Geschichte sollte der exklusiven Zuständigkeit einer akademischen Elite entrissen und zu einer öffentlichen Angelegenheit werden, an der jede interessierte Bürgerin und jeder interessierte Bürger partizipieren konnte. Diese Geschichtsarbeit war damit nur einer von vielen, für die beiden Jahrzehnte nach dem Machtantritt der sozialliberalen Koalition charakteristischen Versuche, »mehr Demokratie [zu] wagen«.

2 Thomas Lindenberger/Michael Wildt, Radikale Pluralität. Geschichtswerkstätten als praktische Wissenschaftskritik, in: Archiv für Sozialgeschichte 29 (1989), S. 393–411.
3 Jenny Wüstenberg, Vom alternativen Laden zum Dienstleistungsbetrieb: The Berliner Geschichtswerkstatt. A Case Study in Activist Memory Politics, in: German Studies Review 32 (2009), S. 590–618, hier: S. 594.

Die konkrete Arbeit der Geschichtswerkstätten war vor allem von dem Verlangen getragen, sich ohne Scheuklappen und schonungslos mit den »dunklen Kapiteln« der deutschen Geschichte zu beschäftigen. Es ging also nicht nur um das Scheitern demokratischer Politik in der Vergangenheit, sondern vor allem um das Funktionieren der vielen im Alltag der Diktatur, und dabei wiederum um die zahlreichen Abstufungen zwischen zustimmender Begeisterung und Widerstand. Daran zu erinnern, wurde als ein demokratisches Erfordernis der Gegenwart angesehen; was Erinnern an Demokratie oder an vorbildliche Demokraten etwa der Weimarer Republik oder der Nachkriegszeit aber nicht ausschloss.[4]

Der negativ-kritische Bezug auf die Diktatur beschränkte sich auf den Nationalsozialismus, beinhaltete also keine Auseinandersetzung mit der DDR. Das lag zum geringsten Teil an vereinzelten politischen Sympathien für deren Politik; vielmehr ausschlaggebend dafür war zum einen, dass im damals vorherrschenden Legitimationsdiskurs Kritik an den Mängeln der westlichen Demokratie häufig mit dem Verweis auf die SED-Diktatur abgewehrt wurde, und zum anderen, dass die Geschichte »vor Ort«, getreu dem Motto »Grabe, wo du stehst«,[5] am ehesten für eine demokratisierte Geschichtsarbeit geeignet erschien.

2.
Demokratie in einer »geschlossenen Gesellschaft«?

Im Rahmen von Projekten beschäftigten sich die Geschichtswerkstätten mit den demokratischen und partizipatorischen Entwicklungen in der Lokalgeschichte. Eine entsprechende Traditionslinie, die auch Teile der NSB für sich wiederentdeckte, war die der vor allem im Umfeld der Arbeiterbewegung existierende Genossenschaftsbewegung. Produktion und/oder Konsum auf der Grundlage von kollektivem Eigentum und unter demokratischer Mitwirkung aller Kollektivmitglieder schien – auch in Bezug auf die Gegenwart –, einen Ausstieg aus kapitalistischen Verwertungszwängen und hierarchischen Abhängigkeitsverhältnissen zu versprechen. Um diesem Thema in der Millionenstadt Berlin nachzugehen, begab man sich auf die stadträumliche Ebene des unmittelbaren Lebenszusammenhangs, jener untersten Einheit der Berlin-Geografie: den Kiez. Das hier vorzustellende Geschichtswerkstattprojekt beschäftigte sich mit der Siedlung einer Wohnungsbaugenossenschaft im Berliner Stadtbezirk Schöneberg – dem 1921 entstandenen Lindenhof. Dabei handelte es sich um eines der für die Weimarer Republik typischen, von städtebau-

---

4 Zum Beispiel: Andreas Sander, Ein Liberaler auf der »Roten Insel« – Friedrich Naumann, in: Berliner Geschichtswerkstatt e. V. (Hg.), Die Rote Insel. Berlin Schöneberg. Bruchstücke zu einer Stadtgeschichte, Berlin 1987, S. 84–87; Wolfjürgen Haßdorf, »Es war ja nicht unser Krieg«. Julius Leber – Kohlenhändler auf der »Roten Insel«, in: ebd., S. 129–136.
5 Sven Lindqvist, Grabe wo du stehst. Handbuch zur Erforschung der eigenen Geschichte, Bonn 1989 (Originalausgabe: Ders., Gräv där du står, Stockholm 1978).

lichen Reformideen getragenen Vorhaben zur Verbesserung der Wohn- und Lebenssituation der unteren Einkommensschichten. Im Lindenhof lebten und leben etwa 3.000 Menschen. Die Siedlung hat bis heute als Genossenschaft mit all den für ihre Mitglieder dazugehörenden Mitwirkungsrechten und -pflichten Bestand.[6]

Wie kam es dazu, dass diese Siedlung zum Gegenstand und Ort eines sich über etwa vier Jahre hinziehenden lokalgeschichtlichen Forschungs- und Ausstellungsprojekts wurde? Den Anstoß gab die vom Berliner Kulturrat, einem Zusammenschluss freier Kulturprojekte, 1982 initiierte und von der Alternativen Liste (dem Westberliner Vorläufer der Grünen) im Abgeordnetenhaus durchgesetzte Förderung eines Veranstaltungsprogramms zum Gedenken an den bevorstehenden 50. Jahrestag der nationalsozialistischen »Machtergreifung«.[7] In der Berliner Geschichtswerkstatt bildete sich daraufhin eine Projektgruppe von circa 20 Personen, die überwiegend, aber keineswegs ausschließlich aus Studierenden und jungen Absolventen der Geschichts- und Sozialwissenschaften bestand. Eine Untergruppe nahm sich vor, im Rahmen des Beitrags der Berliner Geschichtswerkstatt zum 1933-Gedenken der Frage nachzugehen, wie sich die »Machtergreifung« wohl in einer von der sozialdemokratischen Arbeiterkultur geprägten Genossenschaftssiedlung zugetragen habe. Weitere Untergruppen bearbeiteten andere Kieze und Nachbarschaften innerhalb des Bezirks Schöneberg wie z. B. die früher als kommunistische Hochburg geltende »Rote Insel« und das bürgerliche, bis zum Holocaust vor allem von Juden bewohnte »Bayerische Viertel«.

Die Projektergebnisse präsentierte die Berliner Geschichtswerkstatt im Rahmen einer Ausstellung in Berlin-Kreuzberg im Jahre 1983. Der Teil über den Lindenhof wurde zusätzlich in einem großen Zelt in der Lindenhofsiedlung ausgestellt. Er stützte sich nicht nur auf Archivrecherchen, sondern auch auf Interviews mit Bewohnerinnen und Bewohnern der Siedlung. 1984 gelang es der Berliner Geschichtswerkstatt im Rahmen der anstehenden 750-Jahrfeier Berlins, für drei lokalgeschichtliche Ausstellungsprojekte eine dreijährige Förderung zu erhalten.[8] Auf dieser Grundlage war die »Lindenhof-Gruppe« dann für mehrere Jahre dauerhaft in der Siedlung präsent: Mit Unterstützung des Siedlungsvorstandes konnte sie für das Projekt werben und ihr wurde eine leer stehende, noch nicht modernisierte Wohnung als Arbeits- und Ausstellungsraum zur Verfügung gestellt. In einem regelmäßigen Gesprächskreis berichteten die Bewohnerinnen und Bewohner über die Ge-

---

6 Berliner Geschichtswerkstatt (Hg.), Projekt: Spurensicherung. Alltag und Widerstand im Berlin der 30er Jahre, Berlin 1983; Berliner Geschichtswerkstatt/GeWoSüd (Hg.), Der Lindenhof. Untersuchung von Nachbarschaftszusammenhängen und ihrer Veränderung durch die nationalsozialistische Machtergreifung, Berlin 1985; Berliner Geschichtswerkstatt (Hg.), »Das war 'ne ganz geschlossene Gesellschaft hier«. Der Lindenhof: Eine Genossenschafts-Siedlung in der Großstadt, Berlin 1987.

7 Krijn Thijs, Drei Geschichten, eine Stadt. Die Berliner Stadtjubiläen von 1937 und 1987, Köln 2008, S. 166.

8 Ebd., S. 117.

schichte ihrer Siedlung, brachten Erinnerungsstücke mit und unterstützten damit das Ausstellungsprojekt entscheidend.

Im Sommer 1987 konnte zusammen mit der von den Lindenhof-Bewohnern sehr gut angenommenen Ausstellung ein dazugehöriges Lese- und Ausstellungsbuch vorgestellt werden. Im Vorwort gaben die Junghistorikerinnen und Junghistoriker Einblicke in ihre Motive, sich ausgerechnet mit der Geschichte einer aus der sozialistischen Arbeiterbewegung hervorgegangenen Genossenschaft auseinanderzusetzen: »Auch der Traum vom solidarischen, selbstorganisierten Handeln, der in den Siedlungen angelegt zu sein schien, ist für uns Anlaß sich mit diesem Thema zu beschäftigen.« Dennoch lautete das nicht zuletzt im Titel aufscheinende Fazit der Forschungen: »In der Abgeschiedenheit hat sich eine ›geschlossene Gesellschaft‹ herausgebildet.« Die Forschergruppe stellte aber auch die Ambivalenzen der demokratisch-partizipatorischen Lebensweise im Lindenhof heraus: »Den Siedlungsbewohnern wurde 1922 eine genossenschaftliche Organisation vorgegeben. Trotzdem hat die Genossenschaftsidee dazu beigetragen, daß sich ein lebendiges Siedlungsleben mit einem Netz von nachbarschaftlichen, arbeiterkulturellen und genossenschaftlichen Verflechtungen in den zwanziger Jahren entwickeln konnte.«[9] Das »trotzdem« zeigt an, dass die Forscherinnen und Forscher die juridische Passform des Genossenschaftsrechts zur Entfaltung einer von Selbstbestimmung getragenen Lebensweise für problematisch hielten. Darin drückte sich die für die NSB typische Kritik an der potenziellen Begrenzung von Partizipation und Autonomie durch verwaltungsrechtliche Rahmungen aus.

Im Ergebnis erbrachte das Projekt folgerichtig eine kritische, im Großen und Ganzen antiromantische Rekonstruktion des Lebens von einigen Tausend Menschen über etwa fünf Generationen in und mit ihrer Genossenschaft. »Genossenschaftliche Demokratie« zeigte sich dabei in ihrer Zweischneidigkeit: Als Möglichkeit, das Auskommen mit den Nachbarn gedeihlich zu organisieren, als relativer Schutz vor Vermieter-Willkür, als Verfahren, Streit und Konflikt selbstständiger zu lösen, aber auch als Vorherrschen von Konformismus und Anpassungsbereitschaft. Die Gleichschaltung 1933 funktionierte auch hier: Der Lindenhof war beileibe kein Hort des Widerstands gegen die Nationalsozialisten, und die für die organisierte Arbeiterbewegung wie für die Lebensweise der Arbeiterklasse charakteristische Herrschaft der Männer über die Frauen wurde allenfalls abgemildert, aber nicht grundsätzlich infrage gestellt.

Zugleich war unübersehbar, dass in der Gegenwart von 1987 der Genossenschaftsgedanke zu einem Mythos geworden war: Im Zuge der enormen Wohlstandsgewinne der 1950er- und 1960er-Jahre nahm die für die Jahrzehnte der Knappheit oder gar Armut typische Verschränkung von Privatsphäre und Nachbarschaft, die das gemeinsame Überleben ermöglicht hatte, ab. Spätestens in der dritten Generation der Lindenhof-Bewohnerinnen und -Bewohner blieben davon nur noch die Erinnerun-

9 Berliner Geschichtswerkstatt (Hg.), Gesellschaft, S. 7.

gen an die »alte Zeit«, die nun – befördert durch die Forscherneugier des vom Berliner Senat finanzierten Projekts – gemeinsam bewahrt und »aufgehoben« wurden. Sie sind seitdem als kulturelles Gedächtnis fixiert und werden nach innen wie nach außen tradiert.

Von »Demokratie« im emphatischen Sinne war dabei kaum mehr die Rede, obwohl es natürlich immer auch um »Demokratie« im Sinne von Möglichkeiten der Partizipation, der Autonomie im lebensweltlichen Rahmen ging – sowie um die Fügsamkeit und Anpassungsfähigkeit an die Wechselfälle der »großen« Geschichte. Damit trug dieses Projekt in einer für die damaligen alltagsgeschichtlichen Forschungen typischen Weise zur Ernüchterung bei: Der Rekurs auf die »Volkserfahrung« (Lutz Niethammer) eignete sich nicht ohne Weiteres als Zugang zu verschütteten, dem Vergessen zu entreißenden Traditionen demokratischer Kultur. Das Vergangene erwies sich einmal mehr als das »andere« – auch und gerade in Hinsicht auf einen so zentralen Aspekt wie den der »Demokratie«.

Geschichte wird gemacht! Demokratiegeschichte am Kottbusser Tor

Diesem der Hochphase der Geschichtswerkstättenbewegung entnommenen Beispiel sei eines aus jüngster Vergangenheit gegenübergestellt, das es erlaubt, zu beobachten, wie die Bewegung sich selbst bzw. die Umstände, der sie ihr Entstehen verdankt, historisiert: das Bezirksmuseum Friedrichshain-Kreuzberg, dessen Westberliner (Kreuzberger) Teil seit den 1980er-Jahren durch seinen Leiter Martin Düspohl aufs Engste mit der Geschichtswerkstättenbewegung verbunden war.[10] Seine Ausstellung thematisiert die konfliktreiche Stadterneuerung des Viertels SO 36 zwischen 1945 und 1990. Dabei repräsentiert sie den in den 1970er-Jahren beginnenden Teil der Demokratiegeschichte, der unter anderem durch eine neue, auf die Partizipation der Bürgerinnen und Bürger gestützte Geschichtskultur gekennzeichnet ist. Im ersten Stock des ehemals besetzten Hauses Adalbertstraße 9, das in unmittelbarer Nähe zum Verkehrsknotenpunkt Kottbusser Tor gelegen ist, zeigt das Friedrichshain-Kreuzberg-Museum seit 2009 die Ausstellung »Geschichte wird gemacht. Protestbewegung und Stadtsanierung in Kreuzberg SO 36«. Der Titel zitiert ein während der »wilden« Hausbesetzerjahre äußerst populäres Lied der Punkband »Fehlfarben«.[11] In einem großen Raum finden die Besucher im Wesentlichen zwei Ausstellungselemente vor: Seine Mitte füllen maßstabsgetreue Modelle mehrerer Straßenblöcke nördlich des Kottbusser Tors aus. Schubladen unterhalb der Modellhäuser

---

10 Sophie Perl, Berlin's Bezirksmuseen. Traces of Alternative History Work in Two Neighborhood Institutions, [unveröff. Masterarbeit], Fachbereich Geschichts- und Kulturwissenschaft, FU Berlin 2012.

11 Fehlfarben: Ein Jahr (Es geht voran), Text und Musik: Hein/Schwebel/Kemner/Bauer/Fenstermacher, Monarchie und Alltag, EMI 1980, LP; vgl.: https://www.youtube.com/watch?v=snWg7ee003M (letzter Aufruf: 17.6.2016).

Abb. 1
Sanierung durch Kahlschlag: Der für das Neue Kreuzberger Zentrum freigeräumte Bauplatz (1972)

enthalten historische Materialien wie Postkarten, Privatfotos, kleine Gegenstände – allesamt Hinweise auf frühere Nutzungen sowie auf Geschäfte und Bewohner der jeweiligen Gebäude. Die Besucher werden aufgefordert, in ihrem Privatbesitz befindliches Material zur Geschichte dieser Häuser dem Museum zur Verfügung zu stellen, sprich: diesen Teil der Ausstellung fortlaufend zu ergänzen. Einige der Häuser verfügen bereits über eine recht gut dokumentierte Geschichte, die von den Anfängen der Bebauung der Gegend um das Kottbusser Tor bis in die Gegenwart reicht; bei anderen fehlen offensichtlich noch entsprechende Materialien.

Rund um diese synchron-dreidimensionale Präsentation der Stadtteilgeschichte zeigt ein auf den weißen Putz angebrachter, den ganzen Raum umlaufender Fries von Bild-Text-Tafeln die Geschichte des Städtebaus in Kreuzberg und insbesondere am Kottbusser Tor von 1945 bis 2000. Sie lässt sich mit wenigen Stichworten zusammenfassen: Wiederaufbau, Kahlschlagsanierung, Häuserkampf, Stadterneuerung – und stellt eine lokalhistorische Variante Westberliner bzw. westdeutscher Demokratieerfahrung dar.[12]

---

12 Die in der Ausstellung auf dem Wandfries gezeigten Informationen sind enthalten in: Martin Düspohl/KreuzbergMuseum (Hg.), Kleine Kreuzberg-Geschichte, Berlin 2012, S. 108–147.

Am Beginn der Ausstellung steht ein vom Bombenkrieg zerstörter Stadtbezirk im amerikanischen Sektor Berlins, die Marshallplanhilfe, die vor allem auch der Verwirklichung der Ideen des neuen Bauens (»Licht, Luft, Sonne«) zugutekam, und – demokratiegeschichtlich bedeutsam – eine der interessantesten Neubauten Westberlins aus dieser Zeit: die mit Geldern aus den USA finanzierte Amerika-Gedenkbibliothek – ein Symbol der amerikanischen Politik zur Reeducation und Reorientation der Deutschen. Diese Phase hatte »ihren« demokratischen Politiker im legendären Bezirksbürgermeister Willy Kressmann, genannt »Texas Willy«, gewissermaßen »der Buschkowsky« unter den Berliner Lokalpolitikern der fünfziger Jahre: Sozialdemokrat und Widerständler, medienpräsent, hemdsärmelig und bürgernah, ein eigensinniger Lokalpatriot, der dann 1962 den Genossen nicht mehr ins Konzept passte.

Im Folgenden behandelt die Ausstellung den drohenden Niedergang des von Altbauten geprägten SO 36: Der Berliner Senat erklärte es zum »Sanierungserwartungsgebiet«. Die Hauseigentümer ließen ihre Immobilien systematisch verfallen. Ganze Wohnblöcke fielen aufgrund der erwarteten und dank massiver Subventionen lukrativen Neubebauung (»Kahlschlagsanierung«) der gezielten Verslumung anheim. Das hatte dramatische Veränderungen der lokalen Demografie zur Folge: Wer es sich leisten konnte, zog weg, in den billigen Altbauten blieben die Einkommensschwachen, darunter viele Alte. Migranten und ihre Familien sowie Studierende zogen zu, und die schon vorher in Kreuzberg vertretenen Künstler bekamen Verstärkung. Als Sinnbild für den Zustand der »Demokratie« vor Ort hängt in der Ausstellung ein Foto aus dem Wahlkampf 1972 zum Berliner Abgeordnetenhaus (Abb. 1).

Mit der neuen Zusammensetzung der Bevölkerung, so das Narrativ der Ausstellung, war der Grundstein für jene dynamische, experimentierfreudige und konfliktbereite »Mischung« gelegt, die die Wende einleitete: Nachdem Mitte der 1970er-Jahre lokale Akteure (Gemeindepfarrer, Geschäftsinhaber etc.) gemeinsam mit kritischen Stadtplanern »Kreuzberger Alternativen« zur Sanierung durch Totalabriss erarbeitet und in der Öffentlichkeit bekannt gemacht hatten, begann eine Welle der Besetzungen leer stehender Altbauten, die auch auf andere Westberliner Altbauviertel übergriff. Zunächst vereinzelt, später in größerem Umfang, wurden die Hausbesetzer als Instandbesetzer legalisiert; später stiegen etliche von ihnen zu alternativen Hausbesitzern auf. Der Übergang zum neuen Paradigma der »behutsamen Stadterneuerung«, so zeigt die Ausstellung, wurde in einer konfliktintensiven Phase des Straßenprotests, der polizeilichen Räumung von besetzten Häusern und ihrer erneuten Besetzung, des Verhandelns über gemeinsame Lösungen und der Bemühungen um Deeskalation erreicht. 1981 zeitigte die Mobilisierung der Kreuzberger erste Wirkung im Bereich der etablierten demokratischen Institutionen: Werner Orlowsky, Drogerieinhaber in der Dresdener Straße und Initiator des dortigen »Mieterladens«, wurde für die neue Partei »Alternative Liste« (die später zum Berliner Landesverband von Bündnis 90/Die Grünen wurde) zum ersten Baustadtrat in einer Westberliner Bezirksverwaltung gewählt, der nicht einer der »Altparteien« angehörte (Abb. 2).

Abb. 2
Werner Orlowsky (rechts) vor dem Mieterladen Dresdener Straße (1984)

Ganz im Zeichen der erweiterten Bürgerbeteiligung, so die in der Ausstellung vermittelte Erzählung, wurden die Straßenzüge um das Kottbusser Tor nun zu einem Eldorado der politischen, kulturellen und künstlerischen Experimente, Projekte und Unternehmungen, die das Lebensgefühl in diesem Viertel prägten. Der Fall der Berliner Mauer 1989 stellte die Infrastruktur des Bezirks zwar vor große Herausforderungen, brachte Kreuzberg aber nicht aus dem Gleichgewicht. Dies alles wird als die Erfolgsgeschichte des eigenen Kiezes erzählt, aber ohne affirmative Selbstgefälligkeit. Wer im Sommer 2014 die Website des Bezirksmuseums Friedrichshain-Kreuzberg aufrief, fand unter der Kurzbeschreibung der Ausstellung folgenden Hinweis:

»Projekt G
Die Ausstellung ›Geschichte wird gemacht‹ ist jetzt 12 Jahre alt und muss aktualisiert werden. Dazu haben wir das ›Projekt G‹ ins Leben gerufen. Die unter diesem Namen gebildete Arbeitsgruppe beschäftigt sich mit aktuellen Entwicklungen im Stadtteil wie z. B. Mietpreissteigerungen, Verdrängung der ansässigen Bevölkerung, negative Auswirkungen des Tourismus, Gentrifizierung und den dagegen gerichteten Protestbewegungen. Regelmäßig finden zu diesen Themen Vorträge und Diskussionsveranstaltungen im Auditorium des Museums statt«.

Es folgten zwei Links zu Videos der Diskussionsveranstaltungen.[13] In der Adalbertstraße 9 ist die Etage über der Ausstellung ganz der gegenwärtigen Entwicklung des Stadtteils und der Beteiligung der Kiezbewohner daran gewidmet.

Das Narrativ dieser von Martin Düspohl, einem der allerersten Protagonisten der Geschichtswerkstättenbewegung in Westberlin, kuratierten Ausstellung hat zweifellos »Demokratie« zum Gegenstand, und zwar Demokratie in der Bewegung, in der Veränderung, in der permanenten Erneuerung. Der Bezug auf die Vergangenheit des Kiezes und auf die eigenen Errungenschaften kommt dabei eher sachlich-nüchtern daher. Es geht nicht um Ahnengalerien und Reliquienschreine des alternativen Milieus, sondern vielmehr um das historische Wissen, das vor Ort gebraucht wird, um sich mit den heute anstehenden Herausforderungen, die ein Metropolenstadtviertel, das aus der Beschaulichkeit der Mauernische in die rauen Stürme der globalen Migrationsregime katapultiert wurde, zu meistern hat.

3.

Der Versuch, exemplarisch aufzuzeigen, wie Geschichtswerkstätten an Demokratie erinnern, lädt zu einigen allgemeineren Betrachtungen über »Demokratie« als Gegenstand von Geschichtspolitik und ihrer Umsetzung in Ausstellungen und Museen ein.

»Demokratie« war und ist immer mehr als nur »die unter allen bislang bekannten am wenigsten schlechte Regierungsform« – so wahr dieser Satz gleichwohl sein mag. Sie war und ist nie nur ein Ensemble von Prinzipien und Verfahren, sie ist stets auch ein Ideal, ein Versprechen, das nie ganz erfüllt ist. Die Realisierung ihrer hehren Ziele ist immer nur annähernd, im Vergleich zu vorher oder nachher oder zu anderen gleichzeitigen Varianten politischer Ordnung bestimmbar. Darin liegt der durchaus pragmatische Sinn eines Demokratieindexes.[14]

Demokratie ist also niemals abgeschlossen und fertig, und soll es auch nicht sein. »Etwas erinnern« setzt aber eine gewisse zeitliche Abgeschlossenheit des Erinnerungsobjekts voraus. Etwas, was in seiner Unabgeschlossenheit noch gegenwärtig ist, muss und kann ich nicht erinnern, es ist ja präsent. Daher ist es durchaus möglich und sinnvoll, sich an das konkrete Scheitern demokratischer Politik zu erinnern: an die Niederlagen der Demokraten im Kampf gegen die Diktatur oder an das von der Demokratie paradoxerweise selbst ermöglichte Übergehen in die Diktatur, sowie an die Diktatur und deren Ende durch eine militärische Niederlage katastrophalen Ausmaßes. In solchen »negativen Erinnerungen« wird gerade im Fall der deutschen

---

13 Vgl. Friedrichshain-KreuzbergMuseum, http://www.fhxb-museum.de/index.php?id=162 (letzter Aufruf: 1.8.2014). Die aktualisierte Fassung der Ausstellung »Geschichte wird gemacht« ist seit dem 20. August 2015 zu sehen, vgl. Friedrichshain-KreuzbergMuseum, http://www.fhxbmuseum.de/index.php?id=162 (letzter Aufruf: 17.6.2016).

14 Vgl. Demokratieindex, in: Wikipedia, https://de.wikipedia.org/w/index.php?title=Demokratieindex&oldid=142604661 (letzter Aufruf: 23.9.2015).

Geschichte die Demokratie mit der Geschichte ihrer Niederlagen konfrontiert. Denn sicher ist: Den Sogkräften des von Deutschen ins Werk gesetzten Zivilisationsbruchs wird sich keine Demokratieerzählung entziehen können.

Diese Ambivalenz erschwert eine emphatische, affirmative Demokratieerzählung, zumal wenn sie sich auf die Repräsentanten einer für heutige Betrachteter anachronistisch wirkenden staatspolitisch eingehegten parlamentarischen Demokratie bezieht, die auf das Handeln des Staates und dessen über den Bürgern stehenden Funktionsträgern, nicht aber am Handeln der Bürger selbst ausgerichtet ist. Ein zeitgemäßes Demokratienarrativ kann hinter die Erfahrung der Fundamentalliberalisierung der alten Bundesrepublik und des zweiten massiven Demokratieschubs, den die Friedliche Revolution von 1989 darstellt, nicht zurückfallen. Es muss diesen epochalen – von Konrad H. Jarausch pointiert als »Umkehr« bezeichneten – Wandel des Politischen in Deutschland zur notwendigen Denkvoraussetzung nehmen.[15]

Das kann auf verschiedenen Ebenen und anhand verschiedener Gegenstandsbereiche geschehen. Hier wurde gezeigt, wie in den 1980er-Jahren ein Projekt der Berliner Geschichtswerkstatt, die selbst Produkt und Teil jener Fundamentalliberalisierung war, den erwähnten Ambivalenzen früherer demokratischer Praxis nachgegangen ist – mit überwiegend ernüchternden Befunden, bei allem Respekt vor dem Engagement und dem Idealismus vieler Einzelner. Zugleich verdeutlicht das Beispiel der aktuellen Ausstellung »Geschichte wird gemacht« des von einem seinerzeitigen Geschichtswerkstattprotagonisten geleiteten Bezirksmuseums Friedrichshain-Kreuzberg, wie ein historisierendes Narrativ dieser grundlegenden Demokratisierungserfahrung selbst aussehen kann: Es macht nicht nur für die Kinder der ehemaligen Hausbesetzer, für Zugezogene ebenso wie für die Damals-dabei-Gewesenen nachvollziehbar, wie die Konflikte, Leidenschaften und Utopien in der jüngsten Vergangenheit das Selbstverständnis einer lokalen politischen Gemeinschaft formten, sondern auch, wie die dabei gemachten Erfahrungen heute den Ausgangspunkt politischen Handelns bilden können. Demokratie wird hier als eine Geschichte mit offenem Ausgang präsentiert.

---

15 Konrad H. Jarausch, Die Umkehr. Deutsche Wandlungen 1945–1995, Bonn 2004.

Meistererzählungen
der Demokratiegeschichte

Paul Nolte
Von Glück und Streit, Lernen und Stabilität
Historiografische Meistererzählungen deutscher Demokratie

1.

Angesichts des Booms der öffentlichen Erinnerungskultur, der historischen Museen und authentischen Orte sollte nicht in Vergessenheit geraten, dass auch geschriebene, in der Regel immer noch buchförmig repräsentierte Geschichte ein zentrales Medium der Vergegenwärtigung von Vergangenheit bleibt. Im Weltkriegsgedenken von 2014 haben gewiss Ausstellungen und Filme ihr Publikum gefunden, aber Bücher wie Christopher Clarks »Schlafwandler« oder Jörn Leonhards »Büchse der Pandora« haben mindestens ebenso viel Aufmerksamkeit erregt und zudem öffentliche Debatten entfacht, obwohl die genannten Studien, bei aller darstellerischen Qualität, gelehrte Werke der akademischen Geschichtswissenschaft sind.[1] Für die Geschichte des Nationalsozialismus ließe sich Ähnliches sagen. Und auch in der Konstruktion des Gedächtnisses deutscher Demokratiegeschichte spielen die Meistererzählungen der Geschichtswissenschaft eine zentrale Rolle.[2]
Einerseits ist das selbstverständlich, denn seit dem 19. Jahrhundert und mithin parallel zum Aufstieg demokratischer Bewegungen und Verfassungsformen – und nicht nur parallel zu Nationalismus und Nationalstaat, wovon in letzter Zeit historiografiegeschichtlich viel die Rede war[3] – sind wirksame Deutungen der Vergangenheit von den Universitäten und ihren Historischen Seminaren ausgegangen. Andererseits sind die Konzepte des Erinnerns und der Erinnerungskultur in den letzten etwa fünfzehn Jahren überwiegend in andere Richtungen verstanden und empirisch gefüllt worden: zum Beispiel als »Erinnerungsorte« und damit – dem Projekt von Pierre Nora und seiner deutschen Adaptation durch Etienne François und Hagen Schulze folgend – als metaphorische, als dingliche und nicht zuletzt als konkrete,

1 Vgl. Christopher Clark, Die Schlafwandler. Wie Europa in den Ersten Weltkrieg zog, München 2013; Jörn Leonhard, Die Büchse der Pandora. Geschichte des Ersten Weltkriegs, München 2014.
2 Dazu (und überhaupt für diesen Beitrag) grundsätzlich: Konrad H. Jarausch/Martin Sabrow (Hg.), Die historische Meistererzählung. Deutungslinien der deutschen Nationalgeschichte nach 1945, Göttingen 2002 (darin: dies., »Meistererzählung« – Zur Karriere eines Begriffs, S. 9–32).
3 Vgl. dazu v. a. die Arbeiten Stefan Bergers: Stefan Berger (Hg.), Writing National Histories. Western Europe Since 1800, London 1999; ders. (Hg.), Writing the Nation. A Global Perspective, Basingstoke 2007; ders./Chris Lorenz (Hg.), Nationalizing the Past. Historians as Nation Builders in Modern Europe, Basingstoke 2010; außerdem: Christoph Conrad/Sebastian Conrad (Hg.), Die Nation schreiben. Geschichtswissenschaft im internationalen Vergleich, Göttingen 2002.

räumlich-topografische Konfigurationen des öffentlichen Geschichtsbewusstseins.[4] Oder sie manifestierten sich in jener öffentlichen Memorialkultur von Denkmälern und Gedenkstätten, Museen und Ausstellungen, die seit den 1990er-Jahren auch und gerade in Deutschland so stark expandiert ist, in mehr oder weniger enger Verbindung zur akademischen Wissenschaft und deren Forschungsständen und Meistererzählungen.

Angesichts dieser beiden mächtigen (und von der deutschen Fachwissenschaft durchaus mitgetragenen, ja zum Teil von ihr besonders forcierten) Strömungen muss man sich also zunächst klar machen, dass die Historiografie immer eine zentrale Rolle für die Formung von Erinnerung gespielt hat, auch in der Diffusion aus dem universitären »Elfenbeinturm« heraus in populäres Geschichtsbewusstsein, Öffentlichkeit und Politik. Und sie tut das auch weiterhin. Damit ist hier und im Folgenden nicht die populäre Geschichtsschreibung etwa durch Journalisten und historische Schriftsteller gemeint, sondern die akademische Geschichtsschreibung von Professoren. Das wiederum ist keineswegs selbstverständlich, denn im internationalen Vergleich zeigt sich hier eine deutsche Besonderheit, die im Prinzip gut bekannt, aber für unser Thema von erheblicher Bedeutung ist: Die akademisch-universitäre Geschichtswissenschaft prägt öffentliche Geschichtsbilder und -diskurse hierzulande besonders markant; oder anders herum: Sie ist weniger in den Campuskulturen abgeschottet als das in vielen anderen westlichen Ländern – gerade auch in den USA – der Fall ist. Akademische Historikerinnen und Historiker sind in der Öffentlichkeit präsent; sie werden sogar von Politikern beachtet und gelesen. Die Werke Heinrich August Winklers, auf die später noch zurückgekommen wird, sind dafür nur ein besonders markantes Beispiel. Dabei übernehmen Medien und Verlage eine wichtige Funktion, etwa indem sie den Wissenschaftlern einen Zugang zu den Bühnen des politisch-intellektuellen Diskurses bieten, insbesondere den überregionalen Tageszeitungen und der Wochenpresse. Dazu gehört auch die Profilbildung und kulturelle Situierung von Verlagen wie C.H.Beck in München in einem Überlappungsraum von fachwissenschaftlicher Reputation, breiter Leseöffentlichkeit und (im weiteren Sinne) politischer Aufmerksamkeitserzeugung: ein soziokultureller Raum, der in anderen Ländern viel schwächer, wenn überhaupt, ausgeprägt ist.[5]

Die Gründe dafür müssen hier nicht entfaltet werden. Man stößt dabei auf langlebige Traditionen der deutschen Wissenschafts- und Wissenskulturen und eines historisch-politisch interessierten »Bildungsbürgertums« seit dem 19. Jahrhundert ebenso wie auf die Prägungen seit den 1980er-Jahren, als die Geschichtswissenschaft

---

4 Vgl. hier nur: Pierre Nora, Zwischen Geschichte und Gedächtnis, Frankfurt am Main 1998; Etienne François/Hagen Schulze (Hg.) Deutsche Erinnerungsorte, 3 Bde., München 2001.
5 Zum »Historikerfeld« und den Verlagen: Olaf Blaschke, Verleger machen Geschichte. Buchhandel und Historiker seit 1945 im deutsch-britischen Vergleich, Göttingen 2010; speziell zu C.H.Beck: Stefan Rebenich, C.H.Beck 1763–2013. Der kulturwissenschaftliche Verlag und seine Geschichte, München 2013.

ihre kurze Phase des Selbstzweifels – »Wozu noch Geschichte?« – überwand. Hinsichtlich ihrer öffentlichen Wirksamkeit, nicht nur in Form von neuen Museen und »anfassbarer« Geschichtskultur, sondern ganz wesentlich auch in »dicken und autoritativen Büchern« konnte sich die Geschichtswissenschaft seitdem von konkurrierenden Disziplinen absetzen – sowohl von den systematischen Sozialwissenschaften als auch von anderen Fächern der »Humanities«, zumal den Literaturwissenschaften. Ein wesentlicher Grund für diese Entwicklung liegt aber auch in der Sache, das heißt, in der Geschichte selbst, und zwar genau in jenem Problemzusammenhang, der hier zur Debatte steht: in der komplizierten Geschichte der deutschen Demokratie im 19. und 20. Jahrhundert, im öffentlichen Vergewisserungsbedarf über Fragen der nationalen Geschichte im Spannungsfeld von Demokratie und Obrigkeitsstaat, von Demokratie und Diktatur, nicht zuletzt im Horizont des Nationalsozialismus und des Holocaust. Auf diese Fragen wiederum hat sich die Geschichtswissenschaft in Deutschland besonders seit den 1960er-Jahren intensiv eingelassen, zum Beispiel in der generationellen Konstellation der »Fünfundvierziger« und ihres dezidierten moralisch-politischen, demokratiepädagogischen Impetus, von M. Rainer Lepsius, Ralf Dahrendorf und Jürgen Habermas in den Sozialwissenschaften bis zu Hans-Ulrich Wehler, Hans und Wolfgang J. Mommsen, Heinrich August Winkler und vielen anderen in der Geschichtswissenschaft.[6] Mindestens in einem Teil der jüngeren Generationen (das heißt, der jetzt »mittelalten«, etablierten Fachvertreter) wirkt dieser Impuls für ihre eigene Geschichtsschreibung fort, auch wenn sich andere Teile des Faches davon implizit oder sogar explizit distanziert haben, etwa im Sinne einer postmodern-kulturgeschichtlichen Kritik an Meistererzählungen[7] oder durch Abwendung von einem politischen Strukturierungskern in der eigenen Arbeit.

Dabei kann die Geschichtswissenschaft in ihrer Rolle für die öffentliche Erinnerungsbildung über häufig kontroverse Themen einen großen Vorteil des akademisch-diskursiven Feldes gegenüber anderen Formen der Repräsentation von Vergangenheit ausspielen. Viel weniger als Denkmäler und authentische Orte mit ihrer Konzentration auf ein einziges Zeichen, wohl auch weniger als Museen und Ausstellungen muss sie sich auf eine Botschaft festlegen. Die von der Geschichtswissenschaft vermittelte Erinnerung ist nicht punktuell und ereignisbezogen, sondern narrativ, diachron, und trotz ihrer metahistorischen Strukturierung vor allem kompliziert-argumentativ. Sie kennt und schätzt die komplexe Analyse, das abwä-

---

[6] Vgl. allgemein: A. Dirk Moses, Die 45er. Eine Generation zwischen Faschismus und Demokratie, in: Neue Sammlung 40 (2000), S. 233–263; exemplarisch zu Lepsius: Paul Nolte, Soziologie als kulturelle Selbstvergewisserung. Die Demokratisierung der deutschen Gesellschaft nach 1945, in: Steffen Sigmund u. a. (Hg.), Soziale Konstellation und historische Perspektive. Festschrift für M. Rainer Lepsius, Wiesbaden 2008, S. 18–40; zu Wehler: Paul Nolte, Hans-Ulrich Wehler. Historiker und Zeitgenosse, München 2015.

[7] Vgl. in dem hier behandelten Zusammenhang nur: Konrad H. Jarausch/Michael Geyer, Shattered Past. Reconstructing German History, Princeton 2003 (dt.: dies., Zerbrochener Spiegel. Deutsche Geschichten im 20. Jahrhundert, München 2005).

gende »Einerseits – Andererseits« oder die vielfältigen Grautöne und Uneindeutigkeiten, von denen Thomas Nipperdey oft programmatisch gesprochen hat. In einer geschriebenen Darstellung deutscher Geschichte finden Demokratie *und* Diktatur ihren Platz. Sie muss sich nicht auf die *eine* Erinnerung festlegen – als Denkmal für die ermordeten Juden Europas, oder als Denkmal für Freiheit und Einheit (oder: Einheit und Freiheit?). Die historiografische Erinnerungsbildung tut sich also mit dem schwierigen Verhältnis von »negativer« und »positiver« Erinnerung in der deutschen Geschichte des 20. Jahrhunderts prinzipiell viel leichter als andere Formen der Repräsentation. Kontroversen bleiben auch hier nicht aus, wie das schon vor vierzig Jahren, in dem Deutungskonflikt zwischen Hans-Ulrich Wehler und Thomas Nipperdey über das Kaiserreich und damit über den Nationalsozialismus vorgezeichnet war: dem einen sind die Schatten kaum dunkel genug, dem anderen ist alles zu schwarz.[8] Aber seitdem haben sich diese Differenzen in der Wissenschaft eher abgeschliffen; es geht fast immer nur um Nuancen in einer sehr breiten, beinahe schon konsensuellen Deutungsspur. Die wissenschaftlichen Meistererzählungen von der deutschen Demokratie sind, um es thesenartig zu formulieren, in der Geschichte der Diktatur, vor allem des Nationalsozialismus, fest verankert. In der historiografischen Verklammerung von Diktatur und Demokratie verschwindet der mögliche Konflikt zwischen »negativer« und »positiver« Erinnerung, weil die bundesrepublikanische Demokratiegeschichte als Befreiung und Heilung, als Wiedergutmachung und Lernprozess geschrieben wird.

Dieses Leitmotiv prägt wirkungsvoll nicht nur die Geschichte der Demokratie, sondern überhaupt die Historiografie zur zunächst west-, seit 1990 gesamtdeutschen Geschichte, sodass man geradezu von einer Konvergenz von Sache und Epoche sprechen könnte: Die Geschichte der Bundesrepublik Deutschland, so wichtig das »Wirtschaftswunder« oder kulturelle Trends auch sein mögen, ist geradezu identisch mit der Geschichte einer Ankunft in der Demokratie. Darin spiegelt sich das Bild der Weimarer Republik als einer gescheiterten Demokratie. Deshalb beginnen die folgenden Überlegungen mit einem kurzen Blick auf demokratiegeschichtliche Aspekte in der Geschichtsschreibung zu früheren Phasen der deutschen Geschichte (2.). Im Zentrum stehen sodann Narrative der deutschen Demokratisierung nach 1945 und die Frage, welchen Platz die Entwicklung von Demokratie in historiografischen Meistererzählungen einnimmt (3.). Dabei dienen wichtige Synthesen und Gesamtdarstellungen deutscher Geschichte als Orientierung. Denn der Begriff der Meistererzählung meint nicht nur ein epistemisches oder interpretatorisches Ordnungsmuster, das weithin geteilt wird oder (geschichts-) kulturell hegemonial geworden ist, sondern auch dessen Realisierung in (buchförmigen) Geschichtsdarstellungen, die einen Anspruch auf autoritative Geltung erheben bzw. denen ein solcher

---

8 Vgl. Hans-Ulrich Wehler, Das deutsche Kaiserreich 1871–1918, Göttingen 1973; Thomas Nipperdey, Wehlers »Kaiserreich«. Eine kritische Auseinandersetzung, in: Geschichte und Gesellschaft 1 (1975), S. 539–560.

zugeschrieben wird. Meistererzählung ist also, insbesondere in der deutschen Geschichtswissenschaft, fast immer beides zugleich: Episteme und Repräsentation, Tiefenstruktur und narrative Realisierung.[9] In vielen Varianten stößt man dabei immer wieder auf ein »emplotment« – wie man mit Hayden White sagen kann[10] – der Erlösung und Wiedergutmachung im Blick auf die nationalsozialistische Vorvergangenheit der Bundesrepublik. Die Demokratiegeschichte der Bundesrepublik konstituiert sich in »NS-kompensatorischen« Narrativen. In diesen Horizont fügt sich nicht nur die Geschichte der alten Bundesrepublik, sondern auch diejenige von »1989«, von der demokratischen Revolution in der DDR und in Ostmitteleuropa, ein. Im letzten Teil (4.) geht es um einige Probleme und Grenzen dieses Musters der historiografischen Demokratieerinnerung. Das Spannungsfeld von nationaler und europäischer Geschichte, vor allem jedoch die Perspektive einer Dynamisierung von Demokratie seit den 1970er-Jahren entzieht dem Narrativ der »Erlösung« und einer teleologisch gedachten Geschichte von der (Wieder-) »Ankunft« Deutschlands in der Demokratie zunehmend den Boden. Nicht nur der wissenschaftliche Forschungs- und Darstellungskonsens, sondern auch seine Ausstrahlung auf das öffentliche Bild der deutschen Demokratie bewegt sich insofern auf dünner werdendem Eis. Historiker werden nach neuen Narrativen, und die breitere Öffentlichkeit nach neuen Mustern der Vergegenwärtigung von Demokratie suchen müssen.

2.

Die historiografische Erinnerung an deutsche Demokratie hat sich von der Weimarer Republik auf die Bundesrepublik verschoben, und hier wieder von der Gründungskonstellation 1945 bis 1949 (oder bis 1955) auf die 1950er- und 1960er-Jahre. Das ist nicht überraschend. In den ersten Nachkriegsjahrzehnten konnte die Bundesrepublik noch nicht auf eine eigene, gefestigte Geschichte zurückblicken, also bildete die Weimarer Demokratie den Referenzpunkt.[11] Entscheidende Impulse gaben Politologen wie Karl Dietrich Bracher mit seinem Werk »Die Auflösung der Weimarer Republik« oder Kurt Sontheimer mit seiner Studie über »Antidemokratisches

---

9 Man könnte das noch weiter entfalten und müsste dann sogar mindestens vier Dimensionen oder Stufen der Meistererzählung auseinanderhalten: Erstens das epistemische Deutungsmuster (z. B. »deutscher Sonderweg«, »American exceptionalism«, »Westernisierung«); zweitens ihre narrativ-historische Grundstruktur (»Es war einmal ... eine gescheiterte bürgerliche Revolution«, o. ä.); drittens die darstellerisch-literarische Realisierung der Meistererzählung in der Historiografie, insbesondere in Form eines synthetisch-autoritativen Typus (z. B. Winkler, Der lange Weg nach Westen); viertens ihre fachwissenschaftliche, öffentliche oder sogar politische Anerkennung und Geltungszuschreibung als eine maßgebliche und autoritative Deutung.
10 Hayden V. White, Metahistory. Die historische Einbildungskraft im 19. Jahrhundert in Europa, Frankfurt am Main 1991.
11 Vgl. Sebastian Ullrich, Der Weimar-Komplex. Das Scheitern der ersten deutschen Demokratie und die politische Kultur der frühen Bundesrepublik 1945–1959, Göttingen 2009.

Denken«.¹² In öffentlichen Debatten spielten die Weimar-Bonn-Vergleiche eine wichtige Rolle. In der zweiten Hälfte der 1960er-Jahre nahm die Referenz auf Weimar sogar noch einmal zu, als im innenpolitischen Klima von Großer Koalition und APO, Notstandsgesetzen und »neuer Linken« die Furcht vor einem erneuten Abgleiten in autoritäre Verhältnisse weitverbreitet war.¹³ Komplementär dazu aktualisierte sich, ebenfalls im Schnittfeld von Wissenschaft und gesellschaftlichen Kräften, die Erinnerung an die (vermeintlich verschüttete oder abgebrochene) Alternative einer Rätedemokratie. Seit den 1980er-Jahren – also schon vor der Wiedervereinigung! – verlagerte sich der Fluchtpunkt der Demokratisierungsnarrative schließlich definitiv in die Zeit nach 1945. Dieser Prozess ging mit der intellektuell-kulturellen »Ankunft« in der Bundesrepublik, einer doppelten, zugleich »linken« und »rechten« Ankunft einher. Beide Seiten akzeptierten die westdeutsche Demokratie jetzt, nicht nur im empirischen, sondern auch im normativen Sinne, als verteidigenswerten »Normalzustand« der deutschen Geschichte.

Zugleich begann nun die Historisierung der Bundesrepublik. Auch hier liegen die Anfänge dieser Entwicklung in den 1980er-Jahren, aber der Sturz der kommunistischen Diktatur und die staatliche Einheit setzten nicht nur eine beispiellose Historisierung der DDR in Gang, sondern gaben auch der Verwandlung der Bundesrepublik in Geschichte noch einmal einen kräftigen Schub. Wie sollte diese Geschichte erzählt werden? Gewiss als eine wirtschaftliche Erfolgsgeschichte, als kulturelle Dynamisierung, auch (etwa mit Axel Schildt) als eine »Modernisierung«, die quer durch Wirtschaft, Gesellschaft, Politik und Kultur hindurchlief.¹⁴ Aber am klarsten bildete sich ein Narrativ der Demokratisierung heraus, das nicht so sehr als eine Institutionen- oder Ereignisgeschichte konzipiert war, sondern als Erzählung eines Wandels von politischer Kultur, Mentalitäten und Verhaltensweisen. In einer Art selbstreflexiven Wendung exemplifizierte sich dieser demokratische Wandel nicht zuletzt in der Rekonstruktion eines veränderten Umgangs mit der Vergangenheit. Zur gleichen Zeit gewann die Geschichtswissenschaft, gerade im Blick auf die öffentliche Wirksamkeit, eine Führungsrolle (zurück): zunächst in dem engeren Sinne, dass die Zeitgeschichte nicht mehr den Politologen überlassen wurde, dann auch in dem weiteren, dass das Fach zur Leitdisziplin in der Deutung deutscher Demokratiegeschichte und Demokratiekultur aufstieg und anderen Disziplinen, deren Einschlägigkeit für das Thema prinzipiell nicht minder groß ist – wie Politikwissenschaft und Soziologie, aber auch Rechtswissenschaft und (politischer) Philosophie – den Rang ablief.

12 Karl Dietrich Bracher, Die Auflösung der Weimarer Republik. Eine Studie zum Problem des Machtverfalls in der Demokratie, Stuttgart 1955; Kurt Sontheimer, Antidemokratisches Denken in der Weimarer Republik. Die politischen Ideen des deutschen Nationalismus zwischen 1918 und 1933, München 1962.
13 Vgl. z. B. Boris Spernol, Notstand der Demokratie. Der Protest gegen die Notstandsgesetze und die Frage der NS-Vergangenheit, Essen 2008.
14 Vgl. Axel Schildt/Arnold Sywottek (Hg.), Modernisierung im Wiederaufbau. Die westdeutsche Gesellschaft der 50er Jahre, Bonn 1993.

Daran hatten die Szientifizierung der Sozialwissenschaften und der Schwund ihrer historischen Dimensionen, der ihre Kommunikation in eine breitere Bildungs- und politische Öffentlichkeit zunehmend erschwerte, einen erheblichen Anteil. Die wachsende Konzentration auf die Bundesrepublik stellte frühere Epochen und ältere Traditionslinien der Demokratiegeschichte in den Schatten. Und nicht nur das: Bei genauerem Hinsehen entdeckt man in der Erinnerung verschiedener »früherer Zeiten« ein ähnliches Grundmuster. Während die neuere Forschung seit (grob gesprochen) den 1990er-Jahren immer wieder demokratische oder »protodemokratische« Traditionen der deutschen Geschichte für sich entdeckt oder schärfer als früher herausgearbeitet hat, bleibt das öffentliche Geschichtsbild, die allgemeinere Erinnerung an die verschiedenen Phasen deutscher Geschichte vor 1933 nach wie vor sehr klar auf den Nationalsozialismus, auf den »Fluchtpunkt 1933« bzw. zunehmend den »Fluchtpunkt 1941«[15] bezogen. Das schlägt sich sogar im Blick auf die Frühe Neuzeit nieder. Das Alte Reich erscheint der Forschung seit den 1980er-Jahren, ganz anders als in der klassischen liberalen Sicht des 19. Jahrhunderts, in einem überwiegend positiven Licht, als eine tragfähige und pragmatische Rechts- und Friedensordnung, als ein institutionell verschachtelter, aber eben deshalb politisch ausgewogener föderaler Verbund. Unverkennbar klingen in solcher Geschichtsschreibung immer wieder gegenwärtige Motive der Wertschätzung von Rechtsstaat, Föderalismus oder justizieller Konfliktlösung, der in der Praxis und Kultur der Bundesrepublik die herausgehobene Rolle des Bundesverfassungsgerichts entspricht, an; ebenso Motive einer zukünftigen europäischen Demokratie.[16] Aber jenseits einer kleinen Schar Hochgebildeter hat dieser Strang der historiografischen Demokratieerinnerung die Expertenzirkel nicht verlassen.

Für die Geschichte des deutschen Kaiserreichs von 1871 gilt Ähnliches: Die Forschung hat – immer wieder gegen Hans-Ulrich Wehlers betont kritisches Buch von 1973[17] – in verschiedenen Etappen, mit unterschiedlichen Motiven und Methoden, die demokratischen Potentiale des deutschen Nationalstaates im späten 19. und frühen 20. Jahrhundert herausgearbeitet: das ungewöhnlich breite Wahlrecht und eine kulturelle Praxis partizipatorischer Wahlen,[18] eine lebhafte und sehr kritische Presse und Öffentlichkeit, die Stärke der Sozialdemokratie sowie diejenige der Liberalen

---

15 Im Blick auf die Zentralität des Holocaust und des Krieges im Osten eher als auf die »Machtergreifung«, vgl.: Helmut Walser Smith, Fluchtpunkt 1941. Kontinuitäten der deutschen Geschichte, Stuttgart 2010.
16 Vgl. hier nur: Volker Press, Das römisch-deutsche Reich – ein politisches System in verfassungs- und sozialgeschichtlicher Fragestellung, in: ders., Das Alte Reich. Ausgewählte Aufsätze, Berlin 1997, S. 18–41; Heinz Schilling, Reichs-Staat und frühneuzeitliche Nation der Deutschen oder teilmodernisiertes Reichssystem. Überlegungen zu Charakter und Aktualität des Alten Reiches, in: Historische Zeitschrift 272 (2001), S. 377–395.
17 Wehler, Kaiserreich.
18 Vgl. z. B. Margaret L. Anderson, Practicing Democracy. Elections and Political Culture in Imperial Germany, Princeton 2000.

in den Städten.[19] Die Frage nach den Ursachen für das Scheitern der ersten deutschen Demokratie und den Erfolg des Nationalsozialismus wird weithin nicht mehr im Kaiserreich, sondern im Ersten Weltkrieg und dessen Folgen beantwortet. Aber auch hier ist die fachwissenschaftliche Differenzierung kaum auf das öffentliche Geschichtsbild durchgeschlagen.

Dasselbe Muster lässt sich in der Weimar-Forschung erkennen. Einer ihrer Hauptstränge ist es zuletzt gewesen, gegen die Positionen der 1950er- bis 1970er-Jahre die relative Stärke der Weimarer Republik zu betonen: Die Reichsverfassung litt demnach nicht unter schweren Mängeln, zu denen auch nicht das Verhältniswahlrecht oder die fehlende parlamentarische Sperrklausel gehörten. Es gab nicht nur Sontheimers antidemokratisches, sondern auch ein gewichtiges »demokratisches Denken in der Weimarer Republik«.[20] »Weimar« scheiterte nicht an der Schwäche der Demokratie, sondern an der Stärke und Unerbittlichkeit der Gegner. Doch erneut gilt: Das öffentliche Geschichtsbild und die breitere Demokratieerinnerung können sich von der Projektion auf Scheitern und Untergang nur schwer lösen.

Am ehesten lässt sich eine Verschiebung wohl für das Bild der Revolution von 1848/49 feststellen: Nicht nur in der Fachwissenschaft ist sie längst keine »gescheiterte bürgerliche Revolution« mehr, die aufgrund der ausgebliebenen Demokratisierung schwerwiegende negative Folgen zeitigte, auch jenseits des Elfenbeinturms ist »1848« stärker als früher zum positiven Anknüpfungspunkt geworden. Dabei spielt die doppelte Parallelisierung zu 1989/90 eine wichtige Rolle: erstens die zu »1989« als erfolgreicher Revolution, die den Anfang und Auftrag von 1848 vollendet habe; zweitens zu »1990« als Erfüllung des knapp anderthalb Jahrhunderte früher gegebenen Versprechens auf einen freien demokratischen Nationalstaat als institutionellen Abschluss dieser Revolution.

Gewiss lassen sich auch Beispiele für historiografische Muster der Demokratieerinnerung nennen, die in den letzten Jahrzehnten zurückgetreten, wenn nicht ganz verschwunden sind. Das gilt für die liberalen Projektionen auf die »germanische Urdemokratie« oder die freie bürgerliche Verfassung der mittelalterlichen Städte im 19. und frühen 20. Jahrhundert. Heinrich Hefters Werk über die deutsche Selbstverwaltung im 19. Jahrhundert konnte in der Anfangszeit der Bundesrepublik als Hinweis auf verschüttete Traditionen der Demokratiegeschichte gelesen werden, an die nach zentralistisch-imperialer Übersteigerung und »Gleichschaltung« während des »Dritten Reiches« nun wieder anzuknüpfen sei.[21] Davon ist keine Rede mehr, trotz einer bemerkenswerten Dynamik gerade im Bereich der lokalen und kommu-

---

19 So auch Wehler in partieller Revision seines Bildes eines demokratiefeindlichen Kaiserreichs, vgl.: Hans-Ulrich Wehler, Deutsche Gesellschaftsgeschichte. Band 3: Von der »Deutschen Doppelrevolution« bis zum Beginn des Ersten Weltkrieges, 1849–1914, München 1995.
20 Vgl. Christoph Gusy (Hg.), Demokratisches Denken in der Weimarer Republik, Baden-Baden 2000.
21 Vgl. Heinrich Hefter, Die deutsche Selbstverwaltung im 19. Jahrhundert. Geschichte der Ideen und Institutionen, Stuttgart 1950.

nalen Demokratie seit den 1990er-Jahren. Insofern unterstreicht dieses Verblassen die Konzentration der Demokratieerinnerung auf die Nachkriegszeit seit 1945 noch zusätzlich.

3.

Im Weiteren soll der Blick auf historiografische Meistererzählungen, insbesondere in Gesamtdarstellungen und Synthesen der deutschen Geschichte, gerichtet werden. Es geht jetzt also – der eingangs eingeführten Differenzierung folgend – um die literarische Realisierung, um die Repräsentationsseite der Meistererzählung, die in Deutschland im Genre der wissenschaftlichen Synthese mit gleichwohl breiterem Publikumsanspruch eine besondere Ausprägung gefunden hat. Seit den 1970er-Jahren orientierten sich solche Darstellungen auf einen dreifachen Fluchtpunkt hin. Erstens auf denjenigen der unmittelbar erzählten Zeit: Das war bis in die 1990er-Jahre hinein überwiegend, und in gewissermaßen paradigmatischer Überhöhung, als pars pro toto der deutschen Geschichte überhaupt, das »lange 19. Jahrhundert«, vor allem seine zweite Hälfte zwischen Revolution und Erstem Weltkrieg. Hier setzte sich, wie schon gesagt, eine Geschichte defizienter Demokratisierung durch. Den zweiten Fluchtpunkt bildete der Nationalsozialismus als radikale Negation von Demokratie. Das Spannungsfeld von Diktatur und Demokratie definierte die Deutung und Einordnung des »Dritten Reichs«, bis es durch das neue interpretatorische Feld von »Holocaust und Moderne« teilweise abgelöst wurde. In der neuen, holocaustzentrierten Geschichte des Nationalsozialismus erschienen Judenmord und Vernichtungskrieg nämlich nicht mehr primär als Negation von Demokratie, sondern in Relation zu größeren Konzepten von Zivilisation und Moderne: entweder als deren radikaler Bruch, oder, noch einflussreicher, als paradoxe und doch sehr schlüssige Konsequenz aus einer radikalisierten Moderne.[22]

Den dritten Fluchtpunkt aber bildete schon frühzeitig die demokratische Ordnung der Bundesrepublik, als Gegenwartsstandpunkt der schreibenden Historiker und als normative Orientierung zugleich. Das lässt sich etwa an den Gesamtdarstellungen von Thomas Nipperdey und Hans-Ulrich Wehler zeigen: »Anker« der Erzählzeit ist das 19. Jahrhundert, Erklärungsproblem ist der Nationalsozialismus, und normativer Fluchtpunkt – trotz aller gegenteiliger Argumente und Rhetorik auch bei Nipperdey! – die neue Demokratie der Bundesrepublik.[23] Und von der »Deutschen Gesellschaftsgeschichte« Wehlers kann man, trotz ihres sozialgeschichtlichen und teils sozialökonomischen »framing«, ohne Weiteres behaupten, dass ihr eigentlicher »plot« ein politischer ist: nämlich die Frage nach der Umformung sozialer Struktu-

---

22 Vgl. insbesondere: Zygmunt Bauman, Modernity and the Holocaust, Cambridge 1989 (dt.: ders., Dialektik der Ordnung. Die Moderne und der Holocaust, Hamburg 1992).
23 Vgl. dazu: Thomas Nipperdey, Deutsche Geschichte 1800–1918, 3 Bde., München 1983–1992; Hans-Ulrich Wehler, Deutsche Gesellschaftsgeschichte, 5 Bde., München 1987–2008.

ren als Bedingung der Möglichkeit sozialstaatlicher Demokratie. Das harsche Urteil über die DDR als »sowjetische Satrapie« im abschließenden fünften Band unterstreicht die Dominanz eines Narrativs von »Demokratie versus Diktatur bzw. autoritärer Gesellschaft«.

Ähnliches lässt sich von der dritten, einen langen zeitlichen Bogen seit der Zeit um 1800 schlagenden Gesamtdarstellung sagen, nämlich Heinrich August Winklers »Langem Weg nach Westen«, die von allen dreien wohl die »politischste« Erzählung deutscher Geschichte bietet und zugleich diejenige ist, die am stärksten in Öffentlichkeit und Politik diffundiert ist.[24] Die Denkfigur vom Westen und dem deutschen Weg dorthin – um nicht vom »Sonderweg« zu sprechen – kennt vielfache Schattierungen: Es geht um Besonderheiten sozialer Schichtung (mehr bei Wehler als bei Winkler), um Kultur und Mentalitäten, aber im Kern handelt es sich um eine Geschichte der Demokratie. Winklers Werk könnte ebenso gut heißen »Der lange deutsche Weg zur Demokratie« oder »zum demokratischen Nationalstaat«. Sein Fluchtpunkt ist nun nicht mehr die bundesrepublikanische Ordnung von 1949, sondern der wiedervereinigte demokratische Nationalstaat vom 3. Oktober 1990, in dem der »lange Weg nach Westen« endet und sich erfüllt. Nicht zufällig gerät Winkler in eine Metaphorik der Wege und Ziele, denn sie prägt die Meistererzählungen deutscher Geschichte und Demokratie auch noch in einer Zeit, in der die Sonderwegsthese aus fachwissenschaftlicher Sicht immer stärker infrage gestellt worden ist; mehr noch: in der teleologische Geschichtserzählungen vor allem in der jüngeren Historikergeneration ihre (methodologische und politische) Glaubwürdigkeit weithin eingebüßt haben.[25] An dieser Stellung werden zugleich die Spannungen zwischen einer öffentlichkeitswirksamen Geschichte der Meistererzählungen und der großen Gesamtdarstellungen einerseits, und einer fachwissenschaftlichen »frontier«, die sich in den Synthesen, deren großen Linien und relativ klaren Botschaften immer weniger repräsentiert sieht, andererseits deutlich.

Folgt man einem Narrativ wie demjenigen Winklers, dann ist die Geschichte der Demokratie in Deutschland, um in der Metaphorik zu bleiben, zwar ein rauer Weg mit Schlaglöchern, Abzweigungen und Sackgassen und keine Autobahn, aber er führt zum Ziel, zur »Ankunft« in der Gegenwart. Die Geschichte der Demokratie in Deutschland ist zugleich – das ist die zweite Ebene von Metaphorik und Sinndeutung, auf die man immer wieder stößt – eine Geschichte von Schuld und Erlösung, von Sünde und Katharsis. Hier drängen sich geschichtstheologische Denkfiguren in den Vordergrund, für die es verschiedene Gründe gibt: natürlich das Trauma des Nationalsozialismus, aber wohl auch die nachhaltig bildungsbürgerlich-protestantische Tradition der deutschen Geschichtswissenschaft, die aus dem 19. Jahr-

---

24 Vgl. Heinrich August Winkler, Der lange Weg nach Westen, 2 Bde., München 2000. In der Erweiterung dieser Perspektive: ders., Geschichte des Westens, 4 Bde., München 2009–2015.
25 Zum »Sonderweg« vgl. hier nur: Thomas Welskopp, Identität ex negativo. Der »deutsche Sonderweg« als Metaerzählung in der bundesdeutschen Geschichtswissenschaft der siebziger und achtziger Jahre, in: Jarausch/Sabrow (Hg.), Meistererzählung, S. 109–139.

hundert mindestens bis in die Generation der »Fünfundvierziger« gereicht hat, also auch von vielen Kritikern der nationalen bzw. borussischen Schule, unter umgekehrtem Vorzeichen, fortgeführt worden ist. Freilich sind solche theologisch-religiöse Narrative auch anderen Nationalhistoriografien, zumal der US-amerikanischen, nicht fremd.[26]

Wie in den letzten Jahren immer deutlicher erkennbar wurde, setzte sich dieses grundlegende Muster in den analytischen Konzepten und Synthesen jüngerer Historikergenerationen bzw. -geburtsjahrgänge fort. Die Geschichte der Bundesrepublik erscheint in ihren Darstellungen vielfach als eine Demokratiegeschichte und als eine – wenn nicht teleologische, dann doch progressive – Erlösungs-, Erfüllungs- und Ankunftsgeschichte. Für Konrad H. Jarausch steht das »Recivilizing« im Vordergrund: Auf den Zivilisationsverlust folgt der allmähliche, schrittweise Wiedergewinn der Zivilisiertheit, auch im Sinne des Aufstiegs einer liberal-demokratischen Zivilgesellschaft.[27] Der deutsche Titel seines Buches, »Die Umkehr«, klingt erst recht ganz theologisch.[28] Axel Schildt beschreibt die »Ankunft im Westen« als eine »Erfolgsgeschichte« der Bundesrepublik.[29] Allerdings hat sich insgesamt der terminus ad quem, der Zeitpunkt des Erreichens der Demokratie, ein Stück nach hinten verschoben, insofern, als er nicht mehr in der staatsrechtlich-politischen Gründungskonstellation von 1948/49 gesehen wird, sondern als (vorläufiger) Endpunkt eines Prozesses jenseits der Institutionen: des kulturellen und mentalen Wandels, der gesellschaftlichen Liberalisierung, des »Wegarbeitens« von obrigkeitsstaatlichen und nationalsozialistischen Belastungen in den 1950er- und insbesondere in den 1960er-Jahren.

Die »Freiburger Schule« um Ulrich Herbert hat dieses Deutungsmuster einer konfliktreich lernenden soziokulturellen Demokratisierung in den letzten fünfzehn Jahren besonders einflussreich geformt; jetzt liegt es auch Herberts »Geschichte Deutschlands im 20. Jahrhundert« zugrunde.[30] Eine solche Interpretation kann dazu neigen, die »eigentliche« Ankunft der Bundesrepublik in der Demokratie in die Zeit um 1970 zu verlagern, dafür, im weitesten Sinne, den »Achtundsechzigern« das Verdienst zuzuschreiben und die fundamentale Begründung von Demokratie, Rechtsstaat und einer (bei allen Belastungen und zeitspezifischen Grenzen) freien Gesellschaft um 1949 zu unterschätzen. Aber eine große Historikerkontroverse ist darüber

---

26 Ebenso wie die Kritik daran, vgl. z. B.: Thomas Bender, A Nation Among Nations. America's Place in World History, New York 2006.
27 Konrad H. Jarausch, After Hitler. Recivilizing Germans, 1945–1995, Oxford 2008.
28 Ders., Die Umkehr. Deutsche Wandlungen 1945–1999, München 2004. Ganz ähnlich klingt jetzt, bei im Einzelnen anderen und differenzierteren narrativen Mustern: ders., Out of Ashes. A New History of Europe in the Twentieth Century, Princeton 2015.
29 Axel Schildt, Ankunft im Westen. Ein Essay zur Erfolgsgeschichte der Bundesrepublik, Frankfurt am Main 1999.
30 Vgl. besonders: Ulrich Herbert (Hg.), Wandlungsprozesse in Westdeutschland. Belastung, Integration, Liberalisierung 1945–1980, Göttingen 2002; ders., Geschichte Deutschlands im 20. Jahrhundert, München 2014.

nicht entbrannt; die meisten Darstellungen lassen sich einer Mittelposition des »sowohl als auch« zuordnen: Selbstverständlich war die Bundesrepublik 1949 eine Demokratie im politischen Sinne; soziokulturell wurde sie es vollends in den folgenden zwei Jahrzehnten. In jedem Fall gehört das Moment der Stabilität dazu, das ökonomisch verstanden werden kann, im Sinne einer sozialstaatlich regulierten, marktwirtschaftlichen Wohlstandsstabilität, aber vor allem doch politisch, als Stabilität der demokratischen Institutionen und der demokratischen Kultur gegen die wiederum institutionelle, aber vor allem politisch-kulturelle und mentale Instabilität Weimars. Ein ähnliches Narrativ findet man auch bei Edgar Wolfrum, dessen Gesamtdarstellung den Titel »Die geglückte Demokratie« trägt. Die deutsche Demokratie erscheint bei ihm als geglückt sowohl im Moment der Gründung als auch in der fortgesetzten Arbeit an ihr; geglückt im Sinne des unverhofft zugefallenen Glücks ebenso wie des handwerklichen Gelingens, also eines absichtsvollen Tuns.[31]

Nur ganz wenige Meistererzählungen sind in den letzten Jahren aus diesem Grundmuster ausgebrochen, etwa die Geschichte der Bundesrepublik, die Eckart Conze unter dem Leitmotiv der »Suche nach Sicherheit« geschrieben hat.[32] Gewiss bestreitet dieses Buch nicht die wesentlichen Elemente des gerade skizzierten Narrativs von erfolgreicher und »NS-kompensatorischer« Demokratisierung, aber die Grundidee ist doch ganz anders, denn die Suche nach Sicherheit wird nicht als progressiv verstanden. Sie endet nicht. Es geht gerade nicht um den Weg aus der Unsicherheit heraus und in eine neue Sicherheit hinein. Und es ließen sich weitere Beispiele nennen und Begriffe diskutieren, etwa Anselm Doering-Manteuffels »Westernisierung«, in der man wiederum eine Variante des so hegemonial gewordenen »emplotment« der progressiven und erlösenden Demokratisierung der Bundesrepublik sehen kann.[33] Insgesamt herrscht also historiografisch seit den späten 1980er-Jahren ein bemerkenswerter Konsens, und es sei daran erinnert, dass dies zuvor keineswegs der Fall war, zum Beispiel in jener Meistererzählung, die unter der Überschrift der »(kapitalistischen) Restauration« stand und die bis in die späten 1970er-Jahre in Teilen der Öffentlichkeit, aber auch des akademischen Milieus durchaus einflussreich war.[34]

---

31 Edgar Wolfrum, Die geglückte Demokratie. Geschichte der Bundesrepublik Deutschland von ihren Anfängen bis zur Gegenwart, Stuttgart 2006.
32 Eckart Conze, Die Suche nach Sicherheit. Eine Geschichte der Bundesrepublik Deutschland von 1949 bis in die Gegenwart, München 2009.
33 Vgl. Anselm Doering-Manteuffel, Wie westlich sind die Deutschen? Amerikanisierung und Westernisierung im 20. Jahrhundert, Göttingen 1999.
34 Vgl. z. B. Ernst-Ulrich Huster u. a., Determinanten der westdeutschen Restauration 1945–1949, Frankfurt am Main 1972; kritisch und als Schlusspunkt: Jürgen Kocka, 1945: Neubeginn oder Restauration?, in: Carola Stern/Heinrich August Winkler (Hg.), Wendepunkte deutscher Geschichte 1945–1949, Frankfurt am Main 1979, S. 141–168.

4.

Diese skizzenhaften Überlegungen sollen hier genügen, obwohl es sich lohnen würde, die Strukturen der genannten Meistererzählungen genauer zu analysieren und etwa zu fragen: Was erzeugt die Dynamik der Demokratisierung; wer sind ihre Akteure? Erstens spielen Politiker eine wichtige Rolle, insbesondere die Kanzler; etwas untergeordneter auch die Bundespräsidenten: Konrad Adenauer und Willy Brandt; Theodor Heuss und Gustav Heinemann. Zweitens sind Institutionen wichtige »Akteure«: das Grundgesetz, das Bundesverfassungsgericht. Drittens stößt man, wenn auch in durchaus begrenztem Umfang, auf kollektive Akteure, auf soziale Bewegungen: gelegentlich die Arbeiterbewegung, vor allem die Achtundsechziger, dann die Neuen Sozialen Bewegungen der 1970er-Jahre. Viertens schließlich sind, wie schon angedeutet, Mentalitäten und alltägliche Verhaltensweisen als Faktoren der Demokratisierung und Liberalisierung aufgewertet worden: die Ablösung des autoritären durch liberales Denken und Handeln. Einzelne Historiker und Darstellungen setzen dabei die Schwerpunkte unterschiedlich, aber meist wird ein durchaus ähnliches Bündel dieser vier Dimensionen geschnürt. Fast immer handelt es sich zugleich um eine Erzählung mit Blick vom »Zentrum« statt von der Peripherie, von Kultur und Gesellschaft aus. Es sind hegemoniale Akteure, letztlich auch in den sozialen Bewegungen, die als Agenten des großen metahistorischen Stroms der Modernisierung auftreten. Brüche und Marginalitäten findet man selten, nicht nur in den liberal-konservativen Narrativen – sofern eine politisch konnotierte Unterscheidung hier überhaupt noch möglich ist –, sondern genauso wenig in ihren linksliberalen Pendants, etwa bei Hans-Ulrich Wehler oder jüngst bei Ulrich Herbert. Und nicht zuletzt: Die historiografischen Meistererzählungen, die großen nationalgeschichtlichen Synthesen und in ihnen die Geschichte der Demokratie sind ganz überwiegend ein männliches Metier geblieben.[35]

Wie verhält sich nun die Geschichte von »1989«, die Geschichte der DDR und ihrer Auflösung, die Geschichte von Dissidenz und Opposition, von »demokratischem Aufbruch« und friedlicher Revolution dazu? Nicht nur von Winkler und Wehler ist die Erinnerung an diesen Teil der deutschen Demokratiegeschichte sehr dezidiert an das westliche Narrativ, und damit auch an das Narrativ der Westernisierung, angekoppelt worden. Der aus der Konstellation von 1933 bekannte Gegensatz von Diktatur und Demokratie wiederholt sich; am Ende muss auch die »zweite deutsche Diktatur«, selbst wenn sie vier Jahrzehnte Bestand hatte, dem mächtigen Druck, fast möchte man sagen: des Weltgeistes, weichen. Der 9. Oktober und der 9. November 1989 führen auf den 3. Oktober 1990 und verweisen damit erneut auf die Er-

---

35 Dieser Umstand ist noch nicht hinreichend reflektiert, vgl. aber: Hanna Schissler, Hält die Geschlechtergeschichte, was sie versprochen hat? Feministische Geschichtswissenschaft und »Meistererzählungen«, in: Jarausch/Sabrow (Hg.), Meistererzählung, S. 194–213.

füllung uneingelöster Versprechen von 1848, 1871 und 1945. Dagegen tritt der europäische Kontext der Bürgerrechts- und Demokratiebewegungen zurück, also die Interpretation der demokratischen Revolution in der DDR vor dem Hintergrund der Entwicklungen in Polen und Ungarn, der ostmitteleuropäischen Oppositionsbewegungen und der demokratischen Transformation des kommunistischen Europas. Als die »nachholende Revolution«, als die sie der Bundesrepublikaner Jürgen Habermas schon früh bezeichnet hat,[36] wird »1989«, diachron und national, auf Frankfurt (1848) und Bonn (1949) bezogen, kaum dagegen (synchron und transnational) auf Danzig und Prag.

Nicht nur in dieser Hinsicht bleiben die historiografischen Narrative deutscher Demokratie markant national geprägt – nicht im Sinne eines alten und konservativen Nationalismus, der die »positiven« Traditionen der deutschen Geschichte gegen die vermeintlich überbetonten negativen Aspekte (und damit letztlich: gegen den Nationalsozialismus) ausspielen will, sondern gerade weil die positive Erfolgsgeschichte so unauflöslich mit der »negativen Erinnerung« der Diktaturen und des Holocaust verknüpft ist, als eine Geschichte der »Erlösung von dem Übel«. Aber war, so könnte man mit neueren Trends der Forschung fragen, das Scheitern von Demokratie in der Zwischenkriegszeit nicht der europäische Normalfall?[37] Und hat das Vordringen kultureller Liberalisierung und gesellschaftlicher Demokratisierung in den 1960er-Jahren nicht überwiegend die Trümmer und Beschädigungen der NS-Zeit weggeräumt, bis der demokratische Normalzustand des Westens (wieder) erreicht war? War nicht vieles an diesen Veränderungen – das Aufbrechen soziokultureller Hierarchien, ein nicht nur institutionalistisches Demokratieverständnis, die »Zivilisierung« innergesellschaftlicher, auch privater Gewaltformen – selber westlicher Mainstream? Wann eigentlich endete das »Re-Civilizing Germans«: 1968, oder in den frühen 1980er-Jahren, oder mit der rot-grünen Koalition? Und wann begann eine Geschichte deutscher Demokratie, die sich im Rahmen europäischer und globaler Demokratiedynamiken nicht mehr primär als Reparatur von Schäden des »Dritten Reichs« begreifen lässt?

Damit ist die Frage nach der Zukunft historiografischer Demokratieerinnerung gestellt. Wird es auf der Straße der Demokratie weiter vorangehen, oder sind neue Schlaglöcher, Umwege und Sackgassen in Sicht? Die Dominanz der Erlösungs- und Erfüllungsgeschichte ist auch (aber nicht nur) der pädagogischen Funktion der Geschichtswissenschaft geschuldet, insofern sie sich in moralisch-politischer Absicht an ein großes Publikum richtet und dafür bestimmte literarische Formen der Repräsentation wie die synthetische und deutend-entwerfende Gesamtdarstellung wählt. Wissenschaftlich dagegen erscheinen Verflüssigungen geboten. Demokratie in der

---

36 Jürgen Habermas, Kleine politische Schriften. Band 7: Die nachholende Revolution, Frankfurt am Main 1990.
37 Vgl. z. B. Mark Mazower, Dark Continent. Europe's Twentieth Century, New York 1999 (dt.: ders., Der dunkle Kontinent. Europa im 20. Jahrhundert, Berlin 2000).

Bundesrepublik, so könnte man analog zu Hans Günter Hockerts' Thesen zum Sozialstaat sagen, war nicht nur Problemlöser, sondern auch Problemerzeuger.[38] Oder: Manche Optionen der Demokratisierung in der Geschichte der Bundesrepublik sind steckengeblieben, sind im Sande verlaufen oder schließlich von anderen Ansätzen und Akteuren abgelöst worden. Das gilt für die »Wirtschaftsdemokratie« in der betrieblichen Mitbestimmung ebenso wie für den um 1970 erhobenen Anspruch auf »Demokratisierung aller Lebensbereiche« auf dem Wege einer Quasi-Parlamentarisierung nicht staatlicher Institutionen und Funktionsbereiche.[39]

Seit den 1970er-Jahren, erst recht seit 1990 und im frühen 21. Jahrhundert, löst sich die Dynamik von Demokratie in Deutschland von ihrer spezifisch nationalen Vorgeschichte (sei es die positive von 1848 oder die negative von 1933); transnationale, europäische, globale Trends sind wichtiger geworden, einschließlich der politischen Verfassung der Europäischen Union im Verhältnis zum Nationalstaat. Die Geschichte von Freiheit und Demokratie muss seit 1989 als eine europäische Geschichte erzählt werden, und in dieser europäischen Perspektive, zumal derjenigen Ostmitteleuropas, treten Brüche und Spannungslinien so deutlich hervor wie einst in der Nationalgeschichte Deutschlands.[40] Wie will man das »Demokratiedefizit« der EU, die Folgen von Deterritorialisierung oder die neue Dynamik partizipatorischer im Verhältnis zur repräsentativen Demokratie noch auf die Erfahrungen Weimars oder eines autoritären Kaiserreichs, der frühen Bundesrepublik oder der DDR beziehen? Und wie lässt sich die in der Zeitgeschichte so intensiv diskutierte, ja selber fast schon zur neuen Orthodoxie gewordene »Zäsur der siebziger Jahre«[41] demokratietheoretisch und demokratiehistorisch verstehen?[42]

Und nicht zuletzt hat sich in der Geschichtswissenschaft der Blick auf das 20. Jahrhundert verändert: Unter dem Einfluss kritischer Sozialtheoretiker wie Michel Foucault und Zygmunt Bauman erscheint die Zeit der »Hochmoderne« seit etwa den 1880er-Jahren als eine Phase des übersteigerten, (natur-) wissenschaftsgestützten Ordnungsstrebens, einer kalten Hyperrationalität, die in kollektivistische Gesellschaftsmodelle, in voluntaristischen Machbarkeitsglauben, in utopische Planungs-

---

38 Hans Günter Hockerts, Vom Problemlöser zum Problemerzeuger? Der Sozialstaat im 20. Jahrhundert, in: Archiv für Sozialgeschichte 47 (2007), S. 3–29; wieder in: ders., Der deutsche Sozialstaat. Entfaltung und Gefährdung seit 1945, Göttingen 2011, S. 325–358.
39 Vgl. Paul Nolte, Was ist Demokratie? Geschichte und Gegenwart, München 2012, S. 348–355.
40 Vgl. Andreas Wirsching, Der Preis der Freiheit. Geschichte Europas in unserer Zeit, München 2012; Philipp Ther, Die neue Ordnung auf dem alten Kontinent. Eine Geschichte des neoliberalen Europa, Berlin 2014.
41 Vgl. Anselm Doering-Manteuffel/Lutz Raphael, Nach dem Boom. Perspektiven auf die Zeitgeschichte seit 1970, Göttingen 2008; Konrad H. Jarausch (Hg.), Das Ende der Zuversicht. Die siebziger Jahre als Geschichte, Göttingen 2008.
42 Vgl. dazu und zu ähnlichen Fragen ausführlicher: Paul Nolte, Jenseits des Westens? Überlegungen zu einer Zeitgeschichte der Demokratie, in: Vierteljahrshefte für Zeitgeschichte 61 (2013), S. 274–301.

fantasien und nicht selten in brutale, genozidale Gewalt mündete. In dieser »Dialektik der Ordnung«[43], die liberale Demokratien und fortschrittliche Sozialstaaten ebenso wie den Nationalsozialismus oder die stalinistische Sowjetunion prägte, verblasst die Differenz zwischen Demokratie und Diktatur.[44] Für die vielbeachtete Geschichte Europas als eines »dunklen Kontinents« im 20. Jahrhundert aus der Feder Mark Mazowers gilt das nicht; dafür fordert sie das etablierte deutsche Narrativ durch eine konsequent europäische Perspektive und ihren Akzent auf der ersten Jahrhunderthälfte heraus.[45]

Neben den hier ausschnitthaft diskutierten Meistererzählungen in den großen, publikumsorientierten Gesamtdarstellungen sind also neue, eher im Fachdiskurs getriebene Großinterpretamente entstanden. Sofern sich damit eine historisch gelagerte Demokratiediagnose verbindet, überwiegt neuerdings, zumal in der Soziologie und politischen Theorie, eine implizite historische Narrativierung als Verfallsgeschichte seit den 1970er-Jahren unter dem Stichwort der »Postdemokratie«.[46] Danach sei die Substanz der westlichen Demokratien mit dem Übergang vom Keynesianismus zum Neoliberalismus ebenso wie im Gefolge der beschleunigten Globalisierung entscheidend ausgehöhlt worden. Die Debatte über die geschichtswissenschaftliche Überzeugungskraft solcher Deutungen hat gerade erst begonnen,[47] und in die öffentliche Erinnerungskultur sind sie bisher gar nicht vorgedrungen. Einerseits wird man, gerade aus deutscher Sicht, die Abkehr von einem nationalzentrierten und einseitig progressivistischen Narrativ begrüßen können. Andererseits ist das Narrativ des neoliberalen Demokratieabbaus so offensichtlich holzschnittartig verkürzt, häufig in der kompletten Ignoranz gegenüber dem Aufstieg und Ausbau der »partizipatorischen Demokratie« in Neuen Sozialen Bewegungen und Zivilgesellschaft, dass man es als analytischen Gewinn kaum bezeichnen kann. Und Historiker, die solche Verfallsdiagnosen der Demokratie zumal im deutschen Kontext schon häufiger in ihren Quellen vorgefunden haben, werden darin eher die Kontinuität zeitgenössischer

---

43 Bauman, Dialektik.
44 Im Extremfall erscheint genozidale Gewalt sogar als »dunkle Seite der Demokratie«: Michael Mann, Die dunkle Seite der Demokratie. Eine Theorie der ethnischen Säuberung, Hamburg 2007; allerdings verwechselt Mann dabei Demokratie mit nationalistischen und illiberalen Volksideologien. Insofern präziser: Philipp Ther, Die dunkle Seite der Nationalstaaten. »Ethnische Säuberungen« im modernen Europa, Göttingen 2011.
45 Vgl. Mazower, Continent.
46 Colin Crouch, Postdemokratie, Berlin 2008; vgl. außerdem u. a.: Klaus von Beyme, Von der Postdemokratie zur Neodemokratie, Wiesbaden 2013; Wolfgang Merkel (Hg.), Demokratie und Krise. Zum schwierigen Verhältnis von Theorie und Empirie, Wiesbaden 2015.
47 Z. B. bei Anselm Doering-Manteuffel, Die Entmündigung des Staates und die Krise der Demokratie. Entwicklungslinien von 1980 bis zur Gegenwart, Stuttgart 2013; ders., Die deutsche Geschichte in den Zeitbögen des 20. Jahrhunderts, in: Vierteljahrshefte für Zeitgeschichte 62 (2014), S. 321–348; kritisch dazu: Peter Hoeres, Gefangen in der analytisch-normativen Westernisierung der Zeitgeschichte. Eine Kritik am Konzept der Zeitbögen, in: Vierteljahrshefte für Zeitgeschichte 63 (2015), S. 427–436.

Angstszenarien und tiefer intellektueller Demokratieskepsis erkennen als eine neue Meistererzählung. Doch wer weiß, welche Rolle die Historiografie im größer gewordenen Spektrum, im munteren Konkurrenzkampf der Repräsentationsformen von Geschichte in Zukunft überhaupt noch spielen wird? Vom Interesse an Geschichte als Erinnerung, von der erinnerungskulturellen Durchdringung westlicher Gesellschaften (und nicht zuletzt Deutschlands) seit dem späten 20. Jahrhundert haben auch Geschichtswissenschaft und akademische Geschichtsschreibung profitiert. Aber Geschichtsschreibung, und erst recht Geschichtswissenschaft, geht nicht in der epistemischen Operation und der sozialen Funktion des Erinnerns auf.[48] Sie muss einer doppelten Aufgabe gerecht werden: als Repräsentationsform des kollektiven und kulturellen Gedächtnisses, und zugleich als ein Maßstab und Korrektiv von Erinnerungskultur, auch jener in Museen und Gedenkstätten, die sich am wissenschaftlichen Forschungsstand messen lassen muss.

---

48 Vgl. Konrad H. Jarausch/Martin Sabrow (Hg.), Verletztes Gedächtnis. Erinnerungskultur und Zeitgeschichte im Konflikt, Frankfurt am Main 2002; siehe auch Paul Nolte, Die Macht der Abbilder. Geschichte zwischen Repräsentation, Realität und Präsenz, in: Karl-Heinz Bohrer/Kurt Scheel (Hg.), Wirklichkeit! Wege in die Realität, Stuttgart 2005, S. 889–898.

Thomas Hertfelder
Eine Meistererzählung der Demokratie?
Die großen Ausstellungshäuser des Bundes

1. Demokratie für die Vitrine?

Aus guten Gründen kennt die Museumslandschaft der Bundesrepublik Deutschland kein Museum der Demokratie. Als Herrschaftsform lässt sich die Demokratie ebenso wenig ausstellen wie die Diktatur oder die Monarchie. Erst wenn sie als Faktor eines konkreten historischen Prozesses materielle Spuren hinterlässt, die eine spätere Zeit als Zeugnisse demokratischer Bewegungen oder Praktiken, Institutionen oder Persönlichkeiten zu deuten bereit ist, kann die Demokratie im Museum zum Thema werden – etwa als Geschichte der Freiheitsbewegungen im Vormärz, als Moment politischer Praxis im Kaiserreich, als demokratische Republik von Weimar, als Oppositionsbewegung in der DDR oder als parlamentarische Herrschaftsform in der Bundesrepublik. Kuratorinnen und Kuratoren, die sich solcher Themen annehmen, werden einerseits nicht um die normative Vorentscheidung herumkommen, was sie unter Demokratie verstehen wollen und was nicht; andererseits wird sich kein Museum der elementaren Einsicht entziehen können, dass die Demokratie als Projekt, Prozess und Versprechen im Spannungsfeld zwischen disparaten Erwartungen und hybriden Praktiken niemals normativ-statisch, sondern stets ausschnitthaft und perspektivisch, kurz: historisch und im steten Wandel begriffen ist.[1]

Dass die Demokratie reif für die Vitrine ist, muss nicht als Argument für den modischen Diskurs über Postdemokratie gelten, im Gegenteil: Wer als Bürger der »multiplen Demokratie der Gegenwart« (Paul Nolte) vor den Zeugnissen ganz anderer Demokratievorstellungen etwa der Zwischenkriegszeit ins Staunen und Grübeln gerät, dem mag sich die Bedeutung, die dem säkularen Partizipationsversprechen in seiner enormen Wandelbarkeit zukommt, erst so recht erschließen. Solche Alteritätserfahrungen gehören zur Raison d'Être eines jeden Museums; sie sind auch, wie im Folgenden zu zeigen ist, aus dem dramaturgischen Kalkül des Deutschen Historischen Museums (DHM) in Berlin, des Hauses der Geschichte der Bundesrepublik Deutschland (HdG) in Bonn und des Zeitgeschichtlichen Forums Leipzig (ZFL) nicht wegzudenken.

---

1 John Keane bezeichnet als »rule number two«, was jedem Historiker eine Selbstverständlichkeit sein sollte: »always regard that the languages, characters, events, institutions and effects of democracy are thoroughly historical«. John Keane, The Life and Death of Democracy, London 2009, S. 876.

Keine der drei Einrichtungen versteht sich explizit als Museum der Demokratie.[2] In Berlin und Bonn wird über unterschiedliche Zeitspannen hinweg die Geschichte der Deutschen in ihrer gesellschaftlichen, kulturellen und staatlichen Verfasstheit verhandelt – kurz: die Geschichte der Nation. Somit stehen die Häuser einerseits in der bis ins frühe 19. Jahrhundert zurückreichenden europäischen Tradition des Nationalmuseums, andererseits bildet die Demokratie erkennbar den normativen Referenzrahmen und eine zentrale thematische Achse. Das Deutsche Historische Museum, das Haus der Geschichte der Bundesrepublik und das Zeitgeschichtliche Forum Leipzig thematisieren in ihren Ausstellungen nicht nur demokratische Strömungen und Epochen der deutschen Geschichte, sie verstehen sich auch konzeptionell als demokratische Museen: Besucherorientierung, Multiperspektivität, Inklusion und deutungsoffene Angebote sind die Leitlinien eines demokratischen Museums, und die drei Häuser bekennen sich explizit dazu.[3] Alle drei Institutionen verdanken ihre Gründung einem dezidiert geschichtspolitischen Willen,[4] alle drei wurden an nationalgeschichtlich bedeutsamen Orten errichtet, alle drei agieren hochprofessionell, sind üppig alimentiert und verfolgen den staatlichen Auftrag, den Bürgern die deutsche Geschichte zu erklären und zu deuten. Über hochkarätig besetzte Beiräte sichern sich die Museen nicht nur wissenschaftliche Expertise, sondern auch das symbolische Kapital akademischer Forschung. Die drei, hier behandelten großen Ausstellungshäuser des Bundes verfügen somit zumindest grundsätzlich über die erforderlichen Ressourcen, um als Agenturen einer historischen Meistererzählung hervortreten zu können.[5] Wie aber wird nun das Thema »Demokratie« in den genannten Einrichtungen narrativ dargestellt? Lässt sich Demokratie im Museum überhaupt »erzählen«? Zeichnen sich in der Arbeit der Häuser die Umrisse einer Meistererzählung der Demokratie in Deutschland ab? Der vorliegende Beitrag versucht, auf diese Fragen eine Antwort zu geben.[6]

2 Vgl. den Beitrag von Frank Bösch in diesem Band.
3 Vgl. hierzu den Beitrag von Frank Bösch in diesem Band, bes. S. 59–64, sowie die Einführungen in den Begleitbüchern zu den Ausstellungen: Hans-Jörg Czech, Deutsche Geschichte in Bildern und Zeugnissen – Ziele und Strukturen der Ständigen Ausstellung, in: Hans Ottomeyer/Hans-Jörg Czech (Hg.), Deutsche Geschichte in Bildern und Zeugnissen, Berlin 2009, S. 9–17; Hans Walter Hütter, Unsere Geschichte erzählen, in: Stiftung Haus der Geschichte der Bundesrepublik Deutschland/Hans Walter Hütter (Hg.), Unsere Geschichte. Deutschland seit 1945, Berlin 2012, S. 6–13; Hans Walter Hütter, Ort lebendigen Erinnerns, in: Stiftung Haus der Geschichte der Bundesrepublik Deutschland (Hg.), Demokratie jetzt oder nie! Diktatur, Widerstand, Alltag, Leipzig ²2008, S. 6–8; Jürgen Reiche, Für Demokratie werben, in: ebd., S. 18–21; nicht immer wird dieser Anspruch eingelöst, vgl. kritisch: Karl Heinrich Pohl, Der kritische Museumsführer. Neun historische Museen im Fokus, Schwalbach am Taunus 2013, S. 40–44, zum DHM dagegen: Jürgen Kocka, Ein chronologischer Bandwurm. Die Dauerausstellung des Deutschen Historischen Museums, in: Geschichte und Gesellschaft 32 (2006), S. 398–411, hier: S. 410.
4 Vgl. hierzu die Einleitung sowie den Beitrag von Frank Bösch in diesem Band.
5 Zum Begriff der Meistererzählung vgl. die Einleitung und den Beitrag von Paul Nolte in diesem Band.
6 Die Argumentation bezieht sich ausschließlich auf den Zustand der Dauerausstellungen der

2. Auf der Suche nach dem Narrativ: Demokratiegeschichte im Deutschen Historischen Museum

2.1. Eine neue Mythologie »Unter den Linden«?

Wer sich vom Foyer des Deutschen Historischen Museums nach oben zur Dauerausstellung im ersten Stock begibt, wird auf dem Treppenabsatz mit einem wandhohen hinterleuchteten Vexierbild der Fotokünstler Marc Weis und Martin de Mattia konfrontiert. Unter dem Titel »Was von damals übrig bleibt 1« zeigt die 2006 geschaffene Fotografie eine Szenerie in einem lichten Waldstück, in dem sich eine Gruppe archaisch gekleideter, mit Schwertern, Schilden und Lanzen bewaffneter Menschen dem Betrachter frontal zuwendet. Zu ihren Füßen befinden sich Tafeln mit Zahlen, wie sie bei archäologischen Grabungen verwendet werden (Abb. 1 und 2). Wendet sich der Besucher nach links zum oberen Treppenlauf, so verschwindet die Personengruppe wie durch einen Spuk aus dem Bild. Zurückbleibt das unbelebte Waldstück mit den archäologischen Markierungen. Die Kulisse verweist auf den deutschen Wald als den mythisch aufgeladenen Erinnerungsort der Deutschen;[7] Kleidung und Bewaffnung der Figuren lassen an die Schlacht im Teutoburger Wald denken, die Hans Ottomeyer, Chef des DHM von 2000 bis 2011, einmal als »Urknall« der deutschen Geschichte bezeichnet hat.[8] Entgegen dieser verblüffend essentialistischen Aussage über den Beginn der deutschen Geschichte legt das Auftaktwerk zur Dauerausstellung eine andere Interpretation nahe: Was wir bestenfalls haben, wenn die Menschen verschwunden sind, sind schwer entzifferbare Überreste. Alles Weitere sind Mythen – Erzählungen, die wir ex post zu unserem Gebrauch verfertigen. Hier beginnt die Arbeit des historischen Museums.

Der in unmittelbarer Nachbarschaft zum DHM lehrende Politologe Herfried Münkler hat die These vertreten, die Berliner Republik leide – im Unterschied zur alten Bundesrepublik und zur DDR – an einer signifikanten »Unterdeckung« mit politischen Mythen. In ihnen sieht Münkler eine Ressource zur Bewältigung von Krisen und zur Überwindung von Handlungsblockaden.[9] Man werde sich daher, so der Berliner Politologe, das demonstrative Desinteresse an Großerzählungen in Deutsch-

---

drei Häuser im Sommer 2014. Vgl. hierzu auch die Beiträge von Frank Bösch und Jürgen Lillteicher in diesem Band.

7 Vgl. Albrecht Lehmann, Der deutsche Wald, in: Etienne François/Hagen Schulze (Hg.), Deutsche Erinnerungsorte Bd. 3, München 2001, S. 187–200.

8 Matthias Matussek/Matthias Schulz, Vaterland in der Vitrine. [Interview mit Hans Ottomeyer], in: Der Spiegel 21/2006, 22.5.2006, S. 168–172, hier: S. 170.

9 Herfried Münkler, Die Logik des Mythos. Eine kleine politische Mythengeschichte der Bundesrepublik, in: Ästhetik & Kommunikation 129/130 (2005), S. 61–71, hier: S. 64 f.; ders., Die Deutschen und ihre Mythen, Berlin 2009, bes. S. 9–30. Bereits 1999 hatte ein Berliner Politologe Arnulf Baring ein beredtes Plädoyer für die Etablierung eines demokratischen Mythos in Deutschland abgelegt: Arnulf Baring, Es lebe die Republik, es lebe Deutschland. Stationen demokratischer Erneuerung 1949–1999, Stuttgart 1999.

142 Meistererzählungen der Demokratiegeschichte

Abb. 1 / Abb. 2
M+M (Weis / De Mattia): Die
Lentikularfotografie »Was von
damals übrig bleibt 1« (2006)
im Treppenaufgang zur Dauerausstellung des Deutschen
Historischen Museums

land nicht mehr lange leisten können.[10] Wird unter Berlins Linden an einer neuen politischen Mythologie gestrickt, um einer in Handlungsblockaden verharrenden Demokratie wieder auf die Sprünge zu helfen?

2.2. Ein narratives Ausstellungskonzept

Die im Juni 2006 von Bundeskanzlerin Angela Merkel und dem damaligen Staatsminister für Kultur und Medien, Bernd Neumann, eröffnete Dauerausstellung gehört mit zuletzt fast 450.000 Besuchen im Jahr zu den erfolgreichsten historischen Schauen in Deutschland.[11] Sie präsentiert auf zwei insgesamt rund 8.000 Quadratmeter großen Geschossen des schlüterschen Zeughauses die deutsche Geschichte seit ihrem Anbeginn, den die Ausstellungsmacher tatsächlich um die Varusschlacht herum lokalisieren. Wer am hinterleuchteten Fotokunstwerk vorbei die Treppe weiter nach oben geht, findet sich unversehens zwischen römischen Spangenhelmen, fränkischen Eisenschwertern und einem Fragment des Heliandliedes wieder, während auf einer großformatigen Wandkarte die wechselnden Grenzen der deutschen Territorien vom frühen Mittelalter bis zur Gegenwart zu sehen sind. Auf geradezu provokant unbekümmerte Weise werden somit ein Anfang und die Erzählung von der deutschen Geschichte in Gang gesetzt.

Narrativ verfährt die Ausstellung insofern, als sie sich von der traditionellen musealen Zeigepraktik, den Sammlungszusammenhang zu vermitteln, verabschiedet und stattdessen die rund 7.000 Exponate entlang historischer Epochen- und Themenzusammenhänge arrangiert.[12] Dabei vertraut das Haus dezidiert auf den Zeugnischarakter der Originalobjekte und eine die Zeiten übergreifende Hermeneutik von Zeichen, Gesten und Bildern: »Die nichtverbale Kommunikation über Zeichen und Bilder, über Gesten und Zeremoniell war eine Sprache, die ganz Europa verstand und untereinander verband«, führte hierzu Hans Ottomeyer aus. »Sie verbindet auch das Gestern und Heute, indem sie jetzt von den Besuchern der Ausstellung jenseits aller Sprachen gelesen und verstanden wird.«[13] Die Vorstellung, in bestimmten Bildern und Objekten ließe sich historischer Sinn wie in einer Zeitkapsel speichern und

---

10 Münkler, Deutschen, S. 12 u. 490.
11 2014 wurden für die Dauerausstellung 448.390 Besuche gezählt. Angabe nach einer freundlichen Mitteilung des Hauses vom 29.7.2015.
12 Vgl. zum Folgenden: Czech, Geschichte; Hans Ottomeyer, Vorwort, in: ders./Czech (Hg.), Geschichte, S. 5–7; Hans Ottomeyer, Das Deutsche Historische Museum. Aufgaben und Ziele, in: Das Deutsche Historische Museum 2006, S. 3–7; Kocka, Bandwurm. Zahl der Objekte nach: https://www.dhm.de/ueber-uns/ (letzter Aufruf: 17.6.2016). Zur öffentlichen Diskussion um die 2006 eröffnete Dauerausstellung vgl. die Beiträge in: Jan-Holger Kirsch/Irmgard Zündorf (Hg.), Geschichtsbilder des Deutschen Historischen Museums. Die Dauerausstellung in der Diskussion, in: Zeitgeschichte-online, Juli 2007, http://www.zeitgeschichte-online.de/thema/geschichtsbilder-des-deutschen-historischen-museums (letzter Aufruf: 17.6.2016).
13 Ottomeyer, Vorwort, hier: S. 6. Vgl. ders. (Hg.), Das Exponat als historisches Zeugnis. Präsentationsformen politischer Ikonographie, Dresden 2010.

Jahrhunderte später beim Museumsbesuch wieder abrufen, mag an Aby Warburgs Mnemosyne-Projekt erinnern und wirkt gerade deshalb wie aus der Zeit gefallen.[14] Das DHM setzt nahezu durchgehend auf Originalobjekte, die überwiegend in klassischer Vitrinenarchitektur präsentiert werden; knappe Beschriftungen erläutern die Exponate hinsichtlich Provenienz, Material und historischer Bedeutung. Mit musealen Inszenierungen, suggestiven Erlebnisräumen, medialen Einspielungen und interaktiven Hands-On-Elementen geht das DHM betont sparsam um. Film- und Tondokumente werden auf gesonderten Medienterminals eingespielt, erzeugen also keine Klangkulissen und dienen auch nicht der Suggestion, der Besucher tauche gleichsam in das historische Geschehen ein. So wird der Primat des originalen Objekts unterstrichen und zugleich Raum geschaffen für Reflexion und Distanznahme. Historische Zusammenhänge sucht die Ausstellung weniger durch erläuternden Text als vielmehr über die Herstellung räumlicher Bezüge, Sichtachsen und Objektkonfigurationen, zu konstruieren. Auf diese Weise entfaltet sich eine subtile Ausstellungsrhetorik, die sich vorwiegend dem geschulten Auge erschließt. Beispielsweise haben die Kuratoren die Themeneinheit zur Französischen Revolution in einer Eckzone des Ausstellungsparcours platziert, sodass der Besucher hier einen Richtungswechsel um 90 Grad vornehmen muss. Die epochale Bedeutung der Revolution wird primär räumlich, und weniger begrifflich vermittelt.

Diesem Prinzip folgt die Ausstellung auch bei der Kontextualisierung der einzelnen Objekte. So bildet etwa das erste Leitobjekt zum Thema Demokratie, die Druckerpresse »Columbia« aus dem Jahr 1827, das Zentrum einer Konfiguration von Exponaten, zu denen unter anderem eine Kopie des Monumentalgemäldes »Die Freiheit führt das Volk an«, das Kommunistische Manifest, eine Karikatur zum Verbot der Rheinischen Zeitung, politische Literatur des Vormärz sowie drei Gemälde zum vorindustriellen Pauperismus[15] gehören (Abb. 3). Die Positionierung dieser Objekte im Raum erschließt ein historisches Bedingungsgefüge zwischen den Fortschritten in der Drucktechnik, der Ausbreitung radikaldemokratischer Ideen, der preußischen Zensur und der vormärzlichen Armut. Über die hohe Anschaulichkeit der Objekte gewinnt diese Einheit etwas Entscheidendes: Evidenz. Das DHM setzt mit Nachdruck auf das museale Prinzip, Evidenz zu erzeugen, und sieht dafür von Versuchen der Einordnung in übergreifende historische Prozesse ebenso ab wie von didaktischen Fingerzeigen.

Da das museale Prinzip der Evidenzerzeugung in hohem Maß von der Verfügbarkeit, der »Lesbarkeit« und nicht zuletzt der visuellen Präsenz der Objekte abhängt, legt die »Evidenzmaschine« Museum (Thomas Thiemeyer) regelmäßig Aussagen und Bewertungen nahe, die die historische Forschung so nicht unterschreiben würde. Im

---

14 Zu Aby Warburgs kulturgeschichtlichem Ansatz kritisch: Bernd Roeck, Psychohistorie im Zeichen Saturns. Aby Warburgs Denksystem und die moderne Kulturgeschichte, in: Wolfgang Hardtwig/Hans-Ulrich Wehler (Hg.), Kulturgeschichte Heute, Göttingen 1996, S. 231–254.
15 August von Rentzell: Die Pfandleihe (1842); Carl Wilhelm Hübner: Die schlesischen Weber (1846); Karl von Enhuber: Schlafender Wandergeselle in einem Münchner Wirtshaus (1857).

Abb. 3
Einheit zum Vormärz im Deutschen Historischen Museum, in der Mitte die Druckerpresse »Columbia« (1827)

DHM tritt dieses Problem etwa bei der stiefmütterlichen Behandlung des deutschen Frühkonstitutionalismus zutage.[16] Zu Beginn der Themeneinheit zum Wiener Kongress und zur Ära Metternich werden die Verfassungsurkunden des Großherzogtums Baden sowie der Königreiche Hannover und Sachsen in Vitrinen präsentiert und durch eine Lithografie, die die Eröffnung der ersten Ständeversammlung des Königreichs Bayern zeigt,[17] ergänzt. Doch widmen die Kuratoren dem zukunftsweisenden Vorgang nur vier dürre Zeilen, die das kategorial Neue dieser Konstitutionen ebenso wenig verdeutlichen wie das monarchische Prinzip, dem die Verfassungen noch verhaftet waren.[18] Anmutung und Evidenz der präsentierten Dokumente reichen für sich genommen nicht aus, um deren historische Bedeutung sinnfällig zu machen. Die Zeugnisse einer Geschichte der Demokratie sind, zumindest in früher Zeit, wenig

16 Vgl. hierzu auch die Beobachtungen von Andreas Biefang zur Frankfurter Paulskirche in diesem Band.
17 Domenico Quaglio: Eröffnung der Iten Stände Versammlung des Königreichs/Baiern, den IVten Februar MDCCCXIX (um 1819).
18 Vgl. den Meilenstein »Von der Französischen Revolution zum Wiener Kongress« sowie die Thementafel 4.2.2 in der Ausstellung.

Abb. 4
Vitrine mit der Paulskirchenverfassung im Deutschen Historischen Museum

ausstellungsaffin: Die ersten einzelstaatlichen Verfassungen des 19. Jahrhunderts können mit der Zylinderdampfmaschine im neugotischen Stil ebenso wenig konkurrieren wie die im weiteren Verlauf der Ausstellung zu sehenden sozialdemokratischen Pamphlete mit der Pracht bürgerlicher Wohnkultur.[19]

Dieses Strukturproblem zeigt sich erneut am Arrangement zur Revolution von 1848/49, das den im Kern historistischen Ansatz der Ausstellung deutlich macht:[20] Karl Cauers Zinkstatue des preußischen Königs Friedrich Wilhelm IV. – die für das Scheitern der Revolution am Widerstand der Monarchen steht – lenkt unter einer schwarz-rot-goldenen Trikolore die Aufmerksamkeit auf sich. Das auratische, in die Zukunft weisende Dokument der Demokratie hingegen, die Frankfurter Paulskirchenverfassung, wird mitsamt ihrer merkwürdigen Objektgeschichte in einem Vertiefungsraum und somit eher im Abseits behandelt (Abb. 4). Mit dieser Anordnung betont die Ausstellung das zeitgenössische Kräfteverhältnis. Als Kontrapunkt dazu

---

19 Vgl. hierzu Ottomeyer/Czech (Hg.), Geschichte, S. 151 (Dampfmaschine), S. 190 f. (bürgerliche Kultur). Hier werden die einzelstaatlichen Verfassungen nur an einer Stelle (S. 152) ganz beiläufig erwähnt.
20 Vgl. auch Kocka, Bandwurm, hier: S. 406 f.

wagt sie an der Verfassungsvitrine etwas Ungewöhnliches: Anhand einer drehbaren Walze, montiert in einer Schublade unterhalb der Verfassung, kann der Besucher unter dem Titel »Freiheitsrechte im Wandel« die entsprechenden Artikel der Verfassungen von 1849, 1919 und 1949 (Grundgesetz und Verfassung der DDR) im Wortlaut nachlesen, vergleichen und somit eine Art demokratiegeschichtliches Entfaltungsnarrativ entwickeln.

2.3 Verzicht auf Metanarrative

Der Begriff »Demokratie« fällt erstmals in einer Objektbeschriftung zur deutschen Ausgabe von Jean-Jacques Rousseaus »Abhandlung von dem Ursprunge der Ungleichheit unter den Menschen« (1756). Daneben finden sich Werke von Charles de Montesquieu, Adam Smith, Immanuel Kant sowie 18 voluminöse Bände der französischen Enzyklopädie. Dieses Objektarrangement rückt den Begriff »Demokratie« in den Zusammenhang der europäischen Aufklärung, doch bleibt seine Nennung Episode. So wird Kants Werk zwar als *philosophisches* Ereignis thematisiert, nicht aber in seiner paradigmatischen Funktion für die Entwicklung des Rechtsstaats und für die Universalisierung des Freiheitsbegriffs. Folglich greift die Ausstellung Kants Bedeutung etwa für die preußischen Reformen oder den Konstitutionalismus des 19. Jahrhunderts an keiner Stelle mehr auf.

Überhaupt verweigert sich die Ausstellung jenem mächtigen Metanarrativ der Emanzipation, das die europäische Aufklärung – mit weitreichenden Folgen für die Leitnarrative moderner Demokratien – in Gang gesetzt hat. Damit verzichtet das DHM auf eine mögliche normative Perspektive der longue durée der Moderne, entlang derer sich Etappen, Bewegungen und Ereignisse der jüngeren deutschen Geschichte beschreiben und beurteilen ließen. Stattdessen wendet sich das Museum mit großer Sorgfalt den Artefakten und Événements zu, die stets in ihrem unmittelbaren zeitlichen Kontext historisiert, nicht jedoch in ihrer Bedeutung für den historischen Prozess erklärt werden.

2.4 Elitenkulturelle Perspektive

Zwar unterschlägt die Ausstellung durchaus nicht die verfügbaren Objekte der Alltags-, Sozial- und Wirtschaftsgeschichte, doch legen die Kuratoren des DHM bis an die Schwelle zum 20. Jahrhundert ein unverkennbares Faible für Zeugnisse der Elitenkultur und deren ästhetisierende Deutungsangebote an den Tag.[21] Dazu zwei Beispiele: In der Sequenz zum deutschen Kaiserreich wird der Reichstag als politischer

---

21 Vgl. auch Olaf Hartung, Dingwelten zwischen Ästhetik und Erkenntnis. Zur Dauerausstellung des Deutschen Historischen Museums, in: Zeitgeschichte-online, Juli 2007, http://www.zeitgeschichte-online.de/thema/dingwelten-zwischen-aesthetik-und-erkenntnis (letzter Aufruf: 17.6.2016).

Abb. 5
Anton von Werners Ölgemälde »Reichstagseröffnung im Weißen Saal des Berliner Schlosses 1888« (1893) in der Ausstellung des DHM

Abb. 6
Eine Reichstagsrede August Bebels als Broschüre und die Pfeife des Braunschweiger Volksfreunds mit der Aufschrift »Wir pfeifen auf das Gesetz« (1878)

Abb. 7
Eichenlaubkranz aus der Neuen Wache von Ludwig Gies (1931) in der Einheit über Kriegsende und Revolution 1918/19

Akteur mit Anton von Werners Monumentalgemälde »Eröffnung des Reichstags im Weißen Saal des Berliner Schlosses durch Wilhelm II. im Juni 1888« aus dem Jahr 1893 eingeführt (Abb. 5). Dass das nach Wünschen des Kaisers kunstvoll arrangierte Bild dem Selbstverständnis des Reichstags nur wenig entsprach, wird sich nur dem kundigen Besucher erschließen.[22] Neben von Werners prunkvollem Historienbild erscheinen eine blasse Broschüre mit einer Rede August Bebels und eine das Sozialistengesetz verhöhnende Pfeife wie beiläufige Fußnoten der Geschichte (Abb. 6). Die Einheit »Parlamentarismus im Kaiserreich« knüpft mit Ernst Henselers Ölgemälde »Fürst Otto von Bismarck in der Reichstagssitzung vom 6. Februar 1888« erneut an die monarchische Perspektive an; die Abgeordneten erscheinen als Adressaten der Parolen des Reichskanzlers. Dieser Ausstellungsbereich bietet dann allerdings auch

---

22 So wird etwa das zahlenmäßige Übergewicht, das die Abgeordneten bei der Eröffnung gegenüber den Mitgliedern der regierenden Königs- und Fürstenhäuser, dem Gefolge und den Militärs hatten, nicht sichtbar. Bestimmte Fraktionen wurden auf dem Gemälde privilegiert dargestellt. Vgl. hierzu: Josef Matzerath, Parlamentseröffnungen im Reich und in den Bundesstaaten, in: Andreas Biefang u. a. (Hg.), Das politische Zeremoniell im Deutschen Kaiserreich 1871–1918, Düsseldorf 2008, S. 207–232.

eine problemorientierte Auseinandersetzung mit dem konstitutionellen System des Kaiserreichs, etwa anhand einer »Reichstags-Wahlkarte des Deutschen Reichs« und einer zeitgenössischen Grafik zum Missverhältnis zwischen Wählerstimmen und erzielten Mandaten.

Besonders drastisch zeigt sich das Problem der elitenkulturellen Perspektive in der Einheit zu Kriegsende und Revolution 1918/19. Hier tritt – wie schon zuvor in der Sequenz zur Arbeiterbewegung – erwartungsgemäß das Volk, der Demos, als mächtiger Akteur auf den Plan: Fotos von Massendemonstrationen sowie von revoltierenden Matrosen und Werftarbeitern, Proklamationen und Plakatanschläge, eine Aufnahme von der Ausrufung der Republik am 9. November 1918 sowie Filmszenen machen die revolutionäre Situation kenntlich. Doch alle diese Dokumente werden in den Schatten gestellt durch die raumgreifende Präsenz des zentral platzierten Eichenlaubs von Ludwig Gies, das die dem Gedenken an die Kriegsgefallenen gewidmete Neue Wache in Berlin zierte (Abb. 7). Durch das repräsentative Objekt rückt das nationale Narrativ auf Kosten des demokratischen auch dort in den Mittelpunkt, wo – anders als 1848/49 – die demokratische Sache am Ende triumphierte. An dieser Stelle verleugnet die Ausstellung ihre historistischen Prämissen.

2.5 Weimar als Chance

Der Ausstellungsraum zur Weimarer Republik lässt aufgrund seiner lang gezogenen, schlauchartigen Form zunächst an eine Einbahnstraße denken, doch deuten die gesetzten Akzente in eine andere Richtung. Die Kuratoren haben sich nämlich erkennbar von der Absicht leiten lassen, die Republik von Weimar nicht von vornherein den bildmächtigen antidemokratischen Bewegungen der Nationalsozialisten und Kommunisten auszuliefern. So führt eine eigens den demokratischen Kräften gewidmete Standvitrine dem Besucher neben einer zur Feier des Verfassungsjubiläums 1929 herausgegebenen limitierten Prachtausgabe der Weimarer Reichsverfassung auch das schlichte Exemplar, das Schulabsolventen überreicht wurde, vor Augen (Abb. 8). Plakate und Fahnen zeugen von den Aktivitäten der republikanischen Kräfte; dem Weimarer Modernismus ist ein gesonderter Raum gewidmet, während der »Gläserne Mensch« des Deutschen Hygiene-Museums (1935) auf vieldeutige Weise die Szenerie der Krisenjahre dominiert. In der Interpretation des DHM hatte Weimar eine Chance – auch wenn der Raum an seinem Ende nur einen einzigen Ausgang bietet.

2.6 Demokratie im Schatten des Konsums

Wer im DHM aus dem Inferno von Schoah und Zweitem Weltkrieg heraus einen Blick in die Nachkriegszeit wagt, dem winken von dort nicht etwa Freiheit und Demokratie, sondern deutsche Teilung, ökonomischer Aufschwung und Massenkonsum (Abb. 9). So jedenfalls ist die Sichtachse zu deuten, die die Kuratoren zwischen

Abb. 8
Die Vitrine zur Verfassungskultur der Weimarer Republik im DHM

den Ausstellungsräumen zur NS-Diktatur und denen zur Zeit nach 1945 angelegt haben. Der Blick fällt auf einen schwarz-rot-goldenen Grenzpfahl und auf einen aufwärts gerichteten grünen VW Käfer, ein Exportmodell aus dem Jahr 1951, dessen Prototyp der Besucher bereits von einem Werbeplakat der Deutschen Arbeitsfront kennt.[23] Unter der Rampe, die der Volkswagen hinaufzufahren scheint, kommt eine Vielzahl von Konsumgütern und Haushaltsgeräten zum Vorschein. Der Kontrast zu jener schlichten Ausgabe des Grundgesetzes, die eine Vitrine wenige Meter daneben zusammen mit einem Foto von Konrad Adenauer beim Akt der Unterzeichnung zeigt, könnte größer kaum sein.[24] Die Bundesfahne, die Büsten von Konrad Adenauer und Theodor Heuss, die schwippertschen Sitz- und Pultmöbel aus dem Bundestag der 1950er-Jahre, das Bundesverdienstkreuz in zwei Varianten sowie die vollständige

---

23 Ebd., S. 243.
24 Siehe Abb. 5 im Beitrag von Frank Bösch in diesem Band.

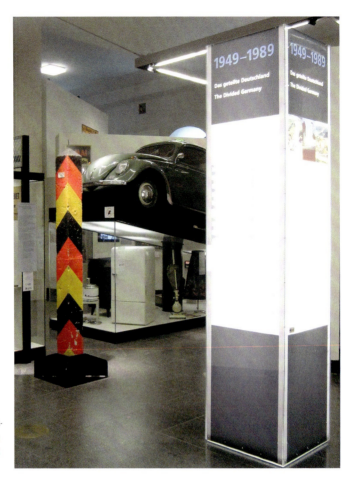

Abb. 9
Ausblick ins »Wirtschaftswunder«: Sichtachse im Deutschen Historischen Museum

Robe eines Richters am Bundesverfassungsgericht stehen für die Symbole und Organe des demokratischen Verfassungsstaats, bleiben aber als »Fundamente der Demokratie« (so die Beschriftung der entsprechenden Standvitrine) im Schatten der Wirtschaftswunderikone und verlieren sich im Labyrinth der Vitrinen und Stellwände (Abb. 10). Die kulturelle Bindung an den Westen, verdeutlicht an Mickey-Maus-Heften, Bluejeans und einem James-Dean-Plakat sowie der von Studentenprotesten orchestrierte soziokulturelle Wandel der 1960er- und 1970er-Jahre fallen demgegenüber stärker ins Auge. In dieser Akzentuierung mag sich der Erfahrungshorizont der Bundesbürger ebenso spiegeln wie die symbolpolitische und ästhetische Zurückhaltung der Bonner Republik.[25] Indem die Ausstellungsmacher auch hier primär auf die

---

25 Vor allem Konservative hatten bemängelt, die Selbstdarstellung der Bonner Republik sei zu wenig profiliert, so etwa: Josef Isensee, Staatsrepräsentation und Verfassungspatriotismus. Ist die

Abb. 10
Im Schatten des »Wirtschaftswunders«: Die Symbole und Organe des demokratischen Verfassungsstaats

originalen Zeugnisse setzen, unterbelichten sie nahezu zwangsläufig die institutionelle Seite der parlamentarischen Demokratie samt deren beachtlicher Integrationsleistung seit 1949. Dafür rückt mit dem »Wirtschaftswunder« der einzige Gründungsmythos, über den die Bundesrepublik verfügt, ins Zentrum und damit eine primär ökonomische Perspektive.[26]

Ein demokratiegeschichtliches Narrativ lässt sich in der Dauerausstellung des Deutschen Historischen Museums nur mit Mühe und unter Hinzunahme eines fundierten Vorwissens identifizieren, von einer Meistererzählung der Demokratie kann

Republik der Deutschen zum Verbalismus verurteilt?, in: Jörg-Dieter Gauger/Justin Stagl (Hg.), Staatsrepräsentation, Berlin 1992, S. 223–241; Michael Stürmer, Die Republik auf der Suche nach Staat und Stil, in: Günter Ermisch (Hg.), Wanderungen durch die Kulturpolitik. Festschrift für Sieghardt von Köckritz, Berlin 1993, S. 15–19; vgl. Johannes Paulmann, Die Haltung der Zurückhaltung. Auswärtige Selbstdarstellung nach 1945 und die Suche nach einem erneuerten Selbstverständnis in der Bundesrepublik, Bremen 2006; zur Problematik im größeren Kontext: Hans Vorländer (Hg.), Zur Ästhetik der Demokratie. Formen der politischen Selbstdarstellung, Stuttgart 2003.

26 Vgl. hierzu: Münkler, Logik.

trotz des narrativen Ausstellungskonzepts kaum die Rede sein.²⁷ Aus Sicht der Zeitgeschichtsforschung ist dies, wie Jürgen Kocka konstatiert hat, kein Nachteil.²⁸ Zur großen Erzählung ist die Dauerausstellung schon deshalb nicht disponiert, weil das DHM der *musealen* Praxis des exponierenden Zeigens unverkennbar den Vorrang vor der *historiografischen* Praxis des erklärenden Erzählens und der *didaktischen* Praxis des wertenden Belehrens gibt. Die Performanz der Dinge selbst, die sich keiner großen Erzählung fügt, steht unverkennbar im Vordergrund und rückt die Ausstellung in eine überraschende Nähe zu neueren dekonstruktivistischen Ansätzen, die sich, wie etwa seit 2006 im Literaturmuseum der Moderne und seit 2009 im Schiller-Nationalmuseum zu sehen ist, der Narrativität weitgehend verweigern.²⁹ Die Dauerausstellung des DHM indessen setzt auf ein schwaches, vorwiegend durch die Chronologie bestimmtes Narrativ und gewinnt dadurch zunächst jene Offenheit der Interpretation, zu der sich die Verantwortlichen stets bekannt haben.³⁰ Man kann diese Offenheit demokratisch, aber auch unentschlossen und – als Historiker vor allem – analytisch unbefriedigend finden;³¹ es ist eine diffuse Offenheit, die aufgrund der beschriebenen Präferenz für Zeugnisse der Elitenkultur wiederum an eine klare und oftmals enge Grenze stößt. Immerhin: Mit neuen Staatsmythen werden die Museumsbesucher unter Berlins Linden nicht traktiert und auch nicht auf eine zeitgemäße Meistererzählung der Demokratie eingeschworen.

---

27 Hierzu explizit der Kurator Hans-Jörg Czech: »Die Ständige Ausstellung des DHM bietet bewusst keine Mastererzählung etwa zum Prozess der deutschen Nationenwerdung, sondern ist in erster Linie der sachlich-kritischen Information über das Neben- und Nacheinander verschiedener, oft widersprüchlicher politischer Entwicklungen in der Vergangenheit der Deutschen gewidmet«. Czech, Geschichte, hier: S. 9.
28 Kocka, Bandwurm, hier: S. 408.
29 Mit dem Unterschied freilich, dass das DHM seine Ausstellung mit einem schwachen, chronologischen Narrativ unterlegt und insofern wieder »konventionell« vorgeht, vgl. z. B.: Heike Gfrereis, Didaktik des Schweigens. Das Literaturmuseum der Moderne des Deutschen Literaturarchivs Marbach, in: Der Deutschunterricht 2009, Nr. 2, S. 2–17; dies., Das Gesicht der Poesie. Die neue Dauerausstellung im Schiller-Nationalmuseum Marbach. Mit einem Seitenblick auf das Literaturmuseum der Moderne, in: Hellmut Th. Seemann/Thorsten Valk (Hg.), Literatur ausstellen. Museale Inszenierungen der Weimarer Klassik, Göttingen 2012, S. 269–282, hier bes.: S. 273.
30 Czech, Geschichte, hier: S. 13 f.
31 So etwa Kocka, Bandwurm, hier: S. 409.

3. Eine Meistererzählung der Bundesrepublik: Das Haus der Geschichte der Bundesrepublik Deutschland

3.1 Geschichte erleben

Schon architektonisch markiert das Bonner Haus der Geschichte einen scharfen Kontrast zum DHM.[32] Während dort die repräsentative Fassade des schlüterschen Zeughauses eher dazu verleitet, die Straßenseite zu wechseln, um die barocke Pracht besser in den Blick zu bekommen, werden die Passanten der Bonner Museumsmeile förmlich in das Haus der Geschichte hineingesogen. Dafür sorgt der dem Hauptgebäude vorgelagerte Flachbau mit seinen großzügig dimensionierten Glasfronten und dem gänzlich verglasten Eingangsbereich; auch der unmittelbare Zugang durch das Fußgängergeschoss des U-Bahnhofs, in dem das Haus mit ersten Vitrinen und Blicken auf den Salonwagen der Bundeskanzler lockt, spart nicht mit einladenden Gesten. Das von den Architekten Hartmut und Ingeborg Rüdiger entworfene und 1993 fertiggestellte Gebäude verortet sich selbstbewusst im außermusealen Alltag; zudem greift es mit seinen verglasten Fassaden und weitgespannten Glasdächern sowie dem Verzicht auf Monumentalität jene Rhetorik der Offenheit und Transparenz auf, die als charakteristisch für die Regierungs- und Parlamentsarchitektur der Bonner Republik gilt. Einige dieser Bauten der alten Bundeshauptstadt können denn auch in einem zwanzig Stationen umfassenden »Weg der Demokratie« abgeschritten werden, für den das Haus der Geschichte als eines der letzten Bauwerke dieser Ära als Ausgangspunkt dient.[33]

Konzeptionell beschreitet das Haus der Geschichte einen grundsätzlich anderen Weg als das Deutsche Historische Museum.[34] Anders als in Berlin hat man in Bonn die

---

32 Siehe Abb. 1 und 2 im Beitrag von Frank Bösch in diesem Band; vgl. ferner: Ingeborg Flagge/Stiftung Haus der Geschichte der Bundesrepublik Deutschland (Hg.), Haus der Geschichte. Die Architektur des neuen Museums für Zeitgeschichte, Bergisch Gladbach 1994; Stiftung Haus der Geschichte der Bundesrepublik Deutschland (Hg.), ZeitRäume. Konzept, Architektur, Ausstellungen, Bonn 1994, S. 20–29.

33 Vgl. die Erläuterungen auf: http://www.wegderdemokratie.de (letzter Aufruf: 17.6.2016).

34 Vgl. die Einleitungen zu den drei vorliegenden Katalogen: Hermann Schäfer, Erlebnis Geschichte – eine neue Ausstellung für neue Besucher, in: Haus der Geschichte der Bundesrepublik Deutschland (Hg.), Erlebnis Geschichte. Das Buch zur Ausstellung, Bergisch-Gladbach 1996, S. 8–19; ders., Geschichte neu erleben – die aktuelle Ausstellung, in: Stiftung Haus der Geschichte der Bundesrepublik Deutschland (Hg.), Erlebnis Geschichte, Bergisch-Gladbach ⁴2003, S. 8–19; Hütter, Geschichte; ders., Lebendiges Erinnern. Vermittlung von Zeitgeschichte als Aufgabe, in: Jahrbuch für Kulturpolitik 9 (2009), S. 333–339; programmatisch ferner: Hermann Schäfer, Begegnungen mit unserer eigenen Geschichte. Zur Eröffnung des Hauses der Geschichte der Bundesrepublik Deutschland in Bonn am 14. Juni 1994, in: Aus Politik und Zeitgeschichte 23 (1994), S. 11–22; Pohl, S. 57–85; kritisch zur Konzeption: Gerhard Schneider, Ein Zeitalter zu besichtigen! Die Nachkriegsgeschichte als Erinnerungswelt im Haus der Geschichte der Bundesrepublik Deutschland in Bonn, in: Geschichte in Wissenschaft und Unterricht 46 (1995), S. 223–234.

über 7.000 Exponate in aufwändige, oftmals kulissenhafte Inszenierungen integriert. Der Besucher wird zu einem Spaziergang durch die deutsche Vergangenheit eingeladen – vorbei an den Trümmerlandschaften der Nachkriegszeit, am Plenarsaal des Deutschen Bundestages, an einem bedrohlich auffahrenden Sowjetpanzer, an einem Lichtspieltheater und einem Eiscafé der 1950er-Jahre, an einem VW Käfer, an industriellen Fertigungsanlagen, an Schaufenstern mit Konsumgütern aller Art und an der fallenden Berliner Mauer. Vielfältige Geräuschkulissen sowie 150 Medienstationen säumen diesen Weg.

Zeitgeschichte wird so in der Rückschau abermals zum Erlebnis – dieses Mal im Medium gefahrlosen Ausprobierens mit hohem Unterhaltungswert. Im Zauberreich der inszenierten Ausstellung verwandeln sich die »kalten Projekte« Demokratie und Marktwirtschaft (Ralf Dahrendorf) zu einem Potpourri von Eindrücken und Erlebnissen, das durchaus im Kontrast zu den eher prosaischen Primärerfahrungen der Zeitgenossen steht. Hierin liegt der didaktische Kern der Ausstellung: Ohne im Einzelnen unkritisch zu sein, lädt sie dazu ein, dem nüchternen Unternehmen der deutschen Nachkriegsdemokratie wenigstens ex post mit jener Wärme und spielerischen Gelassenheit zu beggnen, die den Deutschen im Allgemeinen abgesprochen wird.

Die Ausstellungsmacher haben ihr Konzept daher mit dem Label »Geschichte erleben«[35] versehen und damit jene museologische Praxis der inszenierten Ausstellung fortentwickelt, die in Deutschland 1981 mit der Berliner Schau »Preußen – Versuch einer Bilanz« ihren Ausgang genommen hat.[36] Die »Erlebnisgesellschaft« als der soziologische Kontext der Gründungs- und Aufbaujahre des Hauses (1982–1994) hat sich der Dauerausstellung bis heute tief eingeschrieben.[37] Das HdG hat sein Konzept »Geschichte erleben« virtuos fortentwickelt und damit Maßstäbe gesetzt. Der Preis dieses überaus attraktiven Konzepts: Hineingesogen in eine Vielfalt visueller und akustischer Stimuli wird es dem Besucher nicht eben leicht gemacht, einen

---

35 Dieses Label hat sich das HdG sogar als Warenzeichen eintragen lassen, vgl.: Hütter, Erinnern, hier: S. 335.

36 Vgl. Thomas Thiemeyer, Evidenzmaschine der Erlebnisgesellschaft. Die Museumsausstellung als Hort und Ort der Geschichte, in: Jahrbuch für Politik und Geschichte 4 (2013), S. 13–29; ders., Inszenierung, in: Heike Gfrereis u. a. (Hg.), Museen verstehen. Begriffe der Theorie und Praxis, Göttingen 2015, S. 45–62; sowie zum weiteren Kontext die älteren Beiträge bei: Gottfried Korff/Martin Roth (Hg.), Das historische Museum. Labor, Schaubühne, Identitätsfabrik, Frankfurt am Main 1990. Die verdienstvolle empirische Studie von Klein und Wüsthoff-Schäfer bedürfte einer Aktualisierung: Hans-Joachim Klein/Barbara Wüsthoff-Schäfer, Inszenierung an Museen und ihre Wirkung auf Besucher, Berlin 1990.

37 Das Stichwort gab der Bamberger Soziologe Gerhard Schulze, vgl.: Gerhard Schulze, Die Erlebnisgesellschaft. Kultursoziologie der Gegenwart, Frankfurt am Main 1992; vgl. auch: Christoph Köck, Sehnsucht Abenteuer. Auf den Spuren der Erlebnisgesellschaft, Berlin 1990; Herbert Willems/Martin Jurga (Hg.), Die Inszenierungsgesellschaft. Ein einführendes Handbuch, Opladen 1998.

Schritt zurück in eine reflexive Distanz zur dargebotenen Geschichte zu treten oder gar das Narrativ der Ausstellung infrage zu stellen. Dass die Verantwortlichen das Ausstellungskonzept in den beiden Überarbeitungen der vergangenen zwanzig Jahre nur behutsam angepasst und ergänzt, nicht aber revidiert haben, dürfte vor allem an der glänzenden Publikumsbilanz des Hauses der Geschichte liegen, das mit über 425.000 Besuchen im Jahr 2015 und insgesamt über 20 Millionen Besuchen seit seiner Eröffnung im Sommer 1994 zu den erfolgreichsten Museen der Bundesrepublik zählt.[38]

3.2 Eine Demokratie nach der Katastrophe

Auch das Haus der Geschichte eröffnet seinen Rundgang durch die Dauerausstellung mit einem visuellen Zeichen von emblematischer Kraft: Am Eingang zur ersten Ausstellungseinheit wird neben einem steinernen Reichsadler, dem das Hakenkreuz herausgemeißelt wurde, ein Film in Endlosschleife gezeigt, der die Sprengung des monumentalen Hakenkreuzes auf dem Nürnberger Reichsparteitagsgelände durch die Amerikaner am 22. April 1945 dokumentiert (Abb. 11).[39] Unmittelbar danach fährt dem Besucher ein Jeep der US-Armee über den Weg: Die Zerstörung der Diktatur durch die Alliierten macht den Weg frei für die Wiederbegründung der Demokratie, die im Zeichen der völligen Unterwerfung Deutschlands unter das alliierte Besatzungsregime stand. In der inszenierten Trümmerlandschaft wird eine materiell und moralisch zerstörte Gesellschaft dargestellt, die mit dem Mord an den europäischen Juden – thematisiert in einem die Inszenierung durchbrechenden schwarzen Kubus – an einer schweren Hypothek trägt. Auf diese Weise wird das erfahrungsgeschichtliche Narrativ der Nachkriegszeit aufgebrochen: Die Schoah spielte in den zwei Jahrzehnten nach 1945 im Bewusstsein der Deutschen bekanntlich eine eher geringe Rolle. Mit der prominenten Platzierung des dunklen Würfels präludiert die Einheit zur Nachkriegszeit die in späteren Einheiten wiederkehrenden, an ihrer grauschwarzen Kubatur sofort erkennbaren Themeninseln zur Auseinandersetzung mit der nationalsozialistischen Vergangenheit. Die Aufarbeitung der NS-Diktatur gehört, so die Aussage, zwar zur Geschichte der deutschen Nachkriegsdemokratie, wirkte aber in den Wirtschaftswunderjahren und darüber hinaus auf viele wie ein störendes Element.[40]

---

38 Freundliche Mitteilung des Hauses vom 26.4.2016.
39 Die Herkunft des Filmes wie auch die Provenienz des Adlers werden nicht erläutert.
40 Vgl. hierzu auch den Beitrag von Frank Bösch in diesem Band.

Abb. 11
Die »Stunde Null« im Haus der Geschichte der Bundesrepublik, rechts der Film von der Sprengung des Hakenkreuzes in Nürnberg

3.3 Der nachgereichte Gründungsmythos

Eine so papierne Angelegenheit wie die Verfassungsgebung mit visueller Evidenz auszustatten ist schwierig. Das Haus der Geschichte löst dieses Problem durch narrative Steigerung, dosierte Auratisierung sowie behutsame Sakralisierung. Auf einem roten Teppich findet der Besucher zunächst die Frankfurter Dokumente in einer nüchternen Standvitrine, danach – jeweils mit Originalmöbeln – den Herrenchiemseer Konvent sowie den Parlamentarischen Rat thematisiert. Die Sequenz läuft auf ein großformatiges, halbtransparentes Foto von einer Sitzung des Parlamentarischen Rats zu und hält in einer ersten Vitrine die Reliquien des Unterzeichnungsakts bereit: Das allegorische Tintenfass, die Füllhalterauslage und den von Adenauer bei der Unterzeichnung des Grundgesetzes mutmaßlich verwendeten Füllfederhalter. Erst die nun folgende Vitrine entbirgt das Allerheiligste: ein (Original-?) Exemplar des Grundgesetzes auf schwarz-rot-goldenem Stoff (Abb. 12 und 13). An die Traditionen, auf die sich das Grundgesetz bezieht, erinnern an der Wand eine zerzauste Fahne vom Hambacher Fest sowie daneben ein Modell der Frankfurter Paulskirche. Als starker

Thomas Hertfelder: Eine Meistererzählung der Demokratie? **159**

Abb. 12
Reliquien der Verfassungsgebung im Haus der Geschichte der Bundesrepublik, im Hintergrund: ein Modell der Paulskirche

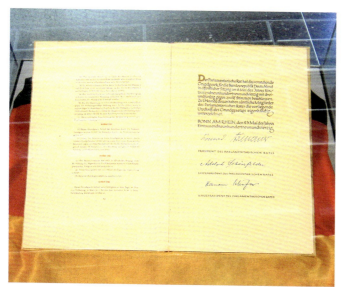

Abb. 13
Das Grundgesetz im Haus der Geschichte der Bundesrepublik

Verweis auf die Kontinuitäten der Verfassungsgebung endet der Weg zum Grundgesetz vor einem Monumentalgemälde des Malers Philipp Veit, das 1848 in der Paulskirche hing und eine Germania zeigt, die ihre Fesseln gesprengt hat. Ergänzt wird das Arrangement durch spielerische Elemente, etwa ein Quiz zum Grundgesetz, bei dem sich der Besucher u. a. einem Einbürgerungstest unterziehen kann.

Der schnurgerade Weg über einen roten Teppich zum wie auf einem Altar präsentierten Grundgesetz unterstreicht die Sakralisierung, die durch die kargen Originaltische der beratenden Gremien vorbereitet wird.[41] Sie bleibt gleichwohl dosiert, hält man etwa die zivilreligiösen Praktiken, die die Vereinigten Staaten von Amerika im Umgang mit ihrer Verfassung pflegen, dagegen. Der Weg zum Grundgesetz erscheint im HdG als linearer, fast zwangsläufiger Prozess, in dem damals diskutierte Alternativen, der Einfluss gesellschaftlicher Kräfte auf die Beratungen, aber auch zeitgenössische Kritik an der Verfassung ausgeblendet bleiben. Auf diese Weise wird die Verfassungsgebung im Museum mit musealen Mitteln aufgewertet und demonstrativ jener Gleichgültigkeit enthoben, mit der die Deutschen dem Gründungsakt 1948/49 begegneten. Zumindest im Bonner Museum kommt man am Grundgesetz buchstäblich nicht vorbei.

3.4 Die dinglichen Dispositive der Demokratie: Demokratie als Verfahren

Das Leitobjekt der jungen Demokratie bildet im HdG ein original möbliertes Segment aus dem alten Deutschen Bundestag in Bonn, der mit vier Sitzreihen und dem Rostrum präsent ist (Abb. 14). Besucher können als Abgeordnete Platz nehmen oder am Rednerpult sprechen, was besonders von Schülern gerne genutzt wird. Per Knopfdruck können die Besucher darüber abstimmen, welche historische Bundestagsdebatte auf dem Monitor über dem Rednerpult eingespielt werden soll. Unmissverständlich wird somit das Parlament als Zentrum der neuen, repräsentativen Demokratie vorgestellt und später auf Fotos wieder aufgerufen. Dabei lädt die Kombination aus originaler Möblierung und räumlichem Arrangement zur Imitation parlamentarischer Performanz ein: Während das Parlament in der Demokratie den politischen Körper repräsentiert, liegt das spielerische Element dieser Inszenierung darin, dass die Besucherinnen und Besucher als Mitglieder jenes politischen Körpers für einen Moment in die Rolle der Repräsentanten schlüpfen können und prompt sowohl am Rednerpult als auch im Plenum zu karikierenden Gesten neigen. Zudem macht die angedeutete Sitzordnung den in Deutschland vorherrschenden Typus der Verhandlungsdemokratie erfahrbar.[42] Insgesamt erscheint es schlüssig, dass das HdG von

---

41 Die Bedeutung von Originalobjekten wird in der Einheit zur Entstehung des Grundgesetzes am Beispiel der authentischen Tischmöbel eigens thematisiert.
42 Zur Bedeutung parlamentarischer Sitzordnungen vgl.: Philip Manow, Im Schatten des Königs. Die politische Anatomie demokratischer Repräsentation, Frankfurt am Main 2008, Kap. 3.

Abb. 14
Segment aus dem Plenarsaal des Deutschen Bundestages im Haus der Geschichte der Bundesrepublik

allen Verfassungsorganen nur das Parlament als Herzkammer der repräsentativen Demokratie mit einer Inszenierung bedenkt.
Durch eine eindringliche Wiederholungstechnik thematisiert die Ausstellung die Bedeutung der Wahlen zum Deutschen Bundestag als »rites de passage der Demokratie« (Philip Manow). Stets gleich gestaltete, stilisierte Wahlkabinen, zeitgenössische Plakate und Fotos sowie ein Rechercheterminal erinnern an den Wahlakt, der in seiner regelmäßigen Wiederkehr in der parlamentarischen Demokratie sowohl Kontinuität und Stabilität als auch Übergang verkörpert (Abb. 15 a–c). Der Akzent im HdG liegt auf Ersterem: Über alle rasanten Veränderungen und krisenhaften Zeitläufte hinweg bildet die Stabilität und die Verlässlichkeit der Institutionen den entscheidenden Output der parlamentarischen Demokratie im Sinne jenes Schumpeter-Fraenkel-Modells, auf das sich das demokratische Selbstverständnis der jungen Bundesrepublik so nachdrücklich bezog[43] – so ließe sich diese Narration als These zusammenfassen.

---

43 Vgl. Paul Nolte, Was ist Demokratie? Geschichte und Gegenwart, München 2012, S. 286–293; ders., Jenseits des Westens? Überlegungen zu einer Zeitgeschichte der Demokratie, in: Vierteljahrshefte für Zeitgeschichte 61 (2013), S. 275–302, hier: S. 280 f.

Abb. 15 a–c
Gleich gestaltete Ausstellungselemente betonen im HdG die Bedeutung und die regelmäßige Wiederkehr von demokratischen Wahlen

Der Akzent auf den Institutionen der Demokratie unterscheidet die Bonner Dauerausstellung prägnant von der des DHM in Berlin. Hinzu kommt ein Weiteres: Der Plenarsaal mit seiner charakteristischen Architektur und seinen eigenen Interaktionsmustern, die stets wiederkehrenden Wahlkabinen, Plakate und Wahlergebnisse erinnern an die dingliche, praktische Seite der Demokratie. Die Praxis der parlamentarischen Demokratie wird nicht zuletzt bestimmt von materiellen und örtlichen Dispositiven, die das demokratische Handeln, ja Denken leiten. Dieser in der Demokratietheorie gerne übersehene Aspekt kommt im HdG auf eine Weise zur Geltung, die für die »Evidenzmaschine« Museum ebenso spezifisch wie charakteristisch ist.[44]

3.5 Der wahre Gründungsmythos: Wohlstand und »consumer democracy«

In der Ausstellung bildet die Ökonomie ein Feld sui generis für die Demokratie, und zwar auf mehreren Ebenen: Auf einer ersten Ebene macht das HdG deutlich, dass die auskömmliche Versorgung mit Waren und Gütern zu den Voraussetzungen einer funktionierenden Demokratie gehört, etwa im Unterschied zur dargestellten Mangelwirtschaft der DDR. In der Logik der Ausstellung ist das eine ohne das andere nicht zu haben; der Marshallplan und das begehbare Fragment des Rumpfes eines »Rosinenbombers« stehen emblematisch für diesen Zusammenhang.

---

44 Mit diesem Zugang zur Demokratietheorie befasst sich neuerdings Philip Manow, vgl.: Philip Manow, Dinge und Orte der Demokratie, in: Wissenschaftskolleg zu Berlin (Hg.), Arbeitsvorhaben der Fellows 2014/15, Berlin 2014, S. 66 f.

Abb. 16
Werbung der IG Metall für die »Wirtschaftsdemokratie« im Bonner Haus der Geschichte

Auf einer zweiten Ebene wird die Ökonomie mit einem Schwerpunkt auf der industriellen Arbeit und Produktion sowie den Fragen der Tarifautonomie verhandelt. Den Gewerkschaften und Arbeitgeberverbänden sind eigene Themeninseln gewidmet; relativ ausführlich kommen zeitgenössische Positionen und die Konflikte um das historisch nicht weiter verfolgte Projekt der Demokratisierung der Wirtschaft zur Sprache (Abb. 16).[45]
Im Überfluss zeigt das HdG schließlich auf einer dritten Ebene Dinge der alltäglichen Konsumkultur in ihrem Wandel, die eingelassen sind in die Dynamik von Produktion und Konsumtion. Leitobjekte für den Gründungsmythos vom »Wirtschaftswunder« sind der auf einer Rampe steil aufwärtsfahrende VW Käfer, die zahlreichen hölzernen Transportkisten mit dem Aufdruck »Made in Germany« als Metonyme für die Exporterfolge des Landes sowie schließlich ein raumgreifender Schaufensterpavillon, der exemplarisch die Vielfalt an Konsumgütern in den 1950er-Jahren zeigt (Abb. 17). Das zunehmend abwechslungsreichere Warenangebot wird dem Besucher auch in späteren Einheiten immer wieder vor Augen geführt und – gänzlich unangefochten von zeitgenössischer Konsumkritik und Knappheit in der Lohntüte – mit dem

---

45 Vgl. hierzu auch: Nolte, Demokratie, S. 389–394.

Abb. 17
Ein Schaufensterpavillon zeigt im HdG die Vielfalt an Konsumgütern in den 1950er-Jahren

Fortschrittsnarrativ der Ausstellung verwoben. Ohne Zweifel betreibt die Schau hier eine Reinszenierung wichtiger Wahrnehmungen, Erfahrungen und Projektionen weiter Teile der westdeutschen Bevölkerung. Darüber hinaus aber wird die Demokratie der Bundesrepublik in der fast leitmotivisch wiederholten Präsentation der Konsumgütervielfalt als eine »consumer democracy« eingeführt, die den von variantenreichen Gütern überschwemmten Markt als ein tägliches Plebiszit der Konsumenten deutet: Die Demokratie erfährt ihre Veralltäglichung als Reich der Optionen.[46] In einer solchen Situa-

---

46 Programmatisch zur »consumer democracy« etwa: Ludwig von Mises, Liberty and Property, Auburn 2009 [Erstauflage: 1958], S. 18; vgl. ferner: Richard Herzinger, Republik ohne Mitte. Ein politischer Essay, Berlin 2001. Zur Entwicklung der Konsumgesellschaft vgl. aus sozialgeschichtlicher Perspektive: Michael Wildt, Privater Konsum in Westdeutschland in den 1950er Jahren, in: Axel Schildt/Arnold Sywottek (Hg.), Modernisierung im Wiederaufbau. Die westdeutsche Gesellschaft der 50er Jahre, Bonn 1993, S. 275–289; auf den Zusammenhang zwischen Entfaltung der Konsumgesellschaft und Stabilisierung der Demokratie verweist:

tion befindet sich auch der Besucher der Ausstellung. Beständig konfrontiert mit einer kaum zu bewältigenden Vielzahl an sinnlichen Angeboten, Optionen und Reizen wird er zum Windowshopping verleitet. Die Ausstellung reproduziert hier auf der Ebene der Gestaltung eines ihrer zentralen Themen.[47]

3.6 Zivilgesellschaft als Episode

Die Zivilgesellschaft als demokratischer Akteur wird in der Dauerausstellung des HdG wiederholt thematisiert – von den Protesten gegen die Wiederbewaffnung über die Demonstrationen gegen Hans Globke, von der Studentenbewegung bis hin zur Umwelt- und Friedensbewegung sowie zum Widerstand gegen die Atomkraft in den 1980er-Jahren. Aufgrund ihrer Originalität und Expressivität entfalten die Plakate, Symbole und Aktionen dieser Bewegungen in der Ausstellung ihre eigentümliche Evidenz.[48]

Einen inszenatorischen Höhepunkt bietet die Schau aber erst im Zusammenhang mit dem Fall der Mauer, der unter der Glaskuppel des Museumsgebäudes zum Ausstellungsereignis wird. Die Leipziger Montagsdemonstrationen sowie die Fluchtbewegung aus der DDR geraten ins Blickfeld, bevor der Rundgang an einem groß inszenierten, transparenten Brandenburger Tor unterbrochen wird (Abb. 18). Ein blauer Trabant fährt auf das Monument zu – einmal mehr erweist sich das Auto als eine Leitmetapher der Ausstellung.

Dass die Wiedervereinigung indessen nicht nur als eine nationale, sondern vor allem auch als *demokratische* Erfüllungsgeschichte gelesen werden kann, geht in der Dominanz nationaler Symbolik unter. Zivilgesellschaftliche Bewegungen trugen nicht nur wesentlich zum Einsturz kommunistischer Regimes bei, sondern haben in ihrer Frontstellung gegen den starken Staat und seine sozialtechnokratischen Steuerungsambitionen auch die westlichen Demokratien während der vergangenen drei Jahrzehnte grundlegend verändert: Solche Zusammenhänge kann man in der Ausstellung bestenfalls erahnen.[49] Aus dem Protest als dem Stiefkind der Demokratie will im HdG nicht so recht deren legitime Tochter werden. So begegnet dem Besucher ganz am Ende seines Rundgangs wieder ein vertrautes Element: Die letzten fünf Bundestagswahlen erscheinen nun gleichsam im Zeitraffer, dafür aber im

---

Andreas Wirsching, Politische Generationen, Konsumgesellschaft, Sozialpolitik. Zur Erfahrung von Demokratie und Diktatur in Zwischenkriegszeit und Nachkriegszeit, in: Anselm Doering-Manteuffel (Hg.), Strukturmerkmale der deutschen Geschichte des 20. Jahrhunderts, München 2006, S. 43–64.

47 Vgl. hierzu Gründungsdirektor Hermann Schäfer: Zum Angebot des Hauses gehöre »auch ›kulturelles Windowshopping‹ – Schaufensterbummel im besten Sinne – entlang den Objekten unserer Geschichte«. Schäfer, Erlebnis, hier: S. 8.
48 Vgl. hierzu den Beitrag von Frank Bösch in diesem Band.
49 Vgl. hierzu: Nolte, Demokratie, S. 369–378.

Abb. 18
Die Inszenierung der deutschen Wiedervereinigung im Haus der Geschichte

Abb. 19
Bundestagswahlen im Zeitraffer: Die stilisierten Wahlkabinen am Ende der Dauerausstellung des Hauses der Geschichte

gewohnten Gewand der stilisierten Wahlkabine (Abb. 19). Was am Ende bleibt, sind die Institutionen und Verfahren der Demokratie mit ihrer Kraft zur Integration und Bewältigung von Krisen.

3.7 Eine Meistererzählung der Demokratie der Bundesrepublik

Die Dauerausstellung des HdG folgt, so meine These, einem Meisternarrativ, das die Geschichte der Bundesrepublik als eine Geschichte erstens der erfolgreichen Demokratiegründung und -erweiterung erzählt, zweitens der doppelten Diktaturüberwindung und -bewältigung, drittens des steigenden Wohlstands und der Zunahme an Optionen, viertens der wachsenden Pluralisierung und Liberalisierung und fünftens der politischen Integration in den Westen. Im Narrativ der Ausstellung ist es – sechstens – der Bundesrepublik über die Jahrzehnte vor allem gelungen, in der erfolgreichen Bewältigung von Krisen zu einer konsolidierten Demokratie mit einer gefestigten Verfassungskultur, demokratisch geläuterten Bürgern und einem starken institutionellen Kern zu reifen. Diese Erzählung hat sich in jüngerer Zeit in der Geschichtswissenschaft, in den Medien und in der politischen Arena erstaunlich geräuschlos durchgesetzt,[50] und zwar gegen ältere linke Restaurationsgeschichten[51]

50 Vgl. bereits: Manfred Görtemaker, Geschichte der Bundesrepublik Deutschland. Von der Gründung bis zur Gegenwart, München 1999; Heinrich August Winkler, Der lange Weg nach Westen. Deutsche Geschichte vom »Dritten Reich« bis zur Wiedervereinigung, München 2001, ein Werk, das von einigen Rezensenten zu Recht als Versuch der Etablierung einer neuen »Meistererzählung der Berliner Republik« gewertet wurde, etwa von: Anselm Doering-Manteuffel, Eine politische Nationalgeschichte für die Berliner Republik. Überlegungen zu Heinrich August Winklers »Der lange Weg nach Westen«, in: Geschichte und Gesellschaft 27 (2001), S. 446–462, hier: S. 446. Methodisch anders angelegt, wirkten an der sich etablierenden Meistererzählung mit: Edgar Wolfrum, Die geglückte Demokratie. Geschichte der Bundesrepublik Deutschland von ihren Anfängen bis zur Gegenwart, Stuttgart 2006; Eckart Conze, Die Suche nach Sicherheit. Eine Geschichte der Bundesrepublik Deutschland von 1949 bis in die Gegenwart, München 2009 (zur neuen »Meistererzählung« S. 9–11). Trotz seiner spürbaren Reserve gegenüber dem neueren Narrativismus in der Geschichtswissenschaft und einer ambivalenteren Sicht auf die »Erfolgsgeschichte« der Bundesrepublik ließe sich auch Ulrich Herberts Gesamtdarstellung noch dieser Meistererzählung zurechnen: Ulrich Herbert, Geschichte Deutschlands im 20. Jahrhundert, München 2014. Zur neuen Meistererzählung vgl.: Nolte, Westens, hier: S. 277 f.; zur Renaissance der großen Synthese in der jüngeren deutschen Geschichtsschreibung kritisch: Daniel Fulda, Formen des Erzählens in der Zeitgeschichte. Gegenläufige Trends und ihr Zusammenhang, in: Zeitgeschichtliche Forschungen 6 (2009), S. 435–440.

51 Vgl. als Stichwortgeber: Walter Dirks, Der restaurative Charakter der Epoche, in: Frankfurter Hefte 5 (1950), S. 942–954; Harry Pross, Dialektik der Restauration. Ein Essay, Olten 1965; Ernst-Ulrich Huster u. a. (Hg.), Determinanten der westdeutschen Restauration 1945–1949, Frankfurt am Main 1972; zur Restaurationsthese vgl. auch: Jürgen Kocka, 1945: Neubeginn oder Restauration? Historische Grundlagen der Bundesrepublik Deutschland, in: ders., Arbeiten an der Geschichte. Gesellschaftlicher Wandel im 19. und 20. Jahrhundert, Göttingen 2011, S. 256–279.

und aktuelle Diagnosen einer »post democracy« (Colin Crouch) ebenso wie gegen kulturkritische Verfallsnarrative der jungen Bundesrepublik[52] oder neoliberale Niedergangserzählungen der Jahrtausendwende[53]. Ohne Zweifel vertritt das Haus der Geschichte eine »whiggistische« Fortschrittserzählung, der man aus der Perspektive der Zeitgeschichtsforschung mehr Widerborstigkeit und eine schärfere Sicht auf Brüche, Ambivalenzen und Strukturprobleme wünschen möchte.[54] Das HdG hat diese Erzählung bereits zu einem Zeitpunkt vertreten, als sie noch kontrovers diskutiert wurde, jedenfalls nicht als Meistererzählung der Berliner Republik öffentliche Dominanz erlangt hat. In diesem Umstand mag man, neben dem überwältigenden Besucherzuspruch, einen besonderen Erfolg des Hauses sehen.

4. Eine revolutionäre Romanze: Das Zeitgeschichtliche Forum Leipzig

4.1. Jahrmarkt des Schauens - und Hörens

Unter dem institutionellen Dach des Hauses der Geschichte wurde am 9. Oktober 1999 das Zeitgeschichtliche Forum Leipzig[55] gegründet. Das Haus verfolgt explizit einen politisch-pädagogischen Auftrag: Die 2007 erneuerte Dauerausstellung »Teilung und Einheit. Diktatur und Widerstand« soll die Zivilcourage, die

---

52 Vgl. die viel beachtete Schrift von: Karl Jaspers, Wohin treibt die Bundesrepublik? Tatsachen, Gefahren, Chancen, München 1966; ders., Wohin treibt die Bundesrepublik?, in: Der Spiegel 17/1966, 18.4.1966, S. 49–64; ders., Antwort. Zur Kritik meiner Schrift »Wohin treibt die Bundesrepublik?«, München 1967.
53 Vgl. z. B. Meinhard Miegel, Die deformierte Gesellschaft. Wie die Deutschen ihre Wirklichkeit verdrängen, Berlin 2002; Hans-Werner Sinn, Ist Deutschland noch zu retten?, München 2003; Gabor Steingart, Deutschland. Der Abstieg eines Superstars, München 2004; Thomas Darnstädt, Die Konsensfalle. Wie das Grundgesetz Reformen blockiert, München 2004: Stefan Aust u. a., Der Fall Deutschland. Abstieg eines Superstars, München 2005; Paul Kirchhof, Das Gesetz der Hydra. Gebt den Bürgern ihren Staat zurück!, München 2006. Vgl. hierzu: Thomas Hertfelder, »Modell Deutschland« – Erfolgsgeschichte oder Illusion?, in: ders./Andreas Rödder (Hg.), Modell Deutschland. Erfolgsgeschichte oder Illusion?, Göttingen 2007, S. 9–27.
54 Dies wurde bereits nach der Eröffnung des Hauses kritisiert, etwa von: Schneider, Zeitalter.
55 Vgl. hierzu: Stiftung Haus der Geschichte der Bundesrepublik Deutschland (Hg.), Demokratie; sowie zum Kontext: Rainer Eckert, Gedenkstätten, Museen, Forschungseinrichtungen und Geschichtsinitiativen in der Auseinandersetzung mit der kommunistischen deutschen Diktatur, in: Jahrbuch für Kulturpolitik 9 (2009), S. 129–137; sowie die Beiträge in: Katrin Hammerstein/Jan Scheunemann (Hg.), Die Musealisierung der DDR. Wege, Möglichkeiten und Grenzen der Darstellung von Zeitgeschichte in stadt- und regionalgeschichtlichen Museen, Berlin 2012; Carola S. Rudnick, Die andere Hälfte der Erinnerung. Die DDR in der deutschen Geschichtspolitik nach 1989, Bielefeld 2011; Martin Sabrow, Die DDR erinnern, in: ders. (Hg.), Erinnerungsorte der DDR, München 2009, S. 11–27; Irmgard Zündorf, DDR-Museen als Teil der Gedenkkultur in der Bundesrepublik Deutschland, in: Jahrbuch für Kulturpolitik 9 (2009), S. 139–145.

sowohl Einzelne als auch Gruppen und Organisationen im Widerstand gegen das SED-Regime entwickelt haben, würdigen und den Tendenzen zu einer Verharmlosung der DDR entgegenwirken.[56] Konzeptionell folgt die Ausstellung, die 2015 knapp 100.000 Besucher zählte, auf ihrem 1.200 Meter umfassenden Rundgang weitgehend dem in Bonn erprobten narrativen Konzept eines inszenierten, auf emotionale Wirkung bedachten Ausstellungsparcours, der auf die Überzeugungskraft der 1.200 Exponate und die durch sie ausgelösten Fremdheits- bzw. Vertrautheitseffekte setzt.[57] Etwa hundert Aussagen von Zeitzeugen, abrufbar auf Audioterminals, beglaubigen und konkretisieren die Narration der Schau.

Am Eingang zur Ausstellung erwartet den Besucher eine Sounddusche mit einer Collage von prominenten, im Originalton wiedergegebenen Zitaten über das geteilte Deutschland, die DDR und ihren Untergang.[58] Mit dieser Klangkulisse im Ohr findet man sich unversehens in einem abgedunkelten Tunnel zwischen Fotos von Szenen aus dem Leben in der DDR wieder und wird an dessen Ende mit der Trümmerlandschaft Nachkriegsdeutschlands konfrontiert. Man mag sich bei dieser Zeitreise an eine Geisterbahn erinnert fühlen und daran, dass Walter Benjamin den Museumsleuten bereits 1928 empfohlen hatte, die Praktiken der Schausteller und Gaukler genau zu studieren.[59] Über die emotionalisierende Passage wird der Besucher nicht nur in eine ferne Vergangenheit, sondern auch in einen gänzlich anderen politischen Kontext befördert. Die Botschaft des Arrangements könnte lauten: Es bedarf starker Mittel (eines »Chocks« im Sinne Benjamins), um sich heute in die Welt des real existierenden Sozialismus der Jahre 1949 bis 1989 zu versetzen; hier geht es nicht um »unsere Geschichte« (so der Titel des Begleitbands zur Dauerausstellung des Bonner HdG), sondern um eine ganz andere Geschichte. Diese wird, wie das Begleitbuch verspricht, »konkret, interaktiv, visuell orientiert« erzählt in der Absicht, den Besucher »sowohl auf kognitiver als auch auf emotionaler Ebene« anzusprechen.[60] Ausgeprägter noch als in Bonn setzt man in Leipzig denn auch auf den visuellen und akustischen Effekt sowie auf starke Kontraste und Dichotomien.

4.2 Ein fokussierter Blickwinkel

Das Zeitgeschichtliche Forum Leipzig ist kein Haus der Geschichte der DDR. Vielmehr nimmt die Ausstellung entlang dreier Dichotomien einen fokussierten Blick-

---

56 Vgl. Hütter, Ort, hier: S. 6.
57 Vgl. hierzu eingehend: Reiche, Demokratie. Besuchszahl nach freundlicher Mitteilung des Hauses vom 26.4.2016.
58 Das Spektrum reicht von Ernst Reuters »Schaut auf diese Stadt« über John F. Kennedys »Ich bin ein Berliner« bis zu Erich Mielkes »Ich liebe Euch doch alle« und die Rufe »Gorbi, Gorbi, Gorbi« skandierenden Demonstranten des Herbstes 1989.
59 Walter Benjamin, Jahrmarkt des Essens. Epilog zur Berliner Ernährungsausstellung, in: ders., Gesammelte Schriften. Bd. 4/1, Frankfurt am Main 1972, S. 527–532.
60 Hütter, Ort, hier: S. 7.

Abb. 20
Fassade und Realität im SED-Staat: Zellentür des Gefängnisses Bautzen mit Foto von der Zweiten Parteikonferenz der SED im Zeitgeschichtlichen Forum Leipzig

Abb. 21
Transparente der Friedlichen Revolution im Zeitgeschichtlichen Forum Leipzig

winkel ein. Die erste Dichotomie »Fassade versus Realität« bildet ein die Schau durchziehendes Strukturmoment und lässt sich an einer Reihe eindrücklicher Inszenierungen festmachen. So ist in eine Stellwand, deren Vorderseite ein großformatiges Foto von der Zweiten Parteikonferenz der SED vom Juli 1952 zusammen mit einem Porträt des SED-Generalsekretärs Walter Ulbricht zeigt, eine Originaltür des Gefängnisses Bautzen hineinmontiert (Abb. 20). Wer den Blick hinter die Fassade wagt, entdeckt dort eine Häftlingsuniform, Handschellen und den Zellenschlüssel. Den zweiten Kontrasteffekt erzielt die Ausstellung in der Gegenüberstellung der Entwicklungen in Ost- und Westdeutschland. So wird am Beispiel der Wahlen zur Volkskammer 1950 das Prinzip der Einheitslisten der Parteien und Massenorganisationen der »Nationalen Front« erklärt, während man an der Stellwand gegenüber Plakate und Stimmzettel zur ersten Bundestagswahl 1949 studieren und dabei erfahren kann, dass diese Wahl im Unterschied zur Volkskammerwahl geheim und frei stattgefunden hat. Die dritte, insgesamt dominierende Dichotomie »Repressiver Staat versus aufbegehrende Bevölkerung« wird besonders augenfällig in der großflächig bespielten Einheit zum Aufstand vom 17. Juni 1953. Hier findet sich der Besucher zwischen perspektivisch angeordneten Großaufnahmen und einer von Schüssen und Schreien bestimmten Geräuschkulisse mitten im Geschehen wieder. Dahinter, durch eine Wand abgetrennt, erscheint das Arkanum der Macht: Wilhelm Piecks Arbeitszimmer.

Die Dichotomie von repressivem Staat und aufbegehrender Bevölkerung übersetzt die Ausstellung in ein chronologisches Muster: Auf ökonomische Restriktionen folgt der Aufstand vom 17. Juni, der Fluchtbewegung folgt der Mauerbau, den Aktivitäten der Kirchen und Bürgerrechtler seit Beginn der 1970er-Jahre der Ausbau des Überwachungs- und Spitzelsystems, bis dieses System schließlich in der Revolution der Jahre 1989/90 zum Einsturz gebracht wurde. Dazwischen finden sich Nischen privater Lebens- und Freizeitgestaltung, die sich bei näherem Hinsehen ebenfalls der Logik der durchherrschten Gesellschaft fügen.

Einen deutlichen Akzent legt die Ausstellung auf die vielfältigen Aktivitäten dissidenter kirchlicher und zivilgesellschaftlicher Gruppen und Personen seit den 1970er-Jahren. Prominente Abweichler wie Wolf Biermann, Robert Havemann und Rudolf Bahro, Initiativen aus dem Umkreis der Friedens- und Umweltbewegung sowie spektakuläre Einzelaktionen wie die Selbstverbrennung des Pastors Oskar Brüsewitz oder das symbolische Schmieden einer »Pflugschar« aus einem Schwert markieren den Rundgang. Erst 1989/90 bringt sich das Staatsvolk machtvoll und symbolstark mit den bekannten Demonstrationen, Sprechchören und Transparenten ins Spiel (Abb. 21); auch hier – wie schon in Bonn – durchbricht ein Trabant symbolisch die Mauer. Nach der dramatischen Selbstmobilisierung des Demos und dem politischen Prozess der Vereinigung zeigt die Ausstellung in gesonderten Stationen die nüchternen Institutionen der bundesrepublikanischen Demokratie – von der Presse über die Treuhandanstalt bis zum Arbeitsamt. Unter diesen zieht vor allem ein auf Umzugskartons gebettetes Modell des Reichstagsgebäudes die Blicke auf

Abb. 22
Modell des Reichstagsgebäudes im Zeitgeschichtlichen Forum Leipzig

Abb. 23
Die Dauerausstellung des Zeitgeschichtlichen Forums Leipzig im Grundriss

Abb. 24
Panoramafoto einer Leipziger Montagsdemonstration im Zeitgeschichtlichen Forum Leipzig

sich (Abb. 22):[61] Die parlamentarische Demokratie ist im Osten angekommen, während allenthalben die steinernen Köpfe altgedienter Kommunisten von den Denkmälern rollen.

4.3 Ein Labyrinth mit Auswegen

Entgegen der Rhetorik der SED (und anders als im Bonner HdG) geht es in der Ausstellung des Zeitgeschichtlichen Forums Leipzig nicht vorwärts und auch nicht aufwärts. Vielmehr verliert sich der Besucher in einem weitverzweigten Labyrinth aus Wegen und Nischen (Abb. 23). Ein Gefühl der Beklemmung und Verlorenheit stellt sich ein; oft fällt der Blick auf düstere Wände.
Wer im Labyrinth des SED-Staats die Orientierung verliert, dem geben die Ausstellungsmacher allerdings eine Hilfe an die Hand: Die gesamte Ausstellung gruppiert sich nämlich kreisförmig um eine Rotunde, die von nahezu jedem Ort der Ausstellung rasch erreichbar ist. Dort, im Zentrum der Ausstellung, stößt man auf eine Zeitleiste, die die wichtigsten Ereignisse der DDR-Geschichte chronologisch notiert, und zwar vor dem leuchtenden Hintergrund eines riesigen Panoramafotos einer Mon-

61 Stiftung Haus der Geschichte der Bundesrepublik Deutschland (Hg.), Demokratie, S. 224 f.

tagsdemonstration auf dem Leipziger Augustusplatz (Abb. 24). Hier findet der Besucher nicht nur jederzeit Orientierung in der Chronologie, sondern auch den Ausgang aus dem SED-Staat. Dieses Raumarrangement, so meine These, bietet den Schlüssel zum Demokratienarrativ der Ausstellung: Der demokratische Demos hat den verzweigten Weg, den die SED-Diktatur genommen hat, stets begleitet, zumeist im Verborgenen, gelegentlich aber in Gestalt eruptiver Erschütterungen. In der Umwälzung der Jahre 1989/90 erweist sich das Volk schließlich als die eigentlich treibende Kraft der Geschichte. Das stets im Zentrum der Ausstellung stehende Volk findet erst jetzt zu seiner wahren Bestimmung und der Staat zur wahren Demokratie.

4.4 Eine revolutionäre Romanze

Mit diesem Arrangement folgt die Ausstellung des Zeitgeschichtlichen Forums jenem Narrativ der Romanze, das der amerikanische Literaturwissenschaftler Hayden White am Beispiel des französischen Revolutionshistorikers Jules Michelet prototypisch entwickelt hat. White sieht in Michelets Revolutionsgeschichte das Volk nach und nach zum Bewusstsein seiner selbst finden und damit zu seiner Bestimmung als revolutionäres Subjekt – eine Geschichte als Drama der Enthüllung und als Drama der Befreiung in einem.[62] Mit Michelets Konzept haben die Leipziger Kuratoren ihrem Ausstellungsnarrativ zwar nicht das aktuellste, aber doch ein kanonisches und zudem eingängiges historiografisches Modell einer Demokratiegeschichte zugrunde gelegt.[63] Man muss der Schau zugutehalten, dass sie das romantische Narrativ vom revolutionär aufbegehrenden Volk punktuell zu brechen weiß. Gegen Ende der Ausstellung zeigt ein satirisches Ölgemälde des Berliner Malers Matthias Koeppel, wie sich eine wiedervereinigte Masse vor der Neuen Wache Unter den Linden in biederer Selbstzufriedenheit an Würstchen, Fähnchen und Pepsi Cola erfreut (Abb. 25). Das Bild lässt sich als Kritik an der Konsumgesellschaft lesen, aber auch als Gegenerzählung zur revolutionären Romanze, indem es im Streben nach Massenkonsum das treibende Moment des Umsturzes von 1989/90 identifiziert. In der Ausstellung behält diese Sicht freilich nicht das letzte Wort.

62 Hayden V. White, Metahistory. Die historische Einbildungskraft im 19. Jahrhundert in Europa, Frankfurt am Main 1991 [Erstauflage: Baltimore 1973], S. 21–25 u. 197–213. Zur Kritik an Whites brüchigem tropologischen Fundament und dem überzogenen Anspruch seiner Theorie vgl.: Daniel Fulda, Wissenschaft aus Kunst. Die Entstehung der modernen deutschen Geschichtsschreibung 1760–1860, Berlin 1996, S. 19–28. Lässt man Whites schematische Ableitungen beiseite, verbleibt ein überaus anregendes heuristisches Gerüst zur Analyse von historiografischen Großerzählungen. Zur Aktualität Whites vgl.: Robert Doran, The Work of Hayden White I: Mimesis, Figuration, and the Writing of History, in: Nancy Partner/Sarah Foot (Hg.), The Sage Handbook of Historical Theory, Los Angeles 2013, S. 106–118.

63 Die Ausstellung in der Frankfurter Paulskirche weist, wie Andreas Biefang in diesem Band zeigt, dem Volk eine ganz andere Rolle als die des revolutionären Subjekts zu.

Abb. 25
Matthias Koeppels Ölgemälde »… und alles wird wieder gut. Der 3. Oktober 1990 vor der Neuen Wache, Berlin« (1991) im Zeitgeschichtlichen Forum Leipzig

4.5 Welches Gedächtnis? Wessen Gedächtnis?

Martin Sabrow hat in Bezug auf den öffentlichen Umgang mit der DDR-Geschichte drei Gedächtnismilieus unterschieden: Das Diktaturgedächtnis, das Arrangementgedächtnis und das Fortschrittsgedächtnis.[64] Im *Diktaturgedächtnis* werden vor allem die Erinnerungen an den Diktaturcharakter der DDR vor der Folie des Wertekanons der Demokratien des Westens gepflegt. In diesem Licht erscheint die DDR durch und durch als Unrechtsstaat, dessen Geschichte und dessen Opfer uns vor einer Wiederholung dieser Geschichte warnen sollten. Das Diktaturgedächtnis ist folglich nor-

---

64 Martin Sabrow, »Fußnote der Geschichte«, »Kuscheldiktatur« oder »Unrechtsstaat«? Die Geschichte der DDR zwischen Wissenschaft, Politik und Öffentlichkeit, in: Katrin Hammerstein/Jan Scheunemann (Hg.), Die Musealisierung der DDR. Wege, Möglichkeiten und Grenzen der Darstellung von Zeitgeschichte in stadt- und regionalgeschichtlichen Museen, Berlin 2012, S. 13–24; Martin Sabrow, Die DDR erinnern, in: ders. (Hg.), Erinnerungsorte der DDR, München 2009, S. 11–27. Irmgard Zündorf hat diese Typologie auf die Berliner Museen zur DDR-Geschichte angewandt, vgl.: Irmgard Zündorf, DDR-Geschichte – ausgestellt in Berlin, in: Jahrbuch für Politik und Geschichte 4 (2013), S. 139–156.

mativ und teleologisch strukturiert; es entspricht weitgehend dem Bild, das die offizielle Geschichtspolitik der Bundesrepublik von der zweiten deutschen Diktatur zu zeichnen pflegt. Im *Arrangementgedächtnis* hingegen besteht die Erinnerung an die Lebenswelt in der DDR auf ihrem Eigenrecht, ohne dabei die Sphäre der diktatorialen Staatsmacht, deren Unabänderlichkeit das Arrangementgedächtnis unterstellt, auszublenden. Das Arrangementgedächtnis »verweigert sich der säuberlichen Trennung von Biografie und Herrschaftssystem, die das Diktaturgedächtnis anbietet, und pflegt eine erinnerungsgestützte Skepsis gegenüber dem neuen Wertehimmel des vereinigten Deutschland«.[65] Das *Fortschrittsgedächtnis* schließlich geht von der grundsätzlich richtigen Idee des Sozialismus als eines legitimen gesellschaftlichen Zukunftsentwurfes aus, bei dessen Verwirklichung die DDR Beachtliches geleistet habe, bis sie aufgrund von Fehlentscheidungen der politischen Führung und unter dem Einfluss westlicher Politik am Ende kollabiert sei. Diese drei Gedächtnismilieus werden von den Binnendiskursen ihrer Trägergruppen getragen und durch je unterschiedliche biografische Erfahrungen beglaubigt; sie laden dazu ein, jeweils spezifische, stark divergierende Bilder von der Geschichte der DDR zu entwerfen. Schon allein diese milieuspezifische Spaltung der Erinnerung an die DDR zeigt, dass von einer Meistererzählung der DDR (noch) keine Rede sein kann.[66]

Mit seiner normativ und teleologisch ausgerichteten Ausstellung bedient das ZFL vorrangig das Diktaturgedächtnis, es macht vereinzelt Angebote an das Arrangementgedächtnis und es verweigert sich gänzlich dem Fortschrittsgedächtnis. Im Narrativ der Ausstellung werden Ideologie und Rhetorik des SED-Staats als Fassade vorgeführt und entlarvt. Bei näherer Betrachtung der Einheiten zu den Bürgerrechtsbewegungen der DDR fragt man sich allerdings, ob deren Erinnerung wirklich so bruchlos im Diktaturgedächtnis aufgeht. Warum haben sich die Erinnerungen derer, die eine demokratisch reformierte DDR anstrebten, nicht in einem eigenen Gedächtnismilieu verfestigt? Dieser Frage nachzugehen, wäre allerdings eine andere Geschichte.

Fazit

Die Dauerausstellungen des Deutschen Historischen Museums, des Hauses der Geschichte der Bundesrepublik Deutschland und des Zeitgeschichtlichen Forums Leipzig modellieren die Geschichte der Demokratie in Deutschland auf je unterschiedliche Weise. Den längsten zeitlichen Rahmen spannt das Deutsche Historische Museum, indem es die Demokratiegeschichte vom späten 18. Jahrhundert bis zur Wende zum 21. Jahrhundert thematisiert. Da sich das DHM weitgehend auf die

---

65 Sabrow, Fußnote, hier: S. 19.
66 Einen lebendigen Einblick in die Erinnerungskonflikte um die DDR bieten die Beiträge in: Martin Sabrow u. a. (Hg.), Wohin treibt die DDR-Erinnerung? Dokumentation einer Debatte, Göttingen 2007.

Aussagekraft ausgewählter Originalexponate und deren Konfiguration im Raum verlässt, bleibt indessen das Demokratienarrativ des DHM sehr vage; weder explizit noch implizit wird das Thema Demokratie als Leitfaden zur Erschließung der deutschen Geschichte der neuesten Zeit genommen. Die Besucher der Ausstellung müssen daher ein profundes Vorwissen mitbringen, um aus den Deutungsangeboten der Schau eine kohärente Demokratieerzählung herauspräparieren zu können. Das Museum lässt sich auf keines der historiografisch kanonisierten Deutungsmuster, etwa das des deutschen Sonderwegs, der Modernisierungstheorie oder des »Wegs nach Westen«, ein. Stattdessen sorgt die elitenkulturelle Perspektive, die die Ausstellung bevorzugt einnimmt, dafür, dass das Thema Demokratie mit seinen vergleichsweise blassen Exponaten kaum profiliert wird. Als nationale Geschichtsagentur ist das DHM somit weit davon entfernt, an einer Meistererzählung der Demokratie in Deutschland zu stricken.

Demgegenüber präsentiert das Haus der Geschichte der Bundesrepublik Deutschland in Bonn eine Fortschritts- und Erfolgsgeschichte der zweiten deutschen Demokratie, die sich erst in jüngerer Zeit zu einer auch historiografisch gepflegten Meistererzählung der Demokratie entwickelt hat. Diese Meistererzählung hebt ab auf eine bemerkenswerte Stabilität und Kontinuität der demokratischen Institutionen und Verfahren sowie auf deren Bewährung in der Bewältigung von Krisen und auf deren Erweiterung im Zuge der Liberalisierungs- und Pluralisierungsprozesse seit den 1960er-Jahren. Dabei verdichten sich in der Ausstellung die unterschiedlichen Dimensionen der Demokratie zum Bild einer »multiplen Demokratie« (Paul Nolte), die auf den Ebenen der institutionellen Arrangements, der Verfassungskultur, der Zivilgesellschaft und des Konsums hervortritt. Der Akzent in Bonn liegt dabei klar auf den Institutionen und auf dem Konsum, während die zivilgesellschaftliche Dimension der Demokratie zu Beginn des 21. Jahrhunderts eher vom nationalen Narrativ der Wiedervereinigung absorbiert wird und somit eine gewisse Unterbelichtung erfährt.

Im Zeitgeschichtlichen Forum Leipzig stehen zivilgesellschaftliche Aktivitäten gegen das Regime in der DDR im Mittelpunkt. Die Ausstellung strukturiert den Raum dergestalt, dass sich die Geschichte der DDR in starker perspektivischer Verkürzung im wahrsten Wortsinn um das Volk als den entscheidenden historischen Akteur dreht. Das hierbei gewählte Narrativ der revolutionären Romanze gewinnt jedoch aufgrund der um die Deutung der DDR konkurrierenden Gedächtnismilieus nicht den Rang einer historischen Meistererzählung.

Alle drei Häuser versuchen, das von Katastrophen beherrschte negative Gedächtnis und das Demokratiegedächtnis so weit auszutarieren, dass zwar die Demokratie der Bundesrepublik zunehmend aus dem Schatten der Diktatur heraustritt und sich als eigene Geschichte profiliert, zugleich aber die besonderen Hypotheken der jüngeren deutschen Vergangenheit stets deutlich erkennbar bleiben und immer wieder aufgerufen werden. Vor allem das Bonner Haus der Geschichte bedient sich bei seiner Meistererzählung der deutschen Nachkriegsdemokratie spezifischer Gestaltungsmittel der Auratisierung und Sakralisierung (etwa bei der Präsentation des Grundgesetzes) sowie der Wiederholungs- und Wiedererkennungseffekte (etwa bei der Thematisierung der NS-Vergangenheit sowie bei der Darstellung von Wahlen als dem Kernelement der repräsentativen Demokratie). Durch solche wiederkehrenden Gestaltungselemente und Leitmotive verfügt die Demokratieerzählung des HdG über eine bemerkenswerte Kohärenz.

Während sich das negative Gedächtnis markanter Figuren wie der des Täters und des Opfers versichert, lassen sich vergleichbare Gedächtnisikonen für die Geschichte der Demokratie nicht ohne Weiteres ausmachen – jedenfalls nicht in den drei großen historischen Ausstellungshäusern des Bundes. Die Museen verzichten bewusst auf Formen forcierter Personalisierung (wie sie etwa in den USA gepflegt werden)[67] – auch an Stellen, wo sich ein solches Vorgehen vielleicht anbieten würde: Dem großen demokratischen Staatsmann bieten die Museen jedenfalls keine exponierte Bühne; auch die Rollen des demokratischen Helden oder des Märtyrers der Demokratie bleiben Nebenrollen (so im ZFL) oder weitgehend unbesetzt (so im DHM und HdG). In diesem Verzicht mag man das stark institutionell geprägte, betont nüchterne Selbstverständnis der bundesrepublikanischen Demokratie wiedererkennen, an das die Ausstellungen verschiedentlich anknüpfen. Die Demokratie bezieht ihre Kraft nur selten vom außeralltäglichen Charisma Einzelner oder vom politisch mobilisierten Demos, der nur in Ausnahmesituationen auf den Plan tritt, sondern insbesondere aus der durchaus alltäglichen Einübung demokratischer Praktiken und Verfahren, so könnte man die Botschaft zusammenfassen. Demgegenüber aber nehmen die drei Häuser sehr wohl Bezug auf die historische Bedeutung der Orte, an denen sie errichtet wurden: Berlin als internationale Metropole und Hauptbühne der Konfrontation von Demokratie und Diktatur; Bonn als mittlerweile historisierte »Bundeshauptstadt« der zweiten deutschen Demokratie mit ihrer charakteristischen, sachlichen Regierungsarchitektur und Leipzig als »Hauptstadt der Friedlichen Revolution« des annus mirabilis 1989. Die drei Ausstellungshäuser des Bundes kennen ihren Platz auf der Landkarte topografischer Erinnerungsorte der Demokratie sehr genau, sie lassen sich auf diese Topografie ein und verweisen darauf, dass die Erzählung von der Demokratie nicht nur in der Zeit, sondern auch im Raum auf ihre bedeutungsvollen Referenzpunkte angewiesen ist.

---

67 Vgl. hierzu den Beitrag von Jürgen Lillteicher in diesem Band. Zu den USA vgl. z. B.: Thomas Hertfelder, In Presidents we trust. Die amerikanischen Präsidenten in der Erinnerungskultur der USA, Stuttgart 2005; Benjamin Hufbauer, Presidential Temples. How Memorials and Libraries Shape Public Memory, Lawrence 2005.

Andreas Biefang
Gründungsmythen der parlamentarischen Demokratie?
Erinnern an die Verfassungsgebungen von 1848/49 und 1948/49 am historischen Ort

Gründungsmythen müssen nicht wahr sein, um Wirkung zu erzielen. Es reicht vollkommen, wenn sie geglaubt werden. Das macht sie für Historiker so heikel. Denn als der »Wahrheit« verpflichtete Wissenschaftler ist es ihre Aufgabe, Gründungsmythen und andere »Meistererzählungen«[1] zu analysieren und zu dekonstruieren, und zwar auch dann, wenn sie deren ordnungsstiftende Funktion aus pädagogischer Perspektive – als Ausstellungsmacher zum Beispiel – im Prinzip begrüßen. Vor dem Hintergrund solcher Überlegungen soll es hier um die Frage gehen, wie die Begründung der parlamentarischen Demokratie in Deutschland in Museen und Gedenkstätten dargestellt und welche Rolle dabei – absichtlich oder unbewusst – möglichen Gründungsmythen eingeräumt wird. Dazu wurden zwei für die deutsche Verfassungsgeschichte bedeutende »Erinnerungsorte« ausgewählt, nämlich die Paulskirche in Frankfurt als Tagungsort der Deutschen Nationalversammlung von 1848/49 und das Augustinerkloster auf Herrenchiemsee, wo 1948 der Verfassungskonvent Vorentwürfe für ein Grundgesetz erarbeitet hat.

Wie alle politischen Ordnungen sind auch Staaten darauf angewiesen, ihren Geltungsanspruch nach innen und außen durch plausible Narrative öffentlich zu untermauern. Dazu eignen sich Gründungsakte in besonderem Maße. Weil solche Gründungsakte im Fall moderner Staaten meist »identisch mit dem Erlassen einer Verfassung«[2] sind, beziehen sich politische Gründungsmythen oft auf Prozesse der Verfassungsschöpfung. Revolutionäre Ursprungslegenden oder Erzählungen über heldenhafte Verfassungsväter und große Gesetzgeber können so zu »zivilreligiösen Ressourcen« für die Verfassungsgeltung werden. Umgekehrt bergen falsch konstruierte Geltungsgeschichten oder konkurrierende Gründungsmythen die Gefahr, die

---

1 Zum Begriff der Meistererzählung vgl.: die Einleitung und den Beitrag von Paul Nolte in diesem Band; Konrad H. Jarausch/Martin Sabrow (Hg.), Die historische Meistererzählung. Deutungslinien der deutschen Nationalgeschichte nach 1945, Göttingen 2002.
2 So Hannah Arendt, zitiert nach: Hans Vorländer, Gründung und Geltung. Die Konstitution der Ordnung und die Legitimität der Konstitution, in: Gert Melville/Hans Vorländer (Hg.), Geltungsgeschichten. Über die Stabilisierung und Legitimierung institutioneller Ordnungen, Köln 2002, S. 243–264, hier: S. 243.

Stabilität einer Verfassungsordnung ernsthaft zu schwächen.³ Für beide Effekte liefert die Geschichte viele Beispiele.

Zu den Staaten, die über erfolgreiche demokratische Gründungsmythen verfügen, zählt man gemeinhin die Vereinigten Staaten von Amerika mit der Unabhängigkeitserklärung und der Deklarierung der Menschenrechte, die Französische Republik mit dem Sturm auf die Bastille, der Abschaffung der Feudalrechte und der Proklamierung universeller Menschenrechte sowie England, dessen ungeschriebene Verfassung in der Kontinuität der Magna Charta und der Glorious Revolution gesehen wird. Aber Deutschland? Gibt es hier Gründungsmythen, die der Demokratie oder gar der parlamentarischen Demokratie zugutekommen?

Eine so gestellte Frage hätte bis vor wenigen Jahren nur eine Antwort gekannt, nämlich ein klares Nein. Tatsächlich steckt die Geschichte der deutschen Staatsgründungen und Verfassungsgebungen voller Ambivalenzen, die die Durchsetzung demokratietauglicher Narrative erschwert haben. Dabei hätte schon die aus der Revolution hervorgegangene Reichsverfassung von 1849 durchaus das Potenzial gehabt, zum Bestandteil eines demokratischen Gründungsmythos zu werden. Das gilt vor allem für den Grundrechtsteil, mit dem die Nationalversammlung drängende Anliegen der Bürger aufgegriffen und das »nation-building« vorangebracht hatte – auch ohne feierliche Erklärung der Menschenrechte. Dennoch haben die »Errungenschaften« von 1848/49, von denen nicht wenige – darunter das demokratische (Männer-) Wahlrecht – in die Reichsverfassung von 1871 eingeflossen sind, kaum Einfluss auf Geschichtsbild und Geschichtserzählungen gehabt. Zum symbolischen Referenzpunkt demokratischer Verfassungserzählungen sind sie nicht geworden.⁴

Das lag weniger am Scheitern der Revolution als an den Umständen, unter denen Nationalstaatsgründung und Verfassungsgebung 1870/71 vonstattengingen. Beides erfolgte im Schatten der sogenannten Einigungskriege und vollzog sich ohne Einberufung einer Nationalversammlung. Zum Gründungsmythos wurde nicht der par-

---

3 Vgl. dazu: Hans Vorländer, Verfassungsgeschichten. Über die Kontinuierung des konstitutionellen Moments, in: Gert Melville/Karl-Siegbert Rehberg (Hg.), Gründungsmythen – Genealogien – Memorialzeichen. Beiträge zur institutionellen Konstruktion von Kontinuität, Köln 2004, S. 177–185; André Brodocz, Die symbolische Dimension der Verfassung. Ein Beitrag zur Institutionentheorie, Wiesbaden 2003. Einen Überblick bietet: Peter Hoeres, Repräsentation und Zelebration. Die Symbolisierung der Verfassung im ausgehenden 19. und im 20. Jahrhundert, in: Der Staat 53 (2014) 2, S. 285–311.

4 Jörg-Detlef Kühne, Die Reichsverfassung der Paulskirche. Vorbild und Verwirklichung im späteren deutschen Rechtsleben, Frankfurt am Main 1985; Wolfram Siemann, Der Streit der Erben – deutsche Revolutionserinnerungen, in: Dieter Langewiesche (Hg.), Die Revolutionen von 1848 in der europäischen Geschichte. Ergebnisse und Nachwirkungen, München 1998, S. 124–154; Claudia Klemm, Erinnert – umstritten – gefeiert. Die Revolution von 1848/49 in der deutschen Gedenkkultur, Göttingen 2007 (der maßgebliche Band geht auf die Paulskirche als Gedächtnisort nicht ein).

lamentarische Anteil an der Verfassungsgebung – weder die Verfassungsberatungen des Norddeutschen Reichstags noch die parlamentarische Deputation, die dem preußischen König die Kaiserwürde antrug –, sondern die nachholende Kaiserproklamation durch die versammelten Fürsten im Spiegelsaal von Versailles, die staatsrechtlich völlig bedeutungslos war. Mit der Reichsverfassung verband sich keine liberale Erzählung, die sich auf 1848/49 bezog, sondern ein militärisch-monarchischer Gegenmythos.[5]

Auch der aus der Revolution von 1918/19 hervorgegangenen Weimarer Verfassung erging es nicht besser. Sie konnte sich nie vom Makel ihrer Entstehungsumstände aus Kriegsniederlage, Revolution und Bürgerkrieg befreien. Republikbefürworter und -gegner sahen sich gleichermaßen von ihr enttäuscht, wenn auch aus entgegengesetzten Gründen. Das Scheitern der Republik ab 1930 ruinierte deren Ruf dauerhaft, sodass die Verfassungsgebung von 1948/49 in bewusster Abgrenzung zu »Weimar« erfolgte. Diesmal ging es allerdings nur um ein »Grundgesetz« für ein teilstaatliches Provisorium, das nicht von einer Nationalversammlung, sondern von Experten ausgehandelt werden sollte. Zudem stand die Verfassungsgebung unter Oberaufsicht der Besatzungsmächte. Für die Anlagerung eines demokratischen Gründungsmythos eigneten sich die Verfassungsberatungen im Verfassungskonvent auf Herrenchiemsee und im Parlamentarischen Rat in Bonn unter diesen Umständen kaum, obwohl die »Verfassungsväter« – und später auch die »Verfassungsmütter« – allmählich in den Rang bundesrepublikanischer Helden hineingewachsen und inzwischen sogar fernsehspieltauglich geworden sind.[6] Dennoch sind es eher das »Wirtschaftswunder« und der ökonomische Wiederaufstieg mit seinen materiellen Symbolen, die den Gründungsmythos der Bundesrepublik ausmachen.[7]

Besser waren die Umstände 1989/90. An den Kollaps des SED-Regimes, das durch mutige Oppositionelle den revolutionären »Todesstoß« erhielt, hätte sich leicht ein demokratischer Gründungsmythos des vereinten Deutschlands anlagern können – jedenfalls dann, wenn man sich entschieden hätte, die gesamtdeutsche Verfassung durch eine frei gewählte Nationalversammlung zu verabschieden. Für die mehr technokratische Prozedur eines Beitritts der neuen Länder nach Artikel 23 des Grundgesetzes gab es ohne Zweifel viele gute Gründe, die an diesem Ort nicht diskutiert werden müssen.[8] Für die hier entfaltete Argumentation ist vielmehr entscheidend, dass dafür ein Preis zu entrichten war: nämlich der Verzicht auf ein über-

---

5 Andreas Biefang, Die andere Seite der Macht. Reichstag und Öffentlichkeit im »System Bismarck« 1871–1890, Düsseldorf ²2012, S. 7–14.
6 Dokumentarspiel: Der Staat ist für die Menschen da, Regie: Bernd Fischauer, Bayerischer Rundfunk 2009; Fernsehfilm: Sternstunde ihres Lebens, Regie: Erica von Moeller, ARD 2014.
7 So jedenfalls: Herfried Münkler, Die Deutschen und ihre Mythen, Berlin 2009, S. 455–476 (Kapitel »Währungsreform und Wirtschaftswunder. Politische Mythen der Bundesrepublik«).
8 Vgl. etwa Andreas Rödder, Deutschland einig Vaterland. Die Geschichte der Wiedervereinigung, München ²2009.

zeugendes Narrativ, das geeignet gewesen wäre, Revolution und Verfassungsgebung in einem demokratischen Gründungsmythos zusammenzufassen. Der 3. Oktober als Nationalfeiertag ist deshalb im Kern ein Tag des offiziellen Feierns geblieben.

Daneben scheint die Erinnerung an die zur – großgeschrieben – »Friedlichen Revolution«[9] geadelten Umwälzung zwar an Bedeutung zu gewinnen, aber sie verbindet sich eher mit der Abschaffung der DDR als mit der Begründung einer neuen politischen Ordnung.

Aber, und das ist hier relevant: Die »Friedliche Revolution« hat den Blick auf die Revolutionen der deutschen Geschichte geändert. Deutschland sieht sich seither als ein Land mit revolutionärer Tradition. Zumindest die Revolution von 1848/49 wird jetzt meist positiv betrachtet und wurde als identitätsbildender Bezugspunkt etabliert bzw. rehabilitiert. Und – die Prognose sei gewagt – im Jubiläumsjahr 2018/19 wird auch das Urteil über Revolution und Verfassungsgebung von 1918/19 freundlicher ausfallen. Diese durch die Erfahrung der »Friedlichen Revolution« veränderte Sichtweise dürfte zudem Auswirkungen darauf haben, wie künftig die Geltungsgeschichten und Gründungsmythen der (parlamentarischen) Demokratie in Deutschland erzählt werden. Vor dem Hintergrund dieser Entwicklungen sollen auch die zwei Ausstellungen betrachtet werden, die Gegenstand dieses Beitrags sind. Denn beide wurden im Jahr 1998 anlässlich der historischen Jubiläen – 150 Jahre Paulskirche, 50 Jahre Verfassungskonvent – im Wissen um die »Friedliche Revolution« konzipiert bzw. grundlegend überarbeitet. Die verantwortlichen Historiker haben sicherlich nicht beabsichtigt, wissenschaftlich ungedeckte Gründungsmythen zu verfertigen. Dennoch haben sich ihnen unter der Hand narrative Muster über Verfassungsgebung und parlamentarische Demokratie eingeschlichen, über die zu diskutieren sich lohnt. Zwei dieser aus demokratiegeschichtlicher Perspektive – im Wortsinne – fragwürdigen Erzählmuster werden im Folgenden genauer herausgearbeitet.

1. Die Frankfurter Paulskirche: Erinnerungsort und Revolutionsmuseum

Die Paulskirche ist heute Erinnerungsort und historisches Museum zugleich. Diese Doppelrolle hat zur Folge, dass die Geschichte der Revolution von 1848/49 jeweils in unterschiedlichen Modi vergegenwärtigt wird. Während die Paulskirche als Erinnerungsort auf die auratische Wirkung des Originalschauplatzes angewiesen ist, kann die historische Ausstellung inhaltlich weiter ausgreifen und sich zur Entfaltung ihrer

---

9 Die Wortkombination wurde erstmals am 10. November 1989 von Walter Momper, damals Regierender Bürgermeister in Berlin, verwendet und fand dann rasch Eingang in den Sprachgebrauch. Die Opposition in der DDR hatte auch das Wort »Revolution« zuvor kaum verwendet. Vgl. Bernd Lindner, Begriffsgeschichte der Friedlichen Revolution. Eine Spurensuche, in: Aus Politik und Zeitgeschichte 64 (2014) 24–29, S. 33–39.

Andreas Biefang: Gründungsmythen der parlamentarischen Demokratie? **183**

Abb. 1
Die Frankfurter Paulskirche von außen

Abb. 2
Der Eingangsbereich der Paulskirche

Argumente auf die Ergebnisse einer umfassenden Forschungsliteratur stützen. Beide Zugänge, der eher sinnlich-emotionale wie der nüchtern-wissenschaftliche, bedürfen einer gesonderten Würdigung.

Die Paulskirche war ab 1789 als lutherische Hauptkirche Frankfurts erbaut und 1833 ihrer religiösen Bestimmung übergeben worden. Als man im Frühjahr 1848 in der Hauptstadt des Deutschen Bundes geeignete Räumlichkeiten für die Deutsche Nationalversammlung suchte, verfiel man bald auf das Kirchengebäude. Mit seinem ovalen Innenraum von 40 mal 30 Metern, seiner amphitheatralisch angeordneten Bestuhlung und seiner von zwanzig Säulen getragenen Empore, die Raum für ein großes Publikum bot, gehörte es zu den wenigen Bauten der Stadt, die für Parlamentssitzungen taugten. Nach geringfügigen Umbauten im Innern diente die Paulskirche vom 18. Mai 1848 bis zum 31. Mai 1849 der Nationalversammlung als Tagungslokal. Mit der Niederschlagung der Revolution endete die politische Nutzung der Paulskirche. Für beinahe hundert Jahre wurde sie erneut für religiöse Zwecke genutzt, ehe sie im März 1944 nach einem Bombenangriff bis auf die Grundmauern ausbrannte.[10] Der Wiederaufbau nach dem Krieg erfolgte nicht nur im Hinblick auf das hundertjährige Revolutionsjubiläum 1948, sondern er verband sich auch mit der Hoffnung, dass Frankfurt Hauptstadt des westdeutschen Teilstaats werde. Das Architektenteam um Rudolf Schwarz hatte die Vorgabe erhalten, die Kirche nicht historisierend zu rekonstruieren, sondern wurde ausdrücklich auf die architektonische Moderne verpflichtet (Abb. 1 und 2). Gedacht war an eine Nutzung des wiederertüchtigten Kirchengebäudes als Ort für Festakte und als Tagungsstätte für Kongresse – oder eben für das Parlament.

Die wichtigste bauliche Veränderung betraf die Unterteilung des Innenraums in zwei Geschosse. Dadurch veränderte sich auch die Situation im Eingangsbereich unter dem Glockenturm. Der Besucher betritt das Gebäude seither nicht mehr über eine vorgelagerte Freitreppe, sondern durch einen ebenerdigen Gang, der unmittelbar in das neu geschaffene Erdgeschoss führt. Dieser spärlich beleuchtete, niedrige Raum bildet eine Art Empfangs- und Wandelhalle und verschafft dem Gebäude Funktionalitäten, die die vormalige Kirche nicht besessen hatte. Auf der dem Eingang gegenüberliegenden Seite des Ovals führen zwei Treppen in das nunmehrige Obergeschoss. Dort befindet sich der neu gestaltete Festsaal: ein hoher, lichtdurchfluteter und weiß getünchter Raum.

Der Weg führt den Besucher also vom Dunkeln ins Licht – eine gewollte Metaphorik (Abb. 3). Metaphorisch gemeint sind auch die pathetische Nüchternheit und die gläserne Transparenz des Festsaals, die zu zentralen Stilmerkmalen des »demokratischen Bauens« in der Bundesrepublik werden sollten.[11] Die Ausstattung des

---

10 Zur Baugeschichte: Dieter Bartetzko, Denkmal für den Aufbau Deutschlands. Die Paulskirche in Frankfurt am Main, Königstein 1998; Wolfgang Pehnt, Rudolf Schwarz 1897–1961. Architekt einer anderen Moderne, Ostfildern-Ruit 1997, S. 259 f.
11 Ingeborg Flagge/Wolfgang Jean Stock (Hg.), Architektur und Demokratie. Bauen für die Politik von der amerikanischen Revolution bis zur Gegenwart, Stuttgart 1992; Klaus von Beyme, Par-

Abb. 3
Der Aufgang zum Festsaal als Weg ins Licht

Raumes, dessen durch die Anhebung des Geschossniveaus verringerte Höhe durch die flach geneigte Holzdecke teilweise ausgeglichen wird, besteht lediglich aus einfachem schwarzen Gestühl, das im parlamentarischen Halbrund angeordnet ist, sowie einem monumentalen Rednerpult aus hellem Marmor (Abb. 4). Außerdem wurden an den Wänden die Flaggen der Bundesländer angebracht. In dieser puristischen Gestaltung konnte die restaurierte Paulskirche pünktlich zum hundertsten Jahrestag der Eröffnung der Nationalversammlung am 18. Mai 1948 der Öffentlichkeit übergeben werden.

lament, Demokratie und Öffentlichkeit. Die Visualisierung demokratischer Grundprinzipien im Parlamentsbau, in: ders., Die Kunst der Macht und die Gegenmacht der Kunst. Studien zum Spannungsverhältnis von Kunst und Politik, Frankfurt am Main 1998, S. 351–373. Zur Ambivalenz der Transparenzmetapher vgl. Manfred Schneider, Transparenztraum. Literatur, Politik, Medien und das Unmögliche, Berlin 2013.

Abb. 4
Blick in den Festsaal der Frankfurter Paulskirche

Abb. 5
Blick in das Untergeschoss der Paulskirche mit dem Rundgemälde von Johannes Grützke

Die Ausstattung des Festsaals wurde erst in den folgenden Jahrzehnten im Sinne des ursprünglichen Konzepts fertiggestellt und ergänzt. Im Zuge dieses Prozesses kamen neue Glasfester sowie eine Orgel hinzu. Im Foyer wurde 1991 das spektakuläre Rundgemälde von Johannes Grützke enthüllt, dessen schwer zu deutendes Bildprogramm karikaturhaft und in expressiver Manier den Zug der Volksvertreter zeigt, die wie in einer Endlosschleife ihr Ziel ebenso wenig erreichen wie später die Nationalversammlung (Abb. 5).[12] In Vorbereitung auf das Revolutionsjubiläum 1998 wurde das gesamte Gebäude noch einmal überarbeitet und der Festsaal um die Flaggen der neu hinzugekommenen Bundesländer ergänzt.

Die Architekten des Wiederaufbaus der Paulskirche haben ohne Zweifel bewusst »demokratisch« bauen wollen, also – angelehnt an die architektonische Moderne der Weimarer Republik – transparent und nüchtern, wie es dem spezifischen Pathos der Nachkriegszeit entsprach. Aber sie waren zugleich geprägt von einem tiefen Misstrauen gegenüber dem »Volk«, dessen politische »Verführbarkeit« vielen bürgerlichen Zeitgenossen vor dem Hintergrund der jüngsten Vergangenheit als eine empirisch erhärtete Tatsache erschien. Diese Distanz spiegelt sich auch in der Ausgestaltung der Paulskirche und namentlich der des Festsaals wider, die paradoxe Botschaften über die demokratische Revolution von 1848 bereithält.

Dazu muss man sich in Erinnerung rufen, wie sehr 1848 die Hoffnungen der Nation auf dem Frankfurter Parlament geruht haben. In der von der Zensur befreiten, rasch expandierenden Presse, in Broschüren, Flugblättern und Karikaturen stellte die Nationalversammlung über Monate das wichtigste Thema der Berichterstattung dar.[13] Informationen über die Debatten wurden von den Lesern sehnsüchtig erwartet und intensiv diskutiert. Auch das Parlament selbst wurde zum Anziehungspunkt für politisierte Frankfurter Bürger und für Touristen, die eigens in die politische Hauptstadt Deutschlands reisten. Die zu Zuschauertribünen umfunktionierten Emporen der Paulskirche boten bis zu 2.000 Menschen Platz, und sie waren meist hoffnungslos überfüllt. Die Volksvertreter waren gezwungen, gleichsam unter den Augen des Volkes, das seine Zustimmung oder Ablehnung lautstark kundtat, zu debattieren. Es muss eng gewesen sein in der Paulskirche, lebhaft und laut (Abb. 6).[14]

---

12 Eine Interpretation des Rundgemäldes (Öl auf Leinwand, 1988–1991, 307 x 3300 cm) bei: Werner Hofmann, Ein Historienmaler. Bemerkungen zu Grützkes Stellung in der Kunstgeschichte, in: Birgit Jooss (Bearb.)/Germanisches Nationalmuseum Nürnberg (Hg.), Johannes Grützke. Die Retrospektive, Nürnberg 2011, S. 72–93.

13 Zur Revolution als Medienrevolution: Wolfram Siemann, Revolution und Kommunikation, in: Christof Dipper/Ulrich Speck (Hg.), 1848 – Revolution in Deutschland, Frankfurt am Main 1998, S. 301–313; Yasmin Doosry/Germanisches Nationalmuseum Nürnberg (Hg.), 1848 – Das Europa der Bilder. Bd. 2: Michels März, Nürnberg 1998.

14 Zur Situation auf den Tribünen: Alexa Geisthövel, Teilnehmende Beobachtung. Briefe von der Damengalerie der Paulskirche 1848, in: Jürgen Herres/Manfred Neuhaus (Hg.), Politische Netzwerke durch Briefkommunikation. Briefkultur der politischen Oppositionsbewegungen und frühen Arbeiterbewegungen im 19. Jahrhundert, Berlin 2002, S. 303–333.

Abb. 6
Die Paulskirche als Nationalparlament: Der Plenarsaal im Jahr 1848

Abb. 7
Die Paulkirche als Erinnerungsort: Der ehemalige Plenarsaal im Jahr 2014

Für den heutigen Besucher ist es kaum möglich, diese spannungsreiche Atmosphäre nachzuempfinden. Nichts erinnert an die emotional aufgeladenen Debatten, die die Arbeit der Nationalversammlung geprägt hatten. In der restaurierten Paulskirche herrscht gähnende Leere und Stille. Der lichtdurchflutete Festsaal mit seinem Rednerpult und den Stuhlreihen für das Auditorium erstrahlt in kühler Feierlichkeit. Plätze für Zuschauer hatten die Architekten des Wiederaufbaus offenbar nicht vorgesehen. Auch alle Hinweise auf die historischen Publikumstribünen sind getilgt. An ihrer Stelle hängen jetzt die Flaggen der deutschen Bundesländer (Abb. 7). Ausgerechnet: Denn die Reichsverfassung von 1849 war ja vor allem daran gescheitert, dass die wichtigsten deutschen Staaten – allen voran Preußen – sie nicht anerkannte. Volk raus – Flaggen rein: Vor dem Hintergrund der Revolutionsgeschichte wirkt die aktuelle Raumgestaltung der Paulskirche beinahe wie die unfreiwillige Inszenierung des Triumphs der Gegenrevolution.

Eine ähnliche Distanz zum »Souverän« kennzeichnet auch die Ausstellung, die »im Dunkeln« des Untergeschosses der Paulskirche angesiedelt ist (Abb. 8). Sie wurde 1985 durch das Frankfurter Stadtarchiv konzipiert. In ihrer jetzigen Gestalt geht sie auf das Jubiläumsjahr 1998 zurück. Verantwortet wird sie vom Institut für Stadtgeschichte.[15] Von der Machart her handelt es sich um eine Tafelausstellung, die um einige Vitrinen und interaktive Bildschirme ergänzt ist. Das Narrativ wird jedoch allein vom Text her entwickelt, während die beigefügten Bildreproduktionen und Gegenstände ganz überwiegend der Illustration dienen.

Die Ausstellung ist in zwölf Kapitel gegliedert. Das erste handelt von der Baugeschichte, die letzten vier von Zerstörung und Wiederaufbau der Paulskirche, von der Nutzung als Gedenkort sowie vom Nachleben als Ort festlicher Veranstaltungen, darunter die Verleihung des Friedenspreises des Deutschen Buchhandels. Die politische Geschichte der Revolution, um die es hier gehen soll, wird in den Kapiteln 2 bis 8 erzählt. Merkwürdigerweise setzt die Erzählung zeitlich erst mit dem Jahr 1815 ein. Durch diese Entscheidung wird die deutsche Demokratie- und Parlamentsgeschichte von den Entwicklungen des revolutionären Zeitalters abgeschnitten und zugleich aus dem europäischen Kontext isoliert. Erzählt wird stattdessen die Geschichte des Deutschen Bundes, die als Geschichte der Unterdrückung freiheitlicher Bewegungen erscheint. Der Frühkonstitutionalismus sowie die einzelstaatlichen Parlamente werden hingegen überhaupt nicht erwähnt. Auf diese Weise bleibt dem Besucher unklar, woher im Frühjahr 1848 plötzlich die Ideen von repräsentativer Demokratie und Parlamentarismus kamen.

Die Revolution selbst wird dann als eine Sequenz von Resolutionen liberaler und demokratischer Versammlungen dargestellt, aus der die Märzministerien, das Vorparlament sowie der Beschluss zur Wahl einer Nationalversammlung hervorgingen. Anschließend konzentriert sich das Narrativ auf die Paulskirche: Es werden die Er-

---

15 Begleitbuch: Evelyn Hils-Brockhoff/Sabine Hock, Die Paulskirche. Symbol demokratischer Freiheit und nationaler Einheit, Frankfurt am Main ²2004.

Abb. 8
Die Ausstellungssituation im Untergeschoss der Paulskirche

öffnung der Nationalversammlung geschildert, das Personal und das Tagungslokal vorgestellt, die Arbeitsweise des Parlaments erläutert, einige typische Debatten hervorgehoben und das Petitionswesen sowie die Bildung der Provisorischen Zentralgewalt beschrieben. Anschließend werden zwanzig führende Parlamentarier kurz porträtiert. Auch erste Erfolge der Nationalversammlung kommen zur Sprache – namentlich die Verabschiedung der Grundrechte.

Gelegentlich fällt eine gewisse Tendenz zur retrospektiven Harmonisierung ins Auge. Das lässt sich exemplarisch anhand der Darstellung der Fraktionen und des Parteiwesens zeigen: Einerseits werden die Gruppierungen zutreffend charakterisiert, andererseits aber wird nicht deutlich, dass die Konflikte zwischen Konstitutionellen und Republikanern, Liberalen und Demokraten härter, prinzipieller und auch lebensgefährlicher waren als in der Parteienlandschaft der Bundesrepublik, die als historischer Fluchtpunkt dient. So erscheint die Revolution im Rückblick »friedlicher«, als sie tatsächlich war. Denn ungeachtet der geschlossenen Verfassungskompromisse waren sich die verschiedenen Lager auch über Grundfragen der politischen Ordnung – vor allem über das Ausmaß der politischen und sozialen Partizipation – uneinig. In der durch den Siegeszug der Gegenrevolution herbeigeführten Entscheidungssituation standen sich deshalb im Frühjahr 1849 nicht wenige gewählte Parlamentsmitglieder in Todfeindschaft gegenüber.

Mit der Schilderung der Frankfurter Septemberunruhen nimmt die Ausstellung dann – und das ist demokratiegeschichtlich erstaunlich – eine etatistische Perspektive ein: Die gewalttätigen Ausschreitungen werden nicht etwa als Resultat eines längerfristigen Entfremdungsprozesses zwischen Volk und Volksvertretung beschrieben, der nach anfänglicher Euphorie spätestens mit der ersten Räumung der Zuschauertribünen am 8. August 1848 manifest geworden war. Stattdessen werden sie als eine Art Putschversuch der »revolutionären Kräfte« dargestellt, wobei hier nicht mehr die auf einmal zur Obrigkeit mutierten Parlamentarier die Revolutionäre sind, sondern die »wütende Menge«, die »äußerst gereizten Aufständischen« auf den Straßen. Der »Aufstand« wird dann auch verantwortlich gemacht für die »Lähmung der demokratischen Entwicklung« und den »Niedergang der Nationalversammlung«.

Insgesamt fehlt es bei dieser recht einseitigen Erzählung an einem Bewusstsein für das Spannungsverhältnis von Parlamentarismus und Demokratie, oder allgemeiner gesprochen: für das komplexe Problem parlamentarischer Repräsentation, das mit dem Verweis auf freie Wahlen längst nicht erledigt ist.[16] In der Ausstellung wird gelungene Repräsentation des Volkes durch das Parlament einfach vorausgesetzt, anstatt in historischer Perspektive zu erklären, wie es dazu kam, dass große Teile der Bevölkerung ihre Hoffnungen im Frühjahr 1848 auf das Parlament als ihre legitime Vertretung richteten, und warum sie damit im Herbst desselben Jahres wieder aufhörten. Insofern wird in der Ausstellung eher die Geschichte eines Parlaments als die Geschichte der Demokratie erzählt.

2. Erinnern an den Verfassungskonvent auf Herrenchiemsee

Fast genau einhundert Jahren später, vom 10. bis 23. August 1948, kam auf der Insel Herrenchiemsee der sogenannte Verfassungskonvent zusammen, um über die Vorentwürfe zu einer Verfassung für die Westzonen des besetzten Deutschlands zu beraten. Die Initiative dazu war von den Ministerpräsidenten der betreffenden Länder ausgegangen, wobei Bayern sich besonders engagierte. Bewusst hatte man einen abgeschiedenen Ort gewählt, um ohne äußeren Druck arbeiten zu können.[17] Die Tagungsräume des Konvents befanden sich im ehemaligen Augustiner-Chorherrenstift, und zwar im sogenannten Konventstock, dem ältesten Teil der vierflügeligen Klosteranlage, der in den Jahren 1645 bis 1649 errichtet worden war. Das Kloster war 1803 säkularisiert worden und zunächst in Privatbesitz gelangt, ehe es 1873 mitsamt der Insel von der bayerischen Krone erworben wurde.
Mit dem Ankauf von Herrenchiemsee verfolgte König Ludwig II. die Absicht, dort ein weiteres Schloss nach französischem Muster errichten zu lassen. Für die Dauer der Arbeiten standen ihm in der ersten Etage des Konventstocks einige luxuriös ausgestattete Privaträume zur Verfügung, von denen der Verfassungskonvent das ehe-

---

16 Vgl. dazu etwa: Bernard Manin, Kritik der repräsentativen Demokratie, Berlin 2007.
17 Zur politischen Geschichte vgl.: Der Parlamentarische Rat 1948–1949. Akten und Protokolle, Bd. 2: Der Verfassungskonvent auf Herrenchiemsee, bearb. v. Peter Bucher, Boppard 1981.

Abb. 9
Blick in den Tagungsraum des Herrenchiemseer Verfassungskonvents

Abb. 10
Die Ausstellungssituation in den Fluren des Herrenchiemseer Konventstocks

malige Speisezimmer für seine Beratungen auswählte.[18] An diesem Originalschauplatz sowie in den umliegenden Fluren befindet sich jetzt die kleine Ausstellung, die im Auftrag des Hauses der Bayerischen Geschichte erarbeitet worden ist.[19] Außerdem beherbergt der Gebäudekomplex noch zwei Ausstellungen zu kunst- und kulturhistorischen Themen mit regionalem Bezug. Die Besucherbetreuung der drei Ausstellungen wird von der Bayerischen Schlösserverwaltung gewährleistet.

Auch bei der Schau über den Verfassungskonvent handelt es sich um eine vom Text her strukturierte Tafelausstellung, die um einige Vitrinen und Bildschirme ergänzt wurde. Während die Vitrinen genutzt werden, um originale Dokumente sowie Fotografien und Orden zu präsentieren, ist auf den Fernsehern zu sehen, wie sich Teilnehmer und Zeitzeugen erinnern.[20] Gestalterischer Höhepunkt der Ausstellung ist der holzvertäfelte, originale Tagungsraum des Konvents: Eine wandfüllend vergrößerte Schwarz-Weiß-Fotografie im Hintergrund dient dazu, die Atmosphäre der Sitzungen heraufzubeschwören. Die um die Verhandlungstische gruppierten grauschwarzen Metallstelen sollen laut aufgeklebter Beschriftung für die beteiligten Bundesländer und Berlin stehen – eine finstere Symbolik, deren Geheimnis sich nicht recht entschlüsseln lässt. Auf den in Hufeisenform angeordneten Tischen kann der Besucher Auszüge aus dem Verfassungsentwurf lesen (Abb. 9).

Die Ausstellung (Abb. 10) ist in acht Kapitel gegliedert. Die drei ersten Kapitel erzählen ausführlich die unmittelbare Vorgeschichte der Verfassungsberatungen, die unter den Überschriften »Ende und Neubeginn«, »Zur Teilung« und »Parteienpolitik« präsentiert werden. Dabei wird die Bedeutung von militärischer Kapitulation und Kaltem Krieg für die Verfassungsgebung klar herausgearbeitet. Auch wird betont, dass die Verfassungsgebung in den Westzonen prozedural und inhaltlich von den Besatzungsmächten beaufsichtigt wurde.

Nach einem Rückblick auf die deutsche Parteiengeschichte, der in einem Schnelldurchgang die Zeit von 1848 bis 1948 durchschreitet und dabei eine breite Kontinui-

---

18 Zur Baugeschichte: Walter Brugger, Bau- und Kunstgeschichte, in: Walter Brugger/Heinz Dopsch/Joachim Wild (Hg.), Herrenchiemsee. Kloster – Chorherrenstift – Königsschloss, Regensburg 2011, S. 245–281.
19 Barbara Fait/Manfred Treml (Red.)/Haus der Bayerischen Geschichte (Hg.), Auf dem Weg zum Grundgesetz. Verfassungskonvent Herrenchiemsee 1948, Augsburg 1998. Vgl. auch Friedrich Anton von Daumiller, Die »Verfassungsinsel«. Der Verfassungskonvent von Herrenchiemsee, in: Walter Brugger/Heinz Dopsch/Joachim Wild (Hg.), Herrenchiemsee. Kloster – Chorherrenstift – Königsschloss, Regensburg 2011, S. 507–523.
20 Ohne ergänzenden Kommentar erscheint dort auch ein Interview vom Juli 1988 mit Theodor Maunz, der für Südbaden am Verfassungskonvent teilgenommen hatte, als einem der stolzen »Verfassungsväter«. Nicht nur wegen seiner Rolle als NS-treuer Staatsrechtsprofessor, sondern auch wegen seiner fortgesetzten publizistischen Tätigkeit für rechtsextreme Zeitungen seit den 1960er-Jahren ist es bedauerlich, dass auf weiterführende biografische Erläuterungen verzichtet wurde. Vgl. Michael Stolleis, Theodor Maunz – Ein Staatsrechtslehrerleben, in: Kritische Justiz 26 (1993), S. 393–396; das Video ist abrufbar unter: http://www.hdbg.eu/zeitzeugen/video.php?id=169 (letzter Aufruf: 17.6.2016).

tätslinie zieht, widmet sich das fünfte Kapitel der Tätigkeit des Verfassungskonvents, also jenem aus Bevollmächtigten der elf Länder sowie Berlins bestehenden Kreis von Rechtsgelehrten und Politikern samt ihrer Entourage von Fachleuten. Im Anschluss an die Darstellung der wichtigsten Kontroversen wird der »wesentliche Beitrag« hervorgehoben, den der Entwurf des Verfassungskonvents zum Grundgesetz geleistet habe. Insgesamt singt die Ausstellung das Hohelied des Föderalismus, insbesondere auch des bayerischen Anteils bei dessen Implementierung. Nur eine Tafel mit dem Titel: »Streit der Meinungen« widmet sich der öffentlichen Wahrnehmung der Expertenkonferenz. Dort wird erwähnt, dass deren Arbeit von der Bevölkerung nur wenig zur Kenntnis genommen worden sei.

Das kurze sechste Kapitel behandelt die Tätigkeit des Parlamentarischen Rats, der die zentralstaatlichen Elemente der Verfassung gegenüber den Herrenchiemseer Vorlagen in einigen Punkten stärkte – was schließlich zu der eher symbolisch gemeinten Ablehnung des Grundgesetzes durch den Bayerischen Landtag führte. Die beiden letzten Tafeln versetzen den Besucher dann in die Gegenwart des Jahres 1998, als die Ausstellung entstand: Dort wird die Geschichte »Vom Provisorium zur Einheit« erneut im Wesentlichen aus etatistischer Perspektive erzählt, nämlich als eine Abfolge internationaler Abmachungen, Parlamentswahlen und staatsrechtlicher Vereinbarungen bis zum Oktober 1990.

Von Revolution und demokratischer Bewegung in der DDR ist in diesem Zusammenhang nicht die Rede. Statt mit den Slogans »Wir sind das Volk« bzw. »Wir sind ein Volk« wird der Besucher noch einmal mit dem Lob auf den Föderalismus konfrontiert, der im Zuge der Wiedervereinigung mit seiner »antitotalitären Ausrichtung und seiner Nähe zu den Bürgerinteressen« eine weitere »Bewährungsprobe« bestanden habe. Noch ganz vom damaligen Europaoptimismus durchdrungen ist dann das achte und letzte Kapitel: Hier erscheint der deutsche Föderalismus, wie er im Verfassungskonvent formuliert wurde, als Muster für die Entwicklung der Europäischen Union zu einem »Europa der Regionen«.

Als Fazit lässt sich festhalten: Unter der Hand ist den Ausstellungsmachern eine Erzählung der Verfassungsgebung entstanden, die ganz ohne das »Volk« auskommt. Nun ist es zweifellos historisch richtig, dass die Verfassungsberatungen 1948 bewusst in die Abgeschiedenheit von Herrenchiemsee verlegt und nicht durch vom Volk gewählte Politiker, sondern durch von den Ländern benannte Experten geführt wurden. Aber es erscheint doch bemerkenswert, von der Entstehung einer demokratischen Verfassung zu erzählen, ohne den Souverän angemessen zu berücksichtigen – und sei es nur dadurch, dass man seine Abwesenheit und die dadurch bedingten Legitimitätsprobleme ausdrücklich thematisiert. Das gilt umso mehr, als die Ausstellung ihre Argumentation nicht auf den Verfassungskonvent beschränkt, sondern durch das zeitliche Ausgreifen bis in die Gegenwart weitreichendere Gültigkeit beansprucht. Infolge der einseitigen Fokussierung der Erzählung auf den Föderalismus entsteht so eine institutionenbezogene, etatistische Erzählung der Verfassungsgebung, die das für die deutsche Geschichte so charakteristische Spannungsverhältnis zwischen Föderalismus und nationaler Demokratie nicht hinreichend thematisiert.[21] Eine solche Erzählung mag den Mythos vom deutschen Föderalismus bedienen, sie eignet sich aber denkbar schlecht als Ausgangspunkt oder Element für eine Meistererzählung der Demokratie.[22]

3. Schluss: Parlamentarische Demokratie im milden Licht der »Posthistoire«

Bei den Ausstellungen in Frankfurt und auf Herrenchiemsee handelt es sich gewissermaßen um den Normalfall historischer Schauen in didaktischer Absicht: Man sieht Tafeln, Vitrinen und einige Bildschirme, jedoch kaum zeitgenössische Objekte. Die erzählte Geschichte wird stets vom Text her entwickelt. Bilder und andere Gegenstände dienen überwiegend der Illustration des Gesagten bzw. des Geschriebenen. Auch das emotionale Potenzial der Originalschauplätze wird kaum ausgeschöpft, obwohl dies zumindest im Fall der Paulskirche leicht möglich wäre. Im Fall von Herrenchiemsee erscheint es hingegen sinnvoll, die Ausstellung zum Verfassungskonvent mit der Ausstellung zur Verfassungsgebung im Haus der Geschichte der Bundesrepublik in Bonn zu verknüpfen.[23] Als Originalschauplatz ist in der ehemaligen Bundeshauptstadt immerhin noch das Museum Koenig, in dessen Saal der Parlamentarische Rat feierlich eröffnet wurde, vorhanden, während der eigentliche Beratungsort, die Aula der Pädagogischen Akademie, 1949 zum Plenarsaal des Bundesrats umgebaut und inzwischen abgerissen wurde.

Bezüglich der Frage nach möglichen Meistererzählungen und Gründungsmythen kann man für die Ausstellungen sowohl in Frankfurt als auch auf Herrenchiemsee eine deutliche Tendenz zur retrospektiven Harmonisierung bzw. zur Nichtthematisierung zentraler politischer, ideologischer und sozialer Konflikte feststellen. Daraus spricht ein gewisses bundesrepublikanisches Posthistoire-Empfinden, das inzwischen selbst schon historisch anmutet: Die feste Überzeugung, mit dem politischen System der wiedervereinigten Bundesrepublik den glücklichen und vernünftigen Endpunkt der Geschichte erreicht zu haben.

Vor allem zwei dominante Erzählstränge verdienen es, gesondert hervorgehoben zu werden, weil sie zentrale Probleme der deutschen Demokratie- und Parlamentsgeschichte seit dem 19. Jahrhundert nur unzureichend berücksichtigen. So wird in der Frankfurter Paulskirche das Verhältnis von Demokratie und Parlamentarismus

---

21 Dieter Langewiesche, Föderativer Nationalismus als Erbe der deutschen Reichsnation. Über Föderalismus und Zentralismus in der deutschen Nationalgeschichte, in: ders., Nation, Nationalismus, Nationalstaat in Deutschland und Europa, München 2000, S. 55–80; Gerhard A. Ritter, Föderalismus und Parlamentarismus in Deutschland in Geschichte und Gegenwart, München 2005.
22 Zum Begriff vgl. die Einleitung sowie den Beitrag von Paul Nolte in diesem Band.
23 Zum Haus der Geschichte vgl. die Beiträge von Frank Bösch, Thomas Hertfelder und Jürgen Lillteicher in diesem Band.

nicht als konfliktreiche Beziehungsgeschichte dargestellt. Indem »das Volk« als Akteur entweder – wie in dem neu gestalteten Festsaal – ausgeblendet oder ihm – wie in der Ausstellung – eher eine das Parlament gefährdende Rolle zugeschrieben wird, bleibt die Frage nach der Legitimität parlamentarischen Handelns unterbelichtet.

Und in der Schau auf Herrenchiemsee, die die Vorzüge des Föderalismus in der deutschen Verfassungstradition von 1948 bis zur Gegenwart zum Hauptargument macht, fehlt die Thematisierung des Spannungsverhältnisses zwischen Föderalismus und nationaler Demokratie. Beide Ausstellungen zeigen somit tendenziell etatistische Narrative über die Verfassungsgebung in der parlamentarischen Demokratie. Pointiert gesagt: Die Ausstellungen erzählen weniger die Geschichte der Demokratie als vielmehr die Geschichte der Parlamente und der politischen und administrativen Eliten. Die gelungene politische Repräsentation des Volkes durch Parlamente wird dabei stillschweigend vorausgesetzt. Diese Sichtweise erscheint doch allzu selbstgewiss. Stattdessen wäre ein stärkeres Bewusstsein für die Fragilität der repräsentativen Herrschaftsform angebracht. Die Frage, ob und unter welchen Umständen ein Volk sich durch sein Parlament vertreten fühlt, wann politische Repräsentation gelingt oder misslingt, ist dabei nicht nur von historischem Interesse.

Personenzentrierte Zugänge zur Demokratiegeschichte

Michele Barricelli
Öffentlich historisierte Leitbilder
Die biografischen Ausstellungen der Politikergedenkstiftungen in geschichtsdidaktischer Perspektive

Absichtsvolles Gedenken gehört zu den ältesten kulturellen Praxen der Menschheit. Die zu seinem Zweck von einer autorisierten Öffentlichkeit dem Inspirierten zur (Selbst-) Darstellung gebauten Erinnerungsräume setzten schon in der Frühzeit – man denke an die Pyramiden, an Mausoleen oder an die Ara Pacis des Augustus – Maßstäbe für alle kommenden Generationen und wollten stets beides zugleich: die individuelle Bezugnahme auf eine für die Gemeinschaft leitbildartig erhöhte Person und die Beteiligung an einem staatstragenden Akt im historischen Kontext. Aus recht ähnlichen Gründen leistet sich auch die Bundesrepublik Deutschland im Bereich der national alimentierten Geschichtskultur neben thematisch akzentuierten Museen, Bildungs- und Gedenkstätten personenzentrierte Memorialgehäuse mit spezifischem Erinnerungsauftrag.[1] Die Politikergedenkstiftungen des Bundes[2] sind dafür ein gutes, wenn auch nicht das einzige Beispiel, wie der Blick auf den »Kanzlerbungalow« in Bonn zeigt. Dieser wurde 1963/64 von Sep Ruf errichtet und diente bis 1999 als offizieller Wohnsitz der deutschen Bundeskanzler. Seit ein paar Jahren kann er besichtigt werden. Eine Art Replik füllte 2014 den gesamten deutschen Pavillon auf der Architektur-Biennale von Venedig; eine Begründung für diese Wahl lautete, dass das Jahr der originalen Fertigstellung genau in der Mitte jenes ominösen Jahrhunderts von 1914 bis 2014 liege. Man erkannte in der Architektur das Fließende und Unfassbare, die Transparenz der Front und die verdunkelte Seite dahinter. Was aber will uns diese Historisierung der Zeitgeschichte mit den Mitteln der Kunst darüber hinaus sagen? Dass die Kanzlerdemokratie Ausweis des Willens zur schwerelosen Modernisierung war? Dass Deutsche eine besondere Art des Polit-Voyeurismus pflegen? Es sind solche an einer Biografie aufgehängten Fragen, die es nachfolgend zu diskutieren gilt.

Ludwig Erhard, der Erstbezieher des Bungalows, meinte immerhin sinngemäß, wer sich in diesem Haus umsehe, lerne ihn besser kennen als jener, der eine politische Rede von ihm höre. Damit sind wir schon ganz nah dran an dem, was die fünf

---

1 Im Kontext der Erinnerung an demokratische Politiker wurde bereits der Begriff der »Public Memory« gebraucht, der sonst hierzulande noch wenig Verwendung findet, vgl.: Astrid M. Eckert (Hg.), Institutions of Public Memory. The Legacies of German and American Politicians, Washington 2007. Im geschichtsdidaktischen Diskurs taucht der Fachausdruck zuweilen bei der Untersuchung von »memory cultures« in multikulturellen Einwanderungsgesellschaften auf.
2 Vgl. zu den Politikergedenkstiftungen des Bundes den Beitrag von Irmgard Zündorf in diesem Band.

Institutionen mit ihren ständigen Ausstellungen, die hier im Mittelpunkt der Betrachtung stehen, tun: Sie installieren ortsgebundene Personenbezüge und bringen Erinnerung in einen Zusammenhang mit Form und Ästhetik. Das Ergebnis sind biografische Neuschöpfungen mit Bildungsanspruch. Historisches Lernen soll sich an fünf deutschen Staatsmännern (darunter tatsächlich keine Frau), denen zu Ehren die Gedenkinstitutionen eingerichtet wurden, vollziehen, und zwar anders – womöglich besser – als bei der Buchlektüre, indem wir die rekonstruierten Wohn- und Sterbehäuser, Wirkungsstätten, Lebensumgebungen besuchen, dabei die »personenzentrierten« – aber durchaus nicht »personenexklusiven« – Ausstellungen schauen und unseren Gedanken nachhängen. Doch welche Bildungsprozesse genau werden angestoßen und wie nehmen diese Einfluss auf die Gegenstände und Vorstellungen von individuellem Geschichtsbewusstsein? Stellt sich über das intendierte subjektive Geschichtslernen hinaus etwas kollektiv Verbindliches wie »demokratisches Erinnerungshandeln«[3] ein? Entfaltet mithin das museal erzählte Einzelleben, seine körperlichen, sittlichen und temporalen Grenzen sprengend, eine wünschenswerte pädagogische Wirkung zum Nutzen einer zeitgemäßen Zivilgesellschaft und ihrer Orientierung in der Gegenwart? Ermöglichen, mit den Worten von Sharon Macdonald, einer der derzeit besten Kennerinnen der globalen Museumslandschaft, die »Erscheinungswelten« der Schauen aufgrund ihrer materiellen Exponate einen »objektiven Blick« auf die zivile Identitätsarbeit einer Staatsbürgernation mit ihren bald partikularen, bald nationalen und transkulturellen Erinnerungsansprüchen?[4] Das könnten wichtige, deutlich geschichtsdidaktisch akzentuierte Leitfragen für einen Parcours durch die Ausstellungen der fünf Stiftungen an sieben Standorten sein. Operationalisieren wird man diese Heuristik durch die Feststellung von Gemeinsamkeiten und Eigenheiten in den Expositionen, durch die Typisierung der Erzählmuster und die Exemplifizierung der singulären Narrative sowie durch die Analyse von Exponatregimen und Gestaltungsmitteln. Dabei kann es, schon wegen des beschränkten Raumes und weil mit den Katalogen, Imagebroschüren, Internetauftritten der Einrichtungen genügend andere Materialien zur Verfügung stehen, nicht um detaillierte Nachzeichnungen der Ausstellungen gehen. Ziel bleibt die vergleichende Aufnahme dessen, wie die musealen Stätten mit ihren ganz eigenen, sozusagen genre-immanenten Mitteln das Zeigbare ins Zeigwürdige wandeln und damit biografische Geschichte in einer aktuellen Lebenswelt vergegenwärtigen, die doch in so vielem – quasi allem – anders ist als die erzählte Vergangenheit.

---

3 Zum Begriff des »Erinnerungshandelns« vgl.: Michele Barricelli, Worte zur Zeit. Historische Sprache und narrative Sinnbildung im Geschichtsunterricht, in: Zeitschrift für Geschichtsdidaktik 14 (2015), S. 6–25.
4 Vgl. Sharon J. Macdonald, Nationale, postnationale, transkulturelle Identitäten und das Museum, in: Rosmarie Beier (Hg.), Geschichtskultur in der zweiten Moderne, Frankfurt am Main 2000, S. 123–148, hier: S. 126–130.

Biografie und Sinnsuche

Möchte man über historischen Einzelpersonen gewidmete Ausstellungen als Sonderform der biografischen Geschichtskonstruktion kategorial nachdenken, wird man zurzeit noch auf wenig wegweisende Literatur stoßen. Die angeschwollene Forschung zur geschichtswissenschaftlichen oder belletristischen Biografik (immerhin schon einer antiken Gattung) kann, was gleich begründet wird, nur wenig Auskunft geben; in Soziologie oder Psychologie interessiert hauptsächlich die identitätsrelevante Selbstthematisierung (hierhin gehört Bourdieus »Biographische Illusion«); museumskundliche Beiträge orientieren sich ihrerseits nach wie vor weniger an inhaltlichen Kernen als an den Mechanismen des »Magischen Dreiecks«[5] zwischen Besucher- und Objektzentrierung[6] oder gleich den praktischen Aufgaben.[7] Einzelausstellungen zu bestimmten Persönlichkeiten der Politik (im Übrigen auch der Kultur, Wissenschaft und Wirtschaft) stellen jedenfalls ein spezifisches Genre dar. Ihr Eigentliches besteht erstens in der – wörtlich zu nehmenden – »Verkörperung« des Fokus. Noch in den sehr wohl ebenfalls »personenzentrierten« Präsentationen zu epochemachenden Dynastien oder Politikerkasten (man denke an den ersten Staufer-Blockbuster in Stuttgart 1977) geht es um thematisch-problemorientierte Befassungen. Die Einzelperson jedoch fungiert als lebendiges Prisma einer Zeit. Ihre Darstellung erzählt so viel über jene selbst wie über die Bedingungen (»Strukturen«, »Verhältnisse«) ihres Wirkens. Zweitens handelt es sich bei den Ausstellungen mitnichten, selbst wenn man dieses (verfehlte) Ziel verfolgte, um die Abbildung einer (vorher) niedergeschriebenen Biografie in Vitrinen und auf Tafeln. Mit einem Buch haben biografische Präsentationen höchstens den Personenbezug gemein. Die Spaltung beginnt mit der Frage der »Autorschaft«: Oft finden Biografiewürdige im Medium der (Fach-) Literatur ihren einzelnen, kongenialen Biografen; im Museum jedoch verteilt sich die schöpferische Zuständigkeit auf viele Häupter, vor allem auf Drehbuchschreiber, Direktoren, Beiräte, Gestalter, manchmal (wie besonders in den angelsächsischen Ländern) sogar Didaktiker. Ganz eigen sind ferner die vermittelnden und empfangenden Sinneskanäle, die einzurechnenden Imaginationskräfte und Rezeptionshaltungen des Publikums (so besitzt ein Besuch im Museum eher Spielfilmlänge, als dass er die Dauer einer Buchlektüre erreicht). Vor allem jedoch findet der historische bzw. narrative Sinn der biografischen Ausstellungserzählung gemäß

---

5 Zu diesem Zentralbegriff der Museumskunde vgl.: Heike Kirchhoff/Martin Schmidt (Hg.), Das magische Dreieck. Die Museumsausstellung als Zusammenspiel von Kuratoren, Museumspädagogen und Gestaltern, Bielefeld 2007.

6 Vgl. Michele Barricelli/Tabea Golgath, Einleitung, in: dies. (Hg.), Historische Museen heute, Schwalbach am Taunus 2014, S. 5–13.

7 Die Literatur hierzu ist – besonders im angelsächsischen Sprachraum – Legion. Als Diktum ist mir die Bezeichnung eines Museums als »overcrowded cemetery« in herausragender Erinnerung geblieben: Michelle Henning, Museums, Media and Cultural Theory, Maidenhead 2006, S. 37.

der rüsenschen Typologie eine spezielle Ausprägung. Zur Erinnerung: Jörn Rüsen hatte seine vier Erzählfiguren – die traditionale, exemplarische, kritische und genetische – durch eine aufsteigende Entwicklungslogik miteinander verbunden.[8] Und während er noch meinte, historisches Lernen (und Geschichtsunterricht) bedienten sich vorzüglich des exemplarischen Sinns, gab er doch vor, dass die reflektierteste Form des Erzählens die Genese sei. Diese etwas simple Verstehensbeschränkung konnte ich nie nachvollziehen und habe stattdessen – bei voller Anerkennung der narrativen Typen an sich – dafür plädiert, stets die gleichzeitige Bedeutung von allen vieren anzuerkennen.[9] Gerade auch für die Analyse der hier diskutierten Ausstellungen ist das hilfreich. Denn ihr Sinn kann nicht nur auf klassisch bildungspolitische Weise genetisch sein (Stichwort »Identitätsstiftung« oder »Wie wir wurden, was wir sind« – i. e. Werden eines als Endpunkt aufgefassten Istzustandes). Zwar gibt es daneben kritische (»Was haben die großen Männer anders und besser gemacht als die vor ihnen?« – Kritik am hergebrachten Kontext) und exemplarische (musterhaftes Verhalten vor allem in Krisensituationen – Vorbildwirkung einer historischen Regel) Elemente. Doch bedingt Personenzentrierung meiner Ansicht nach am deutlichsten die traditionale Sinnbildung. So ist in den Ausstellungen die traditionale Botschaft zentral: Derartige Menschen gibt es immer wieder, wir sind auf sie angewiesen, sie nötigen uns Respekt ab. Freilich ist eine solche »Einsicht« immer nur als Produkt der gedanklichen Weiterbeschäftigung des Ausstellungsbesuchers zu erreichen und deren Realisierung damit von Voraussetzungen abhängig, wie nachfolgend zu erörtern ist.

Das Rezeptionskonzept der offenen Zuwendung zu einer historischen Person im Rahmen eines Museumsrundgangs kommt jedenfalls sowohl allgemein als auch in den hier vorgestellten Fällen zur Geltung, weil das dort zum Thema gemachte Leben einer historischen Person im weitesten Sinn als »gelungen« oder gar als »von bleibendem Wert für die Nachwelt« entworfen wird. Beispiele für das Gegenteil: Die Schau des völligen Scheiterns oder des verpfuschten, »bösen« Geschöpfs sind demgegenüber kaum bekannt. Das heißt dann, durch die Ausstellungswidmung aufgrund positiver Conclusio eines menschlichen Daseins konstituieren bzw. legitimieren sich Medium und Botschaft gegenseitig. Im Hinblick auf die museale Gestaltung zu fragen wäre also jeweils nach den behaupteten Maßstäben des »Gelingens«,

---

8   Vgl. zu dem in der Geschichtsdidaktik seit Langem anerkannten und in verschiedenen Verwendungszusammenhängen elaborierten Modell historisch-narrativer Sinnfiguren: Jörn Rüsen, Historische Orientierung. Über die Arbeit des Geschichtsbewusstseins, sich in der Zeit zurechtzufinden, Schwalbach am Taunus ²2008; diskutiert bei: Michele Barricelli, Narrativität, in: Michele Barricelli/Martin Lücke (Hg.), Handbuch Praxis des Geschichtsunterrichts. Bd. 1, Schwalbach am Taunus 2012, S. 255–280.

9   Vgl. zur Verbindung von Sinnbildungstypen, Erzählmustern und Emotion: Michele Barricelli, Historisches Lernen und narrative Emotion. Anmerkungen zu einer erzähltheoretisch orientierten Geschichtsdidaktik, die Gefühle respektiert, in: Juliane Brauer/Martin Lücke (Hg.), Emotionen, Geschichte und historisches Lernen. Geschichtsdidaktische und geschichtskulturelle Perspektiven, Göttingen 2013, S. 165–184. Vgl. auch: Barricelli, Worte.

der zweckgemäßen bzw. profilierenden (i. e. heraushebenden und unterdrücken-den) Zurichtung des Narrativs sowie der Entfaltung des biografisch Einmaligen bzw. Exemplarischen durch das Exponierte. Das heißt dann zugleich:»Gelingen« ist eine weniger persönlich als gemeinschaftlich definierte Kategorie bzw. Zuschreibung. Dass jede biografische Erzählung auf dem Drahtseil zwischen individueller Erfahrung und kollektiv wirksamen Bedingungsfeldern balanciert, ist bekannt. Es greift die berühmte Metapher, dass eine U-Bahn-Strecke ohne Bezug zum Gesamtnetz, also einem starren Schema, weder funktioniert noch erklärbar ist. Aber speziell wäre doch in Augenschein zu nehmen, welches die Schematik oder besser Musterhaftigkeit ist, welche bei aller zugestandenen Einzigartigkeit der Person – ihrer Ausstattung, ihres Handelns, ihres Rufs – die (nicht nur wissenschaftliche) Lebenserzählung prägt. Narrativ informierte Historikerinnen und Historiker räumen heute ein, dass sprachliche Tropen, Plots und rhetorische Zutaten zum Zwecke des Erzählens aus der Autonomie und Authentizität des Erlebens eine literarische Fiktion machen.[10] Diese Redemittel finden sich in allen Großformen der abendländischen Dramatik und Prosa: dem Heldenepos, das in bitterer Satire endet und sich selbst darüber erhebt; der mittelalterlichen Heilsgeschichte mitsamt Intervention der Fortüne; der Erziehungsdichtung der Aufklärung; der bürgerlichen Romantik und sogar noch dem postmodernen Nouveau Roman. Und damit wurden nun auch, wie zu zeigen sein wird, die dramatischen Formen der untersuchten Ausstellungen aufgezählt. Die personenzentrierten Stiftungen nutzen die Plot-Strukturen, weil sie uns kulturell vertraut sind und damit Menschen in die Lage versetzen, sich in den museal aufbereiteten Einzelmenschen wiederzuerkennen, sich mit ihnen zu identifizieren und aus ihnen für sich selbst zu lernen. Folgt man diesem Ansatz, hat man es bei den biografischen Ausstellungen der Bundesstiftungen mit einer Art von Historisierung zu tun, die Fortschritt musealisiert, indem sie Wissenschaft mit Werken der Dichtkunst zum Ausdruck bringt. Aber eines kommt im Sinne der vermutlich überall kalkulierten Leitbildwirkung noch hinzu:

An allen zu analysierenden Standorten wird zwar eine konkrete Personengeschichte *dargestellt*. Aber – gleichgültig wie weit die Zeithorizonte gespannt und wie tief die Kontexte gestaffelt werden – *ausgestellt* wird am Ende niemand anderes als die heutige Bundesrepublik. Dabei geht es selbstredend nicht nur um diese als historisch existenten Staat (schon weil ja nur drei der fünf betreffenden Männer mit ihm in Berührung kamen), sondern um eine von der tatsächlichen geschichtlichen Entwicklung abgehobene Würdigung eines zeitlos gültigen Wertezustands, der als »Demokratie in Deutschland« bezeichnet werden kann. Jede Erinnerung aus der demokratischen Gegenwart nämlich ist eine Erinnerung an Demokratie, selbst wenn umständehalber von Obrigkeiten, Totalitarismen oder Diktatur berichtet wird. »Demokratie« und »Erinnerung« jedoch können als unanschauliche Ideen ausschließlich mithilfe unterschiedlicher Medien zum Ausdruck gebracht werden. Die

10 Vgl. Barricelli, Narrativität, hier: S. 263–268.

zugehörigen Erzählungen legitimieren die Biografien der »demokratischen Akteure« und beglaubigen sich dadurch selbst. Resümierend bleibt festzuhalten: Ausgestellte Politikerbiografien sind Manifestationen einer höheren Ordnung, nämlich Versuche der ästhetischen Aneignung einer personalisierten historischen Referenz. Es kennzeichnet sie typischerweise der permanente Kampf zwischen Nähe und Distanz bzw. Identifikation und Abgrenzung, zwischen dem authentisch Unhinterfragbaren und dem Reflexiven, dem Exponat, der Bedeutung, der Deutung. Daher werden am Ende die Fragen danach leider offenbleiben müssen: ob man sich den personenzentrierten Sammlungen eher intellektuell oder affektiv – sc. einfühlend, empathisch, mitfühlend – nähern sollte; ob jene auf einen Bedarf nach chronologisch-geschlossenen Formaten antworten, diesen erst erzeugen oder überhaupt quer stehen zum bunten, eher panoptischen Geschichtsverlangen der Besucher/Kunden/Konsumenten; ob das Erzählen wohlgeformter Biografien den methodisch erzeugten Zustimmungssog kritisch zu traktieren vermag, etwa indem deutlich markierte Brüche den allzu unangestrengten Konsum der Geschichten verhindern; ob die Installierung »lebendiger Lernorte« im Bunde mit einer entsprechenden Ausstellungsdidaktik die Historisierung von Vergangenheit eher erschwert; und schließlich, ob endlich die Historisierung von Demokratie deren universalen Wert beschädigt. Jede Ausstellung findet, wie zu sehen sein wird, auf diese Ansinnungen eigene Antworten.[11]

Pietät statt Rühmung. Die Ausstellungen der Otto-von-Bismarck-Stiftung in Friedrichsruh (»Otto von Bismarck und seine Zeit«) und Schönhausen (Bismarck-Museum)

Am Anfang auch im Reigen der Politikergedenkstiftungen steht hier Bismarck, wiewohl diese, auf älteren Vorgängern fußend, zuletzt gegründete ist. Welch mutiger Vorsatz. Denn am Bismarckgedenken sind, schon vor Nipperdey und Wehler, Freundschaften gescheitert und Karrieren zerbrochen. Allerdings kommt die epische Hervorhebung dieser monumentalen deutschen Figur des 19. Jahrhunderts[12] nicht von ungefähr: Nur noch über die zentrale deutsche Figur des 20. Jahrhunderts, Adolf Hitler, werden hierzulande mehr Bücher veröffentlicht als über den Alten von Friedrichsruh. Zur Feier seines 200. Geburtstages schwappte 2015 eine

---

11 Ich möchte, da dies nicht Sinn und Zweck des Aufsatzes ist, im Folgenden keinen Beitrag zur biografischen Forschung über die fünf in Rede stehenden Personen leisten. Insofern ich mich, was Lebensdaten und Wirken betrifft, auf allgemein gesicherte Wissensstände beziehe, wird der Einfachheit halber die leicht verfügbare Forschungsliteratur nicht mehr einzeln nachgewiesen. Allen Verantwortlichen in den Stiftungen, die mir mit Rat, Tat und Information zu Seite standen, danke ich an dieser Stelle vielmals. Meine »Analysen« können gleichwohl nur subjektiver Natur sein.

12 Es gibt für Bismarck rund 700 Denkmäler in Deutschland – so viel wie für keine andere historische Person.

weitere Welle von monografischen Werken in Universitäten, Bibliotheken und Haushalte. Allein, es scheint, dass sich grundsätzlich neue Perspektiven auf dieses Politikerleben selbst bei wiederholter Befragung der Archive nicht mehr gewinnen lassen. In der Tat war es ein langes und ereignisreiches Leben, ein bewegtes, aber nicht unbedingt mehr bewegendes Leben, vor allem eines ohne systematische charakterliche Entwicklung. Otto von Bismarck blieb jedenfalls ein, selbst nach zeitgenössischen Maßstäben, furioser Antidemokrat (was er unumwunden einräumte), misstraute überhaupt den Menschen als »vielen« und wäre immer bereit gewesen zuzugestehen, dass man genauso ihm »in politicis« misstrauen müsse. Infolgedessen fällt es sogar bei gutem Willen schwer, aus seinem Werk einer sozialen Monarchie auf leidlich parlamentarischer Grundlage eine gut meinende Perspektive auf die deutsche Demokratiegeschichte abzuleiten. Was mag eine Gedenkstiftung hier leisten, um einen schon zu Lebzeiten in nicht ganz geringen Bevölkerungskreisen verhassten Mann auf einen überlieferungswürdigen Nenner zu bringen, mit dem die Nachgeborenen rechnen, also rational umgehen können? Die Museen in Friedrichsruh und Schönhausen können für die Aufgabe der Umwertung außer auf die erwähnte gewaltig ausdifferenzierte Forschung sowie eine umfangreiche dingliche Hinterlassenschaft (über die sie indes nur zum Teil gebieten) bzw. die Authentizität der den Stiftungen anvertrauten Großexponate auf die andauernde geschichtskulturelle Popularität des Protagonisten zurückgreifen. Von welchem anderen Politiker des 19. Jahrhunderts glauben viele Deutsche sich heute, in einer ganz seltsamen Mischung aus Fremdheit und Vertrautheit, ein so genaues Bild machen oder ein so sicheres Urteil erlauben zu können wie vom ersten Reichskanzler? Ob den Ausstellungen die oft zitierte Gratwanderung zwischen Dämonisierung, Glorifizierung und Trivialisierung gelingt, wird im Auge des Betrachters liegen. Schönhausen bewahrt deutlich den Charakter der mit Memorabilien aller Art drapierten Wohnräume, während Friedrichsruh ohne Nachinszenierung, aber nicht völlig ohne Erlebniselemente (Puppen, Einbauten) auskommt.

Die gemeinsame Lösung für dieses Dilemma, das Konzept einer demokratiegesättigten bundesdeutschen Erinnerungskultur nicht leichtsinnig zu diskreditieren, haben die Ausstellungen in einem Zug gefunden, den ich mit der Formel »Pietät statt Rühmung« umschreibe. »Rühmung« nämlich gehört, so unbehaglich dieser Begriff anmutet, unbestreitbar zu den Funktionen der unten folgenden vier Institutionen. »Pietät« dagegen rückt den Geehrten in eine ziemliche Entfernung zu den Ehrenden oder besser: in eine andere Welt als die ihre, was eben einen Orientierungssinn sui generis erlaubt, der lautet: In einer Umgebung etablierter Nationalstaaten musste irgendjemand wie auch immer für die deutsche Reichseinigung sorgen, um hernach in diesem erst dann nicht mehr mittelalterlich-altfränkischen Gemeinwesen so etwas wie die Moderne zu festigen. Dass sich dieser Akt in Deutschland ausgerechnet in martialischer Weise durch einen reaktionären »weißen Revolutionär« vollzog, soll uns bis auf den Tag als nationale Kränkung erscheinen – einschließlich all der Minderwertigkeitsgefühle gegenüber den schönen Mythen der

Abb. 1
Die goldene Feder, mit der Bismarck 1871 den Frankfurter Frieden unterzeichnete

anderen, die von gestürmten Bollwerken, tausend roten Hemden oder durchschossenen Äpfeln erzählen. Immerhin haben wir es bei Bismarcks 19. Jahrhundert noch mit einer Zeit ohne unantastbarer Substanz, vor allem ohne verbindlich kodifizierten Menschenrechten zu tun, einer Zeit also, die allen moralischen Abwägungen frei zugänglich ist. Pietät im Angesicht einer solchen Alteritätserfahrung heißt dann, eigene Werteebenen und Maßstäbe nicht über die diachron-fremden zu stellen, Leistungen in ihrem Kontext anzuerkennen und nach den Bedingungen des Handelns wie dem Sinn des Gelingens zu fragen. Geschichtsdidaktisch würde man das als »Sachurteil« bezeichnen, das dennoch empathische Komponenten beinhalten kann. Aber mindestens genauso wichtig bleibt die Frage nach den Motiven des gegenwärtigen Gedenkens. Für ein solches »Werturteil« ist Segen und Fluch zugleich, dass Bismarck, da er bekanntermaßen früh in vielen Kreisen kultische Verehrung genoss, seine Kultzeichen bereits mitgeliefert hat, die in den Ausstellungen fein austariert werden. Das gilt vor allem für die Stofflichkeit der Erinnerung. Diese liegt eben nicht in den ja durchaus auch gezeigten hölzernen Spazierstöcken, Glashumpen, Hüten aus Filz, ledernen Hundehalsbändern – oder im prätentiösen Gold, das die Feder umhüllt, mit der Bismarck seine Unterschrift unter den Frieden von Frankfurt leistete (Abb. 1). Vielmehr ist es doch so, dass das 19. Jahrhundert alles, was es berührte, in Eisen verwandelte: die kannelierten Säulen unter den kathedralenartig geschwungen Dächern von Fabriken und Markthallen, die Straßen, Wege und Bahnen, die maurischen Bögen und alle Arten von früher noch gemeißeltem Dekor (z. B. am Eiffelturm), den Bauch von Schiffen, schließlich sogar das Gefieder der Vögel im Flug. Das ist die Materie, in welcher der »eiserne Kanzler« zu Hause war. Das nehmen die Ausstellungen auf. Wir sehen in Friedrichsruh Menzels Gemälde des Eisenwalzwerks, flankiert von einer wie Marmor fetischisierend glatt polierten Stahlwand und empfinden das als schön und, mit den neuerdings rekonstruierten Markthallen oder Fabriklofts vor Augen, gegenwärtig. In Schönhausen nimmt man das Substanzielle subtiler auf (abgesehen von den Geschützen aus den Einigungskriegen im Vorgarten), z. B. durch kleine zeitgenössische Nachbildungen von Niederwalddenkmal und Siegessäule aus Metall sowie durch zwei Rundtafeln, auf denen Bismarck als Küfer kraft dicken Eisenbändern ein Fass zimmert, was selbstverständlich als eine charmante Variation auf die Reichsschmied-Metapher aufgefasst werden kann. Unerweichlich wie das Eisen scheinen in der Friedrichsruher Ausstellung sodann die Regeln der neuen Wirtschaft in Deutschland mitsamt ihrem Geld-, Kredit- und Zollwesen, die Bismarck wesentlich mitprägte. Wenn man will, lässt sich sein Leben dort als Marktgeschehen lesen. Er beschnitt den sozioökonomischen Wildwuchs im Inneren und führte nach außen Krieg oder hielt und förderte den Frieden, um, so die Interpretation, durch nationale Einheit die Einheitlichkeit des Wohlergehens vorzubereiten. Zu diesem ersten deutschen »welfare state à contre coeur« gehören selbstredend die neu geschaffenen Sozialversicherungen – und im Übrigen die Wahrheit, dass dieses Reich den Juden, die seinerzeit anderswo in Europa nichts als Verfolgung oder Erniedrigung erfuhren, aufgrund der gewährten und verbrieften Rechte als Himmel auf Erden vorkam. Im Ergebnis also zeitigt die Narration im Falle Bismarcks eine strategische Erinnerung, die wie alle Strategie ohne kräftezehrende Komplizierung auskommen muss.

Ein letztes Wort zur momentanen Reaktualisierung von Bismarcks Denkkategorien durch irregeleitete Kreise des deutschen Politikbetriebs – seien es führende CDU-Minister, ehemalige (jüngst verstorbene) SPD-Bundeskanzler oder die AfD –, wo man angesichts aktueller Krisen etwas leichtfüßig und mit explizitem Verweis auf den großen Reichskanzler wieder von geopolitischen Räumen, beweglichen Einflusssphären und ähnlich Unappetitlichem redet: Ein Besuch in den zwei Ausstellungen könnte über die Zugehörigkeit solchen Gedankenguts nur und wirklich nur ins 19. Jahrhundert klug belehren.

Unvollendung. Die Ausstellung »Vom Arbeiterführer zum Reichspräsidenten. Friedrich Ebert (1871–1925)« der Reichspräsident-Friedrich-Ebert-Stiftung

Was die materielle (und damit natürlich auch ausstellungstechnische) Seite betrifft, ist kaum ein größerer Unterschied vorstellbar als zwischen Otto von Bismarck und Friedrich Ebert. Der erste deutsche Reichspräsident hat kaum etwas anderes zum Ausstellen hinterlassen als – noch dazu oft unscharf reproduzierte – Flachware (Abb. 2). Das ist einerseits Folge seiner Lebensumstände. Handwerkerkinder kamen seinerzeit mit wenig mehr als den Stoffen und Produkten der elterlichen Arbeit in Berührung. Aber noch mehr zählt, dass sich die sozialistische Bewegung, der Ebert entstammte und die er propagierte, immer schon hauptsächlich in Papier und Symbolik ausdrückte (womit sie, das sei einmal gesagt, weit entfernt vom anfangs ungeschulten Erfahrungshorizont ihrer Adressaten ansetzte und trotzdem verfing). Man wird konstatieren dürfen, dass sich die Heidelberger Ausstellung dem Objektmangel unerschrocken stellt; sie inszeniert nicht oder nur ausnahmsweise Dinge, sondern das Wort, selbst dort, wo sie (was reichlich geschieht) fotografische Hintergründe als, wie man in der Linguistik sagt, nicht-kontinuierende Texte zuliefert. Generell gilt für alle fünf Bundesstiftungen, dass sie die Frage danach, wie das Wort in die Welt kommt, als Lebensfrage der Demokratie ernst nehmen und deswegen Federn, Zeitungen, Plakate, Schreibmaschinen, Mikrofonständer, Bildschirme in nicht geringer Zahl präsentieren. In der Ebert-Gedenkstätte jedoch taumeln und türmen sich die Buchstaben. Geisteshaltungen und Bewusstseinsübungen werden in die Lettern von Traktaten, Büchern, Zeitungen und gern, weil alles so schnell und rabiat ablief, von Extrablättern gegossen, deren einziger originaler Dekor meist bildhafte Chiffren der Selbstvergewisserung sind: die Rose, die Hände bzw. Fäuste. Sie erläutern auf prall gefüllten Tafeln »Unterdrückung und Aufstieg der Arbeiterbewegung« oder die »Forderungen der Sozialdemokratie«, wobei stets ein Wunschton der Weltverbesserung mitschwingt. Der Kampf des Arbeitersekretärs Ebert um Arbeiterrechte wird zu seitenlanger, sauber abgelegter Schrift. Unterschriften als Objekttexte erklären die für sich schwer deutbaren Fotografien. Doch der kürzeste autarke Text enthält nur ein einziges schreckliches Wort, mit dem zugleich alles gesagt ist: Zweimal erhielt Ebert die womöglich eigenhändig an die Söhne an der Front adressierten Briefe mit dem Stempelaufdruck »Zurück« ungeöffnet wieder ausgehändigt, da sie den im Felde gebliebenen Empfängern nicht mehr hatten zugestellt werden konnten. Ebert verlor seine Söhne – deren Porträts groß und schmuck neben ihren Todesanzeigen plakatiert sind – an den verhassten, alten, morschen Staat. Wenig später war er Reichspräsident des von ihm nichtsdestoweniger geliebten, obschon grundgestürzten Landes. Eine starke Botschaft.

Nun ist und bleibt die textlastige Schau ohne auratische oder zumindest plastische Exponatdreidimensionalität der Schrecken aller Ausstellungsmacher (und ebenso

Abb. 2
Die Habseligkeiten Friedrich Eberts in der Heidelberger Ausstellung

der Besucher). Dass die Ebert-Gedenkstätte trotzdem zu einem gelungenen Stück von Memorialkultur wird, ist natürlich zunächst dem Großobjekt zu verdanken. Die Enge der Heidelberger Altstadt wird in dem Wohnhaus und seinen rekonstruierten Räumen fortgeführt und spiegelt, noch nicht einmal übermäßig metaphorisch, Eberts Aufstieg aus Dunkel, Gedränge und Atemnot in Weite, Frische und Licht. Die rekonstruierte Lehrwerkstatt mutet dann fast wie ein Spielzimmer an. Die Hintergründe dieses Lebensweges sind also gar nicht trüb oder arkan, nur eben passen die Farben nicht zueinander. Ob man Friedrich Ebert im Diplomatenrock oder im schweren schwarzen Mantel sieht, immer grübelt man, dass da etwas nicht stimmt (wobei zumindest auffällt, dass das neue Deutschland in dieser Person konsequent die Uniform abgelegt hat). Wirkt das selbstverständlich gezeigte infame Foto von Ebert in der Badehose nicht plötzlich gerade deswegen so aufreizend, weil es einen, der, wie ja authentisch bezeugt wird, aus schummriger Kühle kam, am hellen und warmen Mittag freizügig ins Bild setzt? Ja, die Ebert-Ausstellung ist ohne jeden Zweifel die traurigste der hier untersuchten Expositionen. Alles, was strukturell und kollektiv als Aufbruch, Fortschritt, Besserung, narrativ gesprochen: als Stoff eines großen (Arbeiter-) Bildungsromans erscheint, gerät auf der persönlichen Ebene zu Pein, Tragödie und Untergang. Selbst die »Originalstücke aus dem Besitz des Reichspräsidenten« werden eher wie nach einem Schiffbruch verbliebene Habseligkeiten präsentiert. Der Tod ist allgegenwärtig in diesem pittoresken Haus, etwa im Sterben von namenlosen Arbeiterkindern und ausgezehrten Müttern, in Form von Krieg und Morddrohungen, im Soldatenschicksal von Heinrich und Georg und natürlich in dem schon damals medizinisch nicht unabwendbaren Ende von Friedrich Ebert selbst. Es ist wohl angesichts der Umstände nicht zu viel, Ebert als eigenartigen Märtyrer der Demokratie in Deutschland zu bezeichnen. Somit trifft das in der Ausstellung zitierte Wort Theodor Heuss', Friedrich Ebert sei der »Abraham Lincoln der deutschen Geschichte« gewesen, zwar einen Kern, doch ist das Fleisch drumherum doch von anderer Konsistenz. Auch wenn man auf einer Tafel von »Rettung« liest – der erste deutsche Reichspräsident war in keiner Hinsicht ein Vollender.

Inkarnation der Republik. Die Ausstellung »Theodor Heuss. Publizist – Politiker – Präsident« der Stiftung Bundespräsident-Theodor-Heuss-Haus

Nach dem borniert-aristokratischen eines Bismarck und dem arbeiterstolz-spießbürgerlichen (im marxschen Sinn) eines Ebert begegnet der Besucher in der Person von Theodor Heuss einem Milieu, für das ihm zunächst der Name fehlt. Als ein Mann, der selbst als er bereits seine Berufe ausübte (der Plural ist hier mit Vorsatz gewählt), wohl kaum hätte sagen können, was eigentlich seine Bestimmung sei, inkarnierte Heuss den etappenweisen Wandel. Keine der hier diskutierten Ausstellungen vermittelt ihren Protagonisten als so sehr im Wachsen begriffen wie diese. Der Blick bleibt früh hängen an einem Studenten und, mehr noch, künstlerisch angehauchten Bohémien mit beeindruckender Haartolle (auf Fotos ebenso zu sehen wie auf einer Büste), den dadurch leicht erklärbaren Erwählungen des eleganten jungen Herrn auf sauber gefüllten Tanzkarten; Jahrzehnte darauf jedoch an einem spindeldürren Würdenträger mit am Körper schlotternden Kleidern (so zeichneten ihn die Karikaturen der ausgehenden 1940er-Jahre; Abb. 3). Erst sehr spät sehen wir, was wir irrtümlich für einzig gültig hielten: den jovialen, kugelbäuchigen Großvatertyp.

Die Ausstellungsdidaktik nimmt diese (positiv gesagt) Flexibilität oder (negativ formuliert) Unentschiedenheit novellistisch auf und nutzt sie nicht zuletzt für einen kurzen Ritt durch die eigentümliche deutsche Kultur- und Sittengeschichte. Als Besucher mäandert man in den Abteilungen für die Zeit vor 1933 vorbei an Tafeln, Schauinseln und Vitrinen auf geschwungenen Fundamenten, sieht bürgerliches Kinderspielzeug, studentische Insignien, Werkbundmobiliar; oft teilt sich der Fluss und der Parcours wird unübersichtlich. Noch Heuss' Zustimmung zu Hitlers Ermächtigungsgesetz als Reichstagsabgeordneter verschwimmt in dieser Unschärfe. Die nationalsozialistische Beklemmung und Dunkelheit sind zwar ein wenig überdeutlich inszeniert. Dann aber folgt die wunderbare Öffnung[13] in die Zeiten der Bundesrepublik in statu nascendi, womit der eigentliche Erinnerungsauftrag einsetzt. Gewiss, Theodor Heuss gehörte qua Amtes nicht zu den echten Entscheidern der Gründungszeit; aber er bevorzugte es ohnedies, über die Entscheidungen der anderen schreibend zu befinden. Deutung war nötig, denn in der Tat musste es den Menschen damals merkwürdig vorkommen: Über das alles, was zu schaffen und zu garantieren war – die Menschen- und Bürgerrechte, den Rechtsstaat, die freiheitliche Verfassung –, wurde ja nicht zum ersten Mal in der deutschen Geschichte gefeilscht, und trotzdem war hier nichts hergebracht oder selbstverständlich. Nicht zuletzt weil es da Aufsichtspersonen gab, die das Ergebnis abzusegnen hatten, und zudem, etwas östlich, jene Weiteren, die zur selben Zeit andere, aber genauso deutsche Lösungen auf die drängenden Fragen ihrer Gegenwart fanden. Als einem Experten auf dem Feld politischer Symbolik war Heuss der in der Ausstellung breit dargelegte Streit um Flagge und Hymne des jungen Staates womöglich sogar ein Vergnügen; zumindest hat er die diesbezüglichen Debatten in einem ziemlich fortschrittlichen partizipatorischen Sinn gefördert und medial orchestriert. Die Ausstellung schafft sich genau aus dieser Verbindung von persönlichen Herzenssachen und zähen realpolitischen Grundsatzdiskussionen ihre Höhepunkte.

Der Gesamteindruck des vollen Angebots im Theodor-Heuss-Haus ist intensiv. Oben, in den originalgetreu rekonstruierten Arbeits- und Wohnräumen, scheint die Zeit stehen geblieben zu sein. Begegnete man in Heidelberg Ebert lediglich in seinen Jugend- und Lehrjahren »authentisch«, stellt sich in Stuttgart wirklich so etwas wie ein Gefühl der »Immersion« ein, also des unmittelbaren Eintauchens in die vergangene Lebenswelt eines veritablen Bundespräsidenten. Sogar die nicht mehr gelesenen Zeitungsausgaben aus Heuss' Sterbetagen trotzen erstaunlich dem Gilb. Im Untergeschoss findet sich dann die Erzählung von Werden, Bewegung, Kontingenz, Schicksal, Rolle und Erfüllung; von den nicht gehaltenen Versprechen einer unvollkommenen (Zwischen-) Republik, den Erniedrigungen einer Diktatur und den unverhofften Erfahrungen im höchsten Amt einer neu erschaffenen demokratischen Nation.

Das Menschelnde kommt bei alldem nicht zu kurz (beispielsweise in Form der reizvollen Skizzen, die Heuss auf Reisen fertigte) und auch nicht das Bizarre oder Lächerliche (etwa die »Schund und Schmutz«-Kampagne gegen das unaufhaltbare Medium »Comic« und dessen Vorläufer bereits in den 1920er-Jahren). Erstmals spielt zudem das Phänomen der First Lady eine eigenständige Rolle: Elly Heuss-Knapp und ihrem »Mütter-Genesungswerk« sind eigene Vitrinen gewidmet. Der unvorbereitete Besucher mag zwar gleichzeitig staunen, wie sich Heuss vor und nach 1945

---

13 Derselbe architektonische Effekt des beengten Pfades oder Ganges, der sich in eine bessere Zukunft öffnet, findet sich z. B. im neuen Haus von Yad Vashem oder, historisch anders konnotiert, im Auswandererhaus Bremerhaven nach dem Verlassen der musealen Rekonstruktion von Ellis Island beim Eintritt in die New Yorker Grand Central Station.

Abb. 3
Die Bundespräsidentenfrage in der zeitgenössischen Karikatur (1949): Carlo Schmid, Theodor Heuss und Konrad Adenauer im Werbungstanz vor dem bundesdeutschen Volk

publizistisch mit Hitler auseinandersetze. Doch gerade die zahlreich gezeigten, meist liebevollen Zeitungskarikaturen setzen das bereits in den Wohnräumen geschaffene Gefühl von ziviler Behaglichkeit fort. In diesem neuen Staat also konnte man Mensch sein und sich zu Hause fühlen. Es ist das wohltemperierte Ambiente, das den Besucher jener durch einen Zeitungsausriss der Nachkriegszeit vermittelten These, Theodor Heuss sei ein »guter Deutscher« gewesen, sofort zustimmen lässt. Zwar verfügte er über keine Mission, konnte also nie »mission accomplished« vermelden. Doch blieb er eben die sich langsam dehnende Projektionsfläche der Deutschen, die irgendwie durch Krieg und Hitlerismus gekommen waren und nunmehr, da sich in Ökonomie und Gesellschaft ein »Wunder« nach dem anderen ereignete, den Widerschein von Bürgersinn, Gewerbefleiß und Dichterkranz suchten. Bei meinem Besuch spiegelte sich dieser Schluss mit noch weitgehend losen Enden in einer leeren Raumgestaltung am Ausgang.

Politik auf Sicht. Die Ausstellung der Stiftung Bundeskanzler-Adenauer-Haus

Eine Fügung wollte es, dass zum Zeitpunkt meiner Reise die alte Dauerausstellung »Konrad Adenauer – Dokumente aus vier Epochen Deutscher Geschichte« bereits abgebaut war und die neue sich noch im Konzeptionsstadium befand (Abb. 4). Doch man weiß es auch so: Konrad Adenauer liefert von den fünf präsentierten Staatsmännern das beruhigendste Narrativ. Es formt sich mit seiner Biografie eine zyklische »Heilsgeschichte« – das Rad der Fortuna dreht sich; wer erniedrigt wurde, wird bald wieder oben sein. In seinen eigenen Worten: Man muss die Menschen nehmen, wie sie sind, es gibt keine anderen; und: Kinder werden immer geboren. Nur dass diesmal das Böse im Osten wohnt und die Verheißung im Westen leuchtet. Adenauer war deutschnational und erklärter Gegner des Versailler Vertrags (wie auch Theodor Heuss), bis zu seiner Absetzung als Oberbürgermeister von Köln Erneuerer dieser Metropole, Gegner des Nationalsozialismus, dann jener rheinisch-frohgemute erste Bundeskanzler der Bundesrepublik Deutschland, der schon durch die lange Dauer seiner Amtszeit ganz klar machte, dass Bonn nicht Weimar mit der schnellen Folge seiner Regierungschefs sein würde. Überhaupt war wohl die schiere Dauer von Adenauers Kanzlerschaft das größte Glück der jungen Bundesrepublik, denn sie führte den bis kurz zuvor nichts als Obrigkeitsstaat, Autokratie, Parteienstreit, Wirtschaftselend, Diktatur, Verbrechen, Gottlosigkeit gewohnten Deutschen vor Augen, dass die Demokratie mit allen Versprechen sogar in ihrem Staat eine ungestörte Chance auf Zukunft besaß. Völlig nachvollziehbar ist, dass schon daher in der zu schaffenden Ausstellung die Erinnerungsstücke von Prinzipienfestigkeit (»Keine Experimente!«), Männerklüngel und dem geruhsamen Fluss der Dinge (Boccia! Rosenzucht!) erzählen müssen. Dazu kommt die Betonung der quasi asketischen Körperlosigkeit: Während Theodor Heuss vom wuscheligen Boy zum gemütlichen Gevatter reifte und ebenso von Bismarck Bildnisse bekannt sind, die ihn als vollmähnig-blasierten Jungspund zeigen, kennt man von Adenauer eigentlich nur jene von der Zeit unangreifbare Altersphysiognomie, die auch dann noch drahtig blieb, als sich rund um ihn herum die Herren gewaltige Bäuche zulegten. Hinter dieser piktoralen Unwandelbarkeit verbarg sich das Auf und Ab der großen Tagespolitik wie der kleinen täglichen Geschäfte. Zum Angebot der neuen Ausstellung könnte daher thematisch (nach wie vor oder jetzt neu oder verstärkt) gehören:

– Westdeutschlands Rolle im Kalten Krieg, denn als Akteurin im Konzept des »nuclear sharing« war die Bundesrepublik Teilhaberin an der Systemkonfrontation;
– die Option der »réconciliation«, denn immerhin gelang es Adenauer zusammen mit Charles de Gaulle, das zu bewerkstelligen, wozu demokratische Politiker überhaupt gewählt werden: über alle Differenzen hinweg gemeinsame Güter zu definieren und für deren Herbeiführung einzustehen;
– jener betont internationalistische Zug der 1950er- und 1960er-Jahre, welcher mit

dem zeitgenössischen Begriff des Kosmopolitismus – der aus unerfindlichen Gründen heute kaum mehr in Gebrauch ist – treffend beschrieben wurde und die europäische Integration genauso wie die zahlreichen Anwerbeabkommen bzw. die ersten echten Migrationsströme nach Deutschland abdeckt;
– die von Beginn an überhaupt nicht kleinen Schritte (vor und zurück) in Richtung der »Vergangenheitsbewältigung« noch vor der eigentlichen »Aufarbeitung«[14].

Schließlich gälte es, das nie wieder so prominent gewordene katholische Element in der deutschen Staatsführung zu akzentuieren: Zwar suchte Adenauer in der Person von Heuss nach einem konfessionellen Ausgleich,[15] jedoch war »seine« CDU – in auffallendem Widerspruch zur Partei der Jetztzeit mit ihrer überdeutlich protestantisch orientierten Spitze – eben vorherrschend katholisch geprägt, was fraglos nicht ohne Wirkung auf Staatshandeln und Selbstrepräsentation blieb – welche überzeugendere Form hätte etwa die deutsch-französische Aussöhnung annehmen können als die liturgische? Und am Ende stand die Ironie, dass ihm eine letzte große Demütigung gerade durch den ersten katholischen US-Präsidenten, John F. Kennedy, zugefügt wurde.

Die nahezu vollständige Überlieferung der Lebensumgebung Adenauers in seinem langjährigen Rhöndorfer Wohnhaus mit all seinem andächtig-altmodischen Nippes und der grandiosen, wiewohl ausschließlichen Westsicht darf also nicht in Widerspruch geraten zu einer Schau, welche das Fortschreiten der Zeit, die Entfaltung von demokratischen Gesinnungsformen (sogar bei vielen von jenen, die kurz zuvor noch als Nationalsozialisten handelten) und überhaupt die rechts- und sozialstaatliche Grundlegung der Bundesrepublik thematisiert. Adenauer hat bei alldem wohl selbst am wenigsten an den in der deutschen Geschichte oft bemühten Mythos vom »Wunder« geglaubt (eher schon an Gnade). Das Adenauer-Haus ist einerseits eine Gedenkstätte, die noch für einige Zeit von nun freilich schon recht betagten Mitlebenden des Biografierten aufgesucht werden wird. Momente des Wiedererkennens, der historischen Selbstvergewisserung und der nostalgischen Erinnerung sind einzuplanen. Angst vor deren Absolutsetzung muss man nicht haben: Nur die allerwenigsten Besucher werden wohl hinsichtlich ihres auf Zeitgenossenschaft gründenden Adenauer-Bildes unbelehrbar bleiben. Bemerkenswert ist vielmehr anderseits, dass der erste Bundeskanzler bisher nicht vom unter den Jüngeren derzeit spürbaren popkulturellen Revival der 1950er-Jahre (Architektur, Mode, Geschmack) hat profi-

---

14 Wenn Bundeskanzlerin Angela Merkel die staatliche Integrität Israels zur »Staatsräson« der Bundesrepublik Deutschland erhebt, und zwar mit allen diplomatischen, militärischen und finanziellen Folgen einer solchen Verpflichtung, gebraucht sie ein altertümliches Wort, das gerade in der Adenauer-Zeit häufig Verwendung fand.

15 Wie in der Heuss-Ausstellung zu lesen ist, habe Adenauer auf einen entsprechenden warnenden Hinweis geantwortet, es genüge ihm das besondere christliche Engagement von Heuss' Frau.

Abb. 4
»Zu Gast beim Original«.
Werbebanner für das
Konrad-Adenauer-Haus
in Rhöndorf

tieren können. Anlässlich der Feiern zu 70 Jahre CDU versuchte man sich denn auch an ziemlich widersprüchlichen Aktualisierungen (z. B. durch die Charakterisierung Adenauers als »Revolutionär«, der »in die Normalität führen sollte«[16]). Möglicherweise liegt dieser Mangel daran, dass Adenauer eben doch kein typischer Vertreter seiner Epoche war – seine Hobbys, seine Moralvorstellungen, ja sogar seine Sprache wirkten schon damals wie aus der Zeit gefallen. Und während die Bundesdeutschen im tarifvertraglich immer großzügiger gewährten Urlaub weit an die Strände der Adria vorstießen, wo Italiens Eigenart bereits ihren vollen wohlig-fremden Reiz verströmte, zog sich der alte Herr an den Comer See zurück, wo der deutsche Kulturraum noch sehr nah war. Vielleicht wird die neue Ausstellung die Symbolkraft der Dingwelt, des Massenkonsums und der Liberalität, die in der Bundesrepublik der 1950er-Jahre die alten vaterländischen Werte unaufhaltbar abzulösen begann, noch einmal pointieren. Adenauers zur Seite der politischen Bühne gesprochene Bonmots sind dafür eine Fundgrube, rechtfertigten sie doch z. B. ein Europa als »Notwendigkeit für alle« ebenso wie einen halbwegs geouteten homosexuellen Außenminister mit Migrationshintergrund. Als Erinnerungsort der Demokratie eignet sich das Haus in Rhöndorf jedenfalls, um etwas von der Bedeutung des Rechtsstaates, von Pluralismus, ökonomischem Sachverstand, dem Fleiße einer Nation bei tatkräftiger Unterstützung durch Nachbarn und Freunde, von der Beteiligung des schwächeren Nächsten an der Wohlfahrt eines so-

16 Thomas Schmid, Konrad Adenauer, ein Revolutionär, in: Die Welt, 26.6.2015, S. 8.

zialen Gemeinwesens zu erzählen, das heute gewiss nicht grundlos weltweites Ansehen genießt – und von einem Volk, welches sich langsam gewahr wurde, dass seine immense Schuld selbst bei gutem und immer besserem Willen noch in Jahrzehnten nicht abgetragen sein würde. Bis heute nicht. Das ist kein schlechter Lernanlass.

Politikerleben in voller Fahrt. Die Ausstellungen »Willy Brandt – Politikerleben« (Berlin) und »Willy Brandt. Ein politisches Leben im 20. Jahrhundert« (Lübeck) der Bundeskanzler-Willy-Brandt-Stiftung

Fraglos stellt Willy Brandts Leben die irritierendste der hier diskutierten Biografien dar. Man liest in ihr einen poststrukturalistisch-polyzentrischen Roman über die wahrscheinlich deutscheste unter den drei bundesrepublikanischen Persönlichkeiten, da Brandt die staatliche, politische, kulturelle Zerrissenheit dieses Landes in sich aufhob, pflegte, geradezu kultivierte wie keiner der anderen. Postmodern auch deshalb, weil, was bei den Übrigen nur als gelegentliches Versatzstück auftritt, hier zur Methode wird, dass nämlich im entscheidenden Moment immer das Unwahrscheinlichste sich realisiert. Und so wundert man sich, ob zwischen den vier Wänden eines Stiftungsmuseums überhaupt noch von ein und derselben Person erzählt wird. Für eine vergleichende Musterung der zwei biografischen Ausstellungen zu Willy Brandt sollte indes zunächst bedacht werden, dass beide in vollständig eigener Regie der Stiftung vor erst kurzer Zeit entstanden sind. Die Ausgangsbedingungen waren also gleich günstig, die Ergebnisse von Berlin und Lübeck frappieren daher weniger durch unterschiedliche Botschaften als vielmehr durch sehr eigene Plots. Dabei, so der erste Eindruck, kommt uns Willy Brandt hier wie dort als diejenige unter den fünf Politikerpersönlichkeiten vor, die rein museal am vollständigsten präsentiert wird. Dies liegt ohne Zweifel an der Verfügbarkeit des gesamten medialen Spektrums für die Erzählbarkeit der Person: Zu Text und Abbild gesellen sich, häufiger als in den anderen Gedenkausstellungen, zudem viel systematischer, Ton und bewegtes Bild sowie Digitalität. Im Falle von Lübeck wird der wechselnde Charakter der Überlieferung explizit als narratives Gestaltungsmittel eingesetzt, indem das jeweilige Medium dann zugefügt wird, wenn es historisch »dran« ist. Dennoch, und das war wohl Vorsatz der Ausstellungsmacher, vermögen die vielfältig sprudelnden Quellen, die vermeintlich Realität abbildende Audiovisualität und alle technischen Zusatzräume die Widersprüche, ja das Widerstreitende von Willy Brandt als öffentlicher Person nicht zum Verschwinden zu bringen. Der Anschein der Unnahbarkeit dieses Politikerlebens bleibt durchgängig erhalten, im Falle Berlins, das eine ausgesprochen nüchterne, einprägsame Erzählung im Schaukastenformat[17] bietet (Abb. 5),

---

17 Die erkennbar modulare Ausstellungsarchitektur mag jedoch zu Teilen dem Erfordernis geschuldet sein, dass sie für den vorgesehenen Fall der Renovierung des Standortes einen einfachen Ab- und Wiederaufbau gewährleisten soll.

Michele Barricelli: Öffentlich historisierte Leitbilder   **217**

Abb. 5
Der Kniefall von Warschau in der Berliner Willy-Brandt-Ausstellung Unter den Linden

noch stärker als in Lübeck. Dieser Mann ist sperrig und lässt sich kaum vereinnahmen, er »gehört« niemandem, nicht den Deutschen in West oder Ost, nicht den Skandinaviern oder allen Europäern. Vielleicht ist das eines der Geheimnisse seines global verständlichen Markenkerns. Es lohnt sich, gerade darauf etwas genauer zu schauen.
Die eigentümliche Ausstrahlung der Lübecker Schau ist, das sei gar nicht negativ gemeint, zumindest an der Oberfläche jene des Boulevards: Laute Überschriften wie »Skandal«, »Berlin bleibt frei« oder »Ich hatte Brandt in meiner Kajüte«, Wahl- und Kampfplakate aller Arten und Sorten in Originalgröße kreieren eine Atmosphäre der Dringlichkeit; symbolistische Drastik (die Grenze als hohes Metallgitter), politische Floristik (eine unendliche Abfolge von Fotos, welche die Überreichung der in Porzellan verkleinerten sogenannten Freiheitsglocke an Staatsgäste zeigen), nostalgische Wiederfindungen (zwei Fernsehzimmer in Deutschland Ost und West mit bemerkenswert gemusterten Tapeten) füllen die Fluchten. Dazu gesellt sich die typische Schlüssellochperspektive (Redemanuskripte mit handschriftlichen Eintragungen) und das Staunen über die großen Tiere der Politik, dem man auf der nachgebauten

Rednertribüne des Bundestages frönen kann. Und trotzdem funktioniert das demokratische Lehrstück, wird die intellektuelle Bewegung losgelassen, weil man merkt, dass all dies für Willy Brandt nur auswechselbare Kulisse war (»Petitessen«, wie er oft charmant anmerkte). Er hat diese Bühnen bespielt, die Medien mit Bildern und Sätzen von einer aufrichtigen Anrührungskraft beliefert wie niemand vor und bisher kein anderer nach ihm. Aber er tat dies, weil er ein Ideal verfolgte, das viel weniger einem Zustand als einer Geisteshaltung glich. In Lübeck thematisiert der abschließende Menschenrechtsraum mit seinen archaischen Würfelelementen (Abb. 6) und seinen hochdynamischen Projektionsflächen überdeutlich die einst nur historische, jetzt universal gewordene Gültigkeit dessen, was Brandts Lebenswerk war. Somit erklingt der Schlussakkord der Lübecker Komposition nicht mehr wie noch bei Adenauer auf der internationalen Ebene, sondern hallt im transnationalen Raum.

Letztes gilt ganz genauso für die insgesamt recht textkonzentrierte Ausstellung in Berlin, die sich schon im Titel einen typografisch-semantischen Spaß erlaubt. Einerseits ruhen die einzelne »Kapitel« seines Lebensnarrativs thematisierenden Schaukästen gewichtig in sich selbst; andererseits ist Brandt hier ständig in dampfender Bewegung, weltanschaulich ruhelos, auf der Flucht, die Exile wechselnd, die Heimaten tauschend. Später im Amt pilgert dann die Welt zu ihm. Und als Vorsitzender der Sozialistischen Internationale scheint sein Dasein nur noch aus einer Ambulanz von Reisen und Visiten bestanden zu haben. Das biografische Detail von Brandts zeitweiliger Staatenlosigkeit passt sich kongenial in diese Erzählung ein, die ständig in Fahrt ist, die sich an Länder- und, was mehr ist, Kulturgrenzen gar nicht mehr gebunden fühlen will. Folgerichtig wird dann die »Heimkehr« nach Deutschland anlässlich des Mauerfalls mit dem berühmten Foto unterlegt, auf dem Brandt die Szenerie versonnen und bereits – so scheint es – von einem planetarischen Standpunkt aus betrachtet. Man sollte die beiden Ausstellungen in Lübeck und Berlin unbedingt im Zusammenhang besuchen. Man lernt – weil man manches doppelt (z. B. das Schulzeugnis des Johanneums, der Kniefall von Warschau), vieles anders und alles in je eigenen Zusammenhang sieht – so viel über den Konstruktcharakter von Geschichte, das museale Geschäft, die Synergie von politischer und ästhetischer Erinnerungskultur. Und man bekommt eine Ahnung, warum die Trostlosigkeiten eines Politikerlebens, die ja sehr wohl noch ihren Platz im sozialen Gedächtnis so mancher der Ausstellungsbesucher beanspruchen – im Falle Brandt heißen sie etwa Propagierung der Kahlschlagsanierung, Beteiligung an den Notstandsgesetzen, Durchsetzung des Anwerbestopps – im Licht der Gegenwartssonne schnell zu Schattenseiten einer zum Leitbild erhöhten Politikerpersönlichkeit werden.

Zur Historisierung der Demokratie jedenfalls hat Willy Brandt das entscheidende Politikerwort gesprochen, denn »mehr Demokratie wagen« heißt letztlich nichts anderes, als dass ein in Reinheit fabelhafter, daher unerreichbarer Zustand den Menschen diesseits von Eden zumindest in immer größeren Portionen verfügbar werden kann und soll. »*Mehr* Demokratie« macht die kühne Idee historisch und narrati-

Abb. 6
Auf Würfeln präsentiert die Willy-Brandt-Ausstellung in Lübeck das Thema »Menschenrechte«

vierbar mit allen Folgen: Sie wird bedingt (womöglich durch einen noch höheren Wert: die Freiheit), wandlungsfähig, kontingent, gefährdet und ganz bestimmt aus ihrer universalen Form entlassen. Das war damals schon und ist heute, mit Verlaub, die einzig zulässige Auffassung einer globalisierten Demokratie: Sie besitzt ihr Recht nur, wenn sie in den »zu entwickelnden« Weltregionen nicht als westlich-hegemoniales Danaergeschenk, sondern als ein den autochthonen Traditionen, Kulturen und Werten entsprechend zu gestaltender Prozess verstanden wird.

Vergleichende Schlüsse

Es ist kaum überraschend, dass die diskutierten sieben Ausstellungen mehr Gemeinsamkeiten als Unterschiede aufweisen. Sie sind in erster Linie einer medialen Form, dann einem Personentyp und erst zuletzt einer individualisierten Geschichte verpflichtet. Zugleich entspringen sie durch ihren Bezug auf das Konstruktprinzip bzw. Fiktionalisierungsmuster »Biografie« einem westlich geprägten Geschichtsdenken, das Orientierung im historischen Erzählen mit menschlichem Maß sucht. Sie vertrauen, selbst wenn eine topologische Gliederung der Narrative in Abteilungen, Großräumen, Achsen vorgenommen wird, auf die chronologische Ordnung, unterstellen somit den, empirisch noch nie gesicherten, Zusammenhang von Herkunft,

Erfahrung, Denken, Handeln und Hinterlassenschaft. Aber sie können ja nicht anders. Gedenkstiftungen sind vor allem Erzählagenturen. Fünf gelebte Leben sollen durch Narrativierung und Zeigen ratifiziert, also der Nachwelt für ihre Zwecke beglaubigt werden. Durch die Niederlassung der »erzählenden Stiftungen« an mit dem Leben und Wirken ihrer jeweiligen Namensgeber verbundenen Stätten wandeln sich ebendiese zu Erinnerungsorten im Sinne Pierre Noras. Dadurch allerdings, dass Steuergelder und Mühen für den Erhalt der Orte und ihre Ausstattung aufgebracht werden, ertönt unmissverständlich die Forderung, dass es mit den hergezeigten Produkten etwas zu erfahren und bedenken gäbe, das die Allgemeinheit zumindest irgendwie angeht. Dass also die Objekte die Subjekte dazu auffordern, sich in eine (historische, soziale, persönliche) Beziehung zu setzen, um eine wertbewusste Haltung zur thematisierten Vergangenheit aufzubauen. Unverkennbar wird mit dieser Relevanzsetzung die moralische Funktion von Geschichtskultur aufgenommen, wie sie Jörn Rüsen neuerdings zusätzlich zur kognitiven, politischen und ästhetischen (im Übrigen religiösen) Dimension beschreibt.[18]

Nun hat es mit der »Erinnerung an Demokratie« (oder Freiheit, Einheit, Versöhnung) durch die Politikergedenkstiftungen des Bundes gar nichts Besonderes auf sich. Sie ist zunächst einmal »gesetzt« (nämlich per Bundesgesetz). Ein kulturell verfügbares Konzept soll anhand konkreter Personenbeispiele im Hinblick auf einen vorbestimmten Auslegungshorizont exemplifiziert werden. Ohne allzu viele Abstriche wird man den Fluchtpunkt als wenigstens endlich »geglückte Demokratie auf deutschem Boden« identifizieren können (was in dieser Wortwahl auch für den Fall Bismarck mit seiner Grundlegung westlicher Staatlichkeit gilt). Unser Land in der Mitte Europas erhält damit Anschluss an jene Great Occidental Novel, eine Meistererzählung, die sich um den Nationsbegriff nicht schert. Volksherrschaft, Menschenwürde, Recht, diese Trias einer »guten Welt« beginnt freilich mythologisch, kategorial, gedanklich und zuweilen praktisch in der europäischen Antike, in Athen und Rom; weit zurück reicht daher die verpflichtende tiefenhistorische Besinnung der im politischen Alltagsfuror gefangenen Gedenkstiftungen. Auf bezeichnende Weise erfüllen sie gerade so jene Prophetie der Orestie von Aischylos, die an ihr Ende Gerechtigkeit statt Gehorsam, Demokratie statt Tyrannei setzte. Freilich täuscht eine solch begradigte Erzählung durchaus mit Vorsatz – denn selbstverständlich waren, obwohl das genetische Narrativ das Gegenteil ansinnen mag, gescheiterte Republiken und menschenverachtende Diktaturen keine Voraussetzungen oder Bedingungen für die freiheitliche und pluralistische Ordnung unserer Tage, sondern lediglich deren erschwerende Umstände. Es hätte ihrer nicht bedurft, damit wir uns des Höchstmaßstabs der Menschenwürde gewahr werden, ihn sogar achten lernen. Insofern arbeiten alle untersuchten Ausstellungen eminent geschichtsdidaktisch: Sie bieten Sinnbildung über die Erfahrung von Zeitdifferenz zu dem Zweck an, durch die or-

---

18 Jörn Rüsen, Historik. Theorie der Geschichtswissenschaft, Köln 2013, S. 234–239.

ganisierte (und nicht zuletzt behutsam angeleitete) Deutung von Vergangenheit uns Lebende handlungsfähig zu machen. Heuristisch setzen die Ausstellungen – eine weitere Gemeinsamkeit – auf analytische Auseinandersetzung und gestatten, dem Gegenstand, also dem Menschen, entsprechend, zwar wohltemperierte Einschläge von Emotionalität. Im Vergleich sind die Unterschiede im Affektiven doch nur graduell (was erstaunlich ist, wenn man im Kopf hat, wie heftig zuweilen im Zuge von Neukonzeptionen über die Einfügung des bald pathetischen, bald tragischen, bald sittlich konnotierten »Privaten« gestritten wird). Es geht allzeit um Aufklärung, Reflexion und Geschichtsbewusstsein. Von Hagiografie keine Spur. Stattdessen lernt man Protagonisten kennen, die sich selbst vieles versagten, um ihre Ziele zu erreichen. Und die dies genauso von ihren Nächsten verlangten (welchen Aufschluss würde etwa eine vergleichende Studie über das höchst schwierige Verhältnis dieser Männer zu ihren Söhnen gewähren).

Technisch setzen die Häuser auf das heute Übliche: Flachware wird durch mediale Montagen, zunehmend auch digitale, ergänzt und dort, wo die Überlieferung das hergibt, durch dreidimensionale Objekte (nicht immer handelt es sich um »Quellen«, da doch manches zwar zeitgenössisch ist, aber gar nicht aus dem Umfeld des Biografierten stammt oder aber repliziert ist) auratisch aufgewertet. Wer möchte beurteilen, ob dies genügt, um angesichts der immer knappen Ressource »Aufmerksamkeit« einen nachhaltig bindenden Effekt zu erzielen? Gewiss werden jene Inszenierungen von Erlebnisorten wie Eberts Lernsattlerei, Heuss' Wohnzimmer oder einer Sitzgruppe vor laufender Flimmerkiste zu Brandts Amtszeit ihre »authentische« Wirkung nicht verfehlen.

Was bliebe einem (fiktiven) Besucher, der die Ausstellungen nacheinander durchläuft? Welcher Eindruck würde sich verfestigen? Welche Gesamtinterpretation könnte das Gruppenbild der fünf Männer liefern? Trotz der bemühten Gegenständlichkeit und biografischen Individualität zeichnet sich ein Muster, eine Erzählform ab, die ihre Referenz als Idee modelliert, und zwar jene vom »anderen Deutschen« im Spiegel der unendlichen Verbrechen seiner Zeit. Die Hoffnung auf Reinheit und Heilung keimt umso stärker, je näher die Darstellung an die Gegenwart heranrückt. Binnen Kurzem stellt sich die Ahnung ein, dass uns mit diesen besonderen »großen Männern« vor allem ihr Einstehen für Zivilität, ihre Empfänglichkeit für die wahren Probleme der Menschen, ihre Sorge um Deutschlands immer unsichere Zukunft vorgeführt werden sollen. Ein Besuch der Häuser gleicht daher wie jede wiederholte Erinnerungshandlung einer vertieften Gewissensprüfung. Gleichzeitig jedoch sind wir dankbar, dass die gute Regierung von Staatswesen heute nicht mehr allein von (ziemlich) alten, weißen Männern mit festgefügten Weltbildern übernommen wird. An den Spitzen sehen wir vielmehr Männer wie Frauen, die ethnisch vielfältig sind, im Amt lernen wollen, privates Glück auch in Beziehungen mit Partnern desselben Geschlechts finden und zuweilen sogar vor der Fernsehkamera weinen können. Vielleicht hat diese Entbindung von der obszönen Formelhaftigkeit des Leitbilds – vorbereitet auf die eine oder andere Weise auch von den durch die Politikergedenkstiftungen geehrten Deutschen – die zivilgesellschaftlichen Umgangsformen mindestens so sehr verwandelt wie eine Arbeitsmarktagenda, ein Asylkompromiss oder eine Finanzreform. Jede gute Politikerbiografie müsste uns darüber zu belehren verstehen.

Bernd Braun

Märtyrer der Demokratie?

Das Hambacher Schloss, der Friedhof der Märzgefallenen in Berlin-Friedrichshain und die Erinnerungsstätte für die Freiheitsbewegungen in der deutschen Geschichte in Rastatt

Nicht nur Bücher, auch Aufsätze haben ihr Schicksal, zumal wenn der Verfasser an Vorgaben gebunden ist. Dieser Beitrag soll daher mit einer kleinen »Todsünde« beginnen, nämlich einer Analyse – und wenn man so will auch einer Demontage – des Titels. Es handelt sich bei dem Terminus »Märtyrer« um einen hochemotional besetzten, äußerst geschichtsmächtigen, ursprünglich aus der Sphäre der Religion bzw. Kirchengeschichte stammenden Begriff, bei dem sich sofort vielfältige Assoziationen und Bilder einstellen. Als Märtyrer gelten Menschen, die für ihren Glauben schwerste persönliche Nachteile in Kauf genommen, ja die als Blutzeugen – wie die deutsche Übersetzung lautet – für ihre Überzeugung bewusst ihr Leben geopfert haben und später dafür zumeist heiliggesprochen worden sind.[1]

Schon die Basisfrage, ob es sich bei den Protagonisten der drei zu vergleichenden Erinnerungs- und Ausstellungsorte überhaupt um Märtyrer handelt, ist nicht eindeutig zu beantworten.[2] Am ehesten trifft dies auf die 19 in Rastatt zum Tode verurteilten und anschließend auch hingerichteten Revolutionäre von 1849 zu, aber schon

---

1 Vgl. zur Geschichte des Begriffs »Märtyrer« die Beiträge der Sammelbände: Sigrid Weigel (Hg.), Märtyrer-Porträts. Von Opfertod, Blutzeugen und heiligen Kriegern, München 2007; Józef Niewiadomski/Roman A. Siebenrock (Hg.), Opfer – Helden – Märtyrer. Das Martyrium als religionspolitologische Herausforderung, Innsbruck 2011.

2 Vgl. die jeweilige Selbstdarstellung der drei Einrichtungen: Stiftung Hambacher Schloss/Hedwig Brüchert, Hinauf, hinauf zum Schloss! Das Hambacher Fest 1832. Begleitbuch zur Ausstellung im Hambacher Schloss, Hambach ²2013; Stiftung Hambacher Schloss/Martina Cerin, Hinauf, hinauf zum Schloss! Das Hambacher Fest 1832. Ausstellung im Hambacher Schloss. Das Buch zur Ausstellung für junge Menschen, Hambach ²2013; Martin Düspohl/Susanne Kitschun, Am Grundstein der Demokratie. Die Revolution 1848 und der Friedhof der Märzgefallenen. Broschüre zur Ausstellung, Berlin ²2013; Martin Ernerth, Die Menschen hinter den »Helden«. Individuelles Gedenken auf dem Friedhof der Märzgefallenen. Projekt zur Erforschung der Lage von Grabstellen der Revolutionsopfer von 1848 und 1918 und ihrer Biographien, Berlin 2013; Hartmut Weber u. a. (Hg.), Einigkeit und Recht und Freiheit. Erinnerungsstätte für die Freiheitsbewegungen in der deutschen Geschichte. Katalog der ständigen Ausstellung, Bönen in Westfalen 2002; Bundesarchiv/Bernd Heimbüchel (Hg.), Wir sind das Volk! Freiheitsbewegungen in der DDR 1949–1989. Katalog zur Ausstellung in der Erinnerungsstätte für die Freiheitsbewegungen in der deutschen Geschichte, Rastatt 2009.

bei den 255 auf dem Friedhof im Berliner Friedrichshain beigesetzten Märzgefallenen von 1848 und bei den 29 dort bestatteten Opfern der Novemberrevolution von 1918 kann man nicht in jeder Hinsicht von Märtyrern sprechen. Der Jurastudent Hermann von Holtzendorff etwa, dessen Gedenkstein jüngst bei Ausgrabungen auf dem Gelände zutage kam, wurde am 19. März 1848 von preußischen Soldaten erschossen, weil sie ihn irrtümlicherweise für einen Revolutionär gehalten hatten. In Wirklichkeit war der Sohn eines Rittergutsbesitzers genau das Gegenteil, nämlich ein überzeugter Anhänger des bestehenden absolutistischen Systems. Mehrere Getötete verrichteten Botendienste oder brachten Lebensmittel für die Barrikadenkämpfer, mehrere waren einfach nur zur falschen Zeit am falschen Ort oder wurden von verirrten Kugeln getroffen wie etwa die fünf Kinder unter den Märzgefallenen, die in der Liste der im Friedrichshain Bestatteten unter der schönen Berufsbezeichnung »Knabe« firmieren – darunter als Jüngster der erst elfjährige Carl Ludwig Kühn. Etliche der Märzgefallenen sind also als Opfer einer überforderten preußischen Soldateska zu bezeichnen und nicht als Märtyrer, wobei die Frage eines *bewussten* Opfergangs der aktiven Barrikadenkämpfer noch gar nicht erörtert ist. Und die Protagonisten des Hambacher Festes würde man wohl generell kaum als Märtyrer bezeichnen; die – wenn auch bitteren – vier Jahre Haft, die Johann Georg August Wirth ab 1832 im Gefängnis absitzen musste, und seine anschließende Zeit als Exilant im Elsass und in der Schweiz bis 1847 lassen sich kaum unter dem Begriff des Martyriums subsumieren.

Mindestens ebenso »hinter-fragwürdig« ist der zweite Bestandteil des Titels, nämlich »Märtyrer der *Demokratie*«. Positiv lässt sich hervorheben, dass von »Demokratie« und nicht von dem gerade in letzter Zeit beinahe totgerittenen Begriff »Freiheit« die Rede ist, denn im 19. Jahrhundert wurde Freiheit als Wert nie isoliert betrachtet, sondern immer als Bestandteil der Trias Freiheit *und* Gleichheit *und* Brüderlichkeit aufgefasst, was in den Ohren der Unterprivilegierten wie eine Verheißung klang, von den Privilegierten hingegen als gefährliche Bedrohung ihres Status aufgefasst wurde. Also immerhin ist »Demokratie« ein Element des Titels, aber welche Form von Demokratie ist gemeint: die US-amerikanische, die es im 19. Jahrhundert bereits gab, oder doch die künftige deutsche? Und intendiert ist ja nicht zuletzt, dass diese Märtyrer sich irgendwie auch für unsere bundesrepublikanische Variante von Demokratie eingesetzt haben. Zumindest stellen wir uns in ihre Tradition. Haben sich die Festredner von Hambach, die Berliner Barrikadenkämpfer von 1848 und die badischen Revolutionäre von 1849 wirklich unsere Variante von Demokratie gewünscht? Ersehnten sie sich, um nur ein Beispiel herauszugreifen, etwa unsere Form der Pressefreiheit inklusive der »Segnungen« von Springer-Presse, Privatfernsehen und Internet mitsamt seinen sogenannten sozialen Medien? Führt wirklich eine ungebrochene Traditionslinie von Johann Georg August Wirth, der das freie Wort gegen die Willkür der Obrigkeit verteidigt hat, zu großen Teilen der journalistischen Klasse von heute? Johann Georg August Wirth würde sich mit Sicherheit entschieden dagegen verwahren. »Vorkämpfer für den gesellschaftlichen Fortschritt« oder präziser »Deutsche Revolutionäre!«, dann allerdings mit einem Ausrufezeichen, wäre ein treffenderer, aber natürlich ein weit weniger griffiger Aufsatztitel gewesen, an dem man sich nicht so effizient hätte reiben können.

Schon dieser kleine einleitende Prolog mag andeuten, dass ein Vergleich der drei Institutionen Gefahr läuft, ein dem dänischen Philosophen Sören Kierkegaard zugeschriebenes Bonmot zu bestätigen: »Das Vergleichen ist das Ende des Glücks und der Anfang der Unzufriedenheit.« Trotzdem sollen in einem ersten Schritt zunächst die relevanten Gemeinsamkeiten und Unterschiede der drei musealen Orte herausgearbeitet werden, bevor in einem zweiten Teil erörtert wird, ob die Erinnerung an das 19. Jahrhundert »Märtyrer« existentiell braucht und wie der biografische Ansatz in den drei Einrichtungen umgesetzt ist bzw. wie dieser intensiver genutzt werden könnte.

1. Hambach, Friedrichshain und Rastatt im Vergleich

Eine wichtige Gemeinsamkeit ist, dass es sich jeweils um einen Originalort der Geschichte handelt, womit der umstrittene Begriff der Authentizität hoffentlich elegant umschifft werden konnte. Rund um die Ruine des Hambacher Schlosses fand 1832 das Hambacher Fest statt; jedoch hat das Schloss in seiner heutigen, schmucken, in mehreren Etappen nicht wieder-, sondern eher neu aufgebauten Gestalt nur noch wenig mit dem Zustand von 1832 gemein (Abb. 1).[3] Aber nur so fanden und finden sich in Hambach Räumlichkeiten für eine angemessene Erinnerung und Darstellung der Ereignisse des Vormärz. Die Stadt Rastatt war das letzte Bollwerk der deutschen Revolution von 1848/49 und auf dem Paradehof ihrer Barockresidenz nahmen die preußischen Truppen, welche die Revolution blutig niederschlugen, Aufstellung. Im prunkvollsten Raum des Schlosses, dem sogenannten Ahnensaal, wurden die Todesurteile gegen die badischen Revolutionäre gefällt. Gleichwohl findet sich heute in diesem Saal, der sofort als Kulisse für historisierende Kostümfilme herhalten könnte, keinerlei Hinweis auf diese blutige Episode. Da der eigentliche Ort des Widerstands, die Festung Rastatt, die 1890 aufgegeben und in den folgenden Jahrzehnten bis auf wenige Reste abgetragen wurde, nicht mehr vorhanden ist,[4] bot das Rastatter Schloss (Abb. 2), genauer der sogenannte Sybillenbau, Raum – ob genügend, wird noch zu erörtern sein – für die heutige Erinnerungsstätte (der Saal der Todesurteile gehört nicht zur Erinnerungsstätte, wird aber von dieser für größere Veranstaltungen genutzt). In erinnerungspolitischer »Konkurrenz« ist im Südflügel der Rastatter Residenz das Wehrgeschichtliche Museum untergebracht.

---

3 Vgl. zur Baugeschichte des Hambacher Schlosses trotz der teilweise penetranten CDU-Nähe des Autors: Karl Heinz, Das Hambacher Schloß. Geschichte, Bauperioden, Hambacher Feste, Neustadt an der Weinstraße 1982.
4 Vgl. Rainer Wollenschneider/Michael Feik, Bundesfestung Rastatt. In Erinnerung an die Grundsteinlegung am 18. Oktober 1844, Ötigheim 1994.

Abb. 1
Das Hambacher Schloss heute: Nichts erinnert mehr an die Ruine, vor der 1832 das Hambacher Fest stattfand

Der Friedhof der Märzgefallenen im Berliner Friedrichshain schließlich birgt die Gräber der meisten Opfer der Märzereignisse von 1848. Allerdings wurde die Anlage mehrfach umgestaltet, besonders einschneidend in den Jahren 1957 bis 1961, und weist heute eher Park- als Friedhofscharakter auf. Von den wenigen heute sichtbaren Grabmälern stammt wohl nur noch ein einziges, dasjenige des Regierungsreferendars Gustav von Lensky, original aus der Zeit von Mitte des 19. Jahrhunderts; es steht jedoch auch nicht mehr an seinem ursprünglichen Standort.

Alle drei Orte können also mit dem Kapital eines Originalschauplatzes deutscher Geschichte wuchern, und sie tun dies auch – zu Recht, teilweise sogar zu wenig. Allerdings hat die Aura des vermeintlich Authentischen auch ihre Schattenseiten, denn Rastatt bzw. Neustadt an der Weinstraße und sein Ortsteil Hambach sind alles andere als Metropolen und zeichnen sich eher durch eine geografische Randlage innerhalb Deutschlands aus, was unter veränderten Umständen auch für die Lage des Friedhofs der Märzgefallenen innerhalb Berlins gilt. Das Hambacher Schloss kann dieses Defizit allerdings von Frühling bis Herbst dadurch ausgleichen, dass es durch seine Lage an den Ausläufern des Pfälzer Waldes und seine fantastische Aussicht auf die Rheinebene Scharen von Wanderern und Ausflüglern anzieht, die – wenn

Abb. 2
Das Rastatter Schloss, in dem heute die Erinnerungsstätte für die Freiheitsbewegungen und das Wehrgeschichtliche Museum untergebracht sind

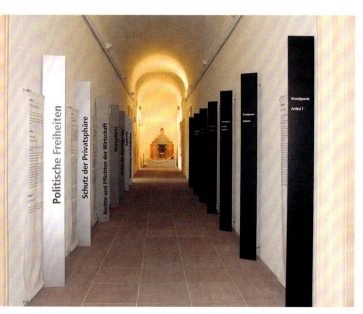

Abb. 3
Die langen, schmalen und zum Teil fensterlosen Flure im Rastatter Schloss stellen eine Herausforderung für die Ausstellungsgestalter dar

Abb. 4
Eine originelle Museumsarchitektur: der Seecontainer im Friedrichshain

Abb. 5
Die begrenzte Ausstellungsfläche im Friedrichshain lässt außer Flachware kaum andere Gestaltungselemente zu

Bernd Braun: Märtyrer der Demokratie? **229**

Abb. 6
Die Rotunde mit den zweisprachigen Informationstafeln auf dem eigentlichen Friedhofsgelände im Friedrichshain kann für Gedenkveranstaltungen entfernt werden

sie schon einmal da sind – auch die Ausstellung »Hinauf, hinauf zum Schloss!« besuchen.[5]

Daneben haben die »authentischen Orte« mit einem weiteren Nachteil zu kämpfen: Teilweise erschweren die jeweiligen Denkmalschutzauflagen die Präsentation der Ausstellungen. Dies trifft auf die vielen schmalen Gänge und Flure im Rastatter Schloss zu, welche kaum den gestalterischen Spielraum zulassen, andere Elemente als Flachware an den Wänden zu installieren. Die mit 1.200 Quadratmetern auf dem Papier sehr großzügig anmutende Ausstellungsfläche relativiert sich dadurch erheblich (Abb. 3). Dabei sind allerdings auch reizvolle Gegensätze möglich, etwa wenn das Motto von Georg Büchner »Friede den Hütten und Krieg den Palästen« ausgerechnet in einer der prächtigsten Barockresidenzen Deutschlands präsentiert wird. Der Hemmschuh des Denkmalschutzes gilt besonders für Berlin, wo der Bau eines (aus Historikersicht) angemessenen Ausstellungskomplexes auf dem Gelände des

5 Unbezahlbar in touristischer Hinsicht ist sicher die Serie »Die schönsten Schlösser und Burgen« in der Fernsehzeitschrift »Hörzu«, in deren ersten Folge am 15. August 2014 fünf Schlösser vorgestellt wurden, darunter das Hambacher Schloss. Natürlich gehört das Hambacher Schloss nicht auf diese exponierte Position, aber vermutlich werden die Verantwortlichen in Hambach keine Protestbriefe an die Redaktion der »Hörzu« geschickt haben.

Friedrichshains nicht möglich ist, man aber mit einer gleichsam improvisierten Präsentation in einem Seecontainer bzw. einer aus Stellwänden gebildeten Rotunde unter freiem Himmel einen sympathischen Ersatz geschaffen hat (Abb. 4, 5 und 6). Dabei ist zu erwägen, ob nicht gerade Schüler diese sehr überschaubare Ausstellungsfläche überaus zu schätzen wissen, weil sie ihrem vom 45-Minuten-Takt dominierten Zeitgefühl und ihrer Konzentrationsfähigkeit mehr entgegenkommt als eine erschöpfende Dokumentation.

Alle drei Originalschauplätze der Geschichte waren jahrzehntelang Orte einer Volkserinnerungskultur, bevor sie Teil einer institutionalisierten, staatlich oder zumindest halbstaatlich geförderten, deutlich verspätet einsetzenden offiziellen Erinnerungskultur wurden. Die Erinnerungsstätte für die Freiheitsbewegungen wurde 1974 im Rastatter Schloss eröffnet, mithin 125 Jahre nach der Revolution in Baden, die erste Ausstellung auf dem Hambacher Schloss 1982 zum 150-jährigen Jubiläum des Hambacher Festes, die erste Ausstellung im Friedrichshain im Jahr 2011. Der Hauptgrund für diese verspätete Erinnerung ist sicherlich die Tatsache, dass die Deutschen in toto nicht revolutionsaffin sind (Abb. 7). Otto von Bismarck schrieb am 16. September 1849 an seine Frau Johanna: »Gestern war ich mit Malle [d. i. Bismarcks Schwester Malwine, Anm. d. Verf.] im Friedrichshain, und nicht einmal den Todten konnte ich vergeben, mein Herz war voll Bitterkeit über den Götzendienst mit den Gräbern dieser Verbrecher, wo jede Inschrift auf den Kreuzen von ›Freiheit und Recht‹ prahlt, ein Hohn für Gott und Menschen. Wohl sage ich mir, wir stecken alle in Sünden, und Gott allein weiß, wie er uns versuchen darf, und Christus unser Herr ist auch für jene Meuterer gestorben; aber mein Herz schwillt von Gift, wenn ich sehe, was sie aus meinem Vaterlande gemacht haben, diese Mörder, mit deren Gräbern der Berliner noch heut Götzendienst treibt.«[6] Diese erzreaktionäre Sicht der Dinge ist keineswegs mit Bismarck ausgestorben. Selbst unter Historikern zu Beginn des 21. Jahrhunderts sind die revolutionären Ereignisse des Vormärz und des Doppeljahrs 1848/49 nicht unumstritten; sie sind gleichsam nicht kanonisiert als Bestandteil einer demokratiegeschichtlichen Meistererzählung. Als Beispiel sei der nationalkonservative Emeritus für Geschichte an der Universität Freiburg, Hans Fenske, mit einer Äußerung aus dem Jahr 2007 zitiert, der die Bedeutung des Hambacher Festes für grundsätzlich »weit überschätzt« hält: »Kein Redner fand damals den angemessenen Ton. Die Beschreibung der politischen Verhältnisse in Deutschland und Europa war eine krasse Verzerrung der Realitäten, ein Schauermärchen, das mit der Wirklichkeit nichts zu tun hatte, die Charakterisierung des hohen Adels und der Monarchen war haßerfüllt und in hohem Maße beleidigend. Das gilt ebenso für die Angriffe auf die Geistlichkeit.«[7] Aus diesem Zitat von Hans Fenske spricht, wenn

---

6 Otto von Bismarck, Fürst Bismarcks Briefe an seine Braut und Gattin, Bd. 1, Stuttgart ⁴1914, S. 143 f.

7 Hans Fenske, Das Hambacher Fest – ein Mythos? In: Pfälzer Heimat 58 (2007), S. 45–54, hier: S. 50. Jüngst noch zugespitzter in: Hans Fenske, Das Hambacher Fest. Konstruktionen eines Mythos, in: Jahrbuch der Hambach-Gesellschaft 21 (2014), S. 13–27. Ebenfalls als Geschichts-

Abb. 7
Zum 150-jährigen Revolutionsjubiläum 1998 brachte von den vier deutschsprachigen Ländern als einziges ausgerechnet das Fürstentum Liechtenstein eine Sonderbriefmarke heraus. Die Bundesrepublik Deutschland setzte einen anderen Akzent und erinnerte an 150 Jahre Paulskirchenverfassung

auch mit etwas moderateren Worten, Heinrich von Treitschke redivivus, der das Hambacher Fest als »Unfug und Ruhestörung« und als »lächerlich« abqualifiziert hatte, als »Massenversammlung trinkender und lärmender Menschen«, auf der »alle Worte in der allgemeinen Trunkenheit« verhallt seien.[8]

Die Stoßrichtung aller drei Ereignisse war antimonarchistisch und – in Berlin und Rastatt noch etwas stärker als in Hambach – gegen das politische System Preußens gerichtet, sodass als Grundvoraussetzung für eine institutionalisierte Erinnerung nicht nur die Monarchien in Deutschland und das Land Preußen untergehen mussten, sondern darüber hinaus die Systemnostalgiker, die dem Kaiserreich bzw. der NS-Diktatur nachtrauerten, erst aus den Schlüsselpositionen in Politik, Verwaltung und Museumslandschaft ausscheiden mussten. Umgekehrt avancierte bereits im 19. Jahrhundert die sozialdemokratische Arbeiterbewegung zum wichtigsten Träger der Volkserinnerung an Vormärz und Revolution. Der 18. März wurde von der Sozialdemokratie bereits als Gedenktag begangen, als vom 1. Mai noch lange keine Rede war.[9] In Hambach sprang die SPD vor allem für die Nationalliberalen, die sich

revisionist betätigte sich Fenske 2013 mit seinem Versuch, die Schuld Deutschlands am Ausbruch des Ersten Weltkrieges auf dessen Kriegsgegner abzuwälzen: Hans Fenske, Der Anfang vom Ende des alten Europa. Die alliierte Verweigerung von Friedensgesprächen 1914–1919, München 2013.

8 Heinrich von Treitschke, Deutsche Geschichte im neunzehnten Jahrhundert. 4. Teil: Bis zum Tode Friedrich Wilhelms III., Leipzig 1927, Zitate verstreut auf den S. 256–261.

9 Vgl. Beatrix W. Bouvier, Die Märzfeiern der sozialdemokratischen Arbeiter: Gedenktage des Proletariats – Gedenktage der Revolution. Zur Geschichte des 18. März, in: Dieter Düding u. a. (Hg.), Öffentliche Festkultur. Politische Feste in Deutschland von der Aufklärung bis zum Ersten Weltkrieg, Reinbek bei Hamburg 1988, S. 334–351.

von ihrem revolutionären Impetus weitgehend distanziert hatten, in die erinnerungspolitische Bresche.[10] Es war deshalb kein Zufall, dass die erste große historische Studie, die anlässlich der 75. Wiederkehr des Hambacher Festes im Jahr 1907 entstand, aus der Feder eines Sozialdemokraten, von Wilhelm Herzberg, stammte.[11] Die Gründe, warum die SPD das brach liegende Erbe der Protagonisten des Hambacher Festes in ihre Parteitradition integriert hatte, fasste Herzberg pointiert und provozierend zugleich zusammen: »Die Sozialdemokratie erfüllt die alten Ideale des Liberalismus […]. Der Tat nach gibt es heute nur eine liberale Partei, die Sozialdemokratie.«[12] Nach 1918 war es dann auch die in mehrere Parteien gespaltene Arbeiterbewegung, die (vor allem im Friedrichshain) an die revolutionären Traditionen des 19. Jahrhunderts erinnerte. Und auch die überparteiliche, aber sozialdemokratisch dominierte Republikschutzorganisation Reichsbanner Schwarz-Rot-Gold pflegte dieses Gedenken.

Die Sozialdemokratie musste erst in Schlüsselpositionen aufsteigen, bevor sie sich für eine staatlich verankerte Erinnerung einsetzen konnte. Solch eine Schlüsselposition war ohne Zweifel das Amt des Bundespräsidenten, in das der sozialdemokratische Kandidat Gustav Heinemann am 5. März 1969 gewählt wurde. Dies bedeutete nicht nur ein »Stück Machtwechsel«, wie das neue Staatsoberhaupt seine Wahl in einem Zeitungsinterview pointiert charakterisierte,[13] sondern auch ein »Stück Paradigmenwechsel« in der staatlichen Geschichtspolitik und in der Erinnerungskultur. Bereits am 13. Februar 1970 hatte sich Gustav Heinemann bei der traditionellen Schaffermahlzeit in Bremen gegen eine Geschichtsschreibung der »Sieger« ausgesprochen und gefordert, den freiheitlichen und sozialen Strang in der deutschen Geschichte angemessen zu würdigen: »Glücklicherweise hat es auch in Deutschland lange vor 1848 nicht wenige freiheitlich und sozial gesinnte Männer und Frauen gegeben, auch ganze Gruppen und Stände, die sich mit der Bevormundung der Herrschenden nicht abfinden wollten. […] Es ist Zeit, dass ein freiheitlich-demokratisches Deutschland unsere Geschichte bis in die Schulbücher hinein anders schreibt.«[14]

So geht die Entstehung der Erinnerungsstätte für die Freiheitsbewegungen in der deutschen Geschichte unmittelbar und die Errichtung des Hambacher Museums zumindest mittelbar auf Gustav Heinemanns Initiative zurück, der das Hambacher Schloss am 20. April 1970 besucht, aber aufgrund des baulichen Zustandes Rastatt als

---

10 Vgl. Bernd Braun, Johann Georg August Wirths Bild im Wandel der Geschichte, in: Armin Schlechter (Hg.), Kämpfer für Freiheit und Demokratie: Johann Georg August Wirth, Neustadt an der Weinstraße 2010, S. 53–66.
11 Wilhelm Herzberg, Das Hambacher Fest. Geschichte der revolutionären Bestrebungen in Rheinbayern um das Jahr 1832, Ludwigshafen am Rhein 1908.
12 Ebd., S. 258.
13 »Das Gute fördern und das Böse abwehren«. [Interview mit Gustav Heinemann], in: Stuttgarter Zeitung, 8.3.1969.
14 Gustav W. Heinemann, Geschichtsbewußtsein und Tradition in Deutschland. Ansprache zur Schaffermahlzeit im Bremer Rathaus, 13. Februar 1970, in: ders., Präsidiale Reden, Frankfurt am Main ²1977, S. 127–132, hier: S. 130 f.

Ort für das Freiheitsmuseum präferiert hatte. Als eine seiner letzten Amtshandlungen weihte Heinemann das Museum in Rastatt am 26. Juni 1974 mit einer programmatischen Rede ein, in der er ausführte: »Freiheitlich-demokratische und rechtsstaatliche Sozialordnung war ein alter Traum auch in unserem Land«. Gleichzeitig warnte er vor einer einseitigen Glorifizierung der Freiheit: »Eine stumme Heldengalerie, ein Walhalla deutscher Freiheit ist nicht beabsichtigt. Schweigende Verehrung wird nicht erwartet. Freiheit ist im Laufe der Geschichte auch missbraucht oder nur als Deckmantel für selbstsüchtige Interessen bestimmter Gruppen benutzt worden. Es ist zu fragen, wem und wie vielen, ob nur Einzelnen oder Allen Freiheit zugedacht war, und es ist auch zu berücksichtigen, um welche Freiheit es sich jeweils handelte. Nichts soll eingeebnet oder festgeschrieben werden.«[15]

Im Jahr 1979 griff der damalige rheinland-pfälzische Ministerpräsident Bernhard Vogel die Initiative Gustav Heinemanns auf und kündigte im Mainzer Landtag mit den Worten »Wir sollten dazu beitragen, die Grundwerte Freiheit, Solidarität und Gerechtigkeit wieder stärker in das politische Bewusstsein unserer Gesellschaft zu rücken« für 1982 die Eröffnung einer Ausstellung im Hambacher Schloss an, die trotz erheblicher Umbauarbeiten fristgerecht fertiggestellt werden konnte. Die Museumsgründungen in Rastatt und Neustadt an der Weinstraße unterschieden sich somit nur graduell von solchen des 19. Jahrhunderts: Statt eines Reichs- oder eines Landesfürsten fungierte das demokratisch gewählte Staatsoberhaupt bzw. ein Ministerpräsident zwar nicht als Stifter, aber zumindest als Initiator. Beide Vorgänge zeigen eindrücklich, wie viel ein Einzelner in einer Schlüsselposition zu bewegen vermag.

Während die Erinnerungsstätte für die Freiheitsbewegungen in Rastatt seit ihrer Gründung als Außenstelle des Bundesarchivs in Koblenz (bzw. heute Koblenz/Berlin) firmiert, wird das Hambacher Schloss vom Land Rheinland-Pfalz, dem Landkreis Bad Dürkheim und von Zuschüssen der Bundesbeauftragten für Kultur und Medien getragen. Beneidenswerte 65 Prozent seines Haushaltes erwirtschaftet das Schloss selbst. Beide Häuser sind allerdings personell alles andere als üppig ausgestattet, Rastatt verfügt nur über vier feste Stellen, darunter lediglich eine einzige im höheren Dienst; Hambach besitzt keine einzige Historikerstelle, geleitet wird die Einrichtung von einer Schlossmanagerin. Forschung ist in beiden Häusern kaum möglich bzw. nicht einmal vorgesehen. Eigentlich müsste der Bundesrepublik Deutschland dieser Teil der deutschen Geschichte mehr wert sein, als es die personelle Ausstattung beider Häuser offenbart. Dieser Satz gilt mit noch mehr Berechtigung für den Friedhof der Märzgefallenen, der vom Paul Singer Verein getragen wird, einer 1995 gegründeten und nach dem langjährigen SPD-Parteivorsitzenden benannten rührigen Privatinitiative. Der Friedhof wurde bis 2014 aus Mitteln der Stiftung Deutsche

---

15 Gustav W. Heinemann, Die Freiheitsbewegung in der deutschen Geschichte. Ansprache aus Anlaß der Eröffnung der Erinnerungsstätte in Rastatt, 26. Juni 1974, in: ders., Präsidiale Reden, Frankfurt am Main ²1977, S. 133–141, hier: S. 138.

Klassenlotterie Berlin gefördert, an deren Stelle zunächst eine Zuwendung aus dem Haushalt des Landes Berlin (Senatskanzlei – Kulturelle Angelegenheiten) getreten ist, bei der Hoffnung auf Verstetigung besteht. Im Friedrichshain würde man sich nichts sehnlicher wünschen, als so institutionell verankert zu sein wie Hambach und Rastatt und über eine Bundeszuwendung als nationaler Erinnerungsort anerkannt zu werden. Hoffnungen, dass die Rede von Bundestagspräsident Norbert Lammert anlässlich der 15. Bundesversammlung am 18. März 2012, in der er ausdrücklich und ausführlich auf die zentrale Bedeutung dieses Datums für die deutsche Geschichte eingegangen war, eine Aufwertung des Friedhofs der Märzgefallenen mit sich bringen könnte, haben sich als trügerisch erwiesen.[16] Norbert Lammert ist eben kein Gustav Heinemann, was nicht abwertend, sondern nur einordnend zu verstehen ist, denn dieses Urteil trifft auch auf andere hohe Repräsentanten unseres Staates zu. Vergegenwärtigt man sich noch einmal, dass neben der Frankfurter Paulskirche[17] Hambach, Rastatt und der Friedrichshain die wichtigsten Schauplätze der freiheitlich-revolutionären Ereignisse des 19. Jahrhunderts darstellen – die »Straße der Demokratie« in Südwestdeutschland umfasst noch eine ganze Reihe weiterer Örtlichkeiten[18] –, dann bleibt als Eindruck haften, dass dieser Traditionsstrang deutscher Geschichte bei allem Engagement vor Ort gezwungen ist, personell und finanziell ein erinnerungspolitisches Nischendasein zu fristen.

Alle drei Erinnerungsorte haben einen mehr oder weniger engen Bezug zur Deutschen Demokratischen Republik. Gustav Heinemanns erinnerungspolitischer Initiative lag zugrunde, der DDR nicht alleine den positiven Traditionsstrang deutscher Geschichte zu überlassen. Ob er dabei auch an den Friedhof der Märzgefallenen gedacht hat, sei dahingestellt. Auf jeden Fall spielte der Friedhof für die Erinnerungskultur der DDR eine wichtige Rolle, auch wenn er stets im Schatten der »Gedenkstätte der Sozialisten« auf dem Friedhof in Friedrichsfelde stand, dessen Geschichte seit 1990 als nunmehr gesamtdeutscher Gedenkort zahlreiche Parallelen zum Friedrichshain aufweist – etwa bei der politisch pluralistischen Besetzung von Gremien unter Einschluss der PDS und ihrer Nachfolgeparteien. Der Friedhof der Märzgefallenen wurde noch vor Gründung der DDR zum hundertjährigen Jubiläum 1948 umgestaltet, indem in der Mitte eines großen Rasenvierecks ein zentraler Gedenkstein

---

16 Norbert Lammert, Einleitende Worte zur 15. Bundesversammlung am 18. März 2012, https://www.bundestag.de/bundestag/praesidium/reden/2012/002/250732 (letzter Aufruf: 17.6.2016). Der Bundestagspräsident hatte sich am 18. März 2012 ein wenig zu optimistisch über die Verankerung der Revolution von 1848 in der deutschen Erinnerungskultur geäußert: »Der ›Friedhof der Märzgefallenen‹ ist heute als bedeutender Schauplatz der Revolution ein authentischer Ort der Demokratie. Seit dem vergangenen Jahr endlich wird dieses viele Jahre vernachlässigte Gelände im Berliner Friedrichshain mit einer Dauerausstellung aufgewertet. Doch es hat lange gebraucht, bis die Bedeutung dieser Revolution von 1848/49 allgemein erkannt und anerkannt wurde.«

17 Zur Ausstellung in der Frankfurter Paulskirche vgl. den Beitrag von Andreas Biefang in diesem Band.

18 Zur »Straße der Demokratie« vgl. den Beitrag von Harald Schmid in diesem Band.

platziert wurde, vor dem seither an Gedenktagen Kranzniederlegungen stattfinden. Ein weiterer prägender Eingriff erfolgte im Zusammenhang mit dem 40. Jahrestag der Novemberrevolution durch die Errichtung einer neuen Umfassungsmauer und durch die Installation von drei, Sarkophagdeckeln ähnelnden, liegenden Gedenkplatten, deren mittlere die Namen der im Friedrichshain beigesetzten getöteten Revolutionäre von 1918 trägt, während auf den beiden äußeren ein Zitat von Karl Liebknecht beziehungsweise von Walter Ulbricht eingraviert wurde. Außerdem wurde zur Erinnerung an den 9. November 1918 die von dem Bildhauer Hans Kies (1910–1984) geschaffene Statue des »Roten Matrosen« aufgestellt.

Einen DDR-Bezug weist seit 2009 auch die Erinnerungsstätte in Rastatt auf, indem neben der Ausstellung zur Revolution von 1848/49 ein zweiter Schwerpunkt auf die Freiheitsbewegungen in der DDR gelegt wurde. Es wurden dafür diejenigen Ausstellungsteile entfernt (!), die den Widerstand gegen das NS-Regime thematisiert hatten. An ihre Stelle trat der Abschnitt zur DDR, obwohl Rastatt bekanntlich immer zum Deutschen Reich und später zur Bundesrepublik Deutschland, aber niemals zur DDR gehörte. Wenn der Historiker Henning Pahl für diese neue Schwerpunktsetzung Gustav Heinemann als Zeugen aufruft, dieser habe die »einzige erfolgreiche deutsche Revolution« nicht voraussehen können, dann zeigt diese Äußerung, dass man Leiter der Erinnerungsstätte (2006 bis 2009) werden konnte, ohne das Geschichtsverständnis ihres Gründers auch nur in Ansätzen begriffen zu haben.[19] Die selektive Schwerpunktsetzung ist bis heute nicht unumstritten, wie auf der am 10. und 11. Juli 2014 in Rastatt durchgeführten Tagung »Freiheit erkämpfen, erinnern, erforschen, vermitteln, ausstellen« zum 40-jährigen Bestehen der Erinnerungsstätte deutlich wurde.[20]

Hambach, Friedrichshain und Rastatt eint abschließend eine für die Geschichtsdidaktik zentrale museumspädagogische Herausforderung, denn die dort dargestellten Ereignisse und deren Protagonisten aus dem 19. Jahrhundert sind eigentlich medial in unserer heutigen Zeit nicht mehr oder doch nur mit erheblichen Einschränkungen vermittelbar. Dies gilt insbesondere für die junge, mit modernen visuellen und audiovisuellen Medien rund um die Uhr konfrontierte und übersättigte Generation. Es sind kaum Abbildungen aus diesem Pionierzeitalter der Fotografie überliefert, selbstredend kann es keine Film- oder Tondokumente geben und

---

19 Henning Pahl, Die Erinnerungsstätte für die Freiheitsbewegungen in der deutschen Geschichte – eine Sonderaufgabe des Bundesarchivs, in: Angelika Menne-Haritz/Rainer Hofmann (Hg.), Archive im Kontext. Öffnen, Erhalten und Sichern von Archivgut in Zeiten des Umbruchs. Festschrift für Prof. Dr. Hartmut Weber zum 65. Geburtstag, Düsseldorf 2010, S. 77–96, hier: S. 89. Gustav Heinemann hatte in der Eröffnungsrede der Erinnerungsstätte in Rastatt ausdrücklich die Kriterien »Sieger« und »Besiegte« in der Geschichte infrage gestellt, vgl.: Heinemann, Freiheitsbewegung, hier bes.: S. 135.

20 Die Beiträge dieser Tagung werden laut Auskunft der Leiterin der Erinnerungsstätte Dr. Elisabeth Thalhofer vom 18. März 2015 leider nicht publiziert. Eine knappe Zusammenfassung findet sich in der Hauszeitschrift der Erinnerungsstätte, dem »Rastatter Freiheitsboten«; vgl.: Rastatter Freiheitsbote 32 (August 2014).

Abb. 8
In der Hambacher Ausstellung werden Schwerpunkte – wie hier »Meinungsfreiheit und Zensur« – in sogenannten Themeninseln mit interaktiven Elementen präsentiert

die Schriftzeugnisse, auch die gedruckten, sind für die meisten heutigen Zeitgenossen, sofern sie sich nicht professionell mit dieser Epoche auseinandersetzen, kaum entzifferbar. Von den meisten Protagonisten aus Hambach, Berlin und Rastatt existieren überhaupt keine Abbildungen, nicht einmal Porträts in Form von Zeichnungen oder Gemälden, zudem sind von ihnen kaum schriftliche Dokumente und fast keine dreidimensionalen Erinnerungsgegenstände überliefert. Trotzdem gibt es natürlich Ausstellungen an den drei Orten, keine davon tümelt Deutsch, sondern alle ordnen die jeweiligen regionalen revolutionären Ereignisse in die gesamtdeutsche Situation und in die Geschichte der europäischen Revolutionen der Jahre 1830 folgende und 1848 folgende ein (Abb. 8 und 9). Fantasievolle Ansätze, etwa die Möglichkeit, dass sich in Hambach ganze Schulklassen vor einer Führung verkleiden können, schaffen spielerische Zugänge zu einer schwierig darzustellenden Thematik (Abb. 10). Wie ließe sich nun trotz dieser ungünstigen Ausgangslage die mediale Vermittlung an allen drei Orten lebendiger gestalten? Diese Frage leitet über zu dem Kapitel über die biografischen Ansätze in den drei Ausstellungen.

Abb. 9
Die Rastatter Dauerausstellung präsentiert die Revolutio 1848/49 unter anderem mithilfe von Pappmascheefiguren

Abb. 10
Schulklassen, aber auch Erwachsenengruppen, können sich im Hambacher Schloss kostümieren, um – so die Intention – einen leichteren Zugang zu den Ereignissen des Vormärz zu erhalten

2. Braucht die Erinnerungskultur Opfer, Märtyrer, Helden oder Lichtgestalten? Biografische Ansätze in Hambach, im Friedrichshain und in Rastatt

Zunächst einmal handelt es sich in erster Linie um drei ereignisbezogene Gedenkorte und Ausstellungen. Sie erinnern an historische Vorgänge von vergleichsweise kurzer Dauer: an das vom 27. Mai bis 1. Juni 1832 – also gerade einmal sechs Tage – während Hambacher Fest, an die Erstürmung der Barrikaden am 18. und 19. März 1848 und an die blutigen Zusammenstöße während der Novemberrevolution 1918 in Berlin sowie an den vom 11. Mai bis 23. Juli 1849 dauernden badischen Aufstand in der Festung Rastatt. Die drei (bzw. vier) historischen Ereignisse sind nicht primär mit einzelnen Personen, sondern allenfalls mit Personengruppen verknüpft, die zudem weitgehend anonym sind. Hand aufs Herz: Wer außer Historikern, die sich intensiv mit der Materie beschäftigt haben, könnte einen der 19 im Jahr 1849 in Rastatt zum Tode verurteilten Revolutionäre namentlich benennen, wer wenigstens einen der 270 Märzgefallenen? Ein wenig anders sieht es im Fall Hambach aus, aber wer kennt neben den beiden prominenten Organisatoren des Hambacher Festes, Johann Georg August Wirth und Philipp Jakob Siebenpfeiffer, einen der zahlreichen weiteren Redner?

Der Nachteil dieser weitgehenden Anonymität ist eine verminderte Identifikationsmöglichkeit mit den historischen Vorgängen und damit ein geringeres Potenzial, diese im besten Sinne des Wortes zu popularisieren. Natürlich, um noch einmal auf den Begriff der Märtyrer zurückzukommen, sind die 11.000 Kölner Jungfrauen nicht nur aufgrund ihres Status, sondern alleine schon durch ihre Anzahl beeindruckend, aber als anonyme Personengruppe sind sie trotzdem weit weniger greifbar als eine namentlich bekannte Einzelfigur wie etwa der Heilige Sebastian oder die Heilige Barbara. Die studentische Widerstandsgruppe »Weiße Rose« würde heute nicht zum erinnerungspolitischen Allgemeingut der Deutschen gehören, wenn sie nicht mit Hans und vor allem mit Sophie Scholl ein Gesicht erhalten hätte. Die Hervorhebung einzelner Protagonisten kann allerdings zulasten der historischen Gerechtigkeit gehen. So war etwa der aus Russland stammende und ebenfalls hingerichtete Alexander Schmorell als Mitverfasser der Flugblätter wesentlich wichtiger für die »Weiße Rose« als Sophie Scholl; trotzdem ist er weitgehend unbekannt, auch wenn er von der russisch-orthodoxen Kirche im Jahr 2007 zum »Heiligen Alexander von München« erhoben wurde. Trotz des Risikos, die historische Gerechtigkeit zu gefährden, sollte man das Wagnis eingehen, einzelne besonders geeignete Personen als Identifikationsfiguren herauszustellen.

Was unterscheidet den hier hervorgehobenen Begriff der Identifikationsfigur von Termini, die in diesem Zusammenhang auch öfter zu finden sind: demjenigen des Märtyrers (der ja schon eingangs als unpassend eingestuft wurde), dem des Helden oder demjenigen der Lichtgestalt? Der Unterschied liegt zum einen in dem begrifflichen Bedeutungswandel. In ihrer ursprünglichen Definition machen Helden oder Lichtgestalten keine Fehler, sondern sind eindimensionale Gut- und Übermenschen.[21] Sie stehen dafür auf Podesten oder Denkmalsockeln und sind für den Normalmenschen unerreichbar. In diese Kategorie gehört zum Beispiel keiner der fünf Namensgeber der Politikergedenkstiftungen: Weder Konrad Adenauer noch Friedrich Ebert, Theodor Heuss oder Willy Brandt waren Lichtgestalten (von Bismarck, der nicht einmal ein Demokrat war, ganz zu schweigen). Vielmehr haben sie in ihrem Leben nicht nur wegweisende Weichenstellungen eingeleitet, sondern auch Fehlentscheidungen getroffen und im politischen wie im privaten Bereich Fehler begangen. Zum anderen wird gerade der Begriff »Held« heutzutage inflationär gebraucht und ist dadurch noch fragwürdiger geworden; von Fußballnationalspielern bis hin zu im sozialen Bereich ehrenamtlich engagierten Menschen wimmelt es in unseren

---

21 Vgl. die Passage über Johann Georg August Wirth im Beitrag von Harald Schmid in diesem Band (S. 250), in der Schmid Reinhard Bockhofers Aussage paraphrasiert, wonach Wirth als »demokratisches Vorbild« aufgrund seiner Äußerungen als Publizist »einer Überprüfung bedürfe«. Vgl. Reinhard Bockhofer, Vorwort, in: ders. (Hg.), Verachtet, verfolgt, verdrängt. Deutsche Demokraten 1760–1986. Erinnerung anlässlich des Grundgesetztages am 23. März 2005, Bremen 2007, S. 7–10, hier: S. 9. Die polemisch zugespitzte Äußerung Bockhofers spricht allerdings weniger gegen Wirth als gegen die Unbrauchbarkeit der Art und Weise, wie er den Terminus »demokratisches Vorbild« benutzt.

Medien von sogenannten Helden. Wenn im Sport tätige Multimillionäre dadurch zu Helden werden, dass sie ihrem überbezahlten Beruf nachgehen oder das einzige Opfer, das Bürger einbringen, ihre Freizeit ist, dann sind letztlich alle Menschen potenzielle Helden. Für beide Fälle, die absolute Überbewertung wie die absolute Nivellierung, gilt das Wort aus Bertolt Brechts Drama »Leben des Galilei«: »Unglücklich das Land, das Helden nötig hat!« Und unglücklich die Erinnerungskultur, die nur dann greift, wenn Menschen zu Helden stilisiert werden oder sich als Helden opferten, zumal der Begriff »Opfer« unter Jugendlichen seit der Jahrtausendwende eine negative Konnotation erfahren hat. »Opfer« hat sich in dieser Altersgruppe zum Schimpfwort entwickelt und weckt nicht automatisch Empathie. Außerdem ist der Begriff »Opfer« in erster Linie mit den Millionen Toten der NS-Diktatur verknüpft, an die etwa in den KZ-Gedenkstätten erinnert wird. Es verbietet sich für die Erinnerungsorte der Revolutionen des 19. Jahrhunderts von vornherein, in eine Art Opferkonkurrenz oder Opferkontinuität treten zu wollen. Identifikationsfiguren hingegen sind keine künstlich überhöhten Persönlichkeiten, sondern Menschen, die erst durch ihre gebrochene Biografie als Menschen erfahrbar werden. Es sind Menschen mit Stärken *und* Schwächen, zu denen man sich bekennen darf. Identifikationsfiguren besitzen Lebensläufe, die trotz schwierigster historischer Quellenlage einen Zugang zu den jeweiligen historischen Ereignissen ermöglichen.

Wie geht man nun in Hambach, Berlin und Rastatt mit dem biografischen Ansatz um? Um es vorwegzunehmen: die Präsentationen in den drei Ausstellungen sind nicht *zu* biografisch, sondern im Gegenteil *zu wenig* biografisch ausgerichtet. Natürlich stehen unter den erwähnten Protagonisten in Hambach Wirth und Siebenpfeiffer im Mittelpunkt. Allerdings hängen Gemälde mit Porträts von Johann Georg August Wirth und seiner Frau Regina gleichberechtigt nebeneinander (Abb. 11). Damit wird nicht dem Zeitgeisttübel des Genderns gehuldigt, sondern völlig zu Recht darauf hingewiesen, dass Regina Wirth alle politischen Aktionen ihres Mannes und deren Folgen mit*ge*tragen und mit*er*tragen hat, einschließlich der Haftzeit, in der sie allein für die Familie verantwortlich war, und den Jahren des Exils. In Hambach wird versucht, neben Wirth und Siebenpfeiffer auch andere Personen in den Vordergrund zu rücken wie etwa Johann Philipp Abresch, der die Fahne mit der Aufschrift »Deutschlands Wiedergeburt« zur Schlossruine hinaufgetragen hatte – der heute noch im Original gezeigten kostbarsten Hambacher Überlieferung, deren Fragilität symbolisch für die stets gefährdeten demokratischen Grundrechte steht. Diese Strategie, zusätzliche Beteiligte als Identifikationsfiguren anzubieten, sollte, unterstützt durch intensivere Forschung, weiterverfolgt werden.

In Berlin ist man insofern bemerkenswerte Wege gegangen, indem dort die Erinnerungspolitik der DDR nicht in Bausch und Bogen verdammt worden ist, sondern versucht wurde, sinnvoll an dieses Erbe anzuknüpfen. Die DDR hatte sich einen der Märzgefallenen herausgesucht, den 17-jährigen Schlosserlehrling Ernst Zinna, der am 18. März 1848 als letzter Verteidiger der Barrikade an der Ecke Jäger-/Friedrichstraße niedergeschossen wurde und einen Tag später an den Folgen seiner Verlet-

Abb. 11
Die Porträts von Johann Georg August Wirth und seiner Frau Regina Wirth hängen in der Ausstellung im Hambacher Schloss gleichberechtigt nebeneinander

zung in der Charité verstarb. Er war auch im Alphabet das letzte Opfer, was aber kein ausschlaggebendes Kriterium für die Erinnerung an ihn gewesen sein dürfte. Von Ernst Zinna ist wie von fast allen Märzgefallenen, die überwiegend Arbeiter und Handwerker waren, herkunftsbedingt nur sehr wenig bekannt. Immerhin ist aber von ihm überliefert, dass er 1846 als 15-Jähriger während eines längeren Aufenthaltes bei seinem Onkel in Kreuznach im Abstand von zehn Tagen jeweils einen Lehrling vor dem Ertrinken in der Nahe gerettet haben soll. Der aus einer verarmten Seidenwirkerfamilie stammende Ernst war also offensichtlich ein mutiger Junge. Er wurde in der DDR als revolutionärer Held und Vorbild für die Jugend gefeiert. Ein jährlicher Preis für junge Erfinder und Künstler wurde ebenso nach ihm benannt wie Schulen und Einrichtungen zur Berufsbildung. Natürlich gab es auch von Ernst Zinna keine visuelle Überlieferung oder haptische Erinnerung. Allerdings existiert eine Federlithografie des Berliner Illustrators Theodor Hosemann (1807–1875) aus dem Jahr 1848, die Ernst Zinna gemeinsam mit dem Schlossergesellen Heinrich Glasewald bei der Verteidigung der Barrikade zeigt. Dieses Motiv wurde 1983 für eine Sonderbriefmarke

Abb. 12
Der Zugang zum Friedhof der Märzgefallenen führt über den im Jahr 2000 nach Ernst Zinna benannten Weg

der DDR verwendet. Festgehalten ist der Moment, in dem Glasewald durch einen Schuss in den linken Arm kampfunfähig ist, während Ernst Zinna mit dem gezückten Säbel seines Großvaters über die Barrikade steigt. Der wenige Augenblicke später von Kugeln getroffene Zinna ist auf dieser Zeichnung, die später auch koloriert wurde, nur von hinten zu sehen. Dieses Defizit wurde durch ein Gemälde des Leipziger Malers Heinz Wagner (1925–2003) aus dem Jahr 1953 ausgeglichen, das den gleichen Augenblick, aber dieses Mal von vorn festhält. Durch diese Visualisierung, die den Kämpfer, nicht das Opfer in den Vordergrund stellt, konnte Ernst Zinna in der DDR zum Gesicht der Märzgefallenen aufgebaut werden. Die heutige Erinnerungsstätte hat versucht, an diese Tradition anzuknüpfen, indem sie die Initiative von Berliner Schülern unterstützte, eine Straße im Bezirk Friedrichshain nach Ernst Zinna umzubenennen. Diese Aktion ist an den üblichen Widerständen gescheitert, wie sie auch andernorts in Deutschland bei Straßenumbenennungsplänen anzutreffen sind. Als Ersatz wurde im Jahr 2000 schließlich der kleine Zufahrtsweg auf dem Parkgelände, an dem auch die Gedenkstätte liegt, nach dem jungen Freiheitskämpfer benannt (Abb. 12). Ernst Zinna war, ist und bleibt eine geradezu ideale Identifikationsfigur, vor allem natürlich für Jugendliche. In Rastatt schließlich kommen in der Ausstellung die 19 zum Tode verurteilten und auch hingerichteten Revolutionäre zu kurz. Gewiss ist der ursprüngliche Holzstich »Begnadet zu Pulver und Blei 1849« von Theodor Kaufmann (1814–1896), der einen soeben erschossenen jungen Mann mit Augenbinde zeigt, äußerst eindrucksvoll, aber die Ausstellung ist gewissermaßen nicht um diese Schlüsselszene herum gruppiert worden (Abb. 13). Den ideellen Mittelpunkt in Rastatt bildet vielmehr der in den Jahren 1848 und 1849 in Frankfurt am Main benutzte Kabinettstisch der Reichsregierung, an dem sich auch prominente Besucher der Ausstellung gerne fotografieren lassen. Damit wird aber die verfassungsschöpfende Tradition von 1848/49 gegenüber der revolutionären Tradition in den Vordergrund gerückt. Leben und Sterben von Robert Blum werden zwar in der Ausstellung dargestellt, aber mit noch mehr Berechtigung hätten die 19 in Rastatt erschossenen Revolutionäre eine ausführlichere Behandlung verdient. Unter diesen 19 Opfern preußischer Justizwillkür böte sich wiederum ein Mann besonders an, um hervorgehoben zu werden: Ernst Elsenhans.[22] Der 1815 in dem heute zu Stuttgart gehörenden Ort Feuerbach geborene Journalist – ein Jahrgangsgenosse Otto von Bismarcks – hatte 1848 in der Heidelberger Zeitung »Die Republik« die Soldaten aufgefordert, den Gehorsam zu verweigern, falls ihnen befohlen würde, gegen ihre Mitbürger oder die »Sache der Freiheit« vorzugehen, was ihm wegen Anstiftung zum Hochverrat eine Haftstrafe einbrachte. Aus dem Gefängnis wurde er im Mai 1849 befreit. Während des Rastatter Aufstandes gab er die Zeitung »Der Festungs-Bote« heraus, von der insgesamt 14 Ausgaben erschienen. In der Nummer 10 vom 18. Juli 1849 entwirft Elsenhans in einem Artikel mit dem Titel »Was ist und was will die soziale Demokratie?« seine Vision einer Gesellschaft, die sich nicht nur auf Freiheit, sondern auch auf Gleichheit gründet, indem das »Mißverhältnis des Eigentums« dadurch gemildert werde, dass »statt der Herrschaft des Kapitals die Herrschaft der Arbeit oder doch deren Gleichstellung mit dem Kapital« angestrebt werde. Nach der Kapitulation der Festung Rastatt wurde Ernst Elsenhans am 6. August 1849 wegen »Hochverrats und fortgesetzten Widerstands gegen die Obrigkeit« zum Tod durch Erschießen verurteilt. Bereits einen Tag später wurde das Urteil vollstreckt; es war den preußischen Behörden offensichtlich sehr wichtig, dass Elsenhans als erster Revolutionär in Rastatt hingerichtet wurde. Die acht Kugeln, von denen der 33-Jährige getroffen wurde, reichten nicht aus, um ihn vom Leben zum Tode zu befördern, erst ein Bajonettstoß brachte das gewünschte Ergebnis. Eine anständige Beisetzung wurde Ernst Elsenhans verweigert. Ohne einen Sarg wurde sein noch warmer Leichnam nackt in eine ausgehobene Grube geworfen.

Obwohl auch von Ernst Elsenhans kein Porträt überliefert ist, wäre er eine ideale Identifikationsfigur, da er kein Soldat war, sondern Journalist. Seine Waffe war die Feder, mit der er nicht tötete, aber offensichtlich den tödlichen Hass der Obrigkeit

---

22 Vgl. die wenigen, knappen biografischen Skizzen: Felix Burkhardt, Ernst Elsenhans. Journalist der Freiheitsbewegung 1848, 1815–1849, in: Schwäbische Lebensbilder 6 (1957), S. 350–366; Heinz Bischof, Ernst Elsenhans – Literat und Revolutionär 1815–1849, in: Badische Heimat 59 (1979), S. 157–178; Wolfgang Reiß, Ernst Elsenhans (1815–1849). Ein schwäbischer Revolutionär in Rastatt, Rastatt 1995; außerdem: Peter Hank u. a. (Hg.), Rastatt und die Revolution von 1848/49. Bd. 1: Vom Rastatter Kongreß zur Freiheitsfestung, Rastatt 1999, bes. S. 640–650.

Abb. 13
Über einem Türsturz angebracht, im Format beschnitten, um in den Stuckrahmen zu passen und unter den Augen eines adipösen Barockengels: Der beeindruckende Holzstich »Begnadet zu Pulver und Blei 1849« geht in der Rastatter Ausstellung unter

auf sich lud. Ein Hass mit Spätwirkung. Als im Jahr 1994 eine im Bau befindliche Grund- und Hauptschule im Rastatter Ortsteil Rheinau nach Ernst Elsenhans benannt werden sollte, kam Kritik auf, man könne keine Schule nach einem Atheisten und Terroristen benennen.[23] Von einem der Gegner der Namensgebung, ausgerechnet einem SPD-Stadtverordneten, wurde die völlig ahistorische Parallele gezogen,

23 Das Etikett »Terrorist« wurde Elsenhans angeheftet, weil im »Festungs-Boten« Nr. 13 vom 21. Juli 1849 ein ungezeichneter Artikel erschienen war (zu dessen Urheberschaft sich Elsenhans im Verhör nach seiner Verhaftung bekannt hatte), in dem dazu aufgerufen wurde, gegen Verräter in den eigenen Reihen zur Not auch »mit der Schärfe des Schwertes«, mit »Terroris-

eine Benennung nach Elsenhans sei ungefähr so, als wenn man in hundert Jahren eine Schule in Stuttgart-Stammheim nach Andreas Baader oder Ulrike Meinhof benennen würde.[24] Mit diesem Totschlagargument wurde, so brachte es eine Glosse in der Lokalzeitung »Badisches Tagblatt« auf den Punkt, Elsenhans »ein zweites und damit hoffentlich endgültiges Mal« hingerichtet.[25] Schlussakt der Lokalposse war die Tatsache, dass der Elsenhans-Verleumder erster Rektor der im Herbst 1995 eröffneten Schule wurde. Die Schulkonferenz schlug schließlich Gustav Heinemann als Namensträger vor – eine Alternative, die letztlich vom Verwaltungsausschuss der Stadt Rastatt akzeptiert wurde.[26]

Wohlgemerkt: Dieser Vorschlag einer stärkeren Personalisierung soll gerade keine neuen Märtyrer oder Helden generieren. Selten gab es sympathischere Anführungszeichen als im Titel einer Broschüre des Friedhofs der Märzgefallenen: »Die Menschen hinter den ›Helden‹«. Es geht auch nicht darum, Vorbilder zu kreieren, denen nachgeeifert werden soll, denn Johann Georg August Wirth, Ernst Zinna oder Ernst Elsenhans, waren Menschen *ihrer* Zeit, die von *unserer* Zeit und ihren normativen Bedingungen grundverschieden ist, auch wenn manche dies geflissentlich übersehen. Das »Spiegel«-Themenheft zur Revolution von 1848 enthält einige solcher ahistorischer Brückenschläge, die nicht nur kühn, sondern mehr als tollkühn sind.[27] Johann Georg August Wirth, Ernst Zinna oder Ernst Elsenhans taugen jedoch als Identifikationsfiguren, die über ihre Einzelbiografie Empathie und Interesse für die historischen Vorgänge wecken können.

Eine Schlussbemerkung: Das 19. Jahrhundert ist seit einigen Jahren nicht mehr das letzte, sondern das *vorletzte* Jahrhundert, es sinkt nicht nur in die Geschichte zurück, sondern ist gegenüber dem 20. Jahrhundert weit weniger blutig, weniger spektakulär, weniger instabil, weniger innovativ und dadurch – oberflächlich betrachtet – auch weniger interessant, man könnte auch provozierend sagen »langweiliger«, außerdem medial weit weniger vermittelbar. Will man sich nicht erinnerungspolitisch vom 19. Jahrhundert verabschieden, dann müssen alle Möglichkeiten ausge-

---

mus«, vorzugehen. Es handelte sich bei dieser scharfen Wortwahl allerdings um eine aus der Verzweiflung geborene, reine Durchhalteparole, die nicht realisiert wurde. Zwei Tage später kapitulierte die Festung Rastatt auf Gnade und Ungnade.

24 Rastatter Revolutionär zu revolutionär?, in: Badisches Tagblatt, 7.6.1994, Nr. 128.
25 Auch das gab's noch, in: Badisches Tagblatt, 13.6.1994, Nr. 133.
26 Stadtverwaltung Rastatt, Sitzungen des Verwaltungsausschusses vom 24.11.1995 und 7.12.1995 zum Thema »Benennung der Grund- und Hauptschule Rheinau-Nord«.
27 Zum Beispiel der Beitrag von Thomas Darnstädt, der einen Bogen von der Paulskirchenverfassung zum Grundgesetz schlägt, ohne die Weimarer Reichsverfassung auch nur einmal zu erwähnen oder der Beitrag des Grünen-Politikers Werner Schulz, der eine direkte Linie von 1848/49 zu den Ereignissen in der DDR 1989 zieht, ohne die zwingende Voraussetzung, nämlich die systemverändernde Politik in der Sowjetunion und den wichtigsten Revolutionär jener Jahre, Michail Gorbatschow, auch nur zu nennen. Vgl. Thomas Darnstädt, So geht Freiheit, in: Der Spiegel. Geschichte 3 (2014): Die Revolution von 1848, S. 114–122; Werner Schulz, Deutsch, aber glücklich, in: ebd., S. 140–141.

schöpft werden, Identifikation zu generieren. Dabei sollten Identifikationsfiguren wie Johann Georg August Wirth, Ernst Zinna oder Ernst Elsenhans intensiver als Katalysatoren der historischen Erinnerung eingesetzt werden. Dann bestünde die vage Hoffnung, die Wahrnehmung dieser geschichtsrelevanten Vorgänge im Sinne von Ernst Elsenhans lebendig zu erhalten, in dessen letzter Ausgabe des »Festungs-Boten« vom 22. Juli 1849, sechzehn Tage vor seiner Ermordung, zu lesen ist: »Jahrhunderte lang wurden die Kriege nur um fürstlicher Interessen willen geführt, – wir sind aufgestanden für die Interessen der Menschheit. Und wie die Könige sterben, die Völker aber ewig leben, so wird auch das Ergebnis unseres Kampfes, als eines Kampfes Unsterblicher gegen Sterbliche, hinüberreichen in die entfernteste Zukunft.« Ein letzter Satz ganz ohne Pathos: Diese Worte von Ernst Elsenhans bleiben auch in Zukunft eine museumspädagogische, eine erinnerungspolitische Herausforderung.

Harald Schmid
Ein »kaltes« Gedächtnis?
Erinnern an Demokraten in Deutschland

Das Lehrstück Erzberger – zur Einführung

Das Erinnern an Demokraten bedeutet in Deutschland oft das Vergegenwärtigen von Niederlagen – und politischer Gewalt. Dies gilt auch für die Geschichte Matthias Erzbergers.[1] Der Zentrumspolitiker, spätere Reichsfinanzminister und Vizekanzler hatte als Leiter der deutschen Verhandlungskommission am 11. November 1918 das Waffenstillstandsabkommen von Compiègne mit unterzeichnet, das den Ersten Weltkrieg formell beendete. Zudem befürwortete Erzberger als Staatssekretär die Annahme des Versailler Vertrags. Mit beiden Taten und Haltungen zog sich Erzberger den Hass und die Hetzpropaganda des militanten Rechtsextremismus zu, die ihn etwa als »Novemberverbrecher«, »Judengenosse«, »Volksverräter« und »Totengräber des deutschen Reiches« attackierte. Nach mehreren fehlgeschlagenen Attentaten ermordeten ihn am 26. August 1921 zwei Männer, die der Organisation Consul, dem Freikorps Oberland und dem Germanenorden angehörten. Diese Tat geschah an einer Straße bei Bad Griesbach im Nordschwarzwald. Am Tatort wurde noch 1921 ein Gedenkkreuz aufgestellt, das 1933 von den Nationalsozialisten beseitigt wurde. Seit 1951 erinnert an der Stelle ein Gedenkstein mit der Inschrift »Hier starb Matthias Erzberger/Reichsfinanzminister/Am 26.8.1921/R. I. P.« an den Mord.

Ein aus heutiger Sicht fast gespenstischer Gedenkstein, verschweigt er doch die entscheidende Information, dass Erzberger als einer der herausragenden deutschen Demokraten der frühen Weimarer Republik von rechtsextremen Republikfeinden ermordet wurde. Der Mord an Erzberger bildet eines der vielen traurigen Kapitel auf dem langen und blutigen deutschen Weg zur Demokratie. Er steht beispielhaft für die Gewalt gegen die Weimarer Republik. Zugleich zeugt der »stumme«, über die Todesumstände schweigende Gedenkstein von der schwierigen Erinnerung an diese Geschichte. Wie kommt es, dass dem Trauerzug für Erzberger am 31. August 1921 in Biberach (seinem Reichstagswahlkreis) über 30.000 Menschen beiwohnten und er heute im Gedächtnis der Demokratie bestenfalls eine Randexistenz fristet? »Während der antidemokratische Reichspräsident Hindenburg bis heute landauf und landab mit Straßennamen geehrt wird, muss man Erzbergers Namen lange

---

1 Vgl. Haus der Geschichte Baden-Württemberg/Landeshauptstadt Stuttgart (Hg.), Matthias Erzberger. Ein Demokrat in Zeiten des Hasses, Karlsruhe 2013; Christopher Dowe, Matthias Erzberger. Ein Leben für die Demokratie, Stuttgart 2011; Christoph E. Palmer/Thomas Schnabel (Hg.), Matthias Erzberger 1875–1921. Patriot und Visionär, Stuttgart 2007.

suchen.«² Gewiss, für diese erinnerungskulturelle »Unterbelichtung« gibt es durchaus Gründe – etwa parteipolitische: in der SPD wegen Erzbergers auch mit antisemitischer Rhetorik vermischtem Kampf gegen die Sozialdemokratie im Kaiserreich und in der CDU aufgrund ihrer generellen Zurückhaltung bei der Erinnerung an die Zentrumstradition, um die interkonfessionelle Balance der Partei nicht zu stören. Aber solche Hinweise erklären nicht die eklatante erinnerungskulturelle Schräglage, sondern werfen Fragen nach »kalten« und »heißen« Erinnerungen auf.³

Die Erinnerung an Demokraten – hier verstanden als Vergegenwärtigung maßgeblicher historischer Akteure der Demokratisierung in spezifischen Museen, Gedenkstätten oder Erinnerungsorten – und an demokratiegeschichtlich wichtige Ereignisse ist in Deutschland nur von randständiger öffentlicher Bedeutung, jedenfalls wenn man diesen erinnerungskulturellen Sektor mit dem dominierenden Feld der Erinnerung an Nationalsozialismus und DDR vergleicht. Symptomatisch ist das nun schon jahrzehntelang verfolgte, freilich – trotz prominenter Unterstützung und kleiner Erfolge – immer noch nicht erreichte Ziel der Bürgerinitiative »Aktion 18. März«, dieses demokratiegeschichtlich gleich mehrfach besetzte Datum (Ausrufung der Mainzer Republik 1793, Märzrevolution 1848, erste freie Volkskammerwahl in der DDR 1990) zu einem nationalen Gedenktag zu befördern.⁴ Nicht herausragende Wegmarken oder Zäsuren des Kampfes um Demokratie und Rechtsstaat werden im politischen Gedächtnis fixiert, sondern die auf das 20. Jahrhundert bezogenen Leidensdaten der deutschen Geschichte erinnerungskulturell noch angereichert, wie der seit 2014 institutionalisierte und seit 2015 offiziell begangene »Gedenktag für Opfer von Flucht und Vertreibung« am 20. Juni zeigt.⁵

Welchen Stellenwert hat die Erinnerung an Demokratinnen und Demokraten in deutschen Museen, Gedenkstätten und Erinnerungsorten? Wo und wie sind in diesen Einrichtungen die positiven Traditionen, wo sind die bedeutsamen Akteure der deutschen Geschichte des Ringens um Demokratie sichtbar? Das sind scheinbar einfache Fragen, die freilich schwierig zu beantworten sind. Eine spezifische Hürde markiert dabei jene generelle Feststellung von Etienne François und Hagen Schulze:

---

2 Paula Lutum-Lenger, »Ein Märtyrer für die Sache der deutschen Republik.« – Die Erinnerungsstätte Matthias Erzberger in Münsingen-Buttenhausen, in: Konrad Pflug u. a. (Hg.), Orte des Gedenkens und Erinnerns in Baden-Württemberg, Stuttgart 2007, S. 257–262, hier: S. 261; vgl. Konrad Pflug, Gedenk- und Erinnerungsstätten in der Demokratie, in: Palmer/Schnabel (Hg.), Matthias Erzberger, S. 211–224; Robert Leicht, Diese Straße wird es nie geben ... zumindest nicht in Berlin: Warum die Hauptstadt nicht an den Reichsfinanzminister Matthias Erzberger erinnern will, in: Die Zeit, 25.8.2011.

3 Vgl. zu dieser Unterscheidung: Jan Assmann, Das kulturelle Gedächtnis. Schrift, Erinnerung und politische Identität in frühen Hochkulturen, München ²1999, S. 68–86; Charles S. Maier, Heißes und kaltes Gedächtnis. Zur politischen Halbwertzeit des faschistischen und kommunistischen Gedächtnisses, in: Transit 22 (Winter 2001/2002), S. 153–165.

4 Vgl. Gernot Jochheim, Der 18. März in der deutschen Demokratiegeschichte, Bonn 2014.

5 Vgl. Marco Dräger, Ein Hoch auf Flucht und Vertreibung? Zur Einführung des neuen Gedenktages am 20. Juni, in: Aus Politik und Zeitgeschichte 65 (2015) 25, S. 49–54.

»Die Vielfalt deutscher Geschichten bringt eine Vielfalt auseinanderstrebender Erinnerungsorte mit sich – regionaler, konfessioneller, politischer.«[6] Verschärft wird das Problem noch dadurch, dass die Geschichte der deutschen Demokratisierung dominante rote Linien der Niederlagen und des Scheiterns aufweist und deshalb wenig strahlende, weil siegreiche »Helden« kennt, was einfachen Identifikationsbedürfnissen einen Riegel vorschiebt. Zudem war die biografische Methode hierzulande in Teilen der Wissenschaft ebenso wie in der Museumsdidaktik längere Zeit verpönt.

Auch die Forschungs- und Literaturlage zu dem Thema ist gänzlich ungenügend. Gewiss, es liegen nicht wenige biografische Studien über deutsche Demokraten vor,[7] aber weitestgehend Fehlanzeige herrscht bei übergreifenden Arbeiten zur Verbreitung und Darstellung von entsprechenden Biografien in deutschen Museen. Was es gibt, sind Materialien unterschiedlicher Art zu einzelnen Museen, Ausstellungen, Erinnerungsorten und Projekten. Und ganz vereinzelt liegen Monografien und Aufsätze vor, die Einzelthemen oder -projekte untersuchen. Angesichts dessen kann dieser Beitrag nur eine sehr bescheidene erste Annäherung bieten.

Erinnerung an Demokraten – Überlegungen zur Operationalisierung

»Es gibt nicht die Demokratie an sich, es gibt nur Demokraten.«[8] Dieses Diktum des französischen Liberalismus- und Demokratieforschers Georges Burdeau verweist auf die Frage nach den Akteuren einer Demokratiegeschichte. Wer sich einmal auf

---

6 Etienne François/Hagen Schulze, Einleitung, in: dies. (Hg.), Deutsche Erinnerungsorte. Eine Auswahl, Bonn 2005, S. 7–12, hier: S. 12. Zu den richtungspolitischen Erinnerungsorten vgl. etwa: Friedrich-Ebert-Stiftung (Hg.), Erinnerungsorte der Sozialdemokratie, http://erinnerungsorte.fes.de (letzter Aufruf: 17.6.2016); Meik Woyke, Erinnerungsorte der deutschen Sozialdemokratie. Konzeption und didaktisches Profil einer Internetpräsentation für die historisch-politische Bildung, in: Jahrbuch für Politik und Geschichte 3 (2012), S. 149–169; SPD Landesorganisation Hamburg (Hg.), Hamburger Erinnerungsorte der Sozialdemokratie. Drei Rundgänge, Hamburg 2013.

7 Siehe etwa die Sammlungen: Manfred Asendorf/Rolf von Bockel (Hg.), Demokratische Wege. Ein biographisches Lexikon, Stuttgart 2006; Claudia Fröhlich/Michael Kohlstruck (Hg.), Engagierte Demokraten. Vergangenheitspolitik in kritischer Absicht, Münster 1999; Reinhard Bockhofer (Hg.), Verachtet, verfolgt, verdrängt. Deutsche Demokraten 1760–1986. Erinnerung anlässlich des Grundgesetztages am 23. Mai 2005, Bremen 2007; Bastian Hein u. a. (Hg.): Gesichter der Demokratie. Porträts zur deutschen Zeitgeschichte, München 2012; in der »alten« Bundesrepublik gab Walter Grab eine fünfbändige Darstellung und Dokumentation heraus: Walter Grab (Hg.), Deutsche revolutionäre Demokraten, Stuttgart 1971–1978; in der DDR erschien das Werk eines Autorenkollektivs unter Leitung von Dieter Fricke: Dieter Fricke u. a., Deutsche Demokraten. Die nichtproletarischen demokratischen Kräfte in der deutschen Geschichte 1830 bis 1945, Berlin 1981.

8 Zitiert nach: Manfred Asendorf/Rolf von Bockel, Vorwort, in: dies. (Hg.), Demokratische Wege. Ein biographisches Lexikon, Stuttgart 2006, S. IX–XII, hier: S. X.

die Suche nach deutschen Freiheitskämpfern und herausragenden Demokraten begeben hat und – so Reinhard Bockhofer – »in die Schutthalden des Vergessens geraten« ist, wird rasch erkennen, dass auch die deutsche Geschichte reich ist an demokratischen Traditionen. »Was aber«, so fragt Bockhofer, »fängt man damit an? Und wer sollte in Deutschland wirklich in die Ahnengalerie demokratischen Denkens und Handelns gehören?« Er spricht damit ein objektives Problem an: die Frage nach den begrifflichen ebenso wie nach den historischen Auswahlkriterien. Nochmals Bockhofer: »Vergleichende Betrachtungen *demokratischer Lebenswege* fallen nicht leicht. Kein Mensch ist nur ›gut‹. Auch unterliegen Wertschätzungen dem Wandel.« Und dann schreibt Bockhofer einen Satz, hinter dem sich nicht nur eine historiografische Erfahrung verbirgt, sondern auch eine lange deutsche Erfahrung mit unterschiedlichen politischen Systemen und Traditionen: »Jeder neue Aktenfund kann das Bild einer Person ändern.« Als Beispiel führt Bockhofer Johann Georg August Wirth an,[9] einen berühmten Redner des Hambacher Festes vom 27. Mai 1832, der lange als demokratisches Vorbild tradiert wurde, bis dann gründliche biografische Studien verdeutlichten, dass seine bislang unkritische Einordnung in das politische Denken der Opposition des Vormärz aufgrund seines zeitweise rassistischen Germanenkults sowie seiner antifranzösischen Ausfälle und antijüdischen Ressentiments einer Überprüfung bedarf.[10]

Dieses Beispiel verweist auf ein wiederkehrendes Spannungsfeld zwischen den Instrumentalisierungsinteressen etwa einer politischen Hagiografie und den Resultaten einer kritischen Geschichtswissenschaft. Tradierte Deutungen und Rezeptionsmuster lassen sich oftmals nur langsam verändern. Damit ist die nicht ganz einfache Frage nach »erinnerungswürdigen Vorkämpfern der Demokratie«[11] – und den hierbei anzulegenden Maßstäben gestellt: Von welchem Demokratieverständnis, von welchen Taten und Ereignissen, von welchen Akteuren soll das Gedächtnisnarrativ bestimmt sein?

Bei der Suche nach musealisierten deutschen Demokraten, ist also stets zu bedenken, dass sich Demokratieverständnisse wandeln. Dabei wird man gut daran tun, nicht blind zu sein für die Zeitgebundenheit politischer Erfahrungen und politischen Denkens. Denn, wie Claudia Fröhlich und Michael Kohlstruck treffend in ihrem Buch über »Engagierte Demokraten« schreiben: Für derlei »Erfahrungs- und

---

9 Vgl. hierzu den Beitrag von Bernd Braun in diesem Band.
10 Reinhard Bockhofer, Vorwort, in: ders. (Hg.), Verachtet, verfolgt, verdrängt. Deutsche Demokraten 1760–1986. Erinnerung anlässlich des Grundgesetztages am 23. Mai 2005, Bremen 2007, S. 7–10, hier: S. 8–9 (Hervorhebung im Original); vgl. Michail Krausnick, Johann Georg August Wirth. Vorkämpfer für Einheit, Recht und Freiheit. Eine Biografie, Mannheim 2011; Elisabeth Hüls, Johann Georg August Wirth 1798–1848. Ein politisches Leben im Vormärz, Düsseldorf 2004.
11 Peter Reichel, Die Vergangenheit – der unerreichbare Ort, in: Thies Schröder/Peter Reichel, Schwierige Orte: Erinnerungslandschaften in Sinai, Basel 2013, S. 6–30, hier: S. 25.

Transformationsprozesse hat ein politisches Reinheitsgebot vermutlich eine nur sehr beschränkte Gültigkeit«.[12]

Die Frage, wer ein Demokrat ist, hat schon öfter zu aufreibenden Kontroversen geführt, politisch im Allgemeinen und geschichtspolitisch im Besonderen. Erwähnt sei nur die Auseinandersetzung um die »Berufsverbote« im Zusammenhang mit dem »Radikalenerlass«. Man könnte aber auch an die Debatte um die Gedenkstätte Deutscher Widerstand in Berlin erinnern, in der sich deren Leiter, Peter Steinbach, gegen heftige Vorwürfe verteidigen musste, wonach die kommunistischen Widerstandskämpfer gegen den Nationalsozialismus in der Dauerausstellung der Gedenkstätte nichts zu suchen hätten. Im vorliegenden Beitrag lässt sich dieses Spannungsfeld nur andeuten: Wer sich im Kontext historisch-politischer Bildung, also mit allgemeiner Vermittlungsabsicht, auf die historische Suche nach Demokraten begibt, sollte – so Manfred Asendorf – einen »Demokratiebegriff zugrunde […] legen, der genügend historische Reichweite und Tiefe besitzt, um auch entfernterer Vergangenheit gerecht zu werden, und genügend politische Substanz, um in Gegenwart und Zukunft Orientierung zu ermöglichen«.[13] Solch einen tragfähigen Demokratiebegriff im Sinne eines überzeitlichen Grundkonsenses stellt die bis auf Aristoteles zurückgehende Formel »Freiheit und Gleichheit« dar. Trotzdem wird man – erinnert sei an den Hinweis auf das »politische Reinheitsgebot« – um Ambivalenzen und Widersprüche vielschichtiger Biografien nicht herumkommen. Das ist immer wieder der zu entrichtende Preis für eine gewisse Unabhängigkeit zur Gegenwart. Im Kern geht es bei diesem angesprochenen Problemfeld jedenfalls um die wissenschaftliche und politisch-kulturelle Kanonfrage: Wer gehört dazu und wer nicht?

Zu bedenken ist auch Folgendes: Sucht man nach musealisierten Demokraten, bedeutet das, den ganzen übrigen Bereich personenzentrierter Erinnerung an deutsche Demokratiegeschichte nicht zu berücksichtigen. Also beispielsweise die Benennung von Straßen, Plätzen, Gebäuden und Institutionen, ferner die Jahrestage, Friedhöfe, Medien, Film- und Theaterwerke, Briefmarkeneditionen, Veranstaltungen der historisch-politischen Bildung, Wanderausstellungen, wissenschaftlichen Arbeiten und so weiter. Ein umfassenderer Blick auf das Thema müsste auch diese Formen der Erinnerung berücksichtigen. In diesem Beitrag stehen hingegen institutionalisierte Museen herkömmlicher Art im Vordergrund; dabei bleiben virtuelle Museen und

---

12 Claudia Fröhlich/Michael Kohlstruck, Vergangenheitspolitik in kritischer Absicht, in: dies. (Hg.), Engagierte Demokraten. Vergangenheitspolitik in kritischer Absicht, Münster 1999, S. 7–30, hier S. 23–24.

13 Manfred Asendorf, Vorwort zur Sonderausgabe, in: ders./von Bockel (Hg.), Demokratische Wege. Ein biographisches Lexikon, Stuttgart 2006, S. V–VIII, hier: S. V; ebd. auch der Bezug auf den im Folgenden erwähnten »Grundkonsens« von »Freiheit und Gleichheit«: Diese Formel habe »bis heute gerade wegen ihrer Ambivalenz, Vielschichtigkeit und Widersprüchlichkeit (die der politischen Realität ja durchaus entspricht) nichts von ihrer Bedeutung als Ausgangspunkt historischer wie politikwissenschaftlicher Analyse und als Zielpunkt politischen Engagements verloren«.

Erinnerungsprojekte wie »LeMo«, »vimu« oder »Erinnerungsorte der deutschen Sozialdemokratie« ausgespart.

Demokraten in Museen – eine Erkundung

Die einschlägige Statistik erfasst für die Bundesrepublik 6.372 Museen. Diese Kultureinrichtungen haben im Jahre 2014 knapp 112 Millionen Besuche registriert.[14] Unter den Museen ist eine relativ große Zahl historisch ausgerichteter Institutionen, die jedoch nicht genau anzugeben ist, da das jährlich vom Institut für Museumskunde erhobene statistische Datenwerk sie in drei verschiedenen Kategorien erfasst:

1. Historische und archäologische Museen (477, darunter auch Gedenkstätten mit Ausstellungsgut),
2. Kulturgeschichtliche Spezialmuseen (945) sowie
3. Volkskunde- und Heimatmuseen (2799).

Zusammen sind das 4.221 Häuser; doch bleibt unklar, wie groß die Zahl historischer Museen im engeren Sinne ist. Ebenso wenig wird statistisch erfasst, welche Museen ausschließlich oder primär der Erinnerung an einzelne Personen gewidmet sind. Eine Quantifizierung, wie viele Museen es mit Fokus auf Demokraten gibt, ist somit nicht möglich. Diese Suchstrategie führt also nicht weiter.

Ein ähnliches Bild ergibt sich auf dem Feld der Gedenkstätten: Über die Orte der Erinnerung an die Opfer des Nationalsozialismus liegt eine voluminöse zweibändige Publikation vor, wenngleich diese inzwischen zwanzig Jahre alt und dringend überarbeitungsbedürftig ist; auch zur SED-Herrschaft wurden eine – allerdings weit schmalere – Dokumentation und eine Darstellung im Rahmen des Konzepts der Erinnerungsorte veröffentlicht.[15] Zur deutschen Demokratie- und Freiheitsgeschichte liegen diverse lokal und regional orientierte Darstellungen und Verzeichnisse unterschiedlichen Zuschnitts vor, die sich etwa mit den »Orten der Demokratie« in der früheren Bundeshauptstadt Bonn oder in der heutigen Kapitale Berlin auseinandersetzen. Doch existiert keine umfassende nationale Dokumentation über Orte und

---

14 Statistische Gesamterhebung an den Museen der Bundesrepublik Deutschland für das Jahr 2014, in: Materialien aus dem Institut für Museumsforschung 69 (2015), hier: S. 7; die Zahlen zu den nachfolgenden drei Kategorien: ebd., S. 23.

15 Ulrike Puvogel/Martin Stankowski, Gedenkstätten für die Opfer des Nationalsozialismus. Eine Dokumentation, Bd. 1, Bonn ²1995; Stefanie Endlich u. a.: Gedenkstätten für die Opfer des Nationalsozialismus. Eine Dokumentation, Bd. 2, Bonn 1999; vgl. hierzu auch: Stiftung Topographie des Terrors (Hg.), Holocaust Memorials. Monuments, Museums and Institutions in Commemoration of Nazi Victims, http://www.gedenkstaetten-uebersicht.de (letzter Aufruf: 17.6.2016); Stiftung Denkmal für die ermordeten Juden Europas (Hg.), Gedenkstättenportal zu Orten der Erinnerung in Europa, http://www.memorialmuseums.org (letzter Aufruf: 17.6.2016); Annette Kaminsky (Hg.), Orte des Erinnerns. Gedenkzeichen, Gedenkstätten und Museen zur Diktatur in SBZ und DDR, Bonn 2004; Martin Sabrow (Hg.), Erinnerungsorte der DDR, München 2009.

Personen der deutschen Demokratiegeschichte.[16] Auch das dreibändige, von Etienne François und Hagen Schulze herausgegebene Werk »Deutsche Erinnerungsorte« füllt diese Lücke nicht, da dessen konzeptioneller Ansatz ein ganz anderer ist.[17] In verschiedenen Regionen und Städten gab und gibt es temporäre oder etablierte Projekte zur deutschen Demokratiegeschichte, meist lokal und regional fokussiert. Damit sind hier nicht die verbreiteten Fahrten nach Berlin zu den dortigen Stätten der Demokratie[18] gemeint, sondern konkrete Projekte, wie sie beispielsweise in Saarbrücken und Weimar unter dem Titel »Stätten der Demokratie« existieren.[19] Dabei stehen nicht Personen, sondern Orte im Zentrum; um Akteure geht es nur mittelbar. Der geografische Schwerpunkt der institutionalisierten Erinnerung an die deutsche Demokratiegeschichte liegt ganz offenkundig im Südwesten. Dieser Umstand spiegelt die Gravitationsschwerpunkte der Revolutionsgeschichte von 1848/49 wider. Für keine andere deutsche Region sind so viele Publikationen zur frühen Demokratiegeschichte erschienen, in keiner anderen deutschen politischen Landschaft sind die Orte derselben auf so verschiedene Weise erinnerungskulturell präsent. Hierbei sticht die »Straße der Demokratie« hervor, die 2007 in Hambach eröffnet wurde: ein touristisches Projekt – angelehnt an andere, freilich unpolitische Routen wie die »Deutsche Weinstraße« oder die »Deutsche Burgenstraße«. Die »Straße der Demokratie« erstreckt sich von Lörrach bis Frankfurt am Main und bezieht in zwölf Städten insgesamt 63 Stationen ein. Auf der Webseite des Projekts heißt es unter der Überschrift »Mehr Demokratie erleben«: »Auch in Deutschland wurde für die Demokratie gekämpft. Hier finden Sie revolutionäre Reiseerlebnisse auf den Spuren der Demokratiegeschichte.« Dieser Introtext schließt ab mit dem verlinkten Satz »Jetzt mehr Demokratie wagen …«. Die rhetorische Wirksamkeit dieses historischen Augenzwinkerns setzt freilich bereits demokratiegeschichtliches Wissen voraus.

In jeder der beteiligten zwölf Städte in Baden-Württemberg und Rheinland-Pfalz gibt es mindestens fünf Erinnerungsorte – historische Gebäude, Denkmäler und Museen – zu sehen; wegen der besonderen Bedeutung der Paulskirche ist auch das hessische Frankfurt eine Station auf der »Straße der Demokratie«. Die einzelnen

---

16 Vgl. Stiftung Haus der Geschichte der Bundesrepublik Deutschland/Bundeszentrale für politische Bildung (Hg.): Bonn – Orte der Demokratie. Der historische Reiseführer, Berlin 2009; Oliver Boyn, Das politische Berlin. Der historische Reiseführer, Bonn 2008; Manfred Görtemaker, Orte der Demokratie in Berlin. Ein historisch-politischer Wegweiser, Berlin 2004.
17 Etienne François/Hagen Schulze (Hg.), Deutsche Erinnerungsorte, 3 Bde., München 2001.
18 Siehe etwa: Bundestagsabgeordneter Mattfeldt zeigt Besuchergruppen das politische Berlin. Tiefe Eindrücke in Stätten der Demokratie und Diktatur, http://www.kreiszeitung.de/lokales/verden/tiefe-eindruecke-staetten-demokratie-diktatur-2366410.html (letzter Aufruf: 17.6.2016).
19 Vgl. etwa: Weimar-Jena-Akademie Verein für Bildung e. V., Laboratorium Demokratie Weimar 2009/2019. Stätten deutscher Geschichte, http://www.sommercampus-weimar.de/projekte/staetten_deutscher_geschichte/prm/172/stp__5/rpn__size.dbd.1/size__1/index.html (letzter Aufruf: 17.6.2016); Erfolgreiches Projekt »Stätten der Demokratie«, http://www.saarbruecken.de/de/rathaus/presse_und_online/artikeldetail/article-53286fecodb3f (letzter Aufruf: 17.6.2016).

Orte thematisieren die Zeit von der Französischen Revolution über den Vormärz bis in die Gegenwart, wobei der Schwerpunkt auf 1848/49 liegt. Die Idee zu der Route entstand im Rahmen der Feierlichkeiten zum 150. Jahrestag der Revolution von 1848/49 in Baden und Württemberg. Langfristig sollen die »touristische Vermarktung und die Erlebbarkeit von Geschichte im Vordergrund stehen«,[20] wie es in einem begleitenden, 300-seitigen, populär aufgemachten Reiseführer heißt. Tourismusmarketing und politische Bildung sollen also auf dieser 280 Kilometer langen Straße Hand in Hand gehen.

Zwar ist dieses Projekt in seiner »analogen« Fassung nicht auf Personen konzentriert, sondern auf Orte und Ereignisse, jedoch werden auf der Webseite der »Straße der Demokratie« auch 21 prominente Akteure der Demokratiegeschichte vorgestellt – von Heinrich von Gagern über Friedrich Hecker bis zu Gustav und Amalie Struve (der einzigen Frau).[21]

Beispiel Baden-Württemberg: Die Erinnerungsstätte Matthias Erzberger

Beispielhaft sei hier die museale Demokratieerinnerung in Baden-Württemberg betrachtet, denn für diese Region ist die Daten- und Literaturlage am besten.

Die Gedenkstättenlandschaft in Baden-Württemberg hat sich in den letzten beiden Jahrzehnten sprunghaft vergrößert. Waren es Mitte der 1990er-Jahre noch 17 Einrichtungen, sind es mittlerweile über 80 Gedenkstätten, Erinnerungsstätten und Museen; darunter acht, die sich dem Thema »Demokratie und Freiheit« widmen. Ein Ausdruck dieser Entwicklung ist auch, dass Baden-Württemberg das einzige Bundesland ist, das eine umfassende, über 600-seitige Darstellung seiner wichtigsten Erinnerungsorte vorgelegt hat.[22]

20 Susanne Asche/Ernst Otto Bräunche, Die Straße der Demokratie im deutschen Südwesten – eine Einführung, in: dies. (Hg.), Die Straße der Demokratie. Revolution, Verfassung und Recht. Ein Routenbegleiter auf den Spuren der Freiheit nach Bruchsal, Frankfurt, Freiburg, Heidelberg, Karlsruhe, Landau, Lörrach, Mainz, Mannheim, Neustadt. Offenburg und Rastatt, Karlsruhe 2007, S. 15–24, hier: S. 22; Straße der Demokratie, http://www.strasse-der-demokratie.eu (letzter Aufruf: 17.6.2016).

21 In Thüringen ist kürzlich ein ähnliches Projekt an den Start gegangen, dessen Konzept Orte, Verfassungen und Personen berücksichtigt: die »Thüringer Straße der Menschenrechte und Demokratie«. Vgl.: Andrea Herz, Die neue »Thüringer Straße der Menschenrechte und Demokratie«. Über Entstehung, Ziele und Problematik, in: Gerbergasse 18 70 (1/2014), S. 38–40; Thüringer Justizministerium, Thüringer Straße der Menschenrechte und Demokratie, http://www.thueringen.de/th4/justiz/ll/strassedermenschenrechte (letzter Aufruf: 17.6.2016). Zuvor hatte das Thüringer Justizministerium eine Ausstellung zum Thema »Straße des Rechts« durch das Land wandern lassen. Vgl. Rolf Faber, Straße des Rechts. Von der Wartburg bis nach Altenburg – eine Ausstellung des Thüringer Justizministeriums, in: Thüringer Staatsanzeiger 19 (2009) 23, [o. Pag.].

22 Reinhold Weber u. a. (Hg.), Baden-württembergische Erinnerungsorte, Stuttgart 2012; siehe auch: Konrad Pflug u. a. (Hg.), Orte des Gedenkens und Erinnerns in Baden-Württemberg, Stutt-

Im Jahre 2014 besuchten insgesamt 309.878 Personen die Gedenk- und Erinnerungsstätten in Baden-Württemberg.[23] Darunter waren 108.308 Menschen, die Einrichtungen zum Thema »Demokratie und Freiheit« besichtigten, was einem Anteil von 35 Prozent entspricht. Die meisten Besucher in diesem Segment entfielen auf das Friedrich-Ebert-Haus in Heidelberg (70.028), die Erinnerungsstätte für die Freiheitsbewegungen in der deutschen Geschichte in Rastatt (16.824) und das Stuttgarter Theodor-Heuss-Haus (10.500). Die restlichen Besucher verteilten sich auf die übrigen, sehr kleinen Einrichtungen. Die Auswertung der Besucherstatistik vermerkt, dass die Orte der Demokratie und Freiheit im Unterschied zu den KZ-Gedenkstätten stärker von älteren Erwachsenen frequentiert wurden – ein Befund, der wenig überrascht angesichts der entsprechenden Bildungs- und Förderpolitik der Kulturministerien.

Folgende elf explizit personenzentrierte Einrichtungen gibt es in Baden-Württemberg:

- das Theodor-Heuss-Museum der Stadt Brackenheim;
- das Theodor-Heuss-Haus, Stuttgart;
- die Stauffenberg-Erinnerungsstätte, Stuttgart;
- der Weiße-Rose-i-Punkt, Forchtenberg;
- das Friedrich-Ebert-Haus, Heidelberg;
- die Georg-Elser-Gedenkstätte – Erinnerungs- und Forschungsstätte Königsbronn;
- die Erinnerungsstätte Matthias Erzberger, Münsingen-Buttenhausen;
- die Jacob-Picard-Gedenkstätte, Öhningen-Wangen;
- die Erinnerungsstätte »Die Männer von Brettheim«, Rot am See-Brettheim;
- die Ulmer Denkstätte Weiße Rose sowie
- das Turenne-Museum, Sasbach (ein deutsch-französischer Erinnerungsort, der an den französischen Marschall Henri Turenne erinnert, der 1675 in der Schlacht bei Sasbach starb).

---

gart 2007; für Schleswig-Holstein wäre hier zu nennen das auf eine Ausstellung zurückgehende Buch: Carsten Fleischhauer/Guntram Turkowski (Hg.), Schleswig-Holsteinische Erinnerungsorte, Heide 2006. In Niedersachsen wird derzeit eine entsprechende Publikation projektiert.

23 Die hier angegebenen Daten stützen sich auf die Zahlen, die die Landesarbeitsgemeinschaft der Gedenkstätten erhoben hat, wobei sich 92 Prozent der Einrichtungen an der Datenabfrage beteiligten; nicht enthalten ist darin das Haus der Geschichte Baden-Württemberg. Vgl. Landesarbeitsgemeinschaft der Gedenkstätten/Svenja Bauer-Blaschkowski, Besucherstatistik 2014/ Nutzungserhebung. Gedenk- und Erinnerungsstätten in Baden-Württemberg, http://www.gedenkstaetten-bw.de/fileadmin/gedenkstaetten/pdf/gedenk_statistik_2014.pdf (letzter Aufruf: 17.6.2016); Stiftung Reichspräsident Friedrich-Ebert-Gedenkstätte (Hg.), Bericht der Stiftung Reichspräsident-Friedrich-Ebert-Gedenkstätte für das Jahr 2014, Heidelberg 2015, S. 11 http://www.ebert-gedenkstaette.de/pb/site/Ebert-Gedenkstaette/get/params_E-3336507_Dattachment/1224438/Jahresbericht%202014_web.pdf (letzter Aufruf: 17.6.2016); Jahreshauptversammlung des Fördervereins Erinnerungsstätte, https://www.bundesarchiv.de/erinnerungsstaette/aktuelles/04569/index.html (letzter Aufruf: 17.6.2016); Stiftung Bundespräsident-Theodor-Heuss-Haus (Hg.), Jahresbericht 2013, Stuttgart 2014, S. 10, http://www.theodor-heuss-haus.de/fileadmin/user_upload/PDFs/JB-2013-Homepage.pdf (letzter Aufruf: 17.6.2016).

Was personenzentrierte Erinnerung an Demokratiegeschichte in Baden-Württemberg nun konkret bedeutet, sei an einer Einrichtung näher erläutert, die sich dem eingangs schon erwähnten Matthias Erzberger widmet.[24] Die Erinnerungsstätte Matthias Erzberger eröffnete am 129. Geburtstag des Politikers, am 20. September 2004, in Münsingen-Buttenhausen auf der Schwäbischen Alb. Das kleine Museum ist in dem Haus untergebracht, in dem Erzberger 1875 zur Welt kam (Abb. 1). 1927, sechs Jahre nach Erzbergers Ermordung, enthüllte das Reichsbanner Schwarz-Rot-Gold unter Beteiligung von 2.000 Menschen hier eine Gedenktafel, die die neuen Machthaber 1933 beseitigten. Das Haus befand sich jahrzehntelang im Privatbesitz. 1971 erreichte es die Tochter Erzbergers, dass eine neue Gedenktafel am Haus angebracht wurde. Erst als das Gebäude im Jahr 2000 zum Verkauf stand, eröffnete sich die Option, hier einen musealen Erinnerungsort zu errichten. Die Gemeinde Münsingen erwarb das Anwesen und gewann die Unterstützung der Landesregierung sowie als fachlichen Partner das Haus der Geschichte Baden-Württemberg, das die kleine Dauerausstellung erarbeitete. Für das landesgeschichtliche Museum, das seinen Hauptsitz in Stuttgart hat, ist diese Ausstellung – kuratiert von Christopher Dowe und geleitet von Paula Lutum-Lenger – eine von mehreren dezentralen Expositionen.

Wie wird Erzberger in dem Museum vergegenwärtigt? »Gleich wenn man zur Tür hereinkommt, erfolgt ein dramaturgischer Einstieg: Hut und Mantel, die für ihn so charakteristischen Kleidungsstücke, hängen an der Garderobe. Erzberger ist zu-

---

24 Vgl. zum historischen Kontext: Martin Sabrow, Die verdrängte Verschwörung. Der Rathenau-Mord und die deutsche Gegenrevolution, Frankfurt am Main 1999, S. 66–80; zum Erinnerungsort und zur Ausstellung: Haus der Geschichte Baden-Württemberg (Hg.), Matthias Erzberger – Ein Wegbereiter der deutschen Demokratie. Buch zur Dauerausstellung der Erinnerungsstätte Matthias Erzberger in Münsingen-Buttenhausen, Stuttgart 2011; Christopher Dowe, Erinnerungsstätte Matthias Erzberger und der Wandel der Erinnerung an diesen Wegbereiter deutscher Demokratie, in: Gegen Vergessen, für Demokratie 78 (September 2013), S. 4–6; Christopher Dowe, Bad Griesbach, Biberach, Buttenhausen. Orte der Erinnerung an Matthias Erzberger, einen Wegbereiter der deutschen Demokratie, in: Reinhold Weber u. a. (Hg.), Baden-württembergische Erinnerungsorte, Stuttgart 2012, S. 418–427; Lutum-Lenger, Märtyrer; Ausstellungsflyer: Matthias Erzberger. Ein Wegbereiter der deutschen Demokratie, https://www.hdgbw.de/ausstellungen/erzberger/index.php?eID=tx_nawsecuredl&u=0&g=0&t=1466252898&hash=f48d8d979eefbf07666a269b38c5b7f6c3fbafdb&file=/fileadmin/templates/img/pdf/erzberger_flyer_web.pdf (letzter Aufruf: 17.6.2016); vgl. auch die Webpräsenz: Haus der Geschichte Baden-Württemberg, Matthias Erzberger – Ein Wegbereiter der deutschen Demokratie, http://www.hdgbw.de/ausstellungen/erzberger/ (letzter Aufruf: 17.6.2016); sowie die Materialsammlung: Roland Deigendesch u. a., Erinnerungsstätte Matthias Erzberger (1875–1921) in Münsingen-Buttenhausen – Ein Wegbereiter parlamentarischer Demokratie in Deutschland, http://www.schule-bw.de/unterricht/faecheruebergreifende_themen/landeskunde/modelle/epochen/zeitgeschichte/repweimar/buttenhausen (letzter Aufruf: 17.6.2016). In die folgende Darstellung geht auch ein Gespräch mit Steffen Dirschka ein, geführt am 22.10.2014. Dirschka ist als Stadtarchivar von Münsingen u. a. zuständig für die Erinnerungsstätte Matthias Erzberger.

Abb. 1
Matthias Erzbergers Geburtshaus in Buttenhausen, in dem sich seit 2004 eine Erinnerungsstätte befindet

rückgekehrt an seine Geburtsstätte.«[25] Die Ausstellung »Matthias Erzberger – ein Wegbereiter der deutschen Demokratie« ist als »Dokumentarstück« (Paula Lutum-Lenger) angelegt. Sie umfasst zwölf Kapitel, die in zehn kleinen Räumen über zwei Etagen des Hauses auf insgesamt 110 Quadratmeter verteilt sind. Leben und Nachleben Erzbergers, sein Wirken und die umkämpfte Erinnerung an ihn, werden szenisch gestaltet mit originalen Exponaten dargestellt und sollen historische Zusammenhänge erfahrbar machen.

Die Ausstellung beginnt im Treppenhaus mit dem Privaten und thematisiert Erzbergers Leben jenseits der Öffentlichkeit: seine Geburt 1875 in einfache Verhältnisse hinein, seine Jahre als Jugendlicher in Buttenhausen, Erzberger als Familienvater.

Im Raum »Anwalt der kleinen Leute« erzählt die Ausstellung den Anfang von Erzbergers politischer Laufbahn, die in Württemberg begann. Als gelernter Volksschullehrer schrieb Erzberger journalistische Artikel und hielt vor Arbeitern, Handwerkern und Bauern Hunderte von Vorträgen. Sein Publikum unterstützte er darin, sich

---

25 Paula Lutum-Lenger, Erinnerungsstätte Matthias Erzberger, http://www.gedenkstaetten-bw.de/fileadmin/gedenkstaetten/pdf/gedenkstaetten/muensingen_buttenhausen_erinnerungsstaette_matthias_erzberger.pdf, S. 2 (letzter Aufruf: 17.6.2016).

in Vereinen zusammenzuschließen. Der Raum enthält unter anderem eine Kartenprojektion, auf der Besucher den Lebensspuren Erzbergers in Württemberg folgen können.

»Volksvertreter im Reichstag« ist das folgende Kapitel betitelt, in dem es um seine Arbeit als Reichstagsabgeordneter des Zentrums für den württembergischen Wahlkreis Biberach ab 1903 geht. Die Wände dieses Raums sind mit den Manuskripten mehrerer hundert Reden des Politikers gestaltet (Abb. 2).

Zu Beginn des Ersten Weltkriegs, den der nächste Raum thematisiert, stand Erzberger auf der Seite jener, die einen »Siegfrieden« forderten, dementsprechend trat er auch mit Annexionsforderungen an die Öffentlichkeit. Da er jedoch relativ früh erkannte, dass Deutschland den Krieg nicht mehr gewinnen konnte, setzte er sich ab 1917 für einen Verständigungsfrieden ein.

Unter anderem mithilfe eines Hörspiels präsentiert die Ausstellung das Kapitel »Waffenstillstand von Compiègne«. Erzberger war Leiter der deutschen Verhandlungsdelegation und unterschrieb im berühmt-berüchtigten Eisenbahnwagen auf einer Lichtung im Wald bei Compiègne in Nordfrankreich die Vereinbarung, mit der die Kampfhandlungen des Ersten Weltkriegs beendet wurden. Eine entsprechende Kulisse versucht die Stimmung bei Compiègne zu vermitteln und ermöglicht Durchblicke auf Kriegsszenen an der Westfront, auf zerstörte Städte und auf die Revolution in Berlin. Auf dem Fußboden des Raumes ist der Grundriss des Eisenbahnwagens dargestellt.

Hierauf folgt ein erster Raum zur Erinnerungskultur: Unter der Überschrift »Erinnerung an Compiègne« greift dieses Kapitel die unterschiedliche Vergegenwärtigung des Waffenstillstands in den europäischen Ländern auf. Für große Teile der deutschen Nachkriegsgesellschaft der 1920er- und 1930er-Jahre war der Waffenstillstand als ein Sinnbild für den verlorenen Krieg und den als ungerecht abgelehnten Friedensvertrag verhasst. Im Unterschied zu Deutschland herrschte bei den Siegermächten eine positive Erinnerung an den Waffenstillstand vor. Diese wird in Frankreich und Großbritannien bis heute gepflegt.

Im anschließenden Raum zum Versailler Friedensvertrag wird die Entscheidungssituation für die Weimarer Nationalversammlung dargestellt: Besetzung Deutschlands durch die Alliierten oder Frieden zu äußerst harten Bedingungen. Erzberger war einer der maßgeblichen Akteure, der sich für die Annahme des Versailler Friedensvertrages aussprach. Die Ausstellung betont sein Ziel, die drohende Besetzung Deutschlands durch die Alliierten und die Zerschlagung des Reichs zu verhindern.

Erzbergers Zeit als erster Finanzminister der Weimarer Republik zeigt die Ausstellung im Raum zur Reichsfinanzreform. Neben der Herausforderung des immensen Schuldendienstes infolge des Versailler Vertrags ordnete Erzberger binnen weniger Monate das Steuer- und Finanzwesen neu. Dabei wollte er die Kriegslasten sozial gerecht verteilen. Etwa mit der Verlagerung der Steuerhoheit von den Ländern auf das Reich schuf er Grundlagen der heutigen Steuerverwaltung. Der Ausstellungsraum

Abb. 2
Ein Raum in der Erinnerungsstätte Matthias Erzberger widmet sich seinem Wirken als Zentrumsabgeordneter im Reichstag

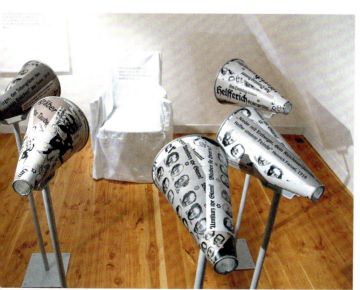

Abb. 3
Flüstertüten stehen in der Ausstellung in Buttenhausen für die antirepublikanische Hetze gegen Matthias Erzberger

zeigt die von Erzberger verantworteten Gesetze, die auf Notenständern präsentiert werden, während der Besucher respektive der unsichtbare Erzberger am Dirigentenpult steht, wo Zitate des Politikers zu lesen sind.

Erzberger, ein engagierter Streiter für die Weimarer Demokratie, war bei den deutschnationalen und rechtsextremen Gegnern der Weimarer Republik einer der am meisten gehassten Politiker. Die antirepublikanische Hetze gegen ihn ist im gleichnamigen Raum dokumentiert. Maßlose Diffamierung, Rufmord und mehrere Attentatsversuche waren die Folge. Mit »Flüstertüten« inszeniert die Ausstellung diese Gewaltpropaganda (Abb. 3).

Was im Ausstellungsraum »Politischer Mord« zu sehen ist, traf die frühe Weimarer Republik schwer: Erzberger wurde am 26. August 1921 in Bad Griesbach im Schwarzwald von ehemaligen Offizieren erschossen, die als Mitglieder antirepublikanischer Geheimorganisationen agierten. Die Täter wurden zwar ermittelt, aber erst nach dem Zweiten Weltkrieg wegen Mordes verurteilt.

Mit einem weiteren Kapitel zur Erinnerungskultur schließt der historische Teil der Ausstellung. Unter der Überschrift »Umkämpfte Erinnerung« wird den Besuchern die Erinnerung an Erzberger als Teil der erbitterten Auseinandersetzungen zwischen Befürwortern und Gegnern der Weimarer Republik gezeigt. Nach seinem gewaltsamen Tod wurden Denkmäler für ihn errichtet, die die Nationalsozialisten nach 1933 zerstörten. Dargestellt wird hier auch, dass Erzberger in der politischen Kultur der Bundesrepublik lange Zeit weitgehend vergessen war. Erst seit den 1980er-Jahren sind wieder vermehrt Impulse zur Erinnerung an diesen »Wegbereiter der deutschen Demokratie« zu verzeichnen. Die schwierige Erinnerung an Erzberger wird in diesem Raum durch ein Archivregal symbolisiert.

Im Schlusskapitel mit der Überschrift »Erzberger heute« werden Meinungen und Kenntnisse von Besuchern über die historische Bedeutung des Politikers präsentiert. Ein Statement lautet beispielsweise: »Erzberger hat versucht, nach der Katastrophe des Ersten Weltkrieges so viel wie möglich für Deutschland zu erreichen. Er ist eine demokratische Größe!« Eine andere Aussage lautet: »[Er ist N]icht nur eines der prominentesten Opfer des rechten Terrors, sondern auch eine der Schlüsselfiguren der jungen deutschen Demokratie.« Zu lesen ist hier auch: »Sein Name sagt mir zwar was, aber ich weiß nichts über ihn.«

Die Ausstellung wird jährlich von 800 bis 1.000 Besuchern frequentiert. Diese niedrige Zahl hat verschiedenen Gründe: die Abgelegenheit des kleinen Museums, das unpopuläre Thema, die eng bemessenen saisonalen Öffnungszeiten (nur sonn- und feiertags von 13 bis 17 Uhr, von November bis März sogar nur auf Anfrage) sowie die nur sehr eingeschränkten räumlichen Möglichkeiten, die eine Bildungsarbeit vor Ort erschweren und keinen Platz für Wechselausstellungen lassen. Führungen durch die Gedenkstätte werden von Aktiven des örtlichen Geschichtsvereins übernommen, fachlich betreut das Haus der Stadtarchivar von Münsingen, der freilich archivisch für 13 Teilgemeinden und neben dem Erzberger-Haus auch für zwei weitere Museen zuständig ist.

Die kleine Erinnerungsstätte, mehr modernes Museum denn herkömmliche Gedenkstätte, historisiert Erzbergers politisches Leben auf anschauliche Weise. Seine Biografie wird in den Kontext der Zeitbedingungen gestellt. Erkennbar ist die normative Perspektive, Erzberger als einen »Wegbereiter der deutschen Demokratie« zu präsentieren. Dies gelingt der Ausstellung, ohne eine unkritische Heldenverehrung zu betreiben. Chronologisch erzählend, schafft es die Präsentation, mit Erzbergers Wirken auch zentrale historische Entwicklungen zu vermitteln.

Die hier kurz vorgestellte Erinnerungsstätte Matthias Erzberger als Beispiel für die personenbezogene Erinnerung an Demokraten in Baden-Württemberg steht für das Modell einer konsensuellen, gegenwartspolitisch nicht konfliktiven Erinnerung. Allerdings befindet sie sich damit thematisch abseits des erinnerungskulturellen Mainstreams. Ein konträres Modell personenzentrierten Gedenkens lässt sich an der richtungspolitisch dominierten und konfliktiven Erinnerung an Rosa Luxemburg und Karl Liebknecht aufzeigen, wie sie alljährlich am 15. Januar mit einer politischen Kundgebung an der Luxemburg-Liebknecht-Gedenkstätte auf dem Zentralfriedhof Berlin-Friedrichsfelde zelebriert wird. Gewiss, hier stellt sich wieder die normativ-politische Frage, ob und nach welchen Kriterien historische Akteure als »Demokraten« bezeichnet werden können, aber vor allem markiert die Gegenüberstellung eindrücklich den Unterschied zwischen »kalter« und »heißer«, unbelebter und lebendiger, verblasster und aktivierender, konsensueller und richtungspolitischer Erinnerung.

Erklärungsansätze

Weshalb hat das historische Handeln von Demokraten eine so schwache Ausprägung in der Erinnerungskultur gefunden? Martin Sabrow hat zu Recht auf die Dominanz der Opfererinnerung gegenüber der Heldenverehrung verwiesen.[26] Dies ist Ausdruck einer Erinnerungskultur, die sich parallel zur inneren Demokratisierung der Republik in Jahrzehnten herausgebildet hat und in mühsamen Konflikten ein »negatives Gedächtnis«[27] durchgesetzt hat, also ein Gedächtnis, das nicht eigene Siege oder Niederlagen anderer hervorhebt, sondern eigene Verbrechen und deren Opfer. Das so verstandene »negative Gedächtnis« sperrt sich gegen einförmig »positive«, in bestimmter Hinsicht gar generell gegen jegliche Sinnstiftungen. Die gleichsam materielle Infrastruktur eines solchen »negativen Gedächtnisses« ist hierzulande an tausenden Orten zu besichtigen: Gedenkstätten, Mahnmale, Gedenktafeln, Museen, Straßennamen, »Stolpersteine« und so weiter. Dieses »negative« – insbesondere auf

---

26 Martin Sabrow, »Erinnerung« als Pathosformel der Gegenwart, in: ders. (Hg.), Der Streit um die Erinnerung, Leipzig 2008, S. 9–24.
27 Reinhart Koselleck, Formen und Traditionen des negativen Gedächtnisses, in: Volkhard Knigge/Norbert Frei (Hg.), Verbrechen erinnern. Die Auseinandersetzung mit Holocaust und Völkermord, München 2002, S. 21–32. Vgl. hierzu auch den Beitrag von Martin Sabrow in diesem Band.

den Nationalsozialismus, abgeschwächt auch auf die DDR fokussierte – Gedächtnis wird an unterschiedlichsten kalendarisch-historischen und aktuell-politischen Anlässen aktiviert. »Heldenverehrung«, um für einen Moment bei dem heiklen Begriff zu bleiben, ist in der so geprägten Erinnerungskultur eigentlich nur über einen Weg möglich – in der Verehrung außerordentlicher Taten des Widerstands oder im Gedenken an die Regimeopfer.

Diese Vorherrschaft des »negativen Gedächtnisses« imprägniert gewissermaßen große Teile der Erinnerungskultur. Fest verwurzelt ist darin auch die folgenreiche Überzeugung, die demokratischen Lernpotenziale seien primär im diktatorisch-verbrecherischen Gegenbild von NS- und SED-Staat zu finden.[28] Positive Traditionsbezüge aus der Demokratiegeschichte stehen geschichtspolitisch nicht in der ersten Reihe. Allerdings gibt es in dieser Hinsicht »von unten« auch nur marginalen Druck. Im Unterschied etwa zu den KZ-Gedenkstätten, die größtenteils aufgrund zivilgesellschaftlicher Impulse entstanden sind, sind die bekannteren Orte der Demokratie- und Freiheitsgeschichte typische, staatlich gesetzte Top-down-Produkte. Zudem ist ihr Bekanntheitsgrad meist gering. Abgesehen von der Frankfurter Paulskirche, haben fast alle historischen Orte außerhalb von Fachkreisen keinen größeren Widerhall gefunden – so auch die von Bundespräsident Gustav Heinemann initiierte Rastatter Erinnerungsstätte.[29] Ähnliches ließe sich über die Politikergedenkstätten sagen. Während den Weg nach Rastatt im Jahr 2014 knapp 17.000 Menschen fanden, verzeichnete die KZ-Gedenkstätte Dachau gut 800.000 Besucher. Damit sind nicht nur quantitative Größenordnungen der materiellen Infrastruktur des »negativen Gedächtnisses« im Verhältnis zum demokratiegeschichtlichen Fokus benannt, sondern auch die Dominanz bestimmter normativ-historischer Orientierungen. Nun könnte man natürlich einwenden, dass die großen historischen Museen in Bonn und Berlin ähnlich hohe Besucherzahlen wie die KZ-Gedenkstätten verzeichnen, aber das Haus der Geschichte der Bundesrepublik Deutschland (Bonn/Berlin/Leipzig) und das Deutsche Historische Museum (Berlin) sind im engeren Sinne weder Gedenk- noch Erinnerungsstätte. Beide Einrichtungen sind populäre nationale Geschichtsmuseen mit großzügiger finanzieller Ausstattung, gleichwohl sie mit geschichtspolitischen Intentionen hinsichtlich einer nationalen historischen Identität gegründet wurden und betrieben werden.[30]

Ein Grund für die Marginalisierung der Erinnerung an Demokraten könnte auch ein Ausdruck des Umstandes sein, dass die Demokratie im engeren Sinne als nicht bedroht erlebt wird. Als die Gedenkstättenbewegung in den späten 1970er-Jahren sich zu formieren begann, war das Feld der Erinnerung an die Opfer des NS-Regimes an den historischen, lange verdrängten, ja häufig regelrecht »abgeräumten« Orten

---

28 Vgl. hierzu den Beitrag von Richard Schröder in diesem Band.
29 Zur Frankfurter Paulskirche vgl. den Beitrag von Andreas Biefang in diesem Band. Zur Dauerausstellung der Rastatter Erinnerungsstätte vgl. den Beitrag von Bernd Braun in diesem Band.
30 Vgl. hierzu die Beiträge von Frank Bösch, Thomas Hertfelder und Jürgen Lillteicher in diesem Band.

handlungsleitend für viele Aktive aus dem weiten Feld der Neuen Sozialen Bewegungen. Aus dieser eher soziologischen, auf Handlungsmotive zielenden Sicht betrachtet, gibt es keinen ähnlich starken Grund, sich zivilgesellschaftlich besonders für die Erinnerung an die Demokratiegeschichte und ihre großen und kleinen Akteure zu engagieren.

Auf dem Weg zu einem Demokratiegedächtnis? Fazit

»Die Paulskirche«, so schreibt Hartwig Brandt, »stellt heute ein Monument der Erinnerung dar, das von allen Lagern dieser Republik beansprucht wird; eine konsensstiftende Chiffre«.[31] Indes, wenn man hier für »Paulskirche« den Namen eines deutschen Demokraten oder einer Demokratin einsetzte, zeigte sich sofort, dass es im Hinblick auf demokratische Akteure ein konsensstiftendes »Monument der Erinnerung« nicht gibt. Dieser Umstand spiegelt sich auch in den Museen wider. Erfolge einzelner Ausstellungen über herausragende Demokraten wie Robert Blum sind kaum mehr als ein gleichsam temporäres Aufflackern eines anderen kollektiven Gedächtnisses.[32] Es scheint, als fehle auf dem Feld der Demokratieerinnerung ein ähnlich populäres Projekt wie das der »Stolpersteine« von Gunter Demnig. Das ausgesprochen mäßige öffentliche Interesse an den beiden projektierten Freiheits- und Einheitsdenkmälern in Berlin und Leipzig spricht in dieser Hinsicht eine deutliche Sprache. Inzwischen sind beide Projekte gestoppt worden, ob es noch zu einer Realisierung kommt, ist offen.[33]

Die Thematisierung von Demokraten ist erinnerungskulturell und besonders hinsichtlich der historisch-politischen Identifikationsprozesse ein Randphänomen – auch die Politikergedenkstiftungen und ihre musealen Darbietungen haben diesen Zustand kaum verändert. Ob hier Vorschläge wie der, einen alljährlichen Erinnerungstag für die deutsche Demokratie zu etablieren, wirklich weiterhelfen, solange sie nicht durch zivilgesellschaftliche Impulse angetrieben werden, ist eine offene Frage. Objektiv bedeutsamer, weil strategisch folgenreicher, wäre es wohl darauf

---

31 Hartwig Brandt, Paulskirche und deutsche Parlamentsgeschichte, in: Stadt Frankfurt am Main (Hg.), Werkstatt Demokratie. 140 Jahre Paulskirchenverfassung, Frankfurt am Main 1989, S. 7–16, hier: S. 16.

32 Benedikt Erenz, Ein deutsches Idol. Er war vor Bismarck der populärste Politiker Deutschlands im 19. Jahrhundert: Leipzig erinnert in einer fabelhaften Ausstellung an den großen Robert Blum, in: Die Zeit, 27.9.2007.

33 Vgl. Luise Poschmann/Markus Geiler, »Bürgerwippe«, Bundestag stoppt Einheitsdenkmal in Berlin, in: Die Welt, 13.4.2016, http://www.welt.de/politik/deutschland/article154331154/Bundestag-stoppt-Einheitsdenkmal-in-Berlin.html (letzter Aufruf: 27.5.2016); siehe auch: Rayk Wieland, Das zentrale Nichts – die Posse um das Freiheits- und Einheitsdenkmal in Leipzig, in: ARD, 28.9.2014, http://www.daserste.de/information/wissen-kultur/ttt/sendung/mdr/2014/sendung-vom-28092014-106.html (letzter Aufruf: 4.7.2015). Vgl. hierzu auch den Beitrag von Martin Sabrow in diesem Band.

hinzuwirken, die Gedenkstättenkonzeption des Bundes entsprechend zu erweitern. Aber das ist ein dickes zu bohrendes Brett.[34]

Eine »Demokratie ohne Demokraten« – dieses geläufige Verdikt über die Weimarer Republik verführt zu der Frage, ob die Bundesrepublik eine Demokratie mit Demokraten, aber ohne Demokratiegedächtnis ist. Der erste Teil der Frage ist empirisch längst beantwortet, aber die schwache Ausprägung eines spezifischen Demokratiegedächtnisses könnte eine offene Flanke unserer Gesellschaft sein. Gewiss, der konkrete Beitrag des historischen Lernens zur Stärkung des demokratischen Bewusstseins ist kaum zu quantifizieren, aber dass politisches Denken auch von (reflektiertem) Geschichtsbewusstsein zehrt, zählt zu den gut begründeten Prämissen des wissenschaftlichen und öffentlichen Umgangs mit Geschichte. Insofern: Wer jenseits der Schlagworte wie »Erfolgsprojekt Bundesrepublik«, »SED-Diktatur« oder »nationalsozialistische Gewaltherrschaft« keine historischen Bausteine und herausragenden Akteure des langen Kampfes um Demokratie kennt, hat vermutlich nicht bloß fehlendes historisches Wissen, sondern ist auch aktuellen Zumutungen, Gefährdungen sowie Krisen dieser oder jener Art stärker ausgeliefert. Die staatliche Erinnerungskultur hierzulande gibt an diesem Punkt wenig Unterstützung. Vielleicht war in dieser Hinsicht die Entscheidung für den 3. Oktober – und gegen die historisch bedeutenden Daten 18. März, 9. Oktober, 4. November und 9. November – als neuen Nationalfeiertag des vereinigten Deutschlands der größte Fehler.

Schließlich: Die Frage nach der Musealisierung von Demokraten wäre nicht angemessen behandelt, wenn ein Aspekt ausgeklammert bliebe. Wo sind die Demokratinnen? Um es mit Mary O'Brien zu sagen: Der »Mainstream« der Demokratiegeschichte war bisher über weite Strecken ein »male stream«.[35] Auch in dieser Hinsicht gibt es Veränderungsbedarf, nicht nur beim Bund, der mit seinen fünf Politikergedenkstätten für Konrad Adenauer, Friedrich Ebert, Theodor Heuss, Willy Brandt und Otto von Bismarck Frauen als »Wegbereiterinnen der Demokratie« bislang ausklammert.[36]

---

34 Im Koalitionsvertrag der aktuellen, von CDU/CSU und SPD getragenen Bundesregierung heißt es hierzu: »Unser Bewusstsein für Freiheit, Recht und Demokratie ist geprägt durch die Erinnerung an NS-Terrorherrschaft, an Stalinismus und SED-Diktatur, aber auch durch positive Erfahrungen deutscher Demokratiegeschichte. Das bewährte Gedenkstättenkonzept des Bundes ist weiterzuentwickeln.« Die im Text danach genannten normativen Bekundungen und konkreten Absichtserklärungen beziehen sich jedoch nicht explizit auf deutsche Demokratiegeschichte. Vgl. Deutschlands Zukunft gestalten. Koalitionsvertrag zwischen CDU, CSU und SPD, 18. Legislaturperiode, S. 130, http://www.bundesregierung.de/Content/DE/_Anlagen/2013/2013-12-17-koalitionsvertrag.pdf;jsessionid=84B3BCA40166C8F45CAB BEBDA6302E95.s4t1?__blob=publicationFile&v=2 (letzter Aufruf: 17.6.2016).
35 Zitiert nach: Asendorf/Bockel, Vorwort, hier: S. IX.
36 Vgl. die Imagebroschüre: Die Politikergedenkstätten des Bundes, Berlin [2011], http://www.bundesregierung.de/Content/DE/_Anlagen/BKM/2011-05-06-politikergedenkstiftungen.pdf?__blob=publicationFile (letzter Aufruf: 17.6.2016).

Jürgen Lillteicher
Lebensgeschichtliche Perspektiven
Biografische Ansätze und Zeitzeugenschaft in den großen Ausstellungshäusern des Bundes

»Biografien erzählen. Geschichte entdecken«, das ist das Motto der fünf Politikergedenkstiftungen des Bundes. Ihre biografischen Ausstellungen versuchen, dem Besucher einen Zugang zu den Zeitumständen zu eröffnen, in denen der jeweilige Staatsmann agierte. Nicht nur das Leben und das Werk des Politikers und seine historische Bedeutung wollen die Präsentationen würdigen, vielmehr soll die Geschichte selbst erlebt und verstanden werden. Dieser Zugang ist aus geschichtsdidaktischer Perspektive legitim, denn abstrakte Entwicklungen werden verständlicher, sobald sie an das Leben einer historischen Person gekoppelt sind und »nacherlebt« werden können.

Welche Rolle spielen nun Biografien oder biografische Zugangsformen in den großen Ausstellungshäusern des Bundes: im Deutschen Historischen Museum (DHM) in Berlin, im Haus der Geschichte der Bundesrepublik Deutschland (HdG) in Bonn sowie in dessen Zweigstellen, dem Zeitgeschichtlichen Forum Leipzig (ZFL) und dem »Tränenpalast« Berlin-Friedrichstraße? Während das DHM 2.000 Jahre deutscher Vergangenheit abbildet, widmet sich das Bonner HdG der deutsch-deutschen Geschichte seit 1945. Bieten die Häuser ihren Besuchern neben den großen historischen Entwicklungslinien auch Biografien einzelner Protagonisten an? Werden neben politikgeschichtlichen Perspektiven auf die großen Entscheider auch Einblicke in die Alltagsgeschichte gewährt? Wird die deutsche Geschichte als eine Partizipationsgeschichte erzählt, in der die »kleinen Leute«, soziale Bewegungen und andere Akteure von »unten« die Geschicke mitbestimmt oder Entwicklung sogar maßgeblich vorangetrieben haben?

Die Erschließung derartiger Perspektiven oder Erzählstränge wäre ohne die geschichtswissenschaftliche Methode der Oral History[1] heute gar nicht denkbar. In den 1970er-Jahren wandten sich Historiker gegen eine reine Strukturgeschichte, die sich auf die Eliten konzentrierte. In lokalgeschichtlicher Perspektive sollte auch die Geschichte der »einfachen Bevölkerung« erzählt werden, also der Personen, die in den »oft apologetischen Meistererzählungen«[2] der universitären Geschichtswis-

---

1 Siehe hierzu zusammenfassend: Knud Andresen u. a., Es gilt das gesprochene Wort. Oral History und Zeitgeschichte heute, in: dies. (Hg.), Es gilt das gesprochene Wort. Oral History und Zeitgeschichte heute, Göttingen 2015, S. 7–23.

2 Dorothee Wierling, Zeitgeschichte ohne Zeitzeugen. Vom kommunikativen zum kulturellen Gedächtnis – drei Geschichten und zwölf Thesen, in: BIOS 21 (2008) 1, S. 28–36, hier: S. 31.

senschaft nicht vorkamen.³ Deren Alltags- und Erfahrungsgeschichte rückte nun in den Mittelpunkt des Interesses. In der Ermangelung dafür notwendiger Quellen, mussten sie, sofern sie selbst keine Berichte verfasst hatten, zunächst nach ihren Erlebnissen befragt werden.

In Einrichtungen, die die Geschichte des Nationalsozialismus und des Völkermords an den Juden Europas öffentlich präsentieren, haben die Würdigung der Opfer und damit das Individuum und seine Biografie bzw. Leidensgeschichte einen zentralen Stellenwert. Hier ist der biografische und lebensgeschichtliche Zugang geradezu der geschichtsdidaktische Königsweg. Die Überlebenden des Holocaust, die Zeugen der Verbrechen geworden sind, stehen im Mittelpunkt der Darstellung. Sie spielten schon während der juristischen Aufarbeitung der NS-Verbrechen unmittelbar nach dem Zweiten Weltkrieg und in den folgenden Jahrzehnten eine wichtige Rolle. Für den Eichmann-Prozess waren sie geradezu zentral. Diente der Zeuge zunächst der gerichtlichen Aufklärung, so wandelte er sich bei diesem medial stark beachteten Verfahren zum Beglaubiger des Völkermords an den Juden Europas für das israelische Volk und für die Weltöffentlichkeit.

Der Aufstieg des Zeitzeugens wurde durch die Geschichtsdokumentationen des Zweiten Deutschen Fernsehens (ZDF) in den 1990er-Jahren weiter vorangetrieben. Allerdings hat die neue Figur des medialen Zeitzeugens wenig gemein mit dem Befragten aus professionellen Oral-History-Interviews. TV-Journalisten befragten ihr Gegenüber nach ganz anderen Kriterien und mit anderen Zielsetzungen. Der individuelle Bericht musste sich in das Drehbuch der TV-Dokumentation einpassen. Die mediale Präsentation der Geschichte des Nationalsozialismus und des Holocaust scheint seither ohne Zeitzeugen – und damit ohne eine Geschichte individuellen Leids – nicht mehr auszukommen. Darüber hinaus ist nach den Worten Martin Sabrows die individuelle Leidensgeschichte sowie die öffentliche Beschäftigung mit ihr sogar zu einer »Leitfigur des öffentlichen Geschichtsdiskurses nicht nur in Deutschland, sondern in der gesamten westlichen Welt« geworden.⁴

Vor dem Hintergrund, dass Zeitzeugeninterviews völlig unkontextualisiert für die öffentliche Rekonstruktion von Geschichte benutzt werden, stellt sich die Frage, ob eine derartige Verwendung nicht den Grundsätzen historiografischen Arbeitens widerspricht.⁵ In der medialen Präsentation von Geschichte, so die Kritiker, seien die Zeitzeugen der NS-Geschichte und des Holocaust zu »Statisten und Stichwortgeber[n] historischer Sinnbilder«⁶, zu »autoritativen Beglaubigungsinstanzen« oder

---

3 Vgl. zur Geschichtswerkstättenbewegung, die ab den 1970er-Jahren »Geschichte vor Ort« in den Blick zu nehmen versuchte und dabei häufig auf die Methode der Oral History zurückgriff, den Beitrag von Thomas Lindenberger in diesem Band.
4 Martin Sabrow, Der Zeitzeuge als Wanderer zwischen den Welten, in: Frank Bösch/Martin Sabrow (Hg.), Die Geburt des Zeitzeugen nach 1945, Göttingen 2012, S. 13–32, hier: S. 19.
5 Dorothee Wierling spricht sich sogar für einen Verzicht auf Zeitzeugen aus. Vgl. Wierling, Zeitgeschichte, hier: S. 35 f.
6 Ebd., hier: S. 31.

zu »affirmativen Belegspendern«⁷ geworden. Gerade der Zusammenschnitt von Interviews, der meist ohne Kontextualisierung dargeboten und produziert wird, öffnet der beliebigen Verwertbarkeit von Zeitzeugenaussagen Tür und Tor.⁸ Geschichtsdidaktiker, Pädagogen und Gedenkstättenmitarbeiter möchten in der Regel jedoch nicht auf Zeitzeugen verzichten. Sie gelten weiterhin als Vermittler von Authentizität und als Brücke zwischen Vergangenheit und Gegenwart. Hinzu kommt die Furcht, dass der Holocaust mit dem Ableben der letzten Zeitzeugen endgültig historisiert und damit seine Einzigartigkeit verlieren könnte – ja, dass seine Relevanz für die Gegenwart womöglich nicht mehr erkannt wird. Diese Befürchtungen haben zu enormen Archivierungsanstrengungen geführt. Das größte Projekt dürfte das Visual History Archive der Survivors of the Shoah Visual History Foundation sein, das 52.000 Interviews aufgezeichnet und über eine Datenbank zur Verfügung gestellt hat.⁹

Obwohl das Kriegsende schon über 70 Jahre zurückliegt, sind die Erlebnisse von Zeitzeugen der NS-Verbrechen dennoch öffentlich präsenter als die Erfahrungen der mindestens drei Generationen, die den Nationalsozialismus nicht mehr bewusst erlebt haben, sondern den Wiederaufbau, den Kalten Krieg, den Ausbau der Konsumgesellschaft und des Sozialstaats, die deutsche Teilung, den Mauerbau, den Mauerfall und die Wiedervereinigung miterlebt haben. Auch die Zeitgeschichtsforschung scheint sich den Erfahrungen dieser Generation bislang noch nicht in vollem Maße zugewandt zu haben.¹⁰ Lebenswege, die von sozialem Aufstieg und materieller Absicherung berichten, weisen offensichtlich einen geringeren Span-

7 Sabrow, Zeitzeuge, hier: S. 25.
8 Judith Keilbach, Mirkofon, Videotape, Datenbank. Überlegungen zu einer Mediengeschichte der Zeitzeugen, in: Martin Sabrow/Norbert Frei (Hg.), Die Geburt des Zeitzeugen nach 1945, Göttingen 2012, S. 281–299.
9 USC Shoah Foundation, https://sfi.usc.edu/vha (letzter Aufruf: 17.6.2016). Hier ist ebenfalls das Fortunoff Video Archive for Holocaust Testemonies der Universität Yale zu nennen, das schon seit den 1970er-Jahren existiert und im Ort der Information des Denkmals für die ermordeten Juden Europas einsehbar ist; vgl. http://web.library.yale.edu/testimonies (letzter Aufruf: 17.6.2016). Das Archiv hat auch einen eigenen YouTube-Kanal eingerichtet. Interviews, die die Stiftung Denkmal für die ermordeten Juden Europas seit 2009 selbst geführt hat, sind im Netz zugänglich; vgl. http://www.sprechentrotzallem.de (letzter Aufruf: 17.6.2016). Zum Thema Zwangsarbeit gibt es ebenfalls eine umfängliche Sammlung mit Interviews. Dieses Projekt wurde von der Stiftung Erinnerung, Verantwortung und Zukunft, der Freien Universität Berlin und dem Deutschen Historischen Museum in Zusammenarbeit mit Alexander von Plato durchgeführt; vgl. Zwangsarbeit 1939–1945. Erinnerungen und Geschichte, http://www.zwangsarbeit-archiv.de (letzter Aufruf: 17.6.2016). Zwischenzeitig stand diese Datenbank in der Dauerausstellung des DHM den Besuchern zur Verfügung.
10 Eine rühmliche Ausnahme bildet der Geschichtswettbewerb des Bundespräsidenten. Vgl. Axel Schildt, Avantgarde der Alltagsgeschichte. Der Schülerwettbewerb Deutsche Geschichte von den 1970er bis zu den 1990er Jahren, in: Knud Andresen u. a. (Hg.): Es gilt das gesprochene Wort. Oral History und Zeitgeschichte heute, Göttingen 2015, S. 195–209.

nungsbogen auf als Erzählungen von Krieg und Diktatur. Sind sie deshalb weniger erzählenswert?[11]
Während die »dramatische Zeitzeugenschaft«[12] in Deutschland in der Geschichte der DDR und insbesondere in der ihres Zusammenbruchs eine Fortsetzung findet, fehlt noch eine Typisierung und Untersuchung über die Zeitzeugenschaft der Demokratiegeschichte.[13]
Spielen die Zeugen der Demokratie in den hier zu besprechenden Ausstellungen eine Rolle? Und wenn ja: Welche Funktion haben sie? Stellen sie auch hier »affirmative Belegspender« und »Stichwortgeber« dar, deren Aussagen zu Zitat-Häppchen zusammengeschnitten werden, um eine vorher durchdachte Erzählung zu illustrieren?[14]

Das Deutsche Historische Museum. Objektgeschichte und Elitenkultur

Das Deutsche Historische Museum (DHM) war bekanntlich ein geschichtspolitisches Projekt und ein persönliches Anliegen von Bundeskanzler Helmut Kohl. In seiner Regierungserklärung vom 4. Mai 1983[15] unterstützte Kohl die Initiative des Berliner Senats zugunsten eines repräsentativen Museums für deutsche Geschichte und kündigte gleichzeitig die Gründung des Hauses der Geschichte der Bundesrepublik Deutschland in Bonn an.[16] 1987 gegründet und konzipiert, war das DHM zunächst als Westberliner Antwort auf das Museum für Deutsche Geschichte der DDR in Ostberlin geplant. Heute hat es am Ort des DDR-Geschichtsmuseums, im ehemals königlich-preußischen Zeughaus, seinen Sitz und will auf rund 8.000 Quadratmetern mit etwa 8.000 Objekten die deutsche Geschichte im europäischen Kontext

---

11 Diese Frage stellen sich auch die Herausgeber des Bandes: Andresen u. a, Wort, hier: S. 13.
12 Wierling, Zeitgeschichte, hier: S. 28.
13 Einen ersten Workshop zum Thema veranstaltete der Verein »Gegen Vergessen – Für Demokratie« am 8. und 9. Oktober 2015 in Wolfsburg unter dem Titel: »Vorbilder und Zeitzeugen der Demokratie«, http://www.gegen-vergessen.de/startseite/news-detailseite/article/workshop-vorbilder-und-zeitzeugen-der-demokratie.html (letzter Aufruf: 17.6.2016).
14 Andresen u. a., Wort, hier: S. 13.
15 »In der alten Reichshauptstadt soll ein Deutsches Historisches Museum errichtet werden. Wir, die Bundesregierung, wollen bei der Verwirklichung helfen, und wir wünschen, daß das neue Museum im Jubiläumsjahr seine Tore öffnen kann.« 4. Mai 1983. Regierungserklärung von Bundeskanzler Dr. Helmut Kohl in der 4. Sitzung des Deutschen Bundestages, http://helmut-kohl-kas.de/index.php?msg=1948 (letzter Aufruf: 17.6.2016).
16 Eine konzise Zusammenfassung der Diskussion um beide Projekte bis 1985: Jürgen Kocka, Die deutsche Geschichte soll ins Museum, in: Geschichte und Gesellschaft 11 (1985), S. 59–66. Eine spätere Analyse der Ausstellung vor dem Hintergrund der bis dahin geführten Diskussionen: Jürgen Kocka, Ein chronologischer Bandwurm. Die Dauerausstellung des Deutschen Historischen Museums, in: Geschichte und Gesellschaft 32 (2006), S. 398–411. Jürgen Kocka gehörte zur Expertenkommission, die das Grundkonzept für das DHM erarbeitete.

vom 1. Jahrhundert vor Christus bis ins Jahr 1994 darstellen.[17] Die Zeit nach 1945 findet der Besucher auf circa 800 Quadratmetern im Erdgeschoss des Zeughauses, also auf knapp zehn Prozent der gesamten Ausstellungsfläche, präsentiert. Die deutsche Zeitgeschichte nach 1945 war in der Grundkonzeption für das DHM zunächst nicht vorgesehen und wurde erst auf Betreiben des Gründungsdirektors Christoph Stölzl ergänzt. Die Wiedervereinigung der beiden deutschen Staaten und die Lage des Deutschen Historischen Museums im Zentrum Berlins machten es notwendig, dass das Haus auch die Dekaden nach 1945 in die Dauerausstellung einbezog. Infolge der Friedlichen Revolution und der deutschen Einheit erhielt das DHM Sammlung und Liegenschaften des Museums für Deutsche Geschichte der DDR. Ein Neubau nach den Plänen des Architekten Aldo Rossi[18] schien nun nicht mehr vonnöten, zumal die vorgesehene Fläche im Westberliner Spreebogen infolge des »Hauptstadtbeschlusses« vom 20. Juni 1991 für den Neubau des Bundeskanzleramts ausgewählt worden war. Die Unterbringung der Dauerausstellung im Zeughaus hatte zur Folge, dass sich die Ausstellungsfläche von ursprünglich geplanten 16.000 Quadratmetern auf die Hälfte reduzierte.[19]

Grundlage aller Arbeiten zur Realisierung der Dauerausstellung war ein Grundkonzept, das eine von Bundesregierung und Berliner Senat eingesetzte 16-köpfige Sachverständigenkommission in eineinhalb Jahren intensiver Arbeit und nach diversen öffentlichen Hearings erarbeitet und im Juni 1987 fertiggestellt hatte. Das Konzept sah eine chronologische Grundstruktur vor. Epochenräume sollten die chronologisch aufgebauten Abteilungen »umhüllen«, Vertiefungsräume zum Stehenbleiben, Innehalten, Nachfragen anregen und Themenräume den langfristigen Vergleich von Konstellationen und Lebensformen erlauben.[20] Die übergeordneten Ziele, die die Kommission für die Dauerausstellung formulierte, übersetzt der Geschichtsdidaktiker Olaf Hartung wie folgt: »Frage- und Problemorientierung, Gegenwarts- und Zukunftsbezug, Identitätsbildung, kritische Selbstreflexion, Elementarisierung oder didaktische Reduktion, multiperspektivische und kontroverse Darstellung sowie Einbettung der deutschen Geschichte in einen europäischen Zusammenhang.«[21]

17 Vgl. Hans Ottomeyer, Vorwort, in: ders./Hans-Jörg Czech (Hg.), Deutsche Geschichte in Bildern und Zeugnissen, Berlin 2009, S. 5–7, hier: S. 5.
18 Eine Rekonstruktion der DHM-Geschichte durch den Ausstellungskurator des DHM: Burkhard Asmuss, Die Dauerausstellung des Deutschen Historischen Museums. Vorgeschichte, Kritik und Gegenkritik, in: Zeitgeschichte-online, Juli 2007, http://www.zeitgeschichte-online.de/thema/die-dauerausstellung-des-deutschen-historischen-museums (letzter Aufruf: 17.6.2016), hier: S. 6.
19 Vgl. Hans-Jörg Czech, Deutsche Geschichte in Bildern und Zeugnissen – Ziele und Strukturen der Ständigen Ausstellung, in: Hans Ottomeyer/Hans-Jörg Czech (Hg.), Deutsche Geschichte in Bildern und Zeugnissen, Berlin 2009, S. 9–17, hier: S. 10.
20 Eine Erläuterung bei: Kocka, Bandwurm, hier: S. 404.
21 Olaf Hartung, Dingwelten zwischen Ästhetik und Erkenntnis. Zur Dauerausstellung des Deutschen Historischen Museums, in: Zeitgeschichte-online, Juli 2007, http://www.zeitgeschichte-online.de/thema/dingwelten-zwischen-aesthetik-und-erkenntnis (letzter Aufruf: 17.6.2016), hier: S. 2.

Verzögert durch den Einigungsprozess und die damit verbundene räumliche Neuorientierung, konnte die Realisierung der Dauerausstellung erst im Jahr 2000 in Angriff genommen werden. Das Kernteam bildeten die Generaldirektion, die Ausstellungsarchitekten und neun wissenschaftliche Mitarbeiter des DHM, die als weisungsgebundene Bereichskuratoren die Vorgaben des Gründungskonzepts von 1987 inhaltlich auszuarbeiten hatten. In allen Planungs- und Realisierungsphasen standen die Mitglieder der Sachverständigenkommission als »Paten« für einzelne Ausstellungsabschnitte beratend zur Seite.[22]

Bei der Realisierung der Gesamtschau unter Hans Ottomeyer setzte das DHM auf die Authentizität der Objekte. Nach Ottomeyers Verständnis stellten die im Museum ausgestellten Überreste der Geschichte »einmalige Zeugnisse der Lebenswirklichkeit und anderer ferner Existenzen« dar. »Bilder und historische Relikte sind oft mächtiger als das schildernde Wort« so der Generaldirektor in seinem Vorwort zum Ausstellungskatalog.[23] Ottomeyer setzte damit die Tradition des Gründungsdirektors Stölzl fort, der das Deutsche Historische Museum als »ein echtes Museum, ein Schatzhaus bedeutender authentischer Geschichtszeugnisse und Kunstwerke«, verstand und »nicht nur [als] ein Gehäuse wechselnder didaktischer Installationen«.[24] Stölzl wollte mit der Objektpräsentation bewusst einen Gegenpol zum Zeitgeist setzen: »Ich bin überzeugt, dass die Begegnung mit echten Zeugnissen der Vergangenheit eine Faszination hat, die gerade in der Welt der Medien und Medienmanipulation wichtig wird«.[25]

Mit »didaktische[n] Installationen« meinte Stölzl Ausstellungen, die Objekte nicht isoliert inszenieren, sondern in ein Ensemble von Ausstellungsbauten oder Kulissen einfügen, und so die Objekte erklären und kontextualisieren; also den Besucher an die Hand nehmen und ihm in hohem Maße Orientierung geben.

Die im DHM präsentierten Objekte ziehen die Blicke der Besucher an. So gerät der Gang durch die »deutsche Geschichte«[26] – sofern man überhaupt für einen so langen Zeitraum von deutscher Geschichte sprechen kann – zu einem Streifzug durch das Schöne und Prächtige der Geschichte. Eine Vielzahl von Porträts, Stichen und Büs-

22 Vgl. Czech, Geschichte, hier: S. 10. Nach Burkhard Asmuss gehörten zur »Patenschaft« die Durchsicht von Drehbüchern, Wandabwicklungen (also der großformatigen Zusammenstellung von Texten und Objekten) und die Überprüfung von Ausstellungstexten; vgl. Asmuss, Dauerausstellung, hier: S. 7–8.
23 Ottomeyer, Vorwort, hier: S. 6
24 »Die Nation ist eine europäische Story«. Vor der Eröffnung des Deutschen Historischen Museums in Berlin. Ein Gespräch mit Gründungsdirektor Christoph Stölzl, in: Der Tagesspiegel, 30.5.2006, S. 25
25 Ebd.
26 Zur Problematik, deutsche Geschichte über einen so langen Zeitraum darzustellen, in dem es weder einen Nationalstaat Deutschland noch ein deutsches Nationalbewusstsein gab: Franziska Augstein, Land von Fürsten, Bürgern und Verbrechern. Das Deutsche Historische Museum in Berlin hat endlich eine Dauerausstellung: Darin sind alle Epochen gleich nah und gleich fern, in: Süddeutsche Zeitung, 2.6.2006, Nr. 126, S. 11.

Abb. 1
Eine Galerie der Herrscher in der Ausstellung des DHM

ten stellen die Herrscher der jeweiligen Epoche vor. Die Historie erscheint somit als eine Geschichte der großen Männer (Abb. 1). Der faszinierenden höfischen Welt werden nur an einer einzigen Stelle Objekte der Alltagsgeschichte der Untertanen gegenübergestellt.[27] So fehlen Perspektiven auf jene Lebenswelten, die das eigentliche Bild bestimmter Epochen ausmachten. Auch Jürgen Kocka konstatiert, dass trotz der Präsentation von Objekten der Kultur-, Sozial- und Wirtschaftsgeschichte die Politikgeschichte eine Leitfunktion einnimmt – ein Umstand, der in der Ursprungskonzeption des DHM nicht vorgesehen gewesen sei.[28] Der geschichtspositivistische Ansatz, Objekte erklärten sich selbst, führt außerdem dazu, dass die Entstehungsgeschichte der ausgestellten Objekte nicht erläutert wird. Herrscherporträts verfolgten in ihrer Zeit propagandisti-

27 So wundert sich Olaf Hartung darüber, dass beispielsweise dem höfischen Essbesteck keine bäuerlichen Trinkgefäße gegenübergestellt wurden. Hier hätten Unterschiede in den Lebensverhältnissen der ständischen Gesellschaft verdeutlicht werden können. Vgl. Hartung, Dingewelten, hier: S. 4. In der Ausstellung können die Besucher heute (Stand: Juni 2015) an einer einzigen Stelle eine kontrastierende Darstellung sehen: Dem opulenten Lebensstil des Adels im 19. Jahrhundert sind das Modell einer Berliner Mietskaserne und das Blechgeschirr ihrer Bewohner gegenübergestellt.
28 Vgl. Kocka, Bandwurm, hier: S. 406.

sche Zwecke oder waren nachträgliche Interpretationen bestimmter Epochen und ihrer Regenten. Ohne diese quellenkritischen Hinweise, so betont Olaf Hartung, bestehe die Gefahr, dass die Objekte im Geschichtsmuseum als »vermeintliche Abbilder der historischen Wirklichkeit«[29] wahrgenommen werden würden. Dies wirft die Frage auf, ob ein puristischer, objektzentrierter – und damit auch kunsthistorischer – Ansatz für die Darstellung von historischen Zusammenhängen überhaupt geeignet ist.

Sogenannte Meilensteine – von innen beleuchtete Stelen – könnten diese gewünschte Orientierung bieten. Sie markieren jedoch nur die Hauptstationen oder Zeitabschnitt und liefern neben Überblickstext nur Daten über die jeweils Herrschenden. Hinzu kommen Raumtexte, die vertiefende Informationen zu den einzelnen Raumeinheiten anbieten sollen. Sequenztexte haben die Aufgabe, die im Regelfall zu Kapitelabschnitten zusammengefügten Objekte zu erläutern.[30] Grundsätzlich fehlen jedoch in der gesamten Ausstellung die im ursprünglichen Ausstellungskonzept vorgesehenen Leitfragen.[31]

Die Fülle an kunsthandwerklichen Objekten nimmt im Erdgeschoss stark ab. Im Abschnitt zum 20. Jahrhundert werden eine Vielzahl anderer Gegenstände wie Plakate, Fotos und Filme präsentiert.[32] Die Politikgeschichte bleibt die wesentliche Leitplanke des Ausstellungsrundgangs. Dem Besucher begegnet eine Vielzahl von Büsten herausragender politischer Akteure, von Paul von Hindenburg über Friedrich Ebert – hier sogar mit Totenmaske –, bis hin zu Konrad Adenauer, Theodor Heuss und Walter Ulbricht. Adenauers und Heuss' Antlitz, werden die Robe eines Verfassungsrichters, ein Sitz aus dem Deutschen Bundestag und die Dienstflagge der Bundesbehörden anbei gestellt. Das Objektensemble symbolisiert die Verfasstheit der demokratischen Bundesrepublik ab 1949 (Abb. 2). Eine vertiefende Auseinandersetzung mit den Politikern über die statische Präsentation in Bronze hinaus ist für den Besucher jedoch nicht möglich. Die Akteure des politischen Neuanfangs 1949 werden lediglich in einer kleineren Porträtfotoserie präsentiert.

Der Verzicht auf Vertiefungs- und Themenräume sowie auf ein Gerüst von Leitfragen erschwert die Dechiffrierung von Objektensembles erheblich. Das Elitenkonzept der Gesamtschau wird im Zeitabschnitt 1949–1989 jedoch ein wenig aufgebrochen. Mit Flüchtlingen, Umsiedlern, Vertriebenen, Kriegsgefangenen, Heimkehrern und Displaced Person, Frauen in der DDR und in der BRD, Akteuren der Studentenbewe-

---

29 Hartung, Dingewelten, hier: S. 5.
30 Textkonzept bei Asmuss, Dauerausstellung, hier: S. 8.
31 Ein Katalog von zehn, für jede Epoche gleichlautende Fragen ist in Hörstationen ausgelagert worden.
32 Jürgen Kocka stellt eine noch größere Objektdichte als in den übrigen Abschnitten der Ausstellung fest. Es würde kaum etwas ausgelassen. Die Darstellung würde hier kleinschrittiger, gedrängter und übervoll. Eine Ursache sieht er in der zeitlichen Nähe zur Gegenwart, die verhindere, eine ähnliche Distanz wie beispielsweise zum Mittelalter oder zur Frühen Neuzeit einzunehmen. Kocka, Bandwurm, hier: S. 410.

Abb. 2
Objektensemble im DHM mit Büsten von Konrad Adenauer und Theodor Heuss (Ausschnitt)

gung der 1960er-Jahre und Anhängern der Friedensbewegung sowie den Terroristen der RAF finden historische Subjekte in der Ausstellung erstmals stärker Berücksichtigung – wenn auch nicht in Einzelbiografien, Porträts oder Fotografien, so doch mit Objekten aus ihrem Aktionsradius. Der puristische Ansatz wird auch hier streng durchgehalten. So hätte etwa die Objekt- oder Provenienzgeschichte der ausgestellten lila Latzhose Einblicke in die damalige Lebenswelt von Frauen der Emanzipationsbewegung ermöglicht. Hier wird sie jedoch lediglich als Symbol für den Bruch mit Bekleidungskonventionen für Frauen präsentiert – als Mittel des Protests in der politischen und gesellschaftlichen Auseinandersetzung. Die rein politikgeschichtliche Perspektive verstellt einmal mehr den Blick auf andere Subjekte der Geschichte und auf alltagsgeschichtliche Lebenswelten, die durchaus in Kontrast zu den präsentierten zeitgeschichtlichen Zäsuren stehen. Biografische Perspektiven finden sich eher im diktaturgeschichtlichen Kontext, etwa dort wo Einzelpersonen Opfer der NS-Gewaltherrschaft[33] oder der SED-Diktatur wurden. In einer laminierten Mappe wird neben weiteren Inhaftierten des SED-Regimes Heinrich Blobner biografisch vorgestellt, der 1957 vom Staatssicherheitsdienst der DDR wegen der Gründung eines unabhängigen, SED-kritischen studentischen Diskussionszirkels ins Leipziger Untersuchungsgefängnis des MfS eingewiesen wurde. Die Widerstandskämpfer gegen die NS-Diktatur werden in einer großen, verglasten, setzkastenartigen Vitrine präsentiert, in der sich beispielsweise eine Bronzebüste von Claus Schenk Graf von Stauffenberg befindet oder ein Foto der Geschwister Scholl. Die Ausstellung reflektiert hier die Gedenkkultur zum Nationalsozialismus, in der die Opfer und die Widerstandskämpfer eine zentrale Rolle einnehmen.

Am Ende des Ausstellungsteils über die Geschichte zwischen 1989 und 1994 begegnet dem Besucher eine »Medieninsel«, auf der Zeitzeugeninterviews für die Zeit vom Ersten Weltkrieg bis zur Gegenwart abrufbar sind. Die Interviews sind Resultat eines Projekts von ZDF und »Stern«, das unter dem Titel »Unsere Geschichte. Gedächtnis der Nation« steht. Bis heute fährt der »Jahrhundertbus« durch Deutschland und sammelt Zeitzeugeninterviews, die im Sinne eines nationalen Erbes den »Kornspeicher unseres kollektiven Gedächtnisses«[34] füllen und als »Erfahrungswerte für kommende Generationen« dienen sollen[35]. Die Besucher des DHM können die Onlinepräsentation dieses Projekts nutzen und Interviews sortiert nach Themen, Ereignissen und Jahrhundertzeugen abrufen. Die Medieninsel wurde erst 2014, also acht Jahre nach Fertigstellung der Dauerausstellung, hinzugefügt und lässt keinen Bezug zur sonstigen Ausstellung erkennen. Im Gegensatz zum Bonner Haus der Geschichte oder zum Zeitgeschichtlichen Forum Leipzig hat das DHM kein eigenes Zeitzeugenprojekt durchgeführt, sondern zeigt Sequenzen, die von den genannten Projektträgern vorwiegend für den Einsatz im Geschichtsfernsehen produziert wurden und im Internet zugänglich sind. Dementsprechend folgten die Befragungen auch den Bedürfnissen des Mediums Fernsehen. Vor neutralem Hintergrund wurden Interviews geführt, die weitgehend entkontextualisiert von einer Fernsehredaktion auf eine bestimmte Aussage hin zurechtgeschnitten werden können. Auf der im DHM präsentierten Onlineplattform lassen sich unter den Rubriken »Themen« und »Ereignisse«

---

33 Nach Auskunft des DHM befand sich bis Dezember 2014 im Abschnitt »Zwangsarbeit« ein Terminal mit Zwangsarbeiterinterviews. Dieser wird zurzeit überarbeitet und wird in der geplanten neuen Dauerausstellung wieder den Besuchern zur Verfügung stehen. Zurzeit sind die Interviews über die Homepage des DHM abrufbar: Zwangsarbeit 1939–1945. Erinnerungen und Geschichte, http://www.dhm.de/mm/zwangsarbeiter/ (letzter Aufruf: 17.6.2016).

34 Aleida Assmann, Die Last der Vergangenheit, in: Zeithistorische Forschungen 4 (2007) 3, S. 375–385, hier: S. 378.

35 Gedächtnis der Nation, http://www.gedaechtnis-der-nation.de/erleben (letzter Aufruf: 17.6.2016).

Interviewfragmente von bis zu drei Minuten Länge abrufen. In der Kategorie »Jahrhundertzeugen« sind Interviews der ZDF-Zeitzeugenserie in voller Länge zu sehen.[36] Offenbar will das DHM auf die sehr erfolgreiche Darstellung von Geschichte im Fernsehen reagieren. Zeitzeugen sind in diesem Medium omnipräsent und haben eine große Deutungshoheit erlangt. Die Präsentation des »Gedächtnisses der Nationen« geschieht jedoch recht unvermittelt, sodass der Zusammenhang zur Ausstellung nicht recht deutlich wird.

Die Ausstellung des DHM ist der konservativen Museumsästhetik eines klassischen Nationalmuseums verpflichtet und bietet wenig biografische Anknüpfungspunkte. Zwar erscheint im Ausstellungsbereich bis zum Ende des Kaiserreichs die »deutsche Geschichte« wie eine von herrschenden Eliten gemachte, doch wird keine Heldenverehrung betrieben. Mitunter tragen sogar Objektkonstellationen zur Dekonstruktion eines vermeintlichen Helden bei.[37] Die Schau bleibt alltagsgeschichtlichen Perspektiven verschlossen und bemüht sich daher auch wenig um ein erfahrungsgeschichtliches Narrativ. Dies setzt sich im Wesentlichen auch in der Präsentation des 20. Jahrhunderts fort. Dies ist umso bemerkenswerter, hätten doch hier – insbesondere für die Zeit nach 1945 – biografische Ansätze Anknüpfungspunkte an die persönliche Lebensgeschichte vieler Ausstellungsbesucher geboten.

Indem das DHM auf vertiefende biografische Eindrücke verzichtet, entgeht es auch dem methodischen Problem, eine angemessenen Balance zwischen individuellen Entscheidungen wichtiger Akteure und die sie beeinflussenden politischen, gesellschaftlichen, wirtschaftlichen und kulturellen Wandlungsprozesse finden zu müssen.

Das Haus der Geschichte in Bonn.
Demokratische Partizipationsgeschichte und Perspektiven persönlicher Betroffenheit

Auch das Haus der Geschichte in Bonn war Teil des geschichtspolitischen Programms, das Bundeskanzler Helmut Kohl in seinen Regierungserklärungen vom 13. Oktober 1982 und vom 4. Mai 1983 skizziert hat.[38] In ausstellungsdidaktischer Hinsicht wurde es überwiegend von den Vorstellungen seines Gründungsdirektors

---

36 Zur Kritik am Geschichtsfernsehen, das auf der genannten Onlineplattform dargeboten wird: Judith Keilbach, Das Gedächtnis der Nation. Eine Online-Plattform, die Fernsehen ist, in: Knut Andresen u. a. (Hg.), Es gilt das gesprochene Wort. Oral History und Zeitgeschichte heute, Göttingen 2015, S. 181–194.

37 Jürgen Kocka berichtet in seiner Ausstellungskritik davon, dass dem Gemälde von Napoleon bissige Karikaturen gegenübergestellt wurden. Kocka, Bandwurm, hier: S. 408.

38 »Unsere Republik, die Bundesrepublik Deutschland, entstand im Schatten der Katastrophe. Sie hat inzwischen ihre eigene Geschichte. Wir wollen darauf hinwirken, daß möglichst bald in der Bundeshauptstadt Bonn eine Sammlung zur deutschen Geschichte seit 1945 entsteht, gewidmet der Geschichte unseres Staates und der geteilten Nation.« 13. Oktober 1982, Regierungserklärung von Bundeskanzler Kohl in der 121. Sitzung des Deutschen Bundestages, http://www.helmut-kohl.de/index.php?menu_sel=17&menu_sel2=&menu_sel4=&msg=1934

Hermann Schäfer geprägt und kann als Gegenmodell zur Ausstellung des Deutschen Historischen Museums betrachtet werden.

Inzwischen verfügt die Stiftung über drei weitere ständige Ausstellungen: Diese befinden sich im Zeitgeschichtlichen Forum Leipzig, im »Tränenpalast« am Bahnhof Berlin-Friedrichstraße und im Museum in der Berliner Kulturbrauerei.[39] Hinzu kommen der Kanzlerbungalow, das Palais Schaumburg sowie das ehemalige Bundestags- und das ehemalige Bundesratsgebäude in Bonn. Alle Dauerausstellungen wurden und werden unter der Leitung eines Ausstellungsdirektors in Bonn durch gemischte Teams – bestehend aus wissenschaftlichen Mitarbeitern aus Bonn und den jeweiligen Zweigstellen – konzipiert, realisiert und aktualisiert bzw. ganz neu gestaltet oder überarbeitet.

Das Bonner Stammhaus, auch wenn es in seiner Entstehungszeit heftig umstritten und dem Verdacht einer konservativen Geschichtspolitik ausgesetzt war,[40] ist mit der museumsdidaktischen und -gestalterischen Umsetzung der fachwissenschaftlichen Erkenntnisse sehr erfolgreich: Von 1994 bis 2012 wurden rund zehn Millionen Menschen von der Dauerausstellung angezogen,[41] die ihre Besucher mit einer Vielzahl von Mitteln anspricht, sie animiert, auf sie eingeht und sie aktiviert.[42] Der enorme Erfolg des Museums gründet sicherlich darin, dass es den Wünschen und Sehgewohnheiten seines Publikums weit entgegenkommt. So fließen die Ergebnisse der Besucherforschung kontinuierlich in die (Neu-) Konzeption des Hauses ein. Dieses Prinzip der konsequenten »Besucherorientierung« gilt auch für das Zeitgeschichtliche Forum Leipzig und die beiden Ausstellungsorte in Berlin.

Grundsätzlich wird im HdG und seinen Zweigstellen Geschichte mithilfe von Kulissen und Installationen in Szene gesetzt. Dadurch werden die zahlreichen Objekte kontextualisiert oder inszenatorisch in einen größeren Zusammenhang eingeordnet.[43] Objekte können oder sollen diesem Konzept nach nicht allein stehen, sondern müssen in einen Bezugsrahmen eingefasst werden, der es auch Besuchern, die ästhetisch und historisch weniger geschult oder vorgeprägt sind, erlaubt, die Objekte zu verstehen.[44]

(letzter Aufruf: 17.6.2016). Die Entstehungsgeschichte der Stiftung Haus der Geschichte der Bundesrepublik Deutschland ist bislang noch nicht wissenschaftlich untersucht worden.

39 Die Kulturbrauerei beherbergt die Ausstellung »Alltag in der DDR«.
40 Eine Zusammenstellung der Kontroverse in: Haus der Geschichte der Bundesrepublik Deutschland (Hg.), Einstellungen. Kritik, Kontroversen, Konsens, Bonn 1991.
41 Vgl. Hans Walter Hütter, Unsere Geschichte erzählen, in: Stiftung Haus der Geschichte der Bundesrepublik Deutschland/Hans Walter Hütter (Hg.), Unsere Geschichte. Deutschland seit 1945, Berlin 2012, S. 6–13, hier: S. 11.
42 Vgl. Karl Heinrich Pohl, Der kritische Museumsführer. Neun historische Museen im Fokus, Schwalbach am Taunus 2013, S. 57 f. Pohl feiert das HdG als Höhepunkt in der deutschen Museumslandschaft.
43 Vgl. hierzu die Beiträge von Frank Bösch und Thomas Hertfelder in diesem Band.
44 Grundsätzliche Überlegungen hierzu in: Claudia Fröhlich u. a., Editorial, in: Jahrbuch für Politik und Geschichte 4 (2013).

Die Erzählung, die die Besucher aus der totalen Kapitulation des »Dritten Reichs« durch die Erfolgsgeschichte der Bundesrepublik, den langsamen Niedergang der DDR und die Friedliche Revolution hin zum vereinten Deutschland führt, geht vom Dunkel ins Licht – auch im wahrsten Sinne des Wortes vom Untergeschoss des Museums in die immer heller werdenden oberen Stockwerke. Der Gang durch die bundesrepublikanische Geschichte wird immer wieder durch statische schwarze Blöcke unterbrochen, die in ihrem Inneren den Umgang der Bundesrepublik mit der nationalsozialistischen Vergangenheit thematisieren. Den Besuchern bleibt es freigestellt, ob sie diese Blöcke betreten. Rote Ausstellungseinheiten behandeln die DDR-Geschichte, die eine Art Kontrastfolie zur Erzählung der Geschichte der Bundesrepublik darstellt.[45]

Die Politikgeschichte mit ihren partizipatorischen Ausprägungen in Form von Wahlen dominiert die Erzählung. Wahlplakate und Wahlkabinen können allerdings nur ungenügend den tatsächlichen gesellschaftlichen Wandel erfassen.[46] Die Zivilgesellschaft als wichtiger Akteur von Wandlungsprozessen kommt nur selten vor. Umso stärker rückt die bundesrepublikanische Gesellschaft in den Vordergrund, wenn sich die Ausstellung mit dem wachsenden Wohlstand und den zunehmende Konsumoptionen in einer ausdifferenzierten Warenwelt beschäftigt.

Auch wenn das HdG dem Souverän – dem Wahlvolk – breiten Raum widmet, verzichtet es nicht gänzlich darauf, die politischen Entscheider als wichtige Beweger der Geschichte darzustellen und sie als positive Identifikationsfiguren der Demokratiegeschichte hervorzuheben. Konrad Adenauer wird zum Ende seiner Ära durch ein großformatiges Bild als abgehender Kanzler präsentiert und gewürdigt, Willy Brandt mit dem zur Ikone gewordenen Kniefall in Warschau.

An Schlüsselstellen der deutschen Zeitgeschichte soll jedoch die Erfahrungswelt des Einzelnen eine Rolle spielen. Die Besucher sollen nach Ansicht des Stiftungspräsidenten erfahren, dass »Geschichte nicht abstrakt, sondern wesentlich von Menschen mit ihren unterschiedlichen – wenn auch widersprüchlichen – Einschätzungen bestimmt ist«.[47]

Das HdG präsentiert die Erfahrungen von Zeitzeugen auf 15 Terminals, die über die gesamte Ausstellung verteilt und an denen Interviews abrufbar sind (Abb. 3). Der Meistererzählung von der Erfolgsgeschichte Bundesrepublik,[48] die sich als Staat und System auch gegenüber der DDR behauptet habe, werden somit einzelne Lebensgeschichten gegenübergestellt.

Der in die Terminals integrierte Touchscreen erlaubt eine thematische Auswahl. So können die Besucher für die unmittelbare Nachkriegszeit zwischen den Themen »Stimmungslage bei Kriegsende«, »Nationalsozialistische Verbrechen«, »Erfahrun-

---

45 Frank Bösch bewertet die Einarbeitung der DDR-Geschichte in die Darstellung im HdG als statisch. Dies sei im DHM besser gelungen. Vgl. den Aufsatz von Frank Bösch in diesem Band.
46 Vgl. hierzu den Beitrag von Thomas Hertfelder in diesem Band.
47 Hütter, Geschichte, hier: S. 10.
48 Vgl. die Beiträge von Paul Nolte und Thomas Hertfelder in diesem Band.

gen mit den Siegermächten« und »Befreiung oder Niederlage« wählen (Abb. 4). Prominente Zeitzeugen wie der Verfolgte des Nationalsozialismus Ralph Giordano, der Journalist und ehemalige Hitlerjunge Lothar Loewe, die Journalistin und ehemalige Jungmädelführerin Carola Stern, der Kabarettist und ehemalige Wehrmachtssoldat Dieter Hildebrandt oder der Schriftsteller und frühere »Werwolf«-Kämpfer Erich Loest geben Auskunft zu den genannten Themen. In anderen Ausstellungsbereichen treten weitere Zeitzeugen wie beispielsweise die CDU-Politikerin und spätere Bundesministerin Dorothee Wilms hinzu. Die Interviews, die die Ausstellungsmacher zum größten Teil eigens für den Einsatz in der Ausstellung geführt haben, wurden auf eine Länge von maximal zwei Minuten zusammengeschnitten, sodass nur kurze Episoden und Stichworte zu hören sind. Welche Fragen an die Zeitzeugen gestellt wurden, erfahren die Ausstellungsbesucher nicht. Der Abruf eines längeren, zusammenhängenden Erfahrungsberichts ist nicht möglich. Die meisten Interviews wurden filmisch vor einem neutralen Hintergrund aufgezeichnet. Schauen sich die Ausstellungsbesucher einige Berichte an, erhalten sie ein breites Tableau an Themen, die sie innerhalb der sie umgebenden Ausstellung in Inszenierungen, Objekten und weiteren medialen Angeboten wiederfinden können: die Not der jüdischen Opfer, die von den Alliierten erzwungene Konfrontation der Zivilbevölkerung mit dem Grauen der Konzentrationslager, die Verwunderung der US-Besatzungstruppen über die Verbrechen der Kulturnation Deutschland, die plötzliche Orientierungslosigkeit und weltanschauliche Verunsicherung nach dem Tod Adolf Hitlers und der Kapitulation der deutschen Wehrmacht, die Konfrontation mit dem neuen sozialen Status als Besiegte, die Carepakete und die Schokolade der US-Amerikaner, die Vergewaltigung von Frauen durch sowjetische Soldaten und die Euphorie sozialistischer und kommunistischer Widerstandskämpfer nach dem Sieg über den Faschismus. Verblüffend ist, welch große Anzahl an Facetten der Nachkriegsgeschichte durch die Interviewaussagen behandelt wird.

Zeitzeugen wie Ralph Giordano und Dieter Hildebrandt ziehen als professionelle Erzähler die Zuhörer und Zuschauer gleich in ihren Bann. Die von ihnen präsentierte Geschichte ist eine Mischung aus offenbar Selbsterlebtem und der Deutung des Erlebten vor dem Hintergrund des gegenwärtigen Forschungsstands zum Nationalsozialismus. Teilweise imprägniert das aktuelle Wissen auch den Erlebnisbericht. Giordano berichtet von der Befreiung aus einem fürchterlichen Hamburger Kellerversteck und vergleicht seinen und den Anblick seiner Verwandten mit den abgemagerten Überlebenden des Konzentrationslagers Bergen-Belsen, Hildebrandt erzählt eine Episode, die er für die beste Karikatur der Wehrmacht hält: Das Neuerlernen des normalen militärischen Grußes im Gegensatz zum vorherigen »Deutschen Gruß«. Carola Stern berichtet von einer Siegesparade der Alliierten, der sie zusammen mit ehemaligen KZ-Häftlingen beiwohnte und, dass sie einfach nicht akzeptieren konnte, zu den Besiegten zu gehören. Ihre Deutung: »Verblendung vergeht nicht von heute auf morgen. Das ist ein langer und anstrengender Prozess, bis

Abb. 3
Terminal mit Zeitzeugeninterviews hier zum Thema
»17. Juni 1953« im HdG

Abb. 4
Auf den Terminals im HdG stehen dem Besucher jeweils – wie hier zum Thema »Kriegsende« – eine Auswahl von Zeitzeugeninterviews zur Verfügung

man gelernt hat, ein selbständig denkender Mensch zu werden.«[49] Stern berichtet auch davon, wie sie »vom Heldentod des Führers in der Reichskanzlei« erfuhr. Gegenüber ihren Verwandten habe sie diese Meldung sofort mit den Worten kommentierte: »Glaubt ihr das etwa? Der Mann hat sich das Leben genommen und hat uns im Dreck sitzen lassen. Das ist die Wahrheit!«. Ob Carola Stern bei der Verkündung der NS-Propagandanachricht bereits wissen konnte, dass Hitler sich selbst getötet hatte, erscheint fraglich.

Der Einsatz von Zeitzeugen ist differenziert zu bewerten. Zum einen erhalten die Ausstellungsbesucher perspektivisch gebrochene Informationen aus »erster Hand« und werden in die Erlebniswelt der damaligen Zeitgenossen eingeführt bzw. in das mitgenommen, was die Zeitzeugen im Nachhinein als ihre damalige Erlebniswelt ausgeben. Die Erlebnisberichte werden in einem für einen Ausstellungsbesuch rezi-

[49] Interview mit Carola Stern, eigene Mitschrift. Ich danke Dr. Mike Lukasch, Dr. Dorothea Kraus und Judith Oberländer von der Stiftung Haus der Geschichte der Bundesrepublik Deutschland/Abteilung Berlin für die Bereitstellung des Interviews an einem gesonderten Arbeitsplatz in Berlin.

pierbaren Umfang präsentiert. Jedoch stellen sie nicht unbedingt eine Gegenerzählung zur Ausstellung dar. Ihre Funktion besteht darin, Aufmerksamkeit zu erregen und Authentizität zu vermitteln. Dies ist im Sinne einer durchdachten Ausstellungsdidaktik sicherlich wünschenswert. Die Kopie des medialen Zeitzeugen aus dem Geschichtsfernsehen in eine Ausstellung hat jedoch ihren Preis. Aus quellenkritischer Sicht ist die Suggestion von »Wahrheit«, die von den authentischen Statements der überwiegend prominenten Zeitzeugen ausgeht, problematisch. Ausstellungsbesucher werden den Aussagen der Zeitzeugen gerne Glauben schenken, auch wenn diese die erzählten Episoden womöglich nicht einmal selbst erlebt haben. Die Suggestion, hier werde erzählt, wie es eigentlich gewesen ist, wird durch den Fragmentcharakter der Statements noch verstärkt. Ein Interview in voller Länge würde den Besuchern möglicherweise vermitteln, dass es sich hier um nachträgliche Deutungen handelt, wäre ausstellungsdidaktisch aber kaum zu vertreten. Die Reduktion des Zeitzeugen zum »Statisten und Stichwortgeber historischer Sinnbilder«[50] findet somit auch im Museum statt und ist auch dort durchaus kritisch zu bewerten.

Das HdG setzt auch in anderen Sektionen überwiegend auf prominente Zeitzeugen.[51] Beim Thema »Arbeitslosigkeit in Deutschland« schlägt es jedoch einen anderen Weg ein. Zunächst erklärt ein Eingangsfilm die Entwicklung am Arbeitsmarkt von Anfang der 1960er-Jahre mit 0,7 % Arbeitslosigkeit bis hin zu zwei Million Arbeitslosen in den 1980er-Jahren. Der Film verdeutlicht, dass mit dem wirtschaftlichen Wandel Anfang der 1970er-Jahre die Zeit der stabilen Nachkriegsordnung mit steigender Prosperität und Vollbeschäftigung endete.[52] Im Anschluss daran kommen Vertreter der von der Arbeitslosigkeit hauptsächlich betroffenen Gruppen zu Wort: ein Lehrling der Kommunikationselektronik (Joel), eine Sekretärin aus der Bundesrepublik (Frau Stöpler), eine Ingenieurin für Textiltechnik aus der ehemaligen DDR (Frau Hahn), ein Maurer aus der Bonner Region (Herr Schmitz) und ein Migrant aus der Türkei (Herr Basusta). Das Phänomen »Massenarbeitslosigkeit« erhält ein konkretes Gesicht. Die Interviews berühren eine Vielzahl von Themen. Sie beschäftigen sich etwa mit der soziale Ausgrenzung und den innerfamiliären Konflikten bei Jugendarbeitslosigkeit. Des Weiteren wird thematisiert, dass Frauen ein hohes berufliches Risiko eingingen, wenn sie zugunsten der Kindeserziehung ihre Erwerbsbiografie unterbrachen. Ganz anderer Natur waren die Probleme von Frauen aus der ehemaligen DDR, deren Bildungs- und Berufsbiografie auf dem Arbeitsmarkt des vereinten Deutschlands nicht anerkannt wurde. In vielen Interviews geht es um den Faktor »Bildung«, der für eine erfolgreiche Vermittlung auf dem Arbeits-

50 Wierling, Zeitgeschichte, hier: S. 31.
51 So kommen beispielsweise zum Thema »Ostverträge« Horst Grabert, Rudolf Seiters, Richard von Weizsäcker, Edeltraut Kuntermann, Gerhard Voigt, Willy Brandt, Rainer Barzel, Hans-Dietrich Genscher, Franz Josef Strauß, Maria Baumann, Anita Krenz, Fritz-Dieter Pietsch und Emma Schukies zu Wort.
52 Vgl. Anselm Doering-Manteuffel/Lutz Raphael, Nach dem Boom. Perspektiven auf die Zeitgeschichte seit 1970, Göttingen ³2012.

markt entscheidend war, insbesondere wenn eine plötzliche Berufsunfähigkeit eintrat. Unter den von Arbeitslosigkeit besonders stark betroffenen Gruppen werden die sogenannten Gastarbeiter hervorgehoben. Weil Migranten oftmals nur mangelhaft in die Gesellschaft integriert wurden, war hier die mit der Erwerbslosigkeit verbundene soziale Isolation ungleich stärker.

Über die individuelle Erwerbsbiografie »ganz normaler Menschen« werden die konkreten Auswirkungen der Arbeitslosigkeit auf die Betroffenen benannt, aber auch die Faktoren aufzeigt, die seit den 1970er-Jahren zu einer erhöhten Arbeitslosigkeit in der Bundesrepublik geführt haben. Die Erwerbsbiografie einer ehemaligen DDR-Bürgerin verdeutlicht zum einen, dass in der DDR Frauen in klassischen Männerberufen wie dem Ingenieursberuf arbeiteten, und zum anderen, dass der Zusammenbruch der DDR für ostdeutsche Frauen einen Rückschritt bedeutete. Ihre Erwerbsbiografie wurde im wiedervereinigten Deutschland nicht anerkannt. Zudem erschwerten überholte Rollenmuster ihren Wiedereintritt in den Beruf.

Hier eröffnet sich eine Kontrastfolie zur Erfolgsgeschichte der Bundesrepublik bzw. des vereinten Deutschlands. Der wirtschaftliche Wandel wurde seit den 1970er-Jahren zu einem bedeutenden Faktor für das materielle Wohlergehen der Menschen, der sich politisch nur begrenzt steuern ließ.

Das HdG in Bonn reagiert mit dem Einsatz von Zeitzeugenterminals in denen vorwiegend Prominente zu Wort kommen auf die Trends in der öffentlich-medial präsentierten Geschichte, in der Zeitzeugen seit den 1990er-Jahren eine zentrale Rolle eingenommen haben. Das Haus importiert das TV-Format, in dem Geschichte vorwiegend über Zeitzeugeninterviews rekonstruiert wird, in das Medium »Ausstellung«. Die Befragten werden somit zu Stichwortgebern für die im Ausstellungsdrehbuch vorgesehenen Themen. Die meisten der dargebotenen Lebensgeschichten eröffnen somit keine Gegenerzählung oder eine erweiterte alltagsgeschichtliche Perspektive zu der präsentierten politisch-zeitgeschichtlichen Erzählung. Der Themenabschnitt »Arbeitslosigkeit« bildet hierbei eine bemerkenswerte Ausnahme, weil er sich nicht auf prominente und professionelle Zeitzeugen, sondern auf die »kleinen Leute« und ihre Erfahrungen stützt.

In jedem Fall versucht das Museum über die Einbettung lebensgeschichtlicher Zusammenhänge, unterschiedliche Erfahrungshorizonte zu erreichen und identifikatorische Anknüpfungspunkte für ein breites Publikum zu schaffen. Aufgrund der wenig geglückten Integration der Zeitzeugenterminals in das inszenatorische Ensemble der Gesamtausstellung können diese jedoch nicht ihre volle Wirkung entfalten.

Das Zeitgeschichtliche Forum Leipzig.
Erinnerungspolitischer Auftrag versus Alltagsgeschichte

Das Zeitgeschichtliche Forum Leipzig hat eine andere Form der Präsentation von Zeitzeugen gewählt. Gleich zu Beginn der Ausstellung werden die Besucher von einem Terminal empfangen, der mit dem Schriftzug »Lebenswege« gekennzeichnet ist. Hier wählen die Besucher »ihren« Zeitzeugen aus, dessen Lebensweg sie beim Gang durch die Ausstellung folgen können.

Im Vergleich zur Ausstellung im Bonner Stammhaus, das die historische Entwicklung bis in die Gegenwart beschreibt, will das Leipziger Haus ausgehend vom Erfolg der Friedlichen Revolution in der DDR 1989/90 Zivilcourage unter den Bedingungen einer Diktatur würdigen.[53] Daher beschäftigt es sich mit Widerstand und Opposition sowie der repressiven Reaktionen der Herrschenden – angefangen bei der Errichtung der sowjetischen Besatzungszone (SBZ) über die Gründung der DDR bis zu deren allmählichem Verfall und zur Wiedervereinigung. Die Ausstellung will zwischen individuellem Erleben einerseits und der politischen Entwicklung andererseits vermitteln.[54] Biografische Zugangsformen wie Zeitzeugeninterviews, die die Sphäre des individuellen Erlebens aufschließen, sind hier also angezeigt. Die Ausstellungsmacher wollen sich aber auch gegen alle Tendenzen der Verharmlosung und Rechtfertigung der SED-Herrschaft wenden und deren Machtausübung im »Spannungsfeld von Verführung und Gewalt, Zustimmung und Unterdrückung«[55] zeigen.

In der Grundkonzeption folgt das ZFL dem Gedenkstättenkonzept des Bundes, das den Ausstellungsmachern auftrug, die umfassende staatliche Kontrolle der Menschen in der DDR, den massiven Anpassungsdruck sowie die »Mitmachbereitschaft« der Gesellschaft herauszuarbeiten.[56]

Am 9. Oktober 1999 eröffnet, erfuhr die Dauerausstellung im Jahr 2007 eine umfassende Überarbeitung und trug damit dem erweiterten Forschungsstand Rechnung. Die Ausstellung will nunmehr folgende Fragen beantworten: »Wie funktionierte der ›real existierende Sozialismus‹? Worauf baute das politische System? Wie erlebten

---

53 Vgl. Rainer Eckert, Widerstand und Opposition in SBZ und DDR, in: Stiftung Haus der Geschichte der Bundesrepublik Deutschland (Hg.), Demokratie jetzt oder nie! Diktatur, Widerstand, Alltag, Leipzig ³2012, S. 10–17, hier: S. 10.
54 Ebd.
55 Ebd.
56 Zitiert nach: Irmgard Zündorf, DDR-Geschichte – ausgestellt in Berlin, in: Jahrbuch für Politik und Geschichte 4 (2013), S. 139–156, hier: S. 143. Unterrichtung durch den Beauftragten der Bundesregierung für Kultur und Medien. Fortschreibung der Gedenkstättenkonzeption des Bundes. Verantwortung wahrnehmen, Aufarbeitung verstärken, Gedenken vertiefen. Deutscher Bundestag, 16. Wahlperiode, Drucksache 16/9875, 19.6.2008, http://www.bundesregierung.de/Content/DE/_Anlagen/BKM/2008-06-18-fortschreibung-gedenkstaettenkonzepion-barrierefrei.pdf?__blob=publicationFile (letzter Aufruf: 17.6.2016), S. 8.

die Menschen den Alltag in der DDR, und wie haben sich Staatsführung und Volk zur Frage der Einheit Deutschlands verhalten?«[57]

Die Alltagsgeschichte der DDR soll hier so dargestellt werden, dass der Blick auf die Diktatur nicht verstellt wird. Dies ist eine schwierig zu lösende Aufgabe, denn die Darstellung des alltäglichen Lebens in der Diktatur zeigt auch, wie sich die Menschen mit dem Repressionsapparat des SED-Regimes arrangierten, und dass nur wenige Bürger in Opposition zur Staatsführung gingen. Um Diktatur und Alltag gleichermaßen berücksichtigen zu können, haben sich die Ausstellungsmacher vorgenommen, die Präsentation auf die »alltäglichen Lebensbedingungen in der DDR zwischen individueller Lebensplanung und Herrschaftsanspruch der SED« zu konzentrieren. Nach ihrer Ansicht zeigt die Ausstellung im Zeitgeschichtlichen Forum, dass der Alltag in der DDR im Wesentlichen vom »Gegensatz zwischen Anspruch und Wirklichkeit im real existierenden Sozialismus«[58] geprägt war. Daher ist zu fragen: Findet sich dieser Widerspruch auch in den autobiografischen Aussagen der Zeitzeugen wieder?

Lässt man sich beim Gang durch die Ausstellung vom inszenatorischen Konzept leiten, wird deutlich, dass die Alltagsgeschichte der DDR nur einen geringen Teil der Präsentation ausmacht, die Politikgeschichte der Diktatur und die Geschichte der Opposition hingegen dominieren. Biografische, lebensweltliche Umstände und damit auch alltägliche Begebenheiten werden weitgehend nur im Kontext von Widerständigkeit dargestellt. Nach Ansicht von Thomas Hertfelder entsteht somit eine Art Narrativ von einer Revolution, die schon mit den ersten Formen von Opposition in der SBZ begann, sich mit der Bürgerrechtsbewegung der DDR in den 1960er- und 1970er-Jahren fortsetze und dann 1989 erfolgreich die Machthaber beseitigte.[59]

Welcher Eindruck entsteht, wenn man sich der »auratischen Qualität der Originale und der authentischen Darstellung«[60] entzieht und seine Aufmerksamkeit den in den Terminals dargebotenen Lebensgeschichten schenkt? Bestätigen die Lebensgeschichten die Meistererzählung von der Revolution?

Die Besucher können einen Lebensweg nach den Kategorien »Geschlecht« und »Geburtsjahr« auswählen. Hier werden die Geburtsjahrgänge »vor 1945«, »1945 bis 1960«, und »1960 bis 1972« angeboten. Ist die Auswahl getroffen, druckt der Terminal eine Karte aus, die einen Strichcode und den Namen eines Zeitzeugen aufweist, den das Gerät nach einem Zufallsalgorithmus ausgewählt hat. Mit dieser Karte können die Besucher in den verschiedenen Ausstellungsabschnitten an ausgewiesenen Terminals den Lebensweg »ihres« Zeitzeugen nachverfolgen (Abb. 5). Die Terminals

---

57 Jürgen Reiche, Für Demokratie werben, in: Stiftung Haus der Geschichte der Bundesrepublik Deutschland (Hg.), Demokratie jetzt oder nie! Diktatur, Widerstand, Alltag, Leipzig ³2012, S. 18–21, hier: S. 18 f.
58 Ebd., hier: S. 19.
59 Hertfelder spricht von einer »revolutionären Romanze«. Vgl. den Beitrag von Thomas Hertfelder in diesem Band.
60 Ebd.

Jürgen Lillteicher: Lebensgeschichtliche Perspektiven

Abb. 5
Blick auf die Station »Lebenswege« des Themenbereichs »Zensur« im Zeitgeschichtlichen Forum Leipzig

Abb. 6
Die Station »Lebenswege« mit der Lebensgeschichte von Udo Mänicke auf dem Startbildschirm

sind mit »Lebenswege« überschrieben und als wiederkehrendes Gestaltungselement über die gesamte Ausstellung verteilt. Sie finden sich in den Abschnitten »Nachkriegszeit bzw. Festigung der politischen Macht der SED«, »Volksaufstand 17. Juni 1953«, »Fluchtbewegungen und Mauerbau 13. August 1961«, »Entspannungszeit der 1970er-Jahre«, »Friedliche Revolution und Mauerfall am 9. November 1989« sowie im Ausstellungsbereich »Auf dem Weg zur Einheit«. An jeder Station haben die Besucher die Möglichkeit, vom Lebensweg »ihres« Protagonisten abzuweichen und anderen Zeitzeugen zuzuhören. Die Interviews werden größtenteils in Form von Tonmitschnitt präsentiert und sind mit Privatfotos und anderem historischen Quellenmaterial illustriert. Auch Videointerviews werden auf diese Weise angereichert. Ton- und Bildaufzeichnungen sind nicht in voller Länge abrufbar, sondern wurden auf eine Länge von bis zu drei Minuten zusammengeschnitten. Die Interviews sind das Resultat eines zweijährigen Oral-History-Projekts, das 2007 zur Neugestaltung der ständigen Ausstellung im Zeitgeschichtlichen Forum begonnen wurde. Die Befragten bilden ein möglichst breites Spektrum verschiedener Schichten, Berufe, Gesellschaftsbereiche, Wohnorte und Altersgruppen ab. Insgesamt sind rund 80 Interviews geführt worden.[61]

Folgt man beispielsweise dem Lebensweg Udo Mänickes, der 1966 in Naumburg geboren wurde, hört man die Lebenserzählung eines Tischlermeisters (Abb. 6). Vom 17. Juni 1953 kann er nur aus Familienerzählungen und verfügbaren Quellen aus familiärem Besitz berichten. In seiner Familie habe dieses Ereignis zwar kaum eine Rolle gespielt, jedoch erinnert sich Mänicke daran, dass in seiner Familie von einer Demonstration in der kleinen sächsischen Gemeinde Jessen gesprochen worden sei. Die Ausstellungsbesucher sehen ein Foto von einer Demonstration am 17. Juni 1953 in Jessen.[62] In Udo Mänickes historischem Bewusstsein spielte der Volksaufstand aber keine Rolle. Auch vom Mauerbau kann er nur aus der familiären Tradierung berichten. Dieser sei in landwirtschaftlichen Betrieben kein Thema gewesen, auch habe man nicht danach gefragt. Mit den 1970er-Jahren setzen Udo Mänickes Erinnerungen an die politisch-ideologische Schulung in der DDR ein. Er berichtet von den Pioniertreffen und dem großen Pfingsttreffen der FDJ in Ostberlin, die für ihn als Kind und Jugendlicher eindrückliche positive Erlebnisse gewesen seien. Den Wehrdienst verbrachte Mänicke als Grenzsoldat an der »grünen Grenze«. Während dieser Zeit

---

61 Gespräch mit Prof. Dr. Bernhard Lindner, Wissenschaftlicher Mitarbeiter am Zeitgeschichtlichen Forum Leipzig, am 12. und 13. August 2015. Das Projekt fußt auf Voruntersuchungen von Prof. Dr. Laurence McFalls von der Université Montreal. Laurence McFalls, Communism's Collapse, Democracy's Demise? The Cultural Context and Consequences of the East German Revolution, Basingtoke 1995.

62 Erst aufgrund von Zeitzeugenberichten wurden die Ausstellungsmacher auf Demonstrationen im ländlichen Raum während des 17. Juni 1953 aufmerksam. Genauere Recherchen förderten tatsächlich sehr seltenes Fotomaterial zutage. Hierbei handelt es sich um Fotos, die ein Friseurmeister aus dem Fenster seines Wohnhauses gemacht hatte. Gespräch mit Prof. Dr. Bernhard Lindner, Wissenschaftlicher Mitarbeiter am Zeitgeschichtlichen Forum Leipzig, am 12. und 13. August 2015.

tritt er auch in die SED bzw. in die NDPD ein. Im Interview rechtfertigt er sich für diesen Schritt: »Tja einfach Nein sagen, sich rausreden, ging auch nicht.«[63] Fluchtversuche an der Grenze hätte er auf jeden Fall verhindert, so Mänicke. Wenn er sich geweigert hätte, wäre er für anderthalb Jahre in den Steinbruch nach Schwedt[64] gebracht worden. Von der aufkommenden Friedlichen Revolution habe er auf dem Lande zunächst nichts mitbekommen. Erst bei einer Wochenendfahrt nach Leipzig sei er als Zuschauer in die Großdemonstration am 7. Oktober 1989 geraten und habe erfahren, dass »Menschenrechtler aktiv dagegen [gegen die DDR; Anm. J. L.] vorgehen«. Bei den ersten freien Wahlen in der DDR 1990 wurde er in den Gemeinderat gewählt und war 1997 Bürgermeister in Freyburg an der Unstrut. Er gründete eine eigene Tischlerei. Vom Kapitalismus zeigt er sich im Interview sehr ernüchtert: »Ich hab' doch gelernt wie schlecht der Kapitalismus ist, und genauso ist es. Reines Leistungsprinzip. Wer damals nicht wollte, will auch jetzt nicht. Ich blicke nicht optimistisch in die Zukunft.«[65] Bemerkenswert ist, dass die von der politischen Zeitgeschichte ausgemachten Zäsuren und Umbrüche, die auch die Struktur der Ausstellung bestimmen und die darin inszenatorisch deutlich hervortreten, im Lebensumfeld von Udo Mänicke keine Rolle spielten. Gleichzeitig ergänzen seine auch nur vagen Erinnerungen an Gespräche in der Familie das Bild vom 17. Juni 1953 auf vielleicht unerwartete Weise. Neben den Aufständen in den Ballungszentren haben offenbar auch Demonstrationen auf dem Land stattgefunden. Udo Mänicke gehörte nicht zu den Oppositionellen, die in ständiger Konfrontation mit dem Staat und seinen Organen standen, sondern arrangierte sich mit SED-Diktatur. Er fand sich mit dem Eingesperrtsein und der politischen Unfreiheit ab. An der Friedlichen Revolution nahm er nicht teil, er übernahm aber gleich nach dem Mauerfall – noch in der sich demokratisierenden DDR – politische Verantwortung. Beruflich überstand Mänicke den wirtschaftlichen Zusammenbruch der DDR und machte sich als Tischlermeister selbstständig. Dennoch blickt er ernüchtert und pessimistisch in die Zukunft. Der Siegeszug der kapitalistischen Wirtschaftsordnung und das wiedervereinte demokratische Deutschland zwingen Mänicke offenbar in eine Art Rechtfertigungshaltung. Er fühlt sich aufgefordert, sein Arrangement mit der Diktatur gegenüber dem Interviewer zu erklären. Über Udo Mänickes Bericht erhalten die Besucher einen tiefen Einblick in die DDR-Alltagswelt, der sich von der Gesamterzählung in der Ausstellung unterscheidet. Tatsächlich sollen die dargebotenen Lebenswege in ihrer Gesamtheit auch als Korrektiv zur politischen-zeitgeschichtlichen Darstellung wirken.

Hört man mehrere Interviews, stellt sich der Eindruck ein, dass ein sehr großer Teil der ehemaligen DDR-Bürger nicht in direkter Opposition zu ihrem Staat stand,

---

63 Interview mit Udo Mänicke, eigene Mitschrift. Ich danke Prof. Dr. Bernhard Lindner für die Möglichkeit, die Interviews separat einzusehen.
64 In Schwedt befand sich das Militärgefängnis der NVA. Vgl. DDR-Militärgefängnis Schwedt e. V. Militärjustiz und Strafvollzug in der NVA/DDR, http://www.militaergefaengnis-schwedt. de (letzter Aufruf: 17.6.2016).
65 Interview mit Udo Mänicke, eigene Mitschrift.

sondern sich mit der SED-Diktatur arrangierte. In den Lebenserzählungen findet sich der Gegensatz von Anspruch und Wirklichkeit im »real existierenden Sozialismus«, wie er in den übrigen alltagsgeschichtlichen Ausstellungsabschnitten gezeigt wird, nicht als leitendes Erzählmotiv wieder. Die Befragten erzählen eher von den alltäglichen Freiräumen, die sie sich gegenüber den Ansprüchen des SED-Staats verschafften.

Direkt nach den von der Zeitgeschichte ausgemachten Zäsuren befragt, stellt sich heraus, dass diese Umbrüche der DDR- und deutsch-deutschen Geschichte nicht automatisch zu Einschnitten in den Lebenswegen der Befragten führten oder als Zäsuren empfunden wurden. Eine Begegnung mit den Ereignissen des 17. Juni 1953 findet zumindest für die Generation Udo Mänickes erst statt, als sich der SED-Staat mit der Erinnerungspolitik Westdeutschlands konfrontiert sah, das den Tag des Aufstands zum gesetzlichen Feiertag erhob. Vom Mauerbau hörten die meisten Interviewten, wenn sie nicht direkt in Berlin wohnten, nur aus dem Radio.

Das von den Ausstellungsmachern zunächst zusammengestellte Sample an Zeitzeugen spiegelte auf nicht überraschende Weise die Verhältnisse wider, demnach höchstens 3 bis 4 % der DDR-Bürger gegen Staat und Partei aufbegehrten.[66] Die Kuratoren hatten bewusst auf prominente Gesprächspartner verzichtet und zu Anfang auch nicht gezielt nach Angehörigen der Opposition, des Widerstands oder nach politisch Inhaftierten gesucht. Erst später wurde das Spektrum der dargebotenen Lebensläufe um Lebensweg von Oppositionellen ergänzt.[67] Die eigentliche Idee, in die Gesamtschau die Alltagsgeschichte miteinzubeziehen und hierfür eigens Oral-History-Interviews zu führen, war 2007 durchaus umstritten, da alltagsgeschichtliche Perspektiven auf die DDR im Verdacht standen, ein zu harmloses Bild von der SED-Diktatur zu zeichnen.[68]

Die Interviews wirken aber auch in eine andere Richtung. Sie fordern die Erzählung von der zunächst West- und dann gesamtdeutschen Erfolgsgeschichte heraus,[69] zeigt sich in ihnen doch, dass der Systemwechsel nicht allen ehemaligen DDR-Bürgern die »blühenden Landschaften« brachte, die sie sich erhofft und die ihnen versprochen worden waren. Der Wechsel in ein neues Wirtschaftssystem ohne eingreifenden Staat setzte die Ostdeutschen weitgehend unvorbereitet den Härten des Kapitalismus aus. Wirtschaftlicher Abstieg, Arbeitslosigkeit, Unsicherheit und Pessimismus waren die Folge.

---

66 Ebd.
67 Ebd.
68 Zur Diskussion siehe die veröffentlichten Ergebnisse der »Sabrow-Kommission« zur DDR-Erinnerung: Martin Sabrow (Hg.), Wohin treibt die DDR-Erinnerung? Dokumentation einer Debatte, Göttingen 2007.
69 Zur vorherrschenden Erzählung der gesamtdeutschen Geschichte als Erfolgsgeschichte vgl.: Axel Schildt, Ankunft im Westen. Ein Essay zur Erfolgsgeschichte der Bundesrepublik, Frankfurt am Main 1999.

Die Ausstellungsmacher haben im ZFL bewusst auf die mediale Machart des Zeitzeugeninterviews verzichtet, in der die Befragten weitgehend dekontextualisiert vor neutralem Hintergrund in Szene gesetzt von ihren Erfahrungen berichten. Die Video- wie auch die Audiointerviews fanden bei den Befragten zu Hause statt. Durch dieses Setting und den zusätzlichen Einsatz von privatem Fotomaterial wird der Zeitzeuge eindeutig verortet. Dessen Aussagen können somit nicht wie im TV-Interview des Geschichtsfernsehens problemlos in verschiedenen Kontexten eingesetzt werden. Die Ausstellungsmacher haben allerdings durch den Zusammenschnitt der Interviews in thematische Blöcke von maximal drei Minuten Widersprüche reduziert und damit eine weitgehend konsistente und zusammenhängende Lebensgeschichte hergestellt. Sie konfrontieren die Ausstellungsbesucher dennoch mit jenem »Enttypisierungsschock«[70], den auch Historiker der Oral History erleben, wenn sie Zeitzeugengespräche führen. Ausgelöst durch die Frage nach einer bestimmten zeithistorischen Zäsur, berichten Zeitzeugen von völlig anderen Dingen, die sich nicht nahtlos in den jeweiligen Ausstellungsabschnitt einpassen. Die Zuhörer sind irritiert und verunsichert, welche Aussagen nun Gültigkeit haben. Zeitzeugen wirken hier also ganz und gar nicht als »affirmative Belegspender« oder »autoritative Beglaubigungsinstanzen«[71] für eine Widerstands- und Oppositionsgeschichte der DDR. Selbst die Friedliche Revolution erfasste nicht alle Bevölkerungskreise. Bürger wie Udo Mänicke wurden geradezu von der Entwicklung überrollt und schauten ihr am Rande stehend staunend zu. Dennoch zeigt seine Lebensgeschichten exemplarisch, dass einige DDR-Bürger die Chance des demokratischen Wandelns ergriffen und selbst politisch aktiv wurden. Sie sind heute Zeugen der deutschen Einheit und des demokratischen Wandels.

Die Zeitzeugeninterviews im Zeitgeschichtlichen Forum bewegen sich zwischen methodischer Korrektheit eines Oral-History-Interviews auf der einen und den Erfordernissen einer Ausstellung sowie den Erwartungen eines Ausstellungspublikums, das ein großes Bedürfnis nach zusammenhängenden und möglichst konsistenten Lebensläufen hat, auf der anderen Seite. Nur so können sich die von Geschichtsdidaktikern und Museumspädagogen gewünschten Effekte von Identifikation, Sympathie und Empathie für den Zeitzeugen und seine Geschichte einstellen. Das Bedürfnis nach Identifikation zeigt sich etwa darin, dass Besucher deren Biografien noch zeitliche Überschneidungen mit der DDR und ihrem Zusammenbruch aufweisen, meist Zeitzeugen, wählen, die der eigenen Altersgruppe entsprechen.[72] Insbesondere ehemaligen DDR-Bürgern wird eine Sicht auf die Geschichte der DDR

---

70 Dieser Begriff wurde von Lutz Niethammer geprägt: Lutz Niethammer, Fragen – Antworten – Fragen. Methodische Fragen und Erwägungen zur Oral History, in: ders./Alexander von Plato (Hg.), »Wir kriegen jetzt andere Zeiten«. Auf der Suche nach den Erfahrungen des Volkes in nachfaschistischen Ländern, Bonn 1985, S. 392–445, hier: S. 410.
71 Sabrow, Zeitzeuge, hier: S. 25.
72 Gespräch mit Prof. Dr. Bernhard Lindner, Wissenschaftlicher Mitarbeiter am Zeitgeschichtlichen Forum Leipzig, am 12. und 13. August 2015

angeboten, in der »ganz normale Menschen«[73] lebten und agierten – eine Geschichte also, in der sie sich selbst und ihre eigenen Vergangenheit wiederfinden können. Die politische Zeitgeschichte der großen Ereignisse wirkt für die Besucher somit weniger abstrakt.

Die Präsentation der Zeitzeugeninterviews hat zudem eine erinnerungspolitische Konnotation. Dem in der Ausstellung dominanten »Diktaturgedächtnis«, das den Repressionscharakter des DDR-Regimes betont, werden Aspekte eines »Arrangementgedächtnisses« hinzugefügt, das vor allem auf »das alltägliche Leben in einem vielleicht nicht gewollten, aber hingenommenen politischen Umfeld verweist«.[74] Das »Arrangementgedächtnis« wird allerdings nur über die Lebenswege-Stationen präsentiert, die gegenüber der wirkmächtigen Darstellung der Oppositionsgeschichte mit ihren zahlreichen beeindruckenden Objekten zurücktreten. Hinzu kommt, dass lediglich ein Drittel der Besucher von den Stationen Gebrauch macht.[75] Die eher zurückhaltende Thematisierung des DDR-Alltags spiegelt somit auch den geschichtspolitischen Konsens zur DDR-Geschichte wider.

Der »Tränenpalast«.
Zeugen der Diktatur und des demokratischen Wandels

Seit dem 14. September 2011 ist der »Tränenpalast« am Bahnhof Berlin-Friedrichstraße ein Museum. Ebenso wie die Ausstellung »Alltag der DDR« in der Berliner Kulturbrauerei[76] gehört der ehemalige Grenzabfertigungsposten zwischen West- und Ostberlin zur Stiftung Haus der Geschichte der Bundesrepublik Deutschland. Der authentische Ort war ein Schauplatz der DDR-Diktaturgeschichte und zugleich eine Stätte der gesamtdeutschen Geschichte. Der »Tränenpalast« berichtet somit von Emotionen nationaler Zusammengehörigkeit. Er ist seit 2008 Teil des fort-

---

73 Alexander von Plato, Zeitzeugen und die historische Zunft. Erinnerung, kommunikative Tradierung und kollektives Gedächtnis in der qualitativen Geschichtswissenschaft. Ein Problemaufriss, in: BIOS 13 (2000) 1, S. 5–29.
74 Die Typisierung und ihre Definition stammen von Martin Sabrow. Er macht für die DDR-Geschichte drei Gedächtnistypen aus: das Diktaturgedächtnis, das Arrangementgedächtnis und das Fortschrittgedächtnis. Vgl. Martin Sabrow, Die DDR erinnern, in: ders. (Hg.), Erinnerungsorte der DDR, München 2009, S. 9–27, hier: S. 18 f. Auch Thomas Hertfelder greift diese Unterscheidung auf, vgl. den Beitrag in diesem Band.
75 Gespräch mit Prof. Dr. Bernhard Lindner, Wissenschaftlicher Mitarbeiter am Zeitgeschichtlichen Forum Leipzig, am 12. und 13. August 2015
76 Die Besprechung der Ausstellung »Alltag der DDR« würde den Rahmen des Aufsatzes sprengen. In dieser wird auch weitgehend auf Zeitzeugeninterviews verzichtet. Stattdessen werden in einem Ausstellungsabschnitt zeitgenössische spontane Interviews des DDR-Dokumentarfilmers Thomas Heise aus den späten 1980er-Jahren gezeigt. Diese unterscheiden sich grundsätzlich von Interviews, die nach dem Fall der Mauer zum Zweck einer historischen Präsentation gemacht wurden. Interview mit Mike Lukasch, Abteilungsleiter Berlin des HdG, Mai 2015.

Abb. 7
Großformatige Bilder zeigen im »Tränenpalast« wichtige Stationen deutsch-deutscher Geschichte – wie das berühmte Treffen zwischen Helmut Kohl, Hans-Dietrich Genscher und Michail Gorbatschow am Ufer des Flusses Selemtschuk im kaukasischen Kurort Schelesnowodsk am 16. Juli 1990[79]

geschriebenen Gedenkstättenkonzeptes des Bundes,[77] das für den Ort eine Dauerausstellung zum Thema »Teilung und Grenze im Alltag der Deutschen« vorsieht, die auch den Prozess der Überwindung der Teilung und den Einigungsprozess 1989/90 berücksichtigt, »da bislang kein Ort existiert, an dem die bedeutenden Ereignisse zwischen dem Herbst 1989 und dem 3. Oktober 1990 umfassend gewürdigt werden«[78].

Die ständige Ausstellung »GrenzErfahrungen. Alltag der deutschen Teilung« zeigt schlaglichtartig die wichtigsten Stationen der deutsch-deutschen Geschichte mithilfe großformatiger Fotos bzw. Bildikonen auf (Abb. 7), doch stehen der Alltag am Grenzposten Berlin-Friedrichstraße und die Repressionserfahrungen, die die Menschen mit der deutsch-deutschen Grenze[80] gemacht haben, im Zentrum der Schau. 2,4 Millionen Personen haben hier die Grenzabfertigung passiert. Die Ausstellung fragt nach den

77 Vgl. Unterrichtung, S. 8.
78 Ebd.
79 Am nächsten Tag wurde über die künftige NATO-Mitgliedschaft des wiedervereinigten Deutschlands verhandelt. Kohls Strickjacke wie auch die abgebildeten Baumstämme sind heute im Bonner Haus der Geschichte ausgestellt.
80 Zündorf, DDR-Geschichte, hier: S. 143.

individuellen Erfahrungen. Dabei spielt die Beklemmung der Westdeutschen und die Angst der Ostdeutschen eine wesentliche Rolle.

Die Alltagsgeschichte wird im »Tränenpalast« durch Ausstellungsbauten und Zeitzeugeninterviews eindrucksvoll inszeniert. Die Besucher können die wiederaufgebauten Passkontrollschleusen und Abfertigungseinheiten durchschreiten und nachempfinden, wie es einmal war, Grenzbeamten machtlos ausgeliefert gewesen zu sein. Rekonstruierte Gepäckinspektionstische wurden an historischer Stelle wiederaufgebaut (Abb. 8). Auf ihnen sind nun aufgeklappte Koffer zu sehen, in denen Objekte aus dem persönlichen Besitz der Zeitzeugen zusammen mit dem Zeitzeugeninterview präsentiert werden. Der individuelle Erfahrungsbericht wird in das inszenatorische Ensemble integriert. Passieren die Besucher die Inspektionsschleuse von West nach Ost, kommen ehemalige DDR-Bürger zu Wort, denen wie Karl-Heinz Karisch, Sieglinde Feistkorn und Christine Brinck die Flucht über den Bahnhof Friedrichstraße gelang. Gehen sie von Ost nach West beggnen ihnen ehemalige Bürger der Bundesrepublik, wie Hinrich Lehmann-Grube und Manfred Probst, die 1990 noch vor der Wiedervereinigung in die DDR übersiedelten, in der die erste frei gewählte Volkskammer über die Geschicke des Landes entschied.

Die individuellen Berichte von Flucht und Systemwechsel werden durch weitere Interviews an anderen Stellen der Ausstellung ergänzt. Auch hier erläutern und kontextualisieren Objekte die Aussagen der Zeitzeugen. Den Ausstellungsbesuchern eröffnen sich dadurch verschiedenste Facetten des Grenzübertritts: die dramatische und äußerst riskante Flucht vor und nach dem Mauerbau, die erzwungene Abschiebung, der legale Grenzübertritt mit Ausreisegenehmigung und der Versuch, direkt am Grenzübergang die Ausreise mit einer verbotenen öffentlichen Demonstration zu erzwingen.

Die Berichte führen auch vor, welche Maßnahmen des SED-Staats den Entschluss bewirken konnten, die DDR zu verlassen: die Nichtgenehmigung des Besuchs von Verwandten in Schweden, die Verweigerung höherer Schulbildung wegen »mangelnder positiver Gesinnung«, die Ablehnung des SED-Beitritts oder andere Schikanen staatlicher Stellen.

Christine Brinck erzählt, wie belastend es für sie als Kind war, sich von ihren Freunden nicht verabschieden zu können: »Man konnte ja nicht sagen: Ciao derweil!«[81] Gleichzeitig nimmt sie die Perspektive ihrer Mutter ein und erläutert, wie schwer es dieser gefallen sein muss, die Kinder von der Notwendigkeit einer Flucht zu überzeugen: »Wenn die Sonne scheint und keine Bomben fallen, ist es ziemlich kompliziert, Kindern eine Flucht als notwendig zu vermitteln.« Brinck verlässt damit ihre eigene kindliche Erinnerung und liefert ihre heutige Deutung der damaligen Situation gleich mit.

Karl-Heinz Karisch berichtet, welche Orientierungslosigkeit die von seinem Vater initiierte Flucht bei ihm als schon politisch indoktriniertes Kind auslöste. »Der Ent-

---

81 Interview mit Christine Brinck, eigene Mitschrift.

Abb. 8
Gepäckinspektionstische mit geöffneten Koffern in der Ausstellung im Berliner »Tränenpalast«

schluss zur Flucht war für mich als junger Pionier etwas ganz Schreckliches. Das waren Faschisten, die in den Westen gingen, keine anständigen Leute.«[82]

Es kommen jedoch auch Stimmen von Personen zu Wort, die trotz ihrer oppositionellen Haltung, die DDR nicht verlassen wollten. Herr Roesch berichtet, wie er wegen seiner politischen Aktivitäten in der Jungen Gemeinde Jena zunächst zu zehn Jahren Gefängnis verurteilt wurde, dann aber die Möglichkeit erhielt, statt der Verbüßung der Haftstrafe, die DDR zu verlassen. Er willigte ein, war jedoch in Westberlin völlig unglücklich. Er verlor seine Partnerin und seinen Freundeskreis. An anderer Stelle in der Ausstellung erfahren die Besucher, dass Roesch die Integration in das linke Milieu in Berlin-Kreuzberg gelang, der Mauerfall von 1989 jedoch erneut große Verunsicherung bei ihm auslöste. Weil er nicht wusste, welche Folgen die Wiedervereinigung mit sich bringen würde, fürchtete er erneut um den Bestand seiner gewohnten Lebensumgebung.[83]

Die Ausstellung lässt auch ehemalige Grenzbeamte zu Wort kommen. Herr Bluewert berichtet, aus welchen Gründen er Körperdurchsuchungen vornahm, wie nervös ältere Menschen gewesen seien, wie sie gezittert und unter Herzschmerzen gelitten hätten. Er gibt offen zu, dass er als Grenzbeamter auch »ein bisschen schikaniert«

---

82 Interview mit Karl-Heinz Karisch, eigene Mitschrift.
83 Interview mit Herrn Roesch, eigene Mitschrift.

und willkürlich Menschen zur detaillierten Kontrolle ausgesucht habe.»Da kam man gar nicht groß zum Denken, da drinne«,[84] sagt Herr Bluewert zu seiner Verteidigung. Andere Interviews zeigen den banalen Alltag im Grenzbahnhof. Eine Mitarbeiterin eines Intershops berichtet von ihrer alltäglichen Arbeit beim Verkauf von West- und Luxuswaren gegen Devisen. Neben dem Videoscreen sehen die Ausstellungsbesucher eine Auswahl an Waren, die im Intershop angeboten wurden. Zu Grenzbeamten und zum Bahnpersonal habe sie keinen Kontakt gehabt, sagt die Frau.»Dieser Konflikt zwischen Ost und West, der hat mich nicht so tangiert.«[85]

Der ehemalige Mitarbeiter einer Buchhandlung im Grenzbahnhof räumt hingegen ein, dass ihm bewusst gewesen sei, dass er an der »Schnittstelle zum Westen« arbeitete. Berühmte Kunden wie Heiner Müller und Jurek Becker seien bei ihren Reisen in den Westen in seinem Laden vorbeigekommen.

Die auf den Gepäcktischen zu sehenden Interviews mit ehemaligen Westdeutschen erzählen eine gänzlich andere Geschichte. Sie behandeln die Zeit nach dem Mauerfall und vor der Wiedervereinigung. Hier steht weniger der Grenzübertritt im Vordergrund als die Geschichte des demokratischen und wirtschaftlichen Umbaus bzw. Wiederaufbaus der DDR.

Hinrich Lehmann-Grube, ein SPD-Kommunalpolitiker, erzählt, wie er von der neu gegründeten SPD in Leipzig gebeten wurde, bei der ersten demokratischen Kommunalwahl am 6. Mai 1990 als Spitzenkandidat eines Leipziger Wahlbezirks und dann womöglich als Kandidat für die Oberbürgermeisterwahl anzutreten (Abb. 9). Er habe eingewilligt:»Ich wollte nicht Bücher schreiben oder beiseite stehen, das war die wichtigste politische Aufgabe der nächsten zehn Jahre.«[86] Er gewann seinen Wahlkreis und wurde von der Stadtverordnetenversammlung zum Oberbürgermeister gewählt. Lehmann-Grube berichtet darüber, was der Wechsel in die DDR und seine Kandidatur bei ihm persönlich ausgelöst habe. Er sei sein Leben lang Kommunalpolitiker und Verwaltungsmann gewesen, aber von Leipzig und seinen Menschen habe er wirklich »null Ahnung« gehabt. Ein psychologisches Tief sei die Folge gewesen:»Was willst du eigentlich hier?«, habe er sich gefragt. Das starke Interesse der Leipziger Bürger an Politik und an seiner Person hätte ihn über dieses Tief hinweggeholfen. Beigestellte Objekte wie ein Reisepass erläutern, dass Lehmann-Grube für sein Engagement die Staatsbürgerschaft der DDR annehmen musste. Ein Zeitungsartikel dokumentiert, dass die Entscheidung zur Übersiedlung in die DDR in der Familie getroffen wurde.

Manfred Probst erhellt mit seinem Lebensbericht die wirtschaftliche Seite des Einigungsprozesses. 1960 aus der DDR in die Bundesrepublik geflohen, wurde er 1990 von seiner landwirtschaftlichen Versicherungsgesellschaft gebeten, die Standorte der Leipziger Hagel-Versicherung in der DDR wiederaufzubauen. Später erhielt er

---

84 Interview mit Herrn Bluewert, eigene Mitschrift.
85 Interview mit Frau Belle, eigene Mitschrift.
86 Interview mit Hinrich Lehmann-Grube, eigene Mitschrift.

Abb. 9
Eine Koffervitrine im »Tränenpalast« zeigt persönliche Objekte und ein Zeitzeugeninterview mit Hinrich Lehmann-Grube

den elterlichen landwirtschaftlichen Betrieb zurück und baute diesen ebenfalls neu auf. Er berichtet von seinen ersten Kontakten in der DDR und der »Aufbruchsstimmung, Vereinigungsstimmung, Freude auf beiden Seiten«. Probst sagt: »Es hätte sie [die DDR-Bürger] enttäuscht, es wäre nicht gut gewesen, ihr bleibt hier, wir bleiben dort«.[87]
Im »Tränenpalast«, der sich mit seiner Dauerausstellung der deutschdeutschen Alltagsgeschichte widmen soll, sind individuelle Lebensgeschichten und Zeitzeugeninterviews das richtige Mittel, um diese Alltagswelt zu erschließen. Sie sind daher zentral in den Ausstellungseinheiten platziert und werden durch zahlreiche Objekte ergänzt. Die Grenze und das DDR-Grenzregime zerschnitten Familienstrukturen, Beziehungen, Freundeskreise und Lebenswelten. Der SED-Staat griff brutal in die Lebensläufe oppositioneller Bürger ein.
Die Ausstellungsmacher verzichten im »Tränenpalast« überwiegend auf prominente Zeitzeugen, sodass sich tatsächlich ein Alltagsbild von Erfahrungen »ganz normaler Menschen« ergibt. Der Anspruch, möglichst alle Facetten deutsch-deutscher Grenzerfahrung darzustellen, hat sicherlich zu einer gezielten Suche nach passenden

---

87 Interview mit Manfred Probst, eigene Mitschrift.

Zeugen geführt. Die Auswahl der Interviewten unterlag zumindest keinem Zufallsraster. Um möglichst konsistente, pointierte, widerspruchsfreie und für den Ausstellungsbesucher rezipierbare Erzählungen zu erhalten, wurden die Interviews entsprechend geschnitten. Auf diese Weise ist ein längeres Interview zu den unterschiedlichsten Aspekten des individuellen Umgangs mit der Teilung an verschiedenen Stellen der Ausstellung einsetzbar. Man gewinnt jedoch den Eindruck, als sollten die Zeitzeugen auch hier nur die passenden Stichworte zu einer in den Grundzügen schon feststehenden Ausstellungserzählung liefern. Durch die Beistellung von Objekten aus Privatbesitz werden die Interviews jedoch kontextualisiert und angereichert. Die Ausstellungsbesucher sind also nicht allein auf die individuelle Erinnerung des jeweils Befragten angewiesen, sondern können sich über die Objekte ein vollständigeres Bild machen oder die »Erinnerungsfetzen« selbst in eine Gesamtbiografie der interviewten Person einordnen.

Die Ausstellung lässt jedoch auch eine Erzählung zu, in der nicht die Unmenschlichkeit des DDR-Grenzregimes im Vordergrund steht, sondern die Alltäglichkeit der Grenze, mit der sich die DDR-Bürger arrangierten, insbesondere diejenigen, die in ihrer unmittelbaren Nähe Arbeit gefunden hatten.

Um an Teilung und Grenze zu erinnern, gibt es kaum einen geeigneteren authentischen Ort als den »Tränenpalast«. Der geschichtspolitische Auftrag, hier auch die Überwindung der Teilung im Einigungsprozess, den Übergang von Diktatur zur Demokratie, darzustellen, klingt zunächst befremdlich. Diese Aufgabe haben die Ausstellungsmacher jedoch mit der Einbeziehung der »Aufbauhelfer« aus Westdeutschland in die Geschichte der Grenzpassagen am Bahnhof Friedrichstraße sehr geschickt gelöst. So werden an einem Ort der Repression die Zeugen der Demokratisierung und des demokratischen Wandels den Zeugen der Diktatur gegenübergestellt.

Fazit

Betrachtet man die großen Ausstellungshäuser des Bundes, so finden sich je nach geschichtspolitischem Auftrag und ausstellungsdidaktischer Prioritätensetzung sehr unterschiedliche biografische Zugangsformen. Ein Haus wie das DHM, das in Ablösung von programmatischen Vorgaben einer konservativen Ausstellungsästhetik und einer Elitegeschichte verpflichtet bleibt, öffnet sich nur in geringem Maße biografischen Erzählformen und bleibt auch gegenüber allen anderen Erzählformen der Heldenverehrung auf Distanz. Zugleich ist es jedoch nicht völlig immun gegen gedächtniskulturelle Strömungen wie die zur personifizierten Erinnerung an die beiden deutschen Diktaturen. So öffnet auch das DHM Perspektiven auf das Leid einzelner Opfer sowohl der NS- als auch der SED-Diktatur.

Das Haus der Geschichte in Bonn reagiert auf Trends, die das Geschichtsfernsehen in den vergangenen Jahrzehnten gesetzt hat. Es überführt das mediale Zeitzeugeninterview in das Medium »Ausstellung«. Zeitzeugen werden hier überwiegend zu Stichwortgebern für die im Ausstellungsdrehbuch vorgesehenen Themen. Eine Gegenerzählung zur Erfolgsgeschichte der Bundesrepublik kann dabei nicht entstehen und ist vermutlich auch nicht intendiert. Die Ausstellungsbesucher finden dennoch über eine Auswahl von thematisch sortierten, individuellen Episoden eine Vielzahl identifikatorische Angebote und spannende Lebensgeschichten vor, die zurzeit allerdings nur als optionale Ergänzung zur Hauptausstellung dargeboten werden.

Das Zeitgeschichtliche Forum Leipzig reflektiert die Debatte um die Darstellung der DDR-Alltagsgeschichte mit dem Einsatz von Zeitzeugen als virtuelle Ausstellungsbegleiter. Es lehnt sich erkennbar an die Standards der Oral History an und kann damit ein Spannungsverhältnis zwischen Erfahrungs- und Alltagsgeschichte einerseits sowie geschichtspolitisch erwünschter Widerstands- und Oppositionsgeschichte andererseits aufbauen.

In einem Haus wie dem »Tränenpalast«, das vor allem der Erfahrungsgeschichte der deutschen Teilung und des demokratischen Wandels gewidmet ist, sind individuelle biografische Perspektiven das ausstellungsdidaktische Mittel der Wahl. Hier treten sowohl Zeitzeugen der Diktatur als auch Zeugen der Demokratisierung auf.

Die Gesamtschau auf alle Häuser zeigt, wohin die Präsentation von Biografien und Lebenswegen zukünftig gehen könnte. Die Integration der Lebensberichte in Objektensembles, wie im »Tränenpalast«, trägt zu ihrer stärkeren Kontextualisierung in eine Gesamtgeschichte bei. Damit kann dem Eindruck entgegengewirkt werden, dass mit der dargebotenen Perspektive die Geschichte als Ganzes abgehandelt ist. Je stärker sich die Präsentation von Lebensgeschichten an die Standards der Oral History anpasst, desto eher besteht die Chance, einen zweiten – vielleicht auch Widerspruch provozierenden – Erzählstrang der Erfahrungs- und Alltagsgeschichte aufzeigen zu können.

Die Zeugen der Demokratie spielen in den besprochenen Ausstellungen jedoch noch keine große Rolle. Die Erfahrungen, die »ganz normale Menschen« mit Demokratisierung, Liberalisierung, Wertewandel und zunehmendem materiellen Wohlstand machten, scheinen noch nicht ausstellungswürdig. Dies mag an dem Umstand liegen, dass weder die Zeitgeschichte noch die Oral History sich der Alltagsgeschichte in der Demokratie im vollen Umfang zugewandt haben. Es liegt also noch zu wenig empirisches Material vor, das Grundlagen für die Präsentation in den Ausstellungen bieten könnte. Vielleicht schrecken Ausstellungsmacher vor den Zeugen der Demokratie auch zurück, weil ihre Lebenswege, die von sozialem Aufstieg und materieller Absicherung berichten, einen offensichtlich geringeren Spannungsbogen aufweisen als Erzählungen von Krieg und Diktatur; sie passen nicht zu jenem »opferzentrierten« Erinnern, das als charakteristisch für die Erinnerungskultur der Gegenwart angesehen werden kann.[88] Betrachtet man jedoch die Demokratiegeschichte der letzten Dekaden, sind auch hier radikale gesellschaftliche Veränderungen auszumachen,

---

88 Vgl. Martin Sabrow, »Erinnerung« als Pathosformel der Gegenwart, in: ders. (Hg.), Der Streit um die Erinnerung, Leipzig 2008, S. 9–24, hier: S. 15; Ulrike Jureit/Christian Schneider, Gefühlte Opfer. Illusionen der Vergangenheitsbewältigung, Stuttgart 2010, S. 15–37.

die sich zwar im Frieden und in der Demokratie vollzogen, jedoch für die Menschen nicht weniger umwälzend waren. Lebensläufe konnten durchaus dramatische Wendungen erfahren. Die geschichtswissenschaftliche Forschung müsste sich zunächst diesen Lebensläufen zuwenden, dann könnten Ausstellungsmacher darüber nachdenken, wie sie die Ergebnisse didaktisch sinnvoll präsentieren können.

Ein Demokratiegedächtnis für die Berliner Republik? Essayistische Überlegungen

Richard Schröder
Gedenken in der Demokratie
Überlegungen zum Umgang mit der DDR-Vergangenheit

Moderne Demokratien haben sich teils aus Kolonien, teils aus Revolutionen, teils evolutionär aus Monarchien entwickelt. Im 20. Jahrhundert kam eine neue Konstellation hinzu: der Übergang von der Diktatur zur Demokratie. Hierbei lassen sich zwei Varianten voneinander unterscheiden: die Transformation von einer Militärdiktatur (wie zum Beispiel in Argentinien, Chile, Portugal, Spanien und Griechenland geschehen) und die von einer kommunistischen Diktatur zur Demokratie. Ein solcher Übergangsprozess wirft die Frage auf, wie eine postdiktatorische oder posttotalitäre Demokratie mit ihrer Vergangenheit umgehen soll. Für neuartige Fragen gibt es naturgemäß keine bewährten Antworten. Es braucht sogar meist einige Zeit, bis ein neues Problem als solches erkannt wird. Dass sich ein neuartiges Problem gestellt hat, ist inzwischen klar. Vergleichende Studien über den Umgang mit der prädemokratischen Vergangenheit in den verschiedenen Ländern sind aber noch eher selten. In diesem Kontext stehen meine nachfolgenden Überlegungen.[1]

1. Gedenken in der Demokratie

Wer erinnert? Natürlich nicht die Demokratie, denn das ist der Name einer Staatsform. Der Staat erinnert und gedenkt nicht, selbst wenn er anordnet und verbietet. Zwar ist der Staat für gesetzliche Feiertage zuständig und er genehmigt Denkmäler im öffentlichen Raum, wenn er nicht sogar deren Bauherr ist, doch ist es nicht der Staat, der erinnert, sondern das Volk oder die Nation.

Unter »Gesellschaft« verstehen wir zumeist das anonyme Interaktionsresultat zusammenlebender Menschen. »Gesellschaft« bezeichnet aber keine Wir-Identität, die einen Willen artikulieren könnte. Aus diesem Grund ist auch die Rede von einer »gesellschaftlichen Verantwortung« nicht präzise. Appelle von der Art »Die Gesellschaft sollte …« sind entweder nur Wünsche oder falsch adressiert. Sehr wohl gibt es aber eine Verantwortung *für* die Gesellschaft. Im Herbst 1989 riefen die Leipziger Demonstranten: »Wir sind das Volk«. Niemand kam auf die Idee zu rufen: »Wir sind die Gesellschaft«.

---

[1] Aufgrund seines essayistischen Charakters wird in diesem Beitrag auf die sonst üblichen bibliografischen Nachweise in den Anmerkungen verzichtet. Eine überarbeitete englische Version dieses Aufsatzes ist erschienen als: Richard Schröder, The Memory of Dictatorship and the Future of Democracy: The East German Past Today, in: Bulletin of the GHI 56 (Spring 2015), S. 27–45.

»Staat« begreifen wir als das Gefüge von Institutionen, das von besonderen und hauptberuflichen Funktionsträgern oder Beamten repräsentiert wird und das sich von der Gesamtheit der Bürger unterscheidet. Wort und Sache entstanden erst in der Neuzeit. Für die griechischen Demokratien war noch charakteristisch, dass die Polis nichts anderes war als die verfasste Gesamtheit der Bürger. Auch der Staat hat und ist keine Wir-Identität. Der Ludwig XIV. zugeschriebene Satz »Der Staat bin ich!« wird zitiert als Sinnbild für die Verstiegenheit des Absolutismus. Der Satz »Wir sind der Staat!« wäre den Leipziger Montagsdemonstranten ebenfalls nicht über die Lippen gekommen. Eher hätte man ihn auf Plakaten der SED erwarten können.

Nach marxistisch-leninistischem Verständnis sollte der Staat das Machtmittel der herrschenden Klasse sein. Die kommunistische Partei sollte die herrschende Klasse repräsentieren. Die Väter und Mütter des bundesdeutschen Grundgesetzes dagegen hatten – in Anlehnung an das Wort Jesu vom Sabbat und in Reaktion auf den diktatorischen NS-Staat – als Artikel 1 (1) zunächst den Satz erwogen: »Der Staat ist um des Menschen willen da und nicht der Mensch um des Staates willen.«

Wenn es um das Gedenken in der Demokratie geht, geht es also darum, inwieweit die Staatsform das Gedenken bestimmt, und zwar im Kontrast zur Diktatur – in Bezug auf die Transformationen des Jahres 1989/90 konkret: im Kontrast zur kommunistischen Diktatur.

Gedenken in der Demokratie betont stets die politische Freiheit in Abgrenzung zur politischen Unfreiheit. Es handelt sich also immer um ein doppeltes, bipolares Gedenken. Für die Akzentuierung ist von Bedeutung, wie sich das Verhältnis zwischen den beiden Polen in den verschiedenen Ländern jeweils austariert hat, und ob der Kontrast immer noch so gesehen wird wie zum Zeitpunkt der Transformation. Das hängt davon ab, ob – und wenn, in welchem Maße – die Erinnerung an die Diktatur vergoldet ist, ferner: wie stark die Erwartungen an die Demokratie inzwischen enttäuscht worden sind.

Wer sich erinnert ist jeweils »das Volk« oder »die Nation«. Nach einer noch immer sehr brauchbaren Beschreibung von Ernest Renan ist eine Nation eine Willensgemeinschaft, die durch gemeinsame Erinnerungen und durch den Willen zu einer gemeinsamen Zukunft miteinander verbunden ist. Nationen sind Wir-Identitäten. Renans Beschreibung berücksichtigt, dass sie keine substanzartigen, gar übergeschichtlichen Gebilde sind, wie es etwa Herder und Hegel mit ihren Vorstellungen von einem »Volksgeist« unterstellten. Der Wille zur gemeinsamen Nation kann sich abschwächen, er kann sogar erlöschen. Und die Tatsache, dass in Europa separatistische Tendenzen existieren, macht deutlich, dass es Fälle gibt, in denen eine kleinere Wir-Identität eine größere, sie bisher einschließende, verlassen oder gar zersprengen möchte.

Dass für Nationen gemeinsame Erinnerungen konstitutiv sind, möchten manche mit dem Argument infrage stellen, für die Demokratie sei Pluralismus charakteristisch, weshalb gemeinsame Erinnerungen dem Wesen der Demokratie widersprächen. Dem möchte ich entgegnen: Pluralismus ist zwar die Folge der Freiheit von Meinung, Überzeugung, Religion und Weltanschauung, er hebt aber nicht die Tatsache auf, dass zwischen der Meinung oder Überzeugung aller, vieler, einiger und weniger unterschieden werden kann. Es gibt, wie jede Umfrage belegt, auch in der Demokratie Mehrheitsmeinungen, und wenn es sie nicht gäbe, wäre die demokratische Willensbildung unmöglich. Meinungsfreiheit besagt nicht, dass alle Meinungen gleichrangig sind, sondern dass auch irrige und verrückte Meinungen ungestraft geäußert werden dürfen. Wenn die gemeinsame (mehrheitliche) Erinnerung verblasst, zerfällt eine Nation – aber nicht pluralistisch in Individuen, sondern in kleinere Nationen, die ihrerseits durch gemeinsame Erinnerungen und durch den Willen zu einer gemeinsamen Zukunft geeint sind.

Nationen sind nicht die einzige Wir-Identität, die wir leben. Neben ihnen gibt es kleinere, die in Deutschland zum Beispiel als »Heimat« bezeichnet werden. Zugleich schließt die Identität als Deutscher keineswegs aus, sich außerdem als Europäer zu fühlen. Den Sachsen freut es, wenn er auf der Zugspitze einen sächsischen Landsmann trifft. Ebenso freut es ihn, wenn er in China einen Niederländer trifft. Diese Identitäten verhalten sich zueinander wie konzentrische Kreise, andere dagegen nicht: wie »wir Frauen«, »wir Christen« oder »wir Ärzte«.

Auch in einem zusammenwachsenden Europa wird die Ebene der Nationen und des Nationalstaates auf unabsehbare Zeit ein besonderes Gewicht behalten, weil – entsprechend dem europäischen Subsidiaritätsprinzip – der Nationalstaat den Bürgern die rechtliche und die soziale Sicherheit gewährt. Europa zahlt keine Renten. Entsprechend ist es in Ordnung, wenn wir das Gedenken in der Demokratie in den verschiedenen Ländern unterscheidend betrachten, denn es ist auch verschieden. Mit Blick auf 1989/90 ist festzustellen, dass in den verschiedenen ehemals sozialistischen Ländern das Verhältnis zwischen Nation und Demokratie unterschiedlich gewichtet war.

In Polen hat sich die Nation von der Diktatur befreit, indem sie ihrer kommunistischen Regierung freie Wahlen abgetrotzt hat. Die baltischen Völker haben sich eher von der Unterdrückung ihrer Nationalität, von der Russifizierung befreit. In der Tschechoslowakei hat das Staatsvolk die kommunistische Diktatur gestürzt, aber danach gingen Tschechen und Slowaken eigene Wege. Siebzig gemeinsame Jahre hatten nicht genügt, eine gemeinsame stabile Wir-Identität zu gründen. Tausend Jahre getrennter Geschichte waren stärker.

Und schließlich der Sonderfall DDR: Die Teilung Deutschlands hatte zu dem merkwürdigen Ergebnis geführt, dass sehr viele Westdeutsche die DDR als Ausland betrachteten, das Grundgesetz zugleich aber dem Ziel der Einheit der deutschen Nation verpflichtet war. In der DDR dagegen lehnte die SED seit Honecker diese Einheit der Nation ab und sprach von zwei Nationen auf deutschem Boden (was auch immer »deutscher Boden« bedeuten sollte). Zugleich war die DDR-Bevölkerung allabendlich am Fernseher Zaungast des Westens. Wer die DDR verlassen wollte, wollte »nach drüben«, und das war nie Österreich oder die Schweiz, sondern stets die Bundesrepublik Deutschland. Noch immer ist denn auch das Jahr 1989 in Ost und West mit verschiedenen Erinnerungen verbunden. Für Westdeutsche ist es das Jahr des Mauerfalls und des Weges zur deutschen Einheit. Für Ostdeutsche dagegen ist der Herbst 1989 die Zeit der Demonstrationen, der überwundenen Angst und der Zivilcourage, kurz: der Herbstrevolution. Viele derjenigen, die sich damals in der politischen Opposition gegen das SED-Regime engagierten, betrachteten die Maueröffnung sehr skeptisch und behaupteten, die mit der Grenzöffnung einsetzenden Bestrebungen zur Wiedervereinigung seien schuld daran, dass die Herbstrevolution eine unvollendete Revolution geblieben sei. Damit entfremdeten sie sich von einem Großteil der ostdeutschen Demonstranten und handelten sich eine Niederlage bei den ersten freien Volkskammerwahlen ein, denn die Demonstranten skandierten bald nach der Maueröffnung aus dem unterdrückten Text der DDR-Nationalhymne »Deutschland einig Vaterland« und gingen dann von der Losung »Wir sind das Volk« zu »Wir sind ein Volk« über.

Ich bin 1991 öfter nach Westdeutschland zu Veranstaltungen eingeladen worden, die unter dem Zitat von Heinrich Heine »Denk ich an Deutschland in der Nacht, so bin ich um den Schlaf gebracht« standen. Die Organisatoren dachten dabei an Auschwitz und wollten mit den Worten ihr Unbehagen an der deutschen Einheit ausdrücken. In Heines im Pariser Exil geschriebenen »Nachtgedanken« aber lautet die Fortsetzung:

»Nach Deutschland lechtzt' ich nicht so sehr,
Wenn nicht die Mutter dorten wär.
Das Vaterland wird nie vererben,
jedoch die alte Frau kann sterben.«

Es gab 1989/90 in Deutschland beachtliche Begriffsverwirrungen. Bei der ersten Sitzung der frei gewählten Volkskammer fanden die Abgeordneten den Brief eines Westberliners vor, der sie eindringlich ermahnte, sich der deutschen Vereinigung zu widersetzen und die DDR als demokratische Alternative zur kapitalistischen Bundesrepublik zu erhalten. Natürlich war das keine Mehrheitsposition, aber es gab 1990 im Westen Demonstrationen gegen die Einheit, bei der ganz vorne prominente Grüne mitmarschierten.

Im Osten dominierte 1990 die Begeisterung über die gefallene Mauer und die Wiedervereinigung. Aber die Stimmung verdüsterte sich ungemein aufgrund der bitteren Erfahrungen mit dem Zusammenbruch der ostdeutschen Wirtschaft, die so plötzlich ungeschützt den Bedingungen des Weltmarktes und dem Verlust der traditionellen Ostmärkte ausgesetzt war. Obwohl der Wirtschaftspolitik der SED die Hauptschuld an diesem Zusammenbruch anzulasten ist, wurde doch weithin die Treuhandanstalt dafür verantwortlich gemacht.

Die deutsch-deutsche Problematik des Gedenkens lässt sich unter anderem am Streit um den geeigneten Nationalfeiertag verdeutlichen. Nationale Feiertage verweisen neben Denkmälern darauf, was im Selbstverständnis einer Nation als das Wichtigste angesehen wird.

Der Nationalfeiertag der DDR war ganz traditionell ihr Gründungstag, der 7. Oktober. In der alten Bundesrepublik wurde nicht der Gründungstag, die Ratifizierung des Grundgesetzes am 23. Mai 1949, sondern der 17. Juni in Erinnerung an den ostdeutschen Arbeiteraufstand von 1953, den sowjetische Panzer niedergewalzt hatten, als Tag der deutschen Einheit gefeiert. In der DDR war dieses Datum als Gedenktag absolut tabu.

Der neue Nationalfeiertag des wiedervereinten Deutschlands wurde der 3. Oktober, das Datum an dem 1990 der Zwei-plus-vier-Vertrag in Geltung trat, durch den Deutschland seine Einheit und seine volle Souveränität erlangte und durch den der Zweite Weltkrieg völkerrechtlich beendet wurde.

Dagegen ist oft eingewendet worden, der 3. Oktober stehe doch nur für einen bürokratischen Akt und sei ein Tag ohne Emotionen. Der 9. November als der Tag der Maueröffnung, aber zugleich auch als Tag der Reichspogromnacht 1938, mit dem die Judenverfolgung eine weitere Eskalationsstufe erreichte, sei der geeignete Nationalfeiertag. Der ehemalige Außenminister Joschka Fischer hat den 9. November gerade wegen dieser Ambivalenz empfohlen, denn sie sei für die deutsche Geschichte charakteristisch. Letzteres stimmt zwar, man kann aber in Wahrheit nicht gleichzeitig fröhlich und traurig sein. So wenig man Weihnachten und Karfreitag auf einen Tag legen kann, ist es möglich, »ambivalent« zu feiern.

Seit dem 3. Oktober 1990 lebt Deutschland in allseits anerkannten Grenzen, umgeben von Freunden. Wenn das kein Grund zum Feiern ist, was dann?

Im Jahr 2013 haben erneut manche gefordert, wieder zum 17. Juni als Nationalfeiertag zurückzukehren, da der Tag für den Freiheitswillen der Ostdeutschen stehe, zu deren Forderungen 1953 unter anderem die Herstellung der deutschen Einheit gehörte. Aber kein Volk sollte eine Niederlage, einen niedergeschlagenen Aufstand als Identifikationsdatum wählen. Die Serben haben sich keinen Gefallen getan, als sie ihre Niederlage gegen die Türken auf dem Amselfeld (Kosovo) zum Nationalfeiertag erhoben.

Das Erinnern in den Demokratien, die 1989/90 entstanden sind, ist, wie oben ausgeführt, bipolar: Einerseits steht die Erinnerung an die überwundene (kommunistische) Diktatur, andererseits diejenige an diese Überwindung, an die Revolution, die ja zumeist – Rumänien ausgenommen – eine friedliche war. Wie sieht nun das Verhältnis zwischen diesen beiden Polen aus?

Im Bericht der Bundesregierung zum Stand der Aufarbeitung der SED-Diktatur aus dem Jahr 2013 werden sieben Erinnerungsorte an die deutsch-deutsche Teilung und 28 Gedenkstätten zum Thema Überwachung und Verfolgung in der DDR aufgeführt. Zu Opposition und Widerstand sowie zur frei gewählten Volkskammer und ihrer Regierung fehlt es an entsprechenden Orten. Immerhin finden in der Rubrik »Denkmäler und Mahnmale« drei Freiheits- bzw. Einheitsdenkmäler ihre Erwähnung, nämlich diejenigen in Plauen, Berlin und Leipzig. Die »Aufarbeitung« hat eine kräftige Schlagseite, die ich mir mit der unter uns weitverbreiteten Unfähigkeit zur Freude an der Freiheit erkläre.

Aber warum sollte überhaupt der Diktatur mit ihren dunklen, teils sogar schrecklichen Aspekten erinnert und sie nicht lieber vergessen werden?

2. Warum Gedenken?

Christian Meier hat in seiner 2010 erschienenen Studie darauf hingewiesen, dass seit dem Friedensschluss zwischen Athen und Sparta 404 v. Chr. die Beendigung von Kriegen und Bürgerkriegen regelmäßig mit der Forderung verbunden war, alles Schreckliche, das in Kriegszeiten geschehen ist, zu vergessen. Manchmal wurde um des Friedens willen sogar die Erwähnung von Untaten unter Strafe gestellt. Noch im Saarvertrag von 1956 heißt es: »Niemand soll auf Grund der von ihm in der Vergangenheit gegenüber der Saarfrage eingenommenen Haltung beeinträchtigt werden.« In Anlage 1 wird dazu ausgeführt, dass selbst Körperverletzung unter Amnestie fällt.

Die Verknüpfung von Frieden und Vergessen sei, so Meier, zum ersten Mal mit dem Abschluss des Versailler Vertrags nach dem Ersten Weltkrieg aufgehoben worden. Jedenfalls hat dieser Friedensvertrag das Ziel, eine Befriedung herzustellen, völlig verfehlt.

Christian Meier verteidigt die alte Strategie »Frieden vor Gerechtigkeit durch Amnestie« zwar grundsätzlich, er sieht aber in Auschwitz, also der nationalsozialistischen Judenvernichtung, ein derart monströses Verbrechen, dass hier der Gedanke an Amnestie und Vergessen vollkommen verfehlt sei. Dem stimme ich zu. Der Völkermord an den Juden war weder ein Kriegs- noch ein Bürgerkriegsverbrechen. Deshalb kann es dazu auch keinen Friedensvertrag und kein Vergessen geben.

Christian Meier fragt, warum nach dem Ende der DDR nicht »Vergessen« als Strategie gewählt worden sei. Er erklärt das so: Die Herbstrevolution war unblutig, weshalb keine Rache für Revolutionstote zu befürchten war. Zudem seien die Herrschenden so vollständig entmachtet worden, dass auf sie keine Rücksicht mehr genommen werden musste. Außerdem habe die westdeutsche Auseinandersetzung mit der NS-Zeit als Vorbild gewirkt. Trotz dieser von ihm angeführten Argumente bleibt Meier dennoch skeptisch – sein Buch endet mit dem Satz: »Die uralte Erfahrung, wonach man nach solchen Ereignissen besser vergisst und verdrängt als tätige Erinnerung walten zu lassen, ist noch keineswegs überholt.«

Dass die Friedlichkeit der Revolution der Hauptgrund gegen das Vergessen war, wird plausibel, wenn man im Vergleich dazu die Geschehnisse in Italien und Frankreich nach dem Ende der deutschen Besatzung betrachtet. In beiden Ländern kam es zu einer kurzen Phase exzessiver gewalttätiger Abrechnungen mit Kollaborateuren – man könnte das auch Lynchjustiz nennen –, denen in Italien 10.000 bis 15.000, in Frankreich mindestens 10.000 Menschen zum Opfer fielen. Danach kam eine Amnestie, die für die Untaten beider Seiten galt. Joseph Rovan hat noch 1992 dieses Vorgehen verteidigt und empfohlen, dass »nach dem Ende einer Diktatur […] Säuberungen kurz und blutig sein« sollten.

Dem möchte ich vehement widersprechen und stattdessen darlegen, wie wichtig es war, dass die Ereignisse des Jahres 1989/90 friedlich verliefen:

1. Die Revolutionen des Jahres 1989 waren nur möglich geworden, weil Michail Gorbatschow die »Breschnew-Doktrin« widerrufen und erklärt hatte, die Sowjetunion werde sich nicht (mehr) in die inneren Auseinandersetzungen der sozialistischen Länder einmischen.
2. Die Losung »Keine Gewalt«, die ja besonders von den Kirchen propagiert wurde, hatte für die Demonstranten eine legitimierende und insofern entlastende und motivierende Funktion. Sie brachte zum Ausdruck: »Wir sind keine Konterrevolutionäre nach euren Vorstellungen.« Logik und Praxis der Gewaltlosigkeit haben das Feindbild der Kommunisten ungemein verwirrt. Das war Teil des Erfolges gegen die hochgerüsteten Sicherheitskräfte. Diese waren auf eine gewaltsame »Konterrevolution« vorbereitet, nicht aber auf friedliche Demonstranten.
3. Jenes Vergessen, die Amnestie, hat in Italien und Frankreich nicht nur Gutes bewirkt. In Italien wurde die Auseinandersetzung mit dem Faschismus so lasch geführt, dass dieser heute fast wieder gesellschaftsfähig ist. Mussolinis Enkelin macht politische Karriere nicht trotz, sondern dank ihres Großvaters. Und in Frankreich konnten sich alle Franzosen als Widerstandskämpfer fühlen, bis Präsident Mitterrand das Schweigen um Vichy brach und bekannte, dass er für das dortige Regime gearbeitet habe.

Die Verbindung von Befrieden und Vergessen in Friedensverträgen leuchtet deshalb ein, weil sich im Krieg zumeist beide Seiten bezichtigen, Verbrechen begangen zu haben. Unrecht in Diktaturen geschieht hingegen ganz einseitig, asymmetrisch. Weder die »Rassenfeinde« noch die »Klassenfeinde« waren in irgendeiner Weise Täter oder irgendwie mitschuldig an ihrer Verfolgung oder Benachteiligung. Sie waren ausschließlich Opfer. Wenn es nichts wechselseitig aufzurechnen gibt, verliert das große Vergessen seine Plausibilität.

In Bezug auf die individuelle Dimension möchte ich Meiers Votum hingegen zustimmen. Das Institut der Verjährung ist in unserem Rechtssystem völlig zu Recht fest verankert. Totschlag verjährt, wie früher Mord, nach zwanzig Jahren. Belastungen aus DDR-Zeiten, die strafrechtlich nicht relevant sind, namentlich die Stasi-Mitarbeit, sollten nach der ursprünglichen Fassung des Stasi-Unterlagen-Gesetzes nur 15 Jahre lang bei der Einstellung in den öffentlichen Dienst überprüft werden. Nach zwei Verlängerungen wurden daraus 30 Jahre. Allerdings sind es oft gar nicht die Stasi-Verwicklungen von damals, sondern deren Verschweigen heute, die zum Anstoß werden. Gleichwohl muss auf individueller Ebene einmal das Vergessen einsetzen, auch für diejenigen, denen der Mut fehlt, sich zu ihrer Schuld zu bekennen. Was aber die Diktatur selbst betrifft, darf es kein Vergessen und keinen Schlussstrich geben. In Spanien und in Polen wurde die Strategie des Schlussstrichs zunächst gewählt, weil beim Übergang zur Demokratie die Eliten der Diktatur weiteramtierten, also eine Art Kohabitation der Revolutionäre oder Demokraten mit dem Ancien Régime stattfand. Man musste das zunächst hinnehmen, weil man es nicht sofort, sondern nur allmählich ändern konnte. In beiden Fällen aber hat sich kein befriedendes Vergessen eingestellt. Die Fragen nach dem Unrecht in der Diktatur brachen mit einiger Verzögerung dennoch auf.

3. Gründe fürs Gedenken, die nicht überzeugen

Ehe ich darauf eingehen werde, warum nach dem Ende einer Diktatur das Erinnern berechtigt ist, möchte ich vier Begründungen für solches Erinnern nennen, die mich nicht recht überzeugen, obwohl sie regelmäßig vorgebracht werden:

1. »Erinnerung ist das Geheimnis der Erlösung.« Dieser Satz findet sich auf einer Briefmarke der Bundesrepublik aus dem Jahr 1988 zur Erinnerung an die sogenannte Reichspogromnacht neben der Darstellung einer brennenden Synagoge. Ich kann trotz erheblicher Anstrengung dem Satz keinen Sinn abgewinnen. Er ist aus der Jerusalemer Gedenkstätte Yad Vashem übernommen worden. Dort wird als Verfasser angegeben: Rabbi Israel ben Elieser (1699–1760), genannt Baal Schem Tov, der Begründer des Chassidismus. Dessen Ausspruch lautet aber vollständig: »Vergessen verlängert das Exil, das Geheimnis der Erlösung heißt Erinnerung«. Damit ist die Erinnerung an die messianische Verheißung einer Rückkehr der Juden nach Jerusalem – und nicht die Erinnerung an Zerstörung und Mord gemeint. Letztgenannte erlöst nicht, wie wir alle wissen, sondern belastet ungemein. Auf jener Briemarke ist aus religiösem Tiefsinn banaler Unsinn geworden.

2. »Wer die Vergangenheit nicht erinnern kann, ist verurteilt, sie zu wiederholen.« Der Satz stammt von George Santayana aus dem Jahr 1905. Ob er für Individuen gilt, sei dahingestellt. Jedenfalls aber schützt kollektive Erinnerung nicht vor Wiederholung. Die Nazis haben den Ersten Weltkrieg erinnert und einen zweiten vom Zaun gebrochen. Die Kommunisten haben die nationalsozialistische Diktatur schmerzlich erlebt und eine eigene errichtet. Entscheidend ist nämlich nicht, *ob*, sondern *wie* erinnert wird.

3. »Wir müssen aus der Geschichte lernen.« Irgendwie ist das immer richtig. Für Individuen und Kollektive gilt: Gedächtnisverlust macht handlungsunfähig. Aber der alte Satz »Historia magistra vitae« (»die Geschichte ist die Lehrmeisterin des Lebens«) stand unter der Voraussetzung: »Es geschieht nichts Neues unter der Sonne« (Prediger Salomonis). Deshalb galten früher die Alten, die Senioren und Senatoren, als die Lebenserfahrenen. Das gilt zwar immer noch in vielen Bereichen, aber oft gilt leider auch, was der Enkel sagt: »Opa, das verstehst du nicht.« Denn spätestens seit der Industrialisierung geschieht in für die Zeitgenossen unerhörter Weise ständig Neues unter der Sonne. Die Vorstellung, dass die Geschichte Lehrmeisterin sei, bezog sich außerdem seinerzeit nicht auf den Ge-

schichtsverlauf, sondern auf die Geschichten, die sich zugetragen haben. Früher bestand die Ausbildung zum Diplomaten oder Politiker zu wesentlichen Teilen im Studium der antiken Geschichtsschreiber. Aber seit Langem schon gilt nun der andere Satz: »Geschichte wiederholt sich nicht.« Die nächste Krankheit ist meistens eine andere. Wer sich zu sehr auf die vorige konzentriert, bemerkt die nächste womöglich zu spät. Jüngstes deutsches Beispiel: Wer bei Terrorismus vor allem an den Linksterrorismus der RAF dachte, übersah den Rechtsterrorismus des NSU.

4. »Je besser wir Diktatur begreifen, umso besser können wir Demokratie gestalten«, so lautet das Motto von Roland Jahn, dem derzeitigen Bundesbeauftragten für die Stasi-Akten. Doch auch in dieser Form leuchtet mir die These vom unmittelbaren Lernen aus der Geschichte nicht ein. Der unterstellte Zusammenhang ist weitestgehend fiktiv. Das Studium der Diktatur kann zwar sehr plastische Eindrücke vom Leben in Unfreiheit – von der Verweigerung elementarer Menschenrechte – vermitteln, Demokratie, wie wir sie verstehen und wie sie im Grundgesetz institutionell ausgearbeitet ist, ist aber mehr als die Abwesenheit von Diktatur. Von Aristoteles bis Kant war das Wort »Demokratie« negativ besetzt, weil man darunter die reine Mehrheitsdemokratie verstand. Kant rechnet sie deshalb zu den despotischen Herrschaftsformen. Auch die Tyrannei der Mehrheit ist Tyrannei. Erst die Einschränkung des Mehrheitsprinzips durch unveränderbare Grundrechte, durch den Rechtsstaat und durch die Gewaltenteilung hat das Wort »Demokratie« geadelt. Darauf kommt niemand allein durch das Studium der Diktaturen. Wer die SED-Diktatur am besten kennt, wird dadurch nicht gleich zum besten Demokraten.

Die Kommunisten waren der Auffassung, sie hätten die richtigen Lehren aus der Geschichte gezogen, nämlich nach der Logik: entweder »Amboss oder Hammer« sein. Und so haben sie mit bestem Gewissen die nächste Diktatur errichtet. Sie haben die parlamentarische Demokratie als »Scheindemokratie« verhöhnt und die »Diktatur des Proletariats« (bei Marx »die Herrschaft der Mehrheit über die Minderheit«) als wahre Demokratie gefeiert. Diese Begriffsverwirrung wirkt nach. Die repräsentative parlamentarische Demokratie wird auch heute von vielen in Ost und West als uneigentliche, defizitäre Demokratie kritisiert. Die wahre Demokratie sei die direkte, bei der im Idealfall alle über alles entscheiden. Das wäre dann aber die Diktatur der Mehrheit oder die totalitäre Demokratie.

Nach der Wiedervereinigung haben manche ehemalige DDR-Bürgerrechtler verkündet, sie würden nun über die Strategie verfügen, wie man eine Diktatur gewaltfrei stürzen könne. Das wollten sie aus der Geschichte gelernt haben. Sie irrten. Unter den gegebenen Umständen, zu denen Gorbatschow, Ungarns Sonderweg, die Vergreisung des SED-Politbüros, der Handlungsspielraum der Kirchen und vieles mehr gehörten, konnte nur eine gewaltfreie Revolution Erfolg haben. Aber diese Umstände werden sich wohl kaum anderswo wieder zusammenfinden. Leider gilt weiterhin: Eine stabile – das heißt: hemmungslose und terroristische – Diktatur lässt sich nicht von unten stürzen.

4. Tragfähige Gründe für die Erinnerung an die SED-Diktatur

Für das Erinnern an die Diktatur brauchen wir bessere Gründe. Meines Erachtens ist die Erinnerung an die untergegangene SED-Diktatur wichtig:

1. um die unmittelbaren Diktaturfolgen zu bekämpfen und diese nach Möglichkeit zu beheben. Das betrifft die sogenannte Regierungskriminalität, also Verbrechen im Windschatten der Diktatur, ferner die Rehabilitierung von politisch Verfolgten (einschließlich Haftentschädigungen und Betreuung derjenigen, die noch heute an Spätfolgen leiden) sowie die Rückgabe von widerrechtlich enteignetem Besitz. Das alles ist die wichtigste Würdigung für die Opfer. Diese Aufgabe ist eine endliche und wurde im wiedervereinigten Deutschland größtenteils abgearbeitet.

   Unter diesen Punkt fallen auch die Überprüfungen bei Einstellungen in den öffentlichen Dienst und in einigen anderen Bereichen. Sie sind als Eignungsprüfungen gedacht und nicht als Bestrafung. Sie sollten Seilschaften und eine Beschädigung des Ansehens öffentlicher Ämter verhindern. Auch dies ist eine endliche Aufgabe, die zum Übergang nötig war, aber allein schon durch den zeitlichen Abstand ihre ursprüngliche Bedeutung weitestgehend verloren hat.

2. um die fehlende Öffentlichkeit der DDR zu ersetzen. »In diesem Lande leben wir wie Fremdlinge im eignen Haus«, hat Wolf Biermann gesungen. Wir DDR-Bürger waren über das, was in unserem Lande vorging, höchst unzureichend informiert. Erst durch die Anwesenheit von westdeutschen Journalisten, die via Westfernsehen aus der DDR in die DDR berichten konnten, änderte sich dieser Zustand ein wenig. Auch die Opposition gegen das SED-Regime wurde erst auf diesem Wege landesweit bekannt.

3. um das offizielle Geschichtsbild der SED zu korrigieren. Neben Verschwiegenem – wie Stalins Schauprozessen, dem Gulag-System, deutschen Exilkommunisten in sowjetischen Straflagern, den Speziallagern des sowjetischen Geheimdienstes in der SBZ oder den Ereignissen des 17. Juni 1953 – standen Entstelltes und Fehlinformationen, wie man sie fast in jedem Museum zuhauf vorfand.

   Man kann den zweiten und dritten Punkt auch so zusammenfassen: Wir möchten wissen, »wie es wirklich war«, und dies gar nicht zu irgendeinem Zweck. Alle Reflexionen über die Bedingtheit und Standortabhängigkeit jeder Geschichtsbetrachtung können nicht aus der Welt schaffen, dass die Frage danach, »wie es wirklich war«, berechtigt ist und in den allermeisten Fällen auch unstrittig beantwortet werden kann.

4. Die SED-Funktionäre, die NVA-Offiziere, auch die hauptamtlichen Stasi-Mitarbeiter waren uns in unserem Umfeld zumeist bekannt. Aber »Wer hat mich bespitzelt?« – diese Frage bewegte im Herbst 1989 viele. Ebenso: »Wer war Inoffizieller Mitarbeiter der Stasi?« Diese Fragen waren der wichtigste Antrieb für die ostdeutsche Forderung nach Einsicht in die Stasi-Akten. Die Bundesregierung

lehnte im Einigungsvertrag das Stasi-Unterlagen-Gesetz der Volkskammer jedoch ab. Aufgrund massiver ostdeutscher Proteste sagte dann die westdeutsche Seite unmittelbar vor der Abstimmung in der Volkskammer über den Einigungsvertrag zu, dass der Bundestag ein Stasi-Unterlagen-Gesetz beschließen werde. Es hat sich gezeigt, dass die damals vorgebrachten Besorgnisse unberechtigt waren. Insgesamt hat die Akteneinsicht befriedend gewirkt.

Die Konzentration auf die Inoffiziellen Mitarbeiter (IM) der Staatssicherheit und die Stasi-Akten ist zwar in ihrer Genese verständlich, hat aber zwei missliche Folgen gezeitigt: Lange Zeit – und zum Teil bis heute – schien die DDR der »Stasi-Staat« zu sein. Er war aber der SED-Staat und die Stasi war nur »Schild und Schwert der Partei«. Die Überbetonung hatte zur Folge, dass sich die SED hinter der Stasi verstecken konnte. Des Weiteren gab es eine zweite missliche Folge der einseitigen Fokussierung: Die Überprüfungen bezogen sich oft exklusiv auf die inoffizielle Stasi-Mitarbeit, obwohl Funktionäre der SED und auch solche der Blockparteien womöglich Schlimmeres zu verantworten hatten als dieser und jener kleine IM. Manchmal mutierten hauptamtlichen Stasi-Offiziere geradezu zu Ehrenmännern, um deren Zeugnis man bemüht war, um diesem oder jenem eine IM-Tätigkeit nachweisen zu können, obwohl sie es doch waren, die zum Verrat überredet und angeleitet hatten.

Auch dies, die individuelle Akteneinsicht, ist eine endliche Aufgabe. Selbst die Erschließung neuer Quellen durch die Rekonstruktion zerrissener Akten wird an diesem Umstand nicht viel ändern.

Alle genannten Aufgaben sind somit endlich. Sie werden tatsächlich einmal erledigt, »bewältigt« oder »aufgearbeitet« sein oder sich gar mit der Zeit von selbst erledigen. Drei Aufgaben sind dagegen potenziell unendlich und nicht einmalig »zu erledigen«:

1. Die Unterrichtung der heranwachsenden Generation über unsere Geschichte, also auch über die der DDR, kann naturgemäß nie beendet sein.
2. Der Streit darüber, was an der SED-Herrschaft das Verkehrte war, wird uns dauerhaft erhalten bleiben, und zwar schon deshalb, weil er stets ein Streit um die Maßstäbe ist.
3. Die Erforschung der DDR ist potenziell unendlich, weil nicht nur neues Material, sondern auch neue Fragestellungen neue Forschungsergebnisse generieren. Noch nicht ausgelotet ist etwa der Diktaturvergleich, der alle ehemals sozialistischen Länder einbezieht. Übrigens: Ein Blick nach Nordkorea und Kambodscha, auf die chinesische Kulturrevolution und auf Stalins Herrschaft in der Sowjetunion zeigt uns, dass wir mit der SED-Diktatur nicht das Schlimmste erleben mussten, gewissermaßen also Glück im Unglück hatten. Ein anderer Diktaturvergleich, nämlich der zwischen den beiden deutschen Diktaturen, erregt immer wieder die Gemüter, bis hinein in die Tagespolitik. Wenn der SED-Staat ein Unrechtsstaat genannt wird, sehen die einen darin eine bösartige Denunziation der DDR, die anderen

eine gefährliche Verharmlosung des NS-Regimes, das ihrer Ansicht nach allein als Unrechtsstaat bezeichnet werden dürfe. Allerdings darf man jetzt schon feststellen: Die DDR ist wahrscheinlich heute der am gründlichsten erforschte Teil der deutschen Geschichte. Dies liegt daran, dass seit 1991 fast alle Akten der DDR allgemein zugänglich sind. Zwar sind die Stasi-Akten aus Datenschutzgründen nur begrenzt einsehbar, aber dass Geheimdienstakten überhaupt zugänglich wurden, ist ein Novum der Weltgeschichte. Ergebnisse, aufgrund derer sich plötzlich alles als ganz anders darstellt, sind schlechterdings nicht mehr zu erwarten. Dafür wissen wir einfach schon zu viel über die DDR. Zwar wird man immer behaupten können, dass dieses oder jenes noch nicht hinreichend untersucht sei, doch wissen wir genug, um die SED-Diktatur beurteilen zu können. Allerdings sollte man sich vor Augen führen, dass Beurteilungsmaßstäbe nicht einfach Fragen des Wissens sind und daher auch bei imponierendem Detailwissen sehr weit auseinander liegen können. Insofern werden auch immer mehr Erkenntnisse über die SED-Diktatur den Streit um die Beurteilung der DDR nicht endgültig lösen können.

5. Defizite und Gefahren bei der Aufarbeitung der SED-Diktatur

Ich sehe drei Defizite bei der Aufarbeitung der SED-Diktatur:

1. Das Thema »Opposition und Widerstand in der DDR« steht in der öffentlichen Wahrnehmung weit hinter der Aufmerksamkeit zurück, die Teilung und Repression erfahren.
2. Das letzte Jahr der DDR vom Herbst 1989 bis zum 3. Oktober 1990 ist in unserer Erinnerungskultur unterbewertet. Den Herbst 1989 lässt man zumeist mit der Grenzöffnung beginnen und unterschlägt damit alles, was zu Honeckers Rücktritt und zum Mauerfall geführt hat. Das hat seinen Grund darin, dass für die Westdeutschen die qualmenden Trabbis nach der Maueröffnung die erste Begegnung mit den Ostdeutschen war. Zu diesem Zeitpunkt hatte die Revolution das Schwerste bereits hinter sich – die Konfrontation der Demonstranten mit den Sicherheitskräften. Die Erinnerung an jene Zivilcourage und an die besonnene Gewaltlosigkeit der Demonstranten im Herbst 1989 würde dem Verhältnis zwischen Ost- und Westdeutschen guttun und eingefahrene Vorurteile korrigieren.
Zudem spielt die Arbeit der frei gewählten Volkskammer in der Erinnerung kaum eine Rolle. Dies liegt daran, dass im Westen nach wie vor die Auffassung gepflegt wird, die Bundesregierung habe die deutsche Einigung zustande gebracht. Die einen sagen das mit Stolz, die anderen erheben den Vorwurf, der Westen habe den Osten vereinnahmt oder kolonisiert. Dass allein die frei gewählte Volkskammer (und nicht der Bundestag) den Beitritt beschließen konnte, dass nur mit ihrer Zustimmung die Verträge in Kraft treten konnten, wird dabei vergessen.

3. Die wirtschaftliche Lage der DDR ist unterbelichtet, insbesondere der Zustand der DDR-Wirtschaft in den 1980er-Jahren. Die unmittelbare Folge dieses Defizits sind die Legenden über die Treuhand, der vorgeworfen wird, die DDR-Wirtschaft ruiniert zu haben. Diese in Ost und West sehr beliebten Märchen vertuschen die verfehlte Wirtschaftspolitik der SED, die doch seinerzeit selbst Parteifunktionäre wie Planungschef Gerhard Schürer intern gegeißelt hatten. Zudem lenken sie von den grundsätzlichen Mängeln der zentralen Planwirtschaft ab, und schaffen einen Sündenbockmythos, demnach der gierige Westen den ahnungslosen Osten ausgeplündert habe. Ein Übriges dazu trägt bei, dass es aufgrund der noch verschlossenen Quelle kaum wissenschaftliche Arbeiten über die Treuhandanstalt gibt.

Damit komme ich zu den Gefahren der Aufarbeitung:

1. Gewiss besteht noch das Problem einer Verharmlosung der SED-Diktatur – insbesondere im Familiengedächtnis. Wer sich nie exponiert und alles mitgemacht hat, hat auch keine Repressionen erdulden müssen. Wenn er heute sagt:»Mit der Stasi hatte ich nie Probleme«, dann mag er damit zwar recht haben, er sollte aber damit nicht angeben. Denn jeder konnte wissen, aus welch nichtigem Anlass es andere schmerzhaft mit der Stasi zu tun bekamen oder auf andere Weise benachteiligt oder drangsaliert wurden. Diese Gefahr der Verharmlosung steht uns allen wohl deutlich vor Augen.
2. Weniger offensichtlich ist, dass auch die entgegengesetzte Gefahr besteht: die Übertreibung oder Skandalisierung der DDR. Ich denke hierbei etwa an die Auseinandersetzungen um IKEA im Jahr 2012. Hängen geblieben ist im öffentlichen Bewusstsein, IKEA habe Zwangsarbeiter in der DDR beschäftigt und davon finanziell profitiert. Beides war aufgrund der Organisationsform der DDR-Wirtschaft und ihres Außenhandels gar nicht möglich. IKEA hat keine Unternehmen in der DDR unterhalten oder mit solchen Verträge abgeschlossen, sondern allein mit einem Außenhandelsunternehmen Geschäftsverkehr gepflegt. Dieses hat Preise in West relativ unabhängig von den Produktionskosten in Ost ausgehandelt. Jenen Sachverhalt habe ich in einem Zeitungsartikel darstellen wollen. Die Veröffentlichung wurde mir zunächst mit der Begründung verweigert, das könne so nicht stimmen. Viele Westdeutsche stellen sich Unternehmen in der DDR wie Westunternehmen mit Ostgeld vor. Sie haben die zentrale Planwirtschaft nie begriffen, aber wissen sich gegebenenfalls dennoch schlauer als ich.
Ein nachvollziehbarer Vorwurf könnte hier höchstens lauten: Westliche Unternehmen, die mit der DDR Handel getrieben haben, konnten nie sicher sein, ob in den Produkten nicht auch Häftlingsarbeit steckt. Wir DDR-Bürger konnten diesbezüglich auch nie sicher sein. Sicher sein konnten wir aber leider, dass Braunkohle unter anderem von Häftlingen gefördert wurde. Mit dem zitierten Vorwurf wird jeglicher Ost-West-Handel generell als moralisch bedenklich diskreditiert.

Ohne diesen hätte es aber auch keinen Häftlingsfreikauf, nur sehr eingeschränkte deutsch-deutsche Verträge und am Ende vielleicht keinen Zusammenbruch der DDR gegeben. Somit entpuppt sich der zunächst nachvollziehbare Vorwurf weitergedacht als ein unpolitischer moralischer Rigorismus.

Ähnlich steht es mit dem Vorwurf, 50.000 DDR-Bürger seien für westliche Pharmakonzerne als Versuchskaninchen missbraucht worden. Da werden dünn belegte Mutmaßungen wie Tatsachen gehandelt. Bisher ist mir kein Beweis dafür bekannt geworden, dass in der DDR mit Billigung von oben Experimente an Patienten ohne deren Einwilligung erfolgt sind. Die Regularien und Gesetze für Erprobungen von Arzneimitteln waren in der DDR nicht laxer als im Westen.

Ein ostdeutscher Bundestagsabgeordneter hat erklärt, das Thema Zwangsarbeit für Westfirmen sei deshalb so wichtig, weil es belege, dass auch Westdeutsche in das SED-Unrecht verwickelt seien. Dieses seltsame Beweisziel erinnert mich an den Ausspruch eines Stasi-Mannes:»Jeder hat Dreck am Stecken, man muss nur lange genug suchen.«

Und ein letztes Beispiel: Die Stasi habe in Fraktionsstärke im Bundestag gesessen, ist vor einiger Zeit von Forschern behauptet worden. Das ist inzwischen durch eine Studie widerlegt.

Der Bundesbeauftragte für die Unterlagen des Staatssicherheitsdienstes der ehemaligen DDR müsste eigentlich solchen Übertreibungen entgegentreten und klar sagen, was jeweils bewiesen, vermutet und erfunden ist, sofern die Stasi-Akten etwas dazu hergeben. Er verfügt ja über entsprechendes Fachpersonal an kundigen Forschern. Stattdessen hat er unbewiesene Beschuldigungen unkritisch befördert. Und niemand stört sich daran.

Das Gefährliche an den Übertreibungen und Skandalisierungen ist, dass sie den Verharmlosern in die Hände spielen. Indem diese Übertreibungen aufdecken können, suggerieren sie sogleich, alle Vorwürfe gegen die SED seien Übertreibungen.

3. Es gibt die Gefahr der schwarzen Pädagogik, wenn etwa gefordert wird, man solle das Zeigen von SED- oder sogar von DDR-Symbolen verbieten und unter Strafe stellen. Verbote lösen schnell Trotzreaktionen aus. Ich bin mir ziemlich sicher, dass das Bundesverfassungsgericht diesen Unfug in Gesetzesform stoppen und uns eine Flut lächerlicher »Propagandadelikte« ersparen würde. Auf diesem Feld müssen wir auf Einsicht setzen, nicht auf die Prügelstrafe. Verbote behindern hingegen die freie Urteilsbildung.

4. Die Rücksicht auf die Opfer spielt in der Aufarbeitungsdiskussion berechtigterweise eine große Rolle. Allerdings gibt es auch hier Fallgruben: Da ist einmal die Zweideutigkeit des Wortes »Opfer« im Deutschen. Im Englischen zum Beispiel wird zwischen »victim« und »sacrifice« unterschieden.

»Victim« (lateinisch »victimus« – der Besiegte) ist das Opfer als Geschädigter, Betroffener, Verunglückter. In diesem Sinne reden wir etwa von Unfall- »Opfern«. Opfer sein in diesem Sinne ist ein Widerfahrnis, das niemand gewählt hat. Es ist kein Verdienst und adelt nicht. Es macht auch nicht kompetent. Es verlangt aber unsere Anteilnahme und begründet gegebenenfalls Entschädigungsansprüche.

»Sacrifice« (lateinisch »sacrificium« – das kultische Opfer) meint dagegen das Opfer im Sinn der Aufopferung oder des Verzichtes für andere, dem eine Wahl oder Entscheidung vorausgeht. »Er starb für uns«, heißt es im Neuen Testament von Jesus Christus und bei Fontane vom Steuermann »John Meynard«. Solcher Opfermut, wie ihn gegebenenfalls Feuerwehrleute und Bergrettungsdienste aufbringen, verdient öffentliche Anerkennung und Bewunderung.

Das Gedenken an die Gefallenen war früher immer Gedenken an Opfer im Sinne von »sacrifice«, sie hätten ihr Leben für uns gegeben, hieß es. Das Opfer- wurde zum Heldengedenken. Jedoch zeigt sich bei genauerer Betrachtung, dass diese Interpretation oftmals nicht zutraf. Viele starben im Krieg als »victims«, die elendig zugrunde gingen und dies nicht frei gewählt hatten.

Gelegentlich kommt es heute zur umgekehrten Verwechslung. Ein Beispiel ist Peter Fechter, der am 17. August 1962 18-jährig beim Versuch, die Mauer zu überwinden, beschossen wurde und vor den Augen der Westberliner Anwohner eine Stunde unversorgt im Todesstreifen liegen blieb, wo er schließlich an seinen Verletzungen starb. Am Ort seines Todes erinnert eine Stele an ihn, und das ist gut so. Der Berliner Senat ist aber dafür kritisiert worden, dass er ihm ein Ehrengrab verweigert hat. Aber nach Rechtslage steht dieses nur denjenigen zu, die »hervorragende Leistungen mit engem Bezug zu Berlin vollbracht« haben. Peter Fechter ist ein »victim«, kein »sacrifice«, das haben die Kritiker übersehen.

Wer wegen eines gescheiterten Fluchtversuches eine Haftstrafe absitzen musste, erhielt nach der Wiedervereinigung Anspruch auf Haftentschädigung. Einen lebenslangen, unabhängig von seiner Bedürftigkeit zu zahlenden »Ehrensold«, wie teilweise gefordert wird, erhält er jedoch zu Recht nicht. Er ist ein »victim« und kein »sacrifice«. Es überzeugt mich außerdem nicht, dass öffentliche Ehrungen vor allem in Geld bestehen müssen. Geld dient eigentlich der Entschädigung für widerfahrene Verluste.

Eine weitere Gefahr ist die Dichotomie von Tätern und Opfern. Wo diese angewendet wird, ist klar, wo aufrichtige Menschen stehen müssen: auf der Seite der Opfer. Ganz so einfach ist die Sache aber nicht. Auch Opfer haben nicht immer recht. Auch ihre Sicht kann einseitig sein. Auch sie haben (partikulare) Interessen, was ich ihnen nicht vorwerfe, sondern nur feststelle. Opfer sind keineswegs über jede Kritik erhaben.

Vor Gericht jedenfalls gibt es heute neben dem Täter und dem Opfer den Richter als eine dritte, nicht betroffene Instanz – dies ist vielleicht die größte zivilisatorische Erfindung der Menschheit. Im angloamerikanischen Rechtswesen existieren zudem Geschworene. Es gab einmal ein Rechtssystem ohne Richter, das also nur die zwei Parteien kannte und übrigens in Albanien fatal verkürzt wieder aufgelebt ist – das Institut der Blutrache. Ein solches System tendiert zum Exzess. Das droht uns hier und heute nicht. Aber die Begeisterung für Betroffenheit kann den objektiven Blick kräftig vernebeln.

Das Verbot von SED-Symbolen wird regelmäßig damit begründet, dass das Zeigen dieser Symbole die Gefühle der Opfer verletze. Ob das stimmt, prüfe ich hier nicht. Es ist aber eine sehr problematische Argumentation mit Hinweis auf die Gefühle von diesem oder jenem, die Einschränkung von Grundrechten zu fordern. Der Argumentationstyp ist tendenziell totalitär. Im Streit um die Mohammed-Karikaturen argumentieren Fanatiker und Islamisten mit ihren religiösen Gefühlen oder der »Ehre des Propheten« und rechtfertigen damit sogar den Mord an den Zeichnern.

Wenn jemand von sich sagt, er sei Anwalt der Opfer, so klingt das in unseren Ohren erst einmal sympathisch, zumal dann, wenn es sich um Opfer ohne Anwalt handelt. In unserer Gesellschaft wird aber sehr oft ein Opferbonus verteilt, und der Status als Opfer erscheint vielen als erstrebenswert, weil sie dann Forderungen stellen können.

Wer sich zum Anwalt der Opfer erklärt, erklärt damit zugleich, dass er Partei im Streit sein will und nicht anstrebt, zwischen den Fronten zu stehen, wie seinerzeit Solon in Athen. Der »Kult der Betroffenheit« hat inzwischen die Absicht, zwischen den Fronten zu stehen und unparteiisch zu urteilen, geradezu diskreditiert.

6. Fazit

Ich fasse zusammen: Das Gedenken in der Demokratie soll die Erinnerung an die Diktatur einschließen. Es soll auch Opfergedenken sein für beide – für die »victims« und die »sacrifices«. Erinnerung in der Demokratie sollte aber vor allem an die Gründung einer Ordnung der Freiheit erinnern, denn kein Mensch und auch kein Volk kann allein aus der Betrachtung des Versagens und des Leidens Ermutigung und Ermunterung erfahren.

Martin Sabrow
Die Last des Guten
Versuch über die Schwierigkeiten des Demokratiegedächtnisses

1. Die demokratische Leerstelle

Volksherrschaft und demokratische Freiheiten stehen im heutigen Deutschland für den kulturellen Kern unseres Gemeinwesens. Sie sind Pathosformeln unserer Zeit und markieren auch während der migrantischen Revolution, die das Projekt Europa vor bislang ungekannte Herausforderungen stellt, den Identitätskern unseres politisch-kulturellen Wertehimmels. Dennoch nimmt die Idee der Volksherrschaft im deutschen Feierkalender keinen herausragenden Platz ein. In anderen Ländern sind Verfassungstage auch nationale Feiertage, so in Polen und Litauen der 3. Mai zur Erinnerung an die erste Verfassung von 1791, in Norwegen der »Kongeriget Norges Grundlov« am 17. Mai und in Spanien die »Constitución Española« am 6. Dezember. In Deutschland wiederum ist der Tag der Grundgesetzverkündung, der 23. Mai, zwar ein offizieller Gedenktag, aber nicht Nationalfeiertag. Das unterscheidet ihn vom Weimarer Verfassungstag, dem 11. August, der allerdings ebenfalls kein gesetzlicher Feiertag war und volkstümlich schon gar nicht.[1] Nationen erinnern sich ihrer Werdung; die meisten feiern die Abschüttelung von Bedrückung und den staatlichen Zusammenschluss, aber nur wenige ihre innere Verfassung und den erfolgreich zurückgelegten Weg zu einem demokratischen Gemeinwesen.

Die von Peter Reichel so genannte »Verlegenheit im Umgang mit den Nationalsymbolen« in Deutschland ist ein auffälliges Phänomen, das auch auf den musealen Umgang mit den bewahrenswerten oder gar bewunderungswürdigen Traditionen der Vergangenheit durchschlägt.[2] »Lässt sich Freiheit ausstellen?«, fragt in ihren didaktischen Begleitmaterialien die Erinnerungsstätte für die Freiheitsbewegungen in der deutschen Geschichte Rastatt, und zitiert gern den Gründungsvater der

---

1 Der Befund gilt unverändert fort. Bis heute hat sich die thüringische Stadt Schwarzburg, in der Friedrich Ebert mit seiner Unterschrift die Weimarer Reichsverfassung in Kraft setzte, nicht zu einem Erinnerungsort der Demokratie entwickelt: »Ähnlich unspektakulär präsentiert sich 90 Jahre später das Gedenken daran. Außer mittels einer Schautafel mit einem mannshohen Konterfei des Reichspräsidenten und einem Gedenkstein wird am Ort des historischen Geschehens nur noch mit einem jährlichen kleinen Verfassungsfest an die Unterzeichnung erinnert.« Christian Wiesel, 90 Jahre Weimarer Republik. Staatsgründung beim Erdbeereis, in: Spiegel Online, 7.8.2009, http://www.spiegel.de/einestages/90-jahre-weimarer-republik-a-948433.html (letzter Aufruf: 17.6.2016). Zur Geschichte des Weimarer Verfassungstages im Überblick: Peter Reichel, Glanz und Elend deutscher Selbstdarstellung. Nationalsymbole in Reich und Republik, Göttingen 2012, S. 162–172.
2 Reichel, Glanz, S. 9.

Gedenkstätte, Bundespräsident Gustav Heinemann, der sich im Juni 1976 kurz vor seinem Tode darum bekümmerte, »wie die Erinnerungsstätte fortentwickelt, verlebendigt und damit einer noch breiteren Öffentlichkeit nahegebracht werden kann«.[3] Dass das deutsche Demokratiegedächtnis auch in der Denkmalkultur keinen leichten Stand hat, lehrt in Berlin das von Veryl Goodnight gestaltete und 1998 im Beisein des früheren US-Präsidenten George Bush (sen.) enthüllte Monument »The Day the Wall Came Down« (»Der Tag, an dem die Mauer fiel«). Das Denkmal, das laut Begleittafel ein Geschenk der USA an das deutsche Volk »zur Erinnerung an den gemeinsamen Einsatz für Freiheit und Demokratie« darstellt, lässt fünf wilde Pferde über die Ruinen der Berliner Mauer hinwegstürmen und steht doch unbeachtet und zurückgenommenen am Rand einer Ausfallstraße im Südwesten der Stadt. Nicht anders ergeht es in Berlin auch anderen Zeichen der Erinnerung an den Kampf um die Demokratie. Über den Friedhof der Märzgefallenen im südlichen Teil des Volksparks Berlin-Friedrichshain, auf dem die »Aktion 18. März« seit 1992 gemeinsam mit dem Bezirksamt Friedrichshain jährlich eine Gedenkfeier organisiert, hält das Internetlexikon »Wikipedia« lapidar fest: »Der Friedhof gehört auf Grund seiner etwas abseitigen Lage zu den ruhigsten Teilen des Volksparks.«[4] Und auch der Erste Weltkrieg wahrt seine Bedeutung in der Erinnerungskultur unserer Zeit allein als die große Urkatastrophe, nicht aber als das Jahrhundertgeschehen, das mit einem von seinen Urhebern als Tyrannenmord verstandenen Attentat in Sarajevo begann und das letztlich das Ende des monarchischen Zeitalters besiegelte. Unser öffentliches Geschichtsbild bewahrt zwar diesen 28. Juni 1914 als historische Zäsur, nicht aber den 24. Oktober 1918, an dem die Parlamentarisierung des deutschen Kaiserreichs durch Änderung des Artikels 15 der Reichsverfassung beschlossen und der Reichskanzler vom Vertrauen des Reichstags abhängig wurde.

Die Erinnerung an demokratische Traditionen hat es schwer in Deutschland, und das gilt auch für die Geschichte der zweiten deutschen Demokratie. Das ehemalige Augustiner-Chorherrenstift auf der Insel Herrenchiemsee, in dem das Grundgesetz entstand, ist ein abgeschiedener Erinnerungsort. Eine – erst 1998 eröffnete – Ausstellung bettet den »Weg zum Grundgesetz« in die zwölfhundertjährige Geschichte des Alten Schlosses ein und zeichnet die deutsche Verfassung als ein von Experten in der Waldeinsamkeit geschaffenes Werk, ohne dem damit zum Souverän erhobenen Volk Aufmerksamkeit zu schenken.[5] Zum prägnantesten Ausdruck der deutschen Schwierigkeit mit der Erinnerung an die in der zweiten Hälfte des 20. Jahrhunderts

---

3 Markus Bultmann, Lerngang Freiheit. Lässt sich Freiheit ausstellen? Wir erkunden die Erinnerungsstätte, http://www.bundesarchiv.de/imperia/md/content/dienstorte/rastatt/lerngang_ freiheit.pdf (letzter Aufruf: 17.6.2016).

4 Friedhof der Märzgefallenen, Wikipedia, https://de.wikipedia.org/w/index.php?title=Friedhof _der_M%C3%A4rzgefallenen&oldid=150153978 (letzter Aufruf: 17.6.2016).

5 Bayerische Verwaltung der staatlichen Schlösser, Gärten und Seen, Augustiner-Chorherrenstift (Altes Schloss). Museum, http://www.herrenchiemsee.de/deutsch/a_schloss/museum.htm (letzter Aufruf: 17.6.2016); vgl. den Beitrag von Andreas Biefang in diesem Band.

glücklich beschrittenen Wege wurde der Versuch, ein deutsches Freiheits- und Einheitsdenkmal auf der Berliner Schlossfreiheit zu schaffen. Die windungsreiche Entstehungsgeschichte dieses Monuments kann geradezu als beispielhaft für das Problem angesehen werden, sich der Werte der Demokratie aus dem Blickwinkel des dauerhaft Erreichten zu erinnern, während der stetig wachsende Zuspruch, den die Mauerfalljubiläen finden, von der ungebrochenen Anziehungskraft der Freiheit als Aufbruch zur Veränderung zeugt. Im ersten Anlauf gescheitert und 2007 vom Bundestag neu beschlossen, sollte das Denkmal 2014, zum 25. Jahrestag der Friedlichen Revolution, eingeweiht werden, konnte aber zu diesem Datum nicht fertiggestellt werden, was mehr geschichtspolitische als bautechnische Gründe hatte. Die als »Elefant der Nation« verspottete »Einheitswippe« gilt in der öffentlichen Meinung als ein Spielzeug, »mit dem man lange geliebäugelt und das man gerade noch rechtzeitig aus der Nähe gesehen« habe.[6] Die Häme, die die Frankfurter Allgemeine Zeitung über diese »öffentliche Bespaßungsanlage« ausschüttete, kündet von den Widerständen und Fallstricken, die mit dem Versuch einhergehen, den Wert der rühmlichen Erinnerung im öffentlichen Bewusstsein verankern zu wollen: »Es wippt nicht, es funkt nicht«.[7] Die Einweihung des Einheits- und Freiheitsdenkmals wurde zunächst auf das 25. Jubiläum der deutschen Einheit 2015 verschoben und dann, wie die Öffentlichkeit eher beiläufig erfuhr, abermals abgesagt. »Die Wippe auf der Kippe«, spottete die Frankfurter Allgemeine Zeitung nun und schlug ein Jahr später eine radikale Lösung vor: »Metaphorisch verschaukelt: Es wird teurer, es produziert schiefe Bilder, und für Rollstuhlfahrer ist es auch nichts. Sollte man den Bau des Einheitsdenkmals in Berlin besser stoppen?«[8]

Diese Frage überhaupt zu stellen, geschweige denn zustimmend zu beantworten, ist nur in einer Geschichtskultur möglich, die ein distanziertes Verhältnis zur Vergangenheit der eigenen Gesellschaft pflegt. Der etwa im Vorfeld der Westberliner Preußenausstellung 1981 und dann anlässlich der Gründung des Deutschen Historischen Museums (DHM) in Berlin aufgeflammte Verdacht, dass die Deutschen sich anschicken würden, ihre Geschichte euphemistisch neu zu schreiben und in Berlin eine »nationale Traditionsfabrik« zu installieren, erwies sich bald als anachronistisch. Schon die Gründungskonzeption des DHM von 1985/86 zerstreute den Verdacht, dass hier eine geschichtspolitische Entsorgung der ambivalenten Vergangenheit betrieben werde, und erst recht heute würde niemand mehr ernsthaft mit dem verstockten Satz argumentieren, dass die 988 hellen Jahre der deutschen Geschichte nicht durch ihre 12 dunklen überschattet werden dürften. Im Gegenteil: Wenn heute von »unserem Traditionsbestand« und seinem »Arsenal der vorrätigen Erinnerungssymbole« die Rede ist, dann geht es im Fachdiskurs wie selbstverständlich um histo-

---

6 Andreas Kilb, Der Elefant der Nation. Das Einheitsdenkmal wird endgültig zur Farce, in: Frankfurter Allgemeine Zeitung, 2.7.2014.
7 Ebd.
8 Niklas Maak, Berliner Einheitsdenkmal. Die Wippe auf der Kippe, in: Frankfurter Allgemeine Zeitung, 24.8.2015.

rische Lasten und nicht um historische Leistungen, wie Ulrike Jureits Essay über das Verhältnis von Geschichte und Identität illustriert.⁹

Selbst auf dem Feld staatlicher Geschichtspolitik, in dem die Mitgestaltung der nationalen Erinnerungskultur als legitime Aufgabe staatlichen Handelns verstanden wird, lässt sich heute der Appell zur stärkeren Befassung mit den »glücklichen Momenten unserer Geschichte« nicht ohne nachordnende Platzanweisung formulieren: »Die Erinnerungskultur ist eine der großen moralischen, politischen und gesellschaftlichen Leistungen der Bundesrepublik Deutschland. Zu ihr zählt die fortgesetzte Auseinandersetzung mit der nationalsozialistischen Diktatur, zu ihr zählen die wachsenden Anstrengungen, das Unrecht des SED-Staates aufzuarbeiten, und dazu zählt das Gedenken auch an die Widerstands- und Freiheitstradition unserer nationalen Geschichte. Bundestagspräsident Norbert Lammert hat in der Gedenkstunde des Deutschen Bundestages anlässlich des Tages des Gedenkens an die Opfer des Nationalsozialismus am 27. Januar 2007 angemerkt: ›Die Erfahrung des Holocaust gehört zu den ungeschriebenen Gründungsdokumenten der zweiten deutschen Demokratie. […]‹«¹⁰

Der Blick auf die Museumslandschaft wiederum vermittelt den Eindruck, dass die Erinnerung an die demokratischen Traditionen in Deutschland eine vergleichsweise marginale Rolle spielt.¹¹ Die Tagung »Erinnern an Demokratie in Deutschland. Demokratiegeschichte in Museen und Erinnerungsstätten der Bundesrepublik« vom Oktober 2014 bot für diese Annahme zahlreiche Belege. Ganz im Sinne der These von Herfried Münkler, dass Deutschland heute eine weitgehend mythenfreie Zone sei,¹² lässt sich argumentieren, dass die Gründungsmythen der parlamentarischen Demokratie hierzulande merkwürdig ortlos geblieben sind – so ist etwa die wiederaufgebaute Frankfurter Paulskirche heute ein Raum der Leere und der Stille, an dem nichts an die lauten Debatten der Revolutionszeit erinnert.¹³ Die »Demokraten-Erinnerung« nimmt nur einen verschämten Platz im deutschen Gedächtnisinventar ein.¹⁴ In dieser Artikulationsscheu bleibt die zweite deutsche Demokratie noch hinter der gern als symbolarm bewerteten Republik von Weimar zurück, die dem omnipräsenten Nationalkult der Bismarck- und Wilhelmstürme mit zahlreichen Matthias Erzberger, Walther Rathenau und Philipp Scheidemann gewidmeten Ehrenhainen und Gedenksteinen entgegenzuwirken suchte.

---

9 Ulrike Jureit, Gefühlte Vergangenheiten. Zum Verhältnis von Geschichte, Erinnerungen und kollektiven Identitätswünschen, in: Vorgänge 51 (2012) 2, S. 16–23, hier: S. 17.
10 Monika Grütters, Das Gedächtnis der Deutschen. Erinnerungsarbeit – zentral für das Selbstverständnis deutscher Kulturpolitik, in: Jahrbuch für Kulturpolitik 9 (2009), S. 67–73, hier: S. 72.
11 Vgl. die Einleitung von Thomas Hertfelder/Ulrich Lappenküper/Jürgen Lillteicher in diesem Band.
12 Vgl. Herfried Münkler, Die Deutschen und ihre Mythen, Berlin 2009, S. 9.
13 Vgl. hierzu den Beitrag von Andreas Biefang in diesem Band.
14 Vgl. hierzu den Beitrag von Harald Schmid in diesem Band.

2. Der Paradigmenwandel von der Mimesis zur Katharsis

Woran liegt es, dass demokratische Traditionen in der politischen Kultur beständig beschworen und in der historischen Kultur eher beschwiegen werden? Eine Erklärung für dieses Paradoxon könnte in der leeren Allgemeinheit des Begriffes »Demokratie« liegen, der vieles bedeuten kann und nichts präzise meint. Dabei gelingt es anderen Ländern durchaus, ihren Weg zur Demokratie zu inszenieren, wie etwa der Freedom Trail in Philadelphia, die National Mall in Washington und zahllose weitere Beispiele aus den USA vor Augen führen. Aber auch in Deutschland fand die im Kalten Krieg zeitweilig in ihrer Existenz bedrohte Civitas von Westberlin zu kraftvollen Symbolen freiheitlicher Selbstbestimmung. Die nach dem Vorbild der US-amerikanischen Liberty Bell geschaffene und zunächst auf einem »Kreuzzug für die Freiheit« durch die USA gereiste Freiheitsglocke im Turm des Rathauses Schöneberg wurde zu einem Symbol des Berliner Freiheitsbekenntnisses, und der pathetische Klang ihres mittäglichen Glockenschlags konnte sich mit dem Nachhall des Berlinbesuchs von US-Präsident John F. Kennedy im Juni 1963 und seiner berühmten Rede vor dem Schöneberger Rathaus durchaus messen.[15] Spätestens nach 1989 allerdings hat die Berliner Freiheitsglocke diese Symbolkraft ebenso weitgehend eingebüßt wie das Luftbrückendenkmal vor dem mittlerweile geschlossenen Flughafen Tempelhof und die aus amerikanischen Geldern finanzierte Kongresshalle im Tiergartenviertel, die heute nicht mehr als »Leuchtturm der Freiheit« in den Osten strahlt, sondern als »Haus der Kulturen der Welt« der interkulturellen Verständigung dient. Allerdings stellt die Crux des Demokratiegedenkens nur eine Spielart des eigentlichen Problems dar, wie unsere Gegenwartsgesellschaft mit den konsensfähigen, ja rühmlichen oder immerhin liebenswerten, also mit den Legitimation stiftenden und Identifikation heischenden Aspekten ihrer Geschichte insgesamt umgeht. Zur genaueren Erfassung des Phänomens hat sich die Unterscheidung zwischen »positiver« und »negativer« Erinnerung eingebürgert[16] und aus ihr im Weiteren auch die nur normativ zu beantwortende Frage entwickelt, wie viel positive Erinnerung der negativen Erinnerung an den Holocaust gegenüberstehen dürfe.[17]

---

15 Vgl. Andreas W. Daum/Veronika Liebau, Die Freiheitsglocke in Berlin, Berlin 2000.
16 Reinhart Koselleck, Die Diskontinuität der Erinnerung, in: Deutsche Zeitschrift für Philosophie 47 (1999) 2, S. 213–222; ders., Formen und Traditionen des negativen Gedächtnisses, in: Volkhard Knigge/Norbert Frei (Hg.), Verbrechen erinnern. Die Auseinandersetzung mit Holocaust und Völkermord, München 2002, S. 21–32.
17 Wie umkämpft diese Frage ist, lehrt etwa die Reaktion auf: Aleida Assmann, Das neue Unbehagen an der Aufarbeitung. Eine Intervention, München 2013. Ein Rezensent nahm daran Anstoß, dass die Autorin Harald Welzers Kritik an einer Sakralisierung des Holocaust ebenso referierte wie Hans-Ulrich Wehlers Behauptung, dass ein »vitales Gemeinwesen […] sich nicht auf Menschheitsverbrechen aufbauen« lasse (ebd., S. 73): »Die Stimmen, die gegen die ›negative Erinnerung‹ und deren angebliche Hypertrophie und für ›positive‹ gemeinsame Identitäten, für ein ›positives‹ Freiheits- und Demokratieverständnis laut wurden (besonders von dem Psychologen Harald Welzer: man habe die Vergangenheit doch eigentlich ›bravourös bewältigt‹),

Diese begriffliche Kennzeichnung mag etwas unglücklich sein, weil sie Geschehen und Gedächtnis unter dasselbe Vorzeichen stellt, obwohl doch die kritische Auseinandersetzung mit den negativ bewerteten Aspekten der »eigenen« Geschichte eine heute überwiegend positiv bewertete Bezugnahme darstellt. Es wäre daher bei Weitem sinnvoller, nicht von positiver und negativer, sondern von heller und dunkler, von rühmlicher und unrühmlicher Erinnerung zu sprechen. Gemeint aber ist derselbe Modus öffentlicher Vergangenheitsvergewisserung: Bis in die Mitte des 20. Jahrhunderts hinein folgte die europäische Denkmalkultur dem Paradigma der Verehrung des vorbildhaften Helden und der geschichtlichen Großtat, und wo sie des Opfers gedachte, zielte sie auf das Sacrificium der zu ehrenden Selbsthingabe, auf die zu beklagende Victima fremder Willkür.[18] Der Übergang vom sinnversichernden Denkmal des Krieger-, National- und Persönlichkeitsgedenkens zum sinnverweigernden Mahnmal des Leidgedenkens und damit zum »Anti-Denkmal«[19] vollzog sich im geteilten Deutschland langsam und uneinheitlich. Die antifaschistische Staatsidentität der DDR verlangte bis 1989 nach dem heroischen Bild des geschundenen, aber zu neuer Stärke erwachten Menschen, den Fritz Cremers Bronzeplastik »Der Aufsteigende« von 1966/67 in der Gedenkstätte Buchenwald versinnbildlicht. Umgekehrt würdigte der bundesdeutsche Erinnerungsdiskurs zunächst Verfolgte und Verfolger gleichermaßen als Leidtragende eines namenlosen Unglücks. Nur zögerlich wanderten mit der Eröffnung einer Ausstellung im ehemaligen KZ Dachau und im Kontext des Eichmann-Prozesses zu Beginn der 1960er-Jahre Begriffe wie »KZ-Museum« und »KZ-Gedenkstätte« in den Sprachschatz der Vergangenheitsbewältigung ein[20] und zeugten so von der allmählichen Etablierung eines viktimistischen Denkmaltypus in der bundesdeutschen Gedenkkultur, die nicht unwidersprochen blieb: Vehement warnte noch 1998 Martin Walser in der Frank-

kommen dagegen wiederholt ausführlich zu Wort.« Herbert Jaumann, Wo Kritik war, soll Identität werden. Aleida Assmann versucht, mit Verständnis nach allen Seiten gegen vielerlei Unbehagen an der »neuen Erinnerungskultur« zu intervenieren, in: literaturkritik.de (2014) 5, http://www.literaturkritik.de/public/rezension.php?rez_id=19171 (letzter Aufruf: 17.6.2016).

18 Martin Sabrow, Zeitgeschichte schreiben. Von der Verständigung über die Vergangenheit in der Gegenwart, Göttingen 2014, S. 228 f. Vgl. hierzu auch den Beitrag von Richard Schröder in diesem Band.

19 Andreas Huyssen, Denkmal und Erinnerung im Zeitalter der Postmoderne, in: James E. Young (Hg.), Mahnmale des Holocaust. Motive, Rituale und Stätten des Gedenkens, München 1994, S. 9–17, hier: S. 16.

20 Der Erstbeleg in einer DDR-Zeitung stammt von 1960: »Aus München wurde am Sonntag eine erneute Provokation faschistischer Elemente bekannt. Ermuntert durch die Bemühungen der Bonner Regierung, den Judenmörder Globke trotz der weltweiten Proteste seiner gerechten Bestrafung zu entziehen, haben es Faschisten gewagt, das erst vor 14 Tagen im Krematorium des Lagers Dachau eröffnete KZ-Museum durch Beschmieren mit Hakenkreuzen zu schänden. Ein Angestellter der Bayrischen Verwaltung, der die KZ-Gedenkstätte beaufsichtigt, wurde von einem Faschisten mit den Worten bedroht: ›Sie hat man wohl auch vergessen in den Ofen zu stecken!‹« Mordtelegramm Eichmanns belastet auch Globke. Dokumentenfund in Paris. Nazis schänden KZ-Museum, in: Berliner Zeitung, 15.8.1960.

furter Paulskirche vor der »Dauerpräsentation unserer Schande«, die Auschwitz zur »Moralkeule« verkommen lasse.²¹

Nichts zeigt den Wandel von der Mimesis zur Katharsis im Umgang mit der Vergangenheit und damit von der zeithistorischen Stolzkultur zur Schamkultur schlagender als der Umgang mit dem Datum des Kriegsendes und der Kapitulation des Deutschen Reichs in der deutschen Öffentlichkeit. Als der Parlamentarische Rat das Grundgesetz noch am späten Abend des 8. Mai 1949 beschlossen wissen wollte, tat er dies nicht, um an den 8. Mai 1945 in besonderer Weise zu erinnern, sondern um ihn zu überformen und das Böse durch das Gute zu überwinden. »Es ist wohl in Wahrheit«, beendete Adenauer die Sitzung nach der turbulenten Abstimmung, »für uns Deutsche der erste frohe Tag seit dem Jahre 1933. Wir wollen von da an rechnen und nicht erst von dem Zusammenbruch an, so schwer die Jahre des Zusammenbruchs auch waren.«²² Auch viele Jahre später, 1965, betrachtete Bundeskanzler Ludwig Erhard in einer Gedenkansprache zum 20. Jahrestag des Kriegsendes den 8. Mai lediglich als einen Tag, »so grau und trostlos wie so viele vor oder auch nach ihm«;²³ und nicht anders setzte Willy Brandt den zur selben Zeit in der DDR inszenierten Befreiungsfeiern ein entschiedenes Bekenntnis entgegen, auf die Jubiläen des Negativgedächtnisses zu verzichten: »Zwanzig Jahre sind genug – genug der Spaltung, genug der Resignation und genug des bloßen Zurückschauens.«²⁴ Erst 1985 fand mit Richard von Weizsäcker ein Bundespräsident zu einer öffentlichen Würdigung dieses Tages, die seither zu einer ehernen Formel wurde: »Der 8. Mai ist für

---

21 Martin Walser, Erfahrungen beim Verfassen einer Sonntagsrede. Friedenspreis des deutschen Buchhandels 1998, Frankfurt am Main 1998, S. 18 u. 20.
22 Adenauer ließ dabei keinen Zweifel, dass er die geschichtspolitische Umcodierung des 8. Mai nicht als Aufforderung zum Vergessen verstanden wissen wollte: »Die Jahre von 1933 bis 1945, die uns in einer fürchterlichen Knechtschaft sahen, dürfen nicht aus unserem Gedächtnis gelöscht werden«. Konrad Adenauer, 8. Mai 1949. Ansprache des Präsidenten des Parlamentarischen Rates nach der Schlussabstimmung über das Grundgesetz, zitiert nach: http://www.konrad-adenauer.de/dokumente/reden/ansprache-parlamentarischer-rat (letzter Aufruf: 17.6.2016). Im selben Sinne fand Theodor Heuss an diesem Tag zu seinem Diktum, dass »dieser 8. Mai 1945 die tragischste und fragwürdigste Paradoxie der Geschichte für jeden von uns [bleibt]. Warum denn? Weil wir erlöst und vernichtet in einem gewesen sind.« Deutscher Bundestag/Bundesarchiv (Hg.), Der Parlamentarische Rat 1948–1949. Akten und Protokolle. Bd. 9: Plenum, München 1996, S. 531–543, hier: S. 542.
23 Zitiert nach: Rupert Seuthe, »Geistig-moralische Wende«? Der politische Umgang mit der NS-Vergangenheit in der Ära Kohl am Beispiel von Gedenktagen, Museums- und Denkmalprojekten, Frankfurt am Main 2001, S. 38; Winfried Müller, Kontinuität nach der Katastrophe? Historische Jubiläen in Deutschland nach 1945 zwischen Affirmation und Trauer, in: Bernhard Löffler/Karsten Ruppert (Hg.), Religiöse Prägung und politische Ordnung in der Neuzeit. Festschrift für Winfried Becker zum 65. Geburtstag, Köln 2006, S. 551–566, hier: S. 562.
24 Zitiert nach: Edgar Wolfrum, Die Suche nach dem »Ende der Nachkriegszeit«. Krieg und NS-Diktatur in öffentlichen Geschichtsbildern der »alten« Bundesrepublik Deutschland, in: Christoph Cornelißen u. a. (Hg.), Erinnerungskulturen. Deutschland, Italien und Japan seit 1945, Frankfurt am Main 2003, S. 183–197, hier: S. 185.

uns vor allem ein Tag der Erinnerung an das, was Menschen erleiden mußten.«[25] Von Weizsäcker wies diesem Datum damit den Platz an, der ihm im Einklang mit dem Geschichtsdenken unserer Zeit gebührt; seine entgegenstehende Würdigung als Tag der freudigen Erinnerung an die Verabschiedung des Grundgesetzes im Sinne Adenauers konnte dagegen so wenig ankommen wie das mimetische Gedächtnis gegen das kathartische überhaupt.

Heute sieht sich das »goldene« Gedächtnis im öffentlichen Raum weithin durch das »schwarze« verdrängt und »ist das negative Gedenken zu einem Fixpunkt im Kanon der historischen Bezugspunkte, Gedenktage, Erinnerungsrituale geworden«, wie Heidemarie Uhl nicht nur für den deutschen, sondern auch für den österreichischen Fall beobachtet hat.[26] Der politisch-kulturelle Identitätsanker der heutigen Bundesrepublik ist nicht das Glück der erkämpften Menschenrechte, sondern das Unglück ihrer vollständigen Vernichtung. Als bundesrepublikanischer Gründungsmythos dient nicht das Grundgesetz, sondern der Holocaust.[27] Die Ära der Erinnerungskultur steht im Zeichen der Aufarbeitung; ihr Zentrum bildet die Auseinandersetzung mit historisch verübtem Unrecht, nicht die Versicherung historisch verbürgten Eigenrechts. Keine Figur des heutigen Geschichtsdiskurses illustriert diesen Wandel so eindrücklich wie der Zeitzeuge. Seine Karriere verdankt er seiner Rolle als Mittler zwischen zwei Welten, und darum ist es vor allem die »dramatische Zeitzeugenschaft«, die Aufmerksamkeit erregt, während die »prosaische Zeitzeugenschaft« der Bonner Republik deutlich weniger Magnetkraft besitzt.[28] Das Totengedenken hingegen hat in der postheroischen Gesellschaft die Tradition der rühmenden Kriegerdenkmäler nicht fortführen können, so argumentiert Herfried Münkler; es ist heute mit einer Vielzahl von Einschränkungen verknüpft, die es im Wesentlichen auf die militärische Sphäre beschränkt.[29] Mit den Inhalten haben sich die Modi des Erinnerns verändert. Der seit dem letzten Viertel des 20. Jahrhunderts immer machtvoller werdende Erinnerungsboom gestaltete sich anders als der um 1980 noch gängige Nostalgievorwurf insinuierte: Die Erinnerung zielte nicht auf die biedermeierliche Restaurierung einer besseren Vergangenheit, sondern auf die entschiedene Abkehr von ihr. Aus der Geschichte lasse sich lernen, um es in Zukunft

---

25 Richard von Weizsäcker, Gedenkveranstaltung im Plenarsaal des Deutschen Bundestages zum 40. Jahrestag des Endes des Zweiten Weltkrieges in Europa. Bonn, 8. Mai 1985, zitiert nach: http://www.bundespraesident.de/SharedDocs/Reden/DE/Richard-von-Weizsaecker/Reden/1985/05/19850508_Rede.html (letzter Aufruf: 17.6.2016).

26 Heidemarie Uhl, Warum Gesellschaften sich erinnern, in: Informationen zur Politischen Bildung 32 (2010), S. 5–14, hier: S. 12.

27 Vgl. Eckart Conze, Wie europäisch ist die nationale Erinnerung Deutschlands?, in: Volkhard Knigge u. a. (Hg.), Arbeit am europäischen Gedächtnis. Diktaturerfahrung und Demokratieentwicklung, Köln 2011, S. 47–56.

28 Vgl. hierzu den Beitrag von Jürgen Lillteicher in diesem Band.

29 Herfried Münkler, Militärisches Totengedenken in der postheroischen Gesellschaft, in: Manfred Hettling/Jörg Echternkamp (Hg.), Bedingt erinnerungsbereit. Soldatengedenken in der Bundesrepublik, Göttingen 2008, S. 22–30.

besser zu machen, so lautet der Leitgedanke der heutigen Geschichtskultur. Die derzeitige Geschichtskultur verlangt die kritische Auseinandersetzung mit einer als unheilvoll verstandenen Vergangenheit statt der distanzlosen Erbauung an ihr. Hierbei wird sie von der Vorstellung getragen, dass nur die Ablösung vom schlechteren Gestern zum besseren Morgen führt und nicht das Festhalten am Vergangenen. Kontinuitätsbruch statt Kontinuitätsvergewisserung prägen die Leitidee des Umgangs mit der Vergangenheit in der deutschen Gegenwart. Die Macht des Erinnerungsbooms speist sich daraus, dass die Erinnerung das Bewusstsein für die Last der Vergangenheit mit der Lust auf ihre Vergegenwärtigung zusammenzuführen vermag. Nur selten noch beschleicht zeitgeschichtliche Ausstellungsmacher die Sorge, dass Distanzierung und Annäherung aus dem Gleichgewicht geraten und die lernwilligen Betrachter der unheilvollen Vergangenheit der Faszination des Bösen erliegen könnten – eine Befürchtung, die etwa dazu führte, dass die Berliner DHM-Ausstellung »Hitler und die Deutschen« von 2010/11 allzu explizite Zeugnisse des Führermythos nur hinter Abstand schaffenden Gazevorhängen präsentierte.

Die demokratische Leerstelle des kulturellen Gedächtnisses entspringt einem fundamentalen Richtungswandel der Vergangenheitsvergewisserung in westlichen Gesellschaften, der weit über die Zeitgeschichte hinausreicht. Die öffentliche Auseinandersetzung mit dem 100. Jahrestag des Weltkriegsausbruchs 1914 kreiste hauptsächlich um die Frage, ob wir aus dem Ersten Weltkrieg eigentlich gelernt hätten. Mit der programmatischen Frage »Wiederholt sich Geschichte?« lud Bundesaußenminister Frank-Walter Steinmeier zu einem »Diskussionsabend zu Sicherheitspolitik in Ostasien im Spiegel der Julikrise 1914« ins Deutsche Historische Museum ein und stellte sein Grußwort unter den Titel »Lehren aus der Geschichte ziehen«.[30] »Fallen wir etwa zurück in eine Politik von Konfrontation und Gewalt?«, fragte der Bundespräsident am 27. Juni auf der Gedenkveranstaltung »1914–2014. Hundert europäische Jahre«,[31] und Bundeskanzlerin Merkel fand es tags zuvor bei Gedenkfeierlichkeiten in Ypern entscheidend, sich vor Augen zu führen, »in welch guten Zeiten wir dadurch leben, dass es die EU gibt und wir aus der Geschichte gelernt haben«.[32] Solche Äußerungen werden von dem selbstverständlichen Glauben getragen, vor allem die historischen Fehlentwicklungen seien es, die den richtigen Weg in die Zukunft zu finden erlaubten – gerade die Sorge vor einer drohenden Wieder-

---

30 Grußwort von Außenminister Frank-Walter Steinmeier zur Veranstaltung: »Wiederholt sich Geschichte? Die Julikrise 1914 im Vergleich mit aktuellen Fragen der Sicherheitspolitik in Ostasien« im Deutschen Historischen Museum, 10.4.2014, http://www.auswaertiges-amt.de/DE/Infoservice/Presse/Reden/2014/140410-BM_DHM.html (letzter Aufruf: 17.6.2016).

31 Joachim Gauck, Gedenkveranstaltung »1914–2014. Hundert europäische Jahre«. Schloss Bellevue, 27. Juni 2014, http://www.bundespraesident.de/SharedDocs/Reden/DE/Joachim-Gauck/Reden/2014/06/140627-Gedenkveranstaltung-1914-2014-mittags.html (letzter Aufruf: 17.6.2016).

32 Zitiert nach: Michael Stabenow, In welch guten Zeiten wir leben. Beim Weltkriegsgedenken in Ypern heben die europäischen Staatschefs die Notwendigkeit von Einigkeit hervor, in: Frankfurter Allgemeine Zeitung, 27.6.2014.

holung der Fehler in der Balkankrise 1914 lenkte das westliche Denken und Handeln in der Krimkrise 2014.[33] Nicht weniger prononciert hielten Fachhistoriker mit guten Argumenten öffentlich dagegen und versicherten: »Die historischen Vergleiche, die die Ereignisse in Kiew und auf der Krim erklären sollen, sind töricht – und gefährlich«.[34] Doch noch in der Absage an die Idee der historischen Wiederholung zeigt sich der Einfluss der Kriegserinnerung auf die Haltung der europäischen Öffentlichkeit und der staatlichen Diplomatie – als Warnung, nicht als Vorbild. Zum 100. Jahrestag des Kriegsausbruchs von 1914 hatte der Topos der Historie als »vitae magistra« seine zwischenzeitlich verlorene Bedeutung zurückerobert – wenngleich eben nicht mehr als erfahrungsgesättigte Gebrauchsanweisung für die Zukunft, sondern als Lehre aus dem Irrtum; nicht als nützliches Rezept, sondern als Warnung vor Risiken und Hauptwirkungen. Ebenso wie die Neuzeit durch eine wachsende Asymmetrie von Erfahrung und Erwartung gekennzeichnet ist, wird die Geschichtskultur der Gegenwart von der Hoffnung getragen, diese unaufhebbare »Differenz zwischen Erfahrung und Erwartung müsse sich soweit überbrücken lassen, daß Geschichte wieder als lehrbar begriffen werden darf«.[35] Von der Vergangenheit als Vorbild künftigen Handelns zur Vergangenheit als Albtraum des historischen Versagens, so lässt sich der Blickwechsel beschreiben, der den Erinnerungsboom der Gegenwart antreibt und das kathartische Geschichtsdenken in der deutschen Gegenwartsgesellschaft von der mimetischen Vergangenheitsbeschwörung in den Geschichtskulturen anderer Länder unterscheidet. Bevorzugt wird aus einer Perspektive argumentiert, die das Gewesene als Archiv der Falschentscheidungen und Fehlentwicklungen begreift – den wilhelminischen Weg in die »Urkatastrophe des 20. Jahrhunderts« ebenso wie das glücklose Zwischenspiel von Weimar, das

---

33 Als Beispiel unter vielen: »Zweifellos ist Russland im Jahre 2014 von ähnlichen Einkreisungsängsten geplagt wie Deutschland im Jahre 1914. Für die Analogiebildung spielt es keine Rolle, ob diese Einkreisungsvorstellungen angemessen sind oder nicht; relevant ist zunächst nur, dass die politische Führung unter ihrem Eindruck handelt. […] Die Entscheidung Wiens im Sommer 1914 für einen, wie man meinte, begrenzten Krieg gegen Serbien war eine politisch falsche und im Ergebnis verhängnisvolle Entscheidung […]. Die beruhigende Schlussfolgerung aus der Analogie lautet, dass es heute keine vergleichbaren Bündnisstrukturen und Eskalationsmechanismen gibt wie jene, die 1914 einen lokalen Konflikt zum großen europäischen Krieg eskaliert haben. Die beunruhigende Beobachtung läuft jedoch darauf hinaus, dass die als Gegenmaßnahmen zum militärischen Agieren der Russen in der Ukraine zu erwartenden Wirtschaftssanktionen des Westens zur sozialen und schließlich politischen Destabilisierung Russlands führen könnten, in deren Folge dann weitere Räume der Unordnung, der Armut und der Verzweiflung entstünden.« Herfried Münkler, Krim-Krise: 1914, 2014. Was der Beginn des Ersten Weltkriegs mit dem derzeitigen Konflikt in Europa zu tun hat, in: Die Zeit, 6.3.2014.

34 Gregor Schöllgen, Dies ist keine Julikrise und auch kein Kalter Krieg, in: Süddeutsche Zeitung, 26.3.2014.

35 Reinhart Koselleck, »Erfahrungsraum« und »Erwartungshorizont« – zwei historische Kategorien, in: ders., Vergangene Zukunft. Zur Semantik geschichtlicher Zeiten, Frankfurt am Main 1989, S. 349–375, hier: S. 375.

schließlich in den »Bloodlands« eines in Massenmorden zerfleischten Europa mündete, auf denen sich der Holocaust als eine jederzeit wiederholbare Katastrophe abspielte.[36] Noch der Aufarbeitungsfuror, der nach 1989 und bis heute den Umgang mit der zweifachen deutschen Diktaturvergangenheit prägt, findet seinen Antrieb in dem Wunsch, das Versagen der frühen Bundesrepublik in der Aufarbeitung der NS-Vergangenheit nicht zu wiederholen.

3. Die Praxis der hellen Erinnerung

Historische Demokratieerinnerung steckt daher in einem Dilemma. Auf der einen Seite wirkt sie antiquiert und rückwärtsgewandt; sie gerät schnell in den Verdacht, dem gegenwärtigen aufklärerischen Prinzip des Lernens *aus* der Katastrophengeschichte ein generationell ausgemustertes Prinzip zur Identifikation *mit* der Erfolgsgeschichte gegenüberzustellen. Auf der anderen Seite wächst der Zeitraum der demokratischen Erfolgsgeschichte im europäischen Raum von Jahr zu Jahr und verlangt nach narrativem Ausdruck im öffentlichen Vergangenheitsdiskurs. Wie lässt sich diese Spannung ausgleichen, wie lässt sich die museale Repräsentation der historischen Leistung in den kathartischen Geschichtsdiskurs unserer Zeit integrieren?

Der Blick auf die demokratiegeschichtliche Ausstellungslandschaft der Bundesrepublik führt vor Augen, wie schwer der Funktionswandel des Historischen es macht, den bejahenswerten Aspekten der Geschichte des eigenen Gemeinwesens gerecht zu werden, auch wenn jüngere Untersuchungen Deutschland mittlerweile ein »deutlich positiver akzentuiertes Geschichtsbild« attestieren.[37] In diametralem Gegensatz zur DDR-Historiografie, die sich zögerlich in den 1970er-Jahren über die Legitimation durch die eigene Geschichtstradition hinaus auch dem historischen Erbe insgesamt zu öffnen begann, hat die deutsche Geschichtskultur der Gegenwart sichtlich Mühe, neben dem unheilvollen Erbe einer missratenen Vergangenheit auch den zur Identifikation einladenden Traditionen deutscher Geschichte zu begegnen. In einem allerdings unterscheiden sich nationalgeschichtliche Ausstellungen von anderen Austragungsräumen des öffentlichen Vergangenheitsdiskurses: Zumindest so lange »die Chronologie die einzig mögliche Konzeption gerade für (zeit-) historische Ausstellungen zu sein« scheint[38] und auch das DHM noch dem am Zeitstrahl ausgerichteten Darstellungsprinzip den Vorzug vor einem thematisch organisierten »Forum für

---

36 Timothy Snyder, Bloodlands. Europe between Hitler and Stalin, New York 2010; ders., Black Earth: The Holocaust as History and Warning, New York 2015.
37 Manuel Becker, Geschichtspolitik in der »Berliner Republik«. Konzeptionen und Kontroversen, Wiesbaden 2013, S. 511.
38 Kristiane Janeke, Zeitgeschichte in Museen – Museen in der Zeitgeschichte, in: Docupedia-Zeitgeschichte, 8.3.2011, http://docupedia.de/zg/Zeitgeschichte_in_Museen?oldid=106500 (letzter Aufruf: 17.6.2016).

Geschichte und Gegenwart«,[39] stehen zeithistorische Ausstellungen und Museen vor der Aufgabe, das Werden des heutigen demokratischen Gemeinwesens in entsprechenden Proportionen zur Diktaturgeschichte in ihre Erzählung einzubetten. Die bloße Chronologie schafft den narrativen Zwang, nicht nur der Überwindung von Irrwegen und Katastrophen der Nationalgeschichte, sondern auch der Gestaltung ihrer glückhaften Erfolge und vorbildhaften Leistungen mit den Mitteln der historischen Ausstellung gerecht zu werden.

Dabei beschreiten die Museen allerdings unterschiedliche Wege. Das DHM in Berlin bleibt in seiner bisherigen, vor der Überarbeitung stehenden Dauerausstellung ein erkennbares Narrativ der jüngsten deutschen Geschichte schuldig, während das Bonner Haus der Geschichte die auch illuminatorisch vom Dunkeln zum Hellen fortschreitende Erzählung der deutschen Nachkriegsgeschichte immer wieder durch schwarze Blöcke unterbricht, die den Umgang mit der belasteten Vergangenheit thematisieren.[40] Besonders deutlich zeigt sich an den biografischen Interviews, die die Ausstellung ergänzen, dass auch eine bundesdeutsche Erfolgsgeschichte nicht ohne Brüche auskommt: Mit Ralph Giordano, Lothar Loewe, Erich Loest und Carola Stern kommen ein Verfolgter, dessen Lebensthema die »Zweite Schuld« der Deutschen wurde, ein einstiger Hitlerjunge, der zum journalistischen Verteidiger der Demokratie wurde, ein ehemaliger »Werwolf« sowie eine frühere Jungmädelführerin zu Wort. Demokratiegeschichte als Umkehr- und Wandlungsgeschichte oder »abverlangte Resozialisierungsmaßnahme«[41] – hier begegnet die museale Demokratieerzählung den fachhistorischen Deutungsangeboten, wie sie auch die Forschung mit dem Narrativ der »Rezivilisierung« und der »fundamentalen Umkehr« in den letzten Jahren prononcierter herausgearbeitet hat.[42]

Auch das Wandlungs- und Umkehrnarrativ bedarf allerdings offenkundig einer antitriumphalistischen Einhegung, wie die fachwissenschaftliche Überblicksliteratur zur Geschichte der Bundesrepublik illustriert. »Die Analyse dieser komplexen Entwicklungen«, heißt es bei Konrad H. Jarausch, »verlangt keine affirmative Erfolgs-, sondern eine kritische Wandlungsgeschichte der Deutschen in der zweiten Hälfte des 20. Jahrhunderts.«[43] Das zentrale Argument gegen eine distanzlose Identifikation mit der bundesdeutschen Geschichte liegt in der Unsicherheit der Zukunft; es verweist auf die verbliebenen Defizite einer vielleicht nur oberflächlich von demokratischem Firnis geprägten Gesellschaft, die sich vor Selbstzufriedenheit

---

39 Die um das Konzept einer Dauerausstellung im DHM geführte Debatte ist nachgezeichnet bei: Jürgen Kocka, Ein chronologischer Bandwurm. Die Dauerausstellung des Deutschen Historischen Museums, in: Geschichte und Gesellschaft 32 (2006), S. 398–411.
40 Vgl. hierzu die Beiträge von Thomas Hertfelder und Jürgen Lillteicher in diesem Band.
41 Vgl. hierzu den Beitrag von Frank Bösch in diesem Band.
42 Vgl. Peter Graf Kielmansegg, Nach der Katastrophe. Eine Geschichte des geteilten Deutschlands, Berlin 2000; Konrad H. Jarausch, Die Umkehr. Deutsche Wandlungen 1945–1995, München 2004, S. 26–30 u. 368. Vgl. auch den Beitrag von Paul Nolte in diesem Band.
43 Jarausch, Umkehr, S. 30.

hüten müsse, um keinen Rückfall zu erleben: »Eine tolerante Zivilgesellschaft ist daher keine abgeschlossene Errungenschaft, sondern sie bleibt eine dauernde, zukunftsoffene Herausforderung.«[44]

Dass historisches Gelingen der Einbettung in einen Bedrohungsrahmen bedarf, um als Ausstellungsnarrativ akzeptiert zu werden, bestätigt auf europäischer Ebene die seit 2007 geführte Diskussion um das Haus der Europäischen Geschichte. Dem Projekt ist aufgegeben, ein europäisches Wirgefühl zu erzeugen und die Identität einer europäischen Wertegemeinschaft zu stärken, aber seine Macher wissen nur zu gut um die Tücken des Unterfangens.[45] Von der »Stärke der europäischen Gesellschaft« kann die geplante Schau nur künden, wenn sie bereit ist, ihre positive Bilanz als immer nur vorläufig und verletzlich zu präsentieren. »Für all das gibt es keine Garantie, und an vielen Stellen haben wirtschaftliche und kulturelle Globalisierung und neoliberale Politiken das Bild schon stark verdunkelt«, befand Claus Leggewie schon 2011. Damit schuf er einen Akzeptanzrahmen, der die geplante Ausstellung, die »kaum Züge von Selbstlob« trägt, kategorial vom hellen in das dunkle Gedächtnis überführte und so ihre Legitimationskraft steigerte: Sie gehöre, so Leggewie, »ironischerweise mit in die kritische Aufarbeitung des europäischen Nationalismus, die den Nationalstaaten zu viel zutraut und ›Brüssel‹ notorisch misstraut«.[46] Wie sehr in unserer Zeit auch auf europäischer Ebene das helle Gedächtnis eines dunklen Geltungsrahmens bedarf, demonstriert Włodzimierz Borodziej, der als Sprecher der das Projekt begleitenden Historikerkommission die Auffassung vertritt, dass Europa erst im Scheitern zu einer gemeinsamen Identität finden könne: »Es ist vorstellbar, dass in diesem Fall erstmals ein transnationaler, kontinentaler Mythos entstünde: der des Goldenen Zeitalters einer leider verblichenen Europäischen Union.«[47]

---

44 Ebd.
45 »Bleiben also nach jetzigem Stand die in der Union vertraglich festgeschriebenen Werte: Demokratie und Rechtsstaat, Menschenrechte und Minderheitenschutz. Sie greifen zwar alle auf reale historische Erfahrungen zurück und sind dennoch emotional ›kalt‹. Sie sind in der 2016 wie eh und je florierenden Mythenwelt der meisten Nationen kaum verankert und damit in der Konfrontation mit letzteren hoffnungslos unterlegen.« Włodzimierz Borodziej, Mythen für Europa? Eine Leerstelle, in: Haus der Geschichte Bonn (Hg.), Deutsche Mythen (im Erscheinen). Ich danke Włodzimierz Borodziej, Warschau, für die vorab gewährte Einsichtnahme in das Manuskript. Zum Haus der Europäischen Geschichte vgl. auch den Beitrag von Andrea Mork in diesem Band.
46 Claus Leggewie, Der Kampf um die europäische Erinnerung. Ein Schlachtfeld wird besichtigt, München 2011, S. 46.
47 Borodziej, Mythen.

4. Schlussfolgerungen

Der Durchgang durch die demokratiegeschichtliche Ausstellungslandschaft der Gegenwart bestätigt die auf theoretischer Ebene gewonnene Einsicht, dass das helle Gedächtnis im Schatten des dunklen steht. Ebenso wie für die Denkmalkultur gilt auch für die ausgestellte Zeitgeschichte, dass demokratische Werte sich nur eingeschränkt monumental repräsentieren lassen.[48] Die Akzeptanzprobleme, die die Musealisierung der »glücklichen Momente« aufwirft, sind zunächst nicht hausgemacht und auch nicht auf geschichtstouristische Standortnachteile zurückzuführen, sondern ergeben sich aus der Verfassung unseres Geschichtsdiskurses nach dem Ende der zukunftsorientierten Fortschrittserzählung, die die Nachkriegszeit bis in die späten 1970er-Jahre prägte – Oświęcim und der Obersalzberg haben Herrenchiemsee und Rastatt nicht die bessere verkehrstechnische Lage voraus, sondern die Attraktivität des dunklen Erinnerungsortes und die Faszination des »dark tourism«.

Aus diesem Bedingungsgefüge lassen sich allerdings verschiedene Schlussfolgerungen ableiten, die auch der Erinnerung an das Gelungene verhelfen können, ihren Platz im Gedächtnishaushalt unserer Zeit zu festigen. Eine Erkenntnis bedarf an dieser Stelle keiner weiteren Ausführung, weil die fünf Politikergedenkstiftungen des Bundes sie längst mit Erfolg praktizieren: Demokratieerinnerung profitiert in besonderem Maße von biografischen Erzählmustern. Nirgendwo sonst lässt sich die Vielschichtigkeit des demokratischen Projekts so eindrucksvoll herausarbeiten wie in der Auseinandersetzung mit Lebensläufen von Menschen, die sich für heute noch gültige Werte engagierten, an ihnen reiften oder auch zweifelten, an ihnen zerbrachen oder sie auch bekämpften. In der dekonstruierenden und rekonstruierenden Annäherung an die Lebensgeschichten demokratiegeschichtlicher Akteure kann die kritische Identifikation entstehen, die als Modus einer künftigen Demokratieerinnerung an die Seite der Diktaturaufarbeitung und ihrer Schamkultur tritt, ohne als deren Relativierung und Übertünchung missverstanden zu werden.

Zielführend ist weiterhin, der Faszination des Fremden auch im Vertrauten entschlossen Raum zu geben. Wenngleich Ausstellungsbesucher stets nach Bekanntem suchen und auf Bestätigung ihrer Voreinstellungen bedacht sind, bezieht die Demokratieerzählung – wie jede andere Geschichte auch – ihre Attraktivität vor allem daraus, dass sie mit dem konfrontiert, was die Gegenwart nicht ist oder nicht mehr ist. Die Beschäftigung mit der Vergangenheit muss dem noch Verborgenen oder dem schon Verlorenen gelten, nicht aber dem sattsam Bekannten und Selbstverständlichen. Nach dem Verlust von Fortschritt und Zukunft als Orientierungsmarken des Strebens nach dem Anderen und der globalisierungsbedingten Angleichung des

---

48 Hans-Ernst Mittig, Sind demokratische Werte monumental repräsentierbar?, in: Manfred Hettling/Jörg Echternkamp, Bedingt erinnerungsbereit. Soldatengedenken in der Bundesrepublik, Göttingen 2008, S. 132–148.

erfahrbaren Raums ist es immer stärker die Zeitreise, die lockende Entdeckungen verspricht. Eine Demokratieerinnerung, die im historischen Raum vor allem das heute noch Gültige aufsucht, verfehlt dieses Interesse. Nur wo demokratische Traditionen in ihre Zeitbedingtheit eingebettet und in ihrer historischen Andersartigkeit ebenso wie in der zeitgenössischen Offenheit ihrer Weiterentwicklung sichtbar werden, können sie als Magneten des Geschichtsinteresses wirken. Wie viel Faszinationskraft dem Blick von der Höhe des Erreichten auf die Bescheidenheit des Anfangs innewohnt, kann die Demokratieerinnerung an den aufstiegsorientierten Erzählmustern der Firmengeschichte und des historischen Unternehmensmarketings ablesen.

Wichtig bleibt auch hier der in der Didaktik mit dem »Beutelsbacher Konsens« seit den 1970er-Jahren für verbindlich angesehene Imperativ von Polyperspektivität und Kontroversität. Historische Erzählungen, die alternativlose Botschaften zu vermitteln trachten, stehen in der Gefahr der Ritualisierung und der Marginalisierung. Wenn Demokratieerinnerung die Wege eigenständiger Erkenntnis- und Urteilsbildung verstellt, wird ihre Attraktivität auf Dauer blass bleiben. Nur dort, wo die chronologische Zeitgeschichtsausstellung unterschiedliche Leitfragen verfolgt und eigenständige Antworten auf die Problemstellungen unserer Zeit zulässt, wird sie dauerhaft Aufmerksamkeit finden und den Nachteil der gegenwartsnahen Geschichte, den Endpunkt ihrer Erzählung nicht zu kennen, in den Vorteil wechselnder Blickrichtungen verwandeln können.

Zentrale Bedeutung kommt darüber hinaus auch in der Demokratieerinnerung der Anziehungskraft des Originalen zu, die die von Joschka Fischer getragene Lederjacke genauso ausstrahlt wie die Erich Honecker von Udo Lindenberg zugeschickte Gitarre. Die Aura des Authentischen stellt einen Mythos der Moderne dar, in dem die von Reinhart Koselleck formulierte Differenz von Erfahrung und Erwartung im Auge des Betrachters zur Deckung gebracht und im Tiefsten sogar die Vergänglichkeit der Zeit aufgehoben werden kann.[49] Ohne in den die Geschichte der Geschichtsausstellung begleitenden »Streit zwischen ›Originalfetischisten‹ und ›Disneyländern‹«[50] eingreifen zu wollen, steht außer Frage, dass der Reiz zugeschriebener Authentizität von Objekten, Orten und Räumen ein Anziehungsmoment darstellt, das die schlichteste Geschichtsausstellung dem opulentesten Geschichtsbuch ebenso voraus haben kann wie der anstrengendste Weg zum Berliner »Checkpoint Charlie« der entspannten Betrachtung eines Dokudramas zum gleichen Thema. In der »sinnlichen Anmutungskraft der Dinge«[51] wie in der personellen Ausstrahlungskraft des Zeitzeugen kommt dieselbe Hoffnung einer unmittelbaren Begegnung mit der Ver-

---

49 Vgl. Sabrow, Zeitgeschichte, S. 231 ff.
50 Kocka, Bandwurm, hier: S. 407.
51 Gottfried Korff, Betörung durch Reflexion. Sechs um Exkurse ergänzte Bemerkungen zur epistemischen Anordnung von Dingen, in: Anke te Heesen/Petra Lutz (Hg.), Dingwelten. Das Museum als Erkenntnisort, Köln 2005, S. 89–108, hier: S. 102.

gangenheit zum Ausdruck, die den innersten Kern des seit vierzig Jahren so mächtig gestiegenen Geschichtsinteresses ausmacht. In der empfundenen Aura des Authentischen, von der sich Besucher historischer Ausstellungen gefangen nehmen lassen wollen, steckt die unausgesprochene Hoffnung auf Unvergänglichkeit – wenn nicht mehr der Zukunft, dann doch der Vergangenheit. Diese geschichtsreligiöse Züge tragende Suche nach dem unvergänglichen Überrest überschreitet die Aufmerksamkeitsschranken von heller und dunkler Erinnerung, und sie kann zur Auseinandersetzung mit anerkannten Traditionen ebenso genutzt werden wie zur Konfrontation mit dem historischen Versagen.

Nutzen kann die Demokratieerinnerung in gleicher Weise aus der Magie der Jahrestage ziehen, der die historische Aufmerksamkeitsökonomie unserer Zeit immer stärker folgt. Das historische Jubiläum kann als Pendant der historischen Authentizität verstanden werden. Es bildet die dingliche Präsenz der Vergangenheit, die sich der Betrachter von der Echtheit der Relikte verspricht, als kalendarische Präsenz auf der Zeitachse ab; es bezieht aus der Imagination der Wiederkehr die Kraft einer Erinnerung, die an jedem 13. Februar die Kirchenglocken in Dresden ertönen lässt, an jedem 27. Januar das Leiden von Auschwitz wachruft und die seit 2014 die Serie von hundertsten Jahrestagen als Vehikel nutzt, um den Weg der Welt durch die Urkatastrophe des Ersten Weltkriegs medial aufzubereiten. Wie die Aura des authentischen Objekts drängt das historische Begegnungsversprechen runder Jahrestage die Konkurrenz um die Vorrangstellung von heller und dunkler Erinnerung in den Hintergrund. Es braucht keine Sehergabe, um zu erkennen, dass die Magie der kalendarischen Wiederkehr sich schon anschickt, auch den 100. Jahrestag der Weimarer Republikgründung opulent zu würdigen und in einen jubilarischen Gedenkzyklus einzubetten, der über die Revolution von 1918 zu der von 1848 zurückreicht und die Inkraftsetzung der Weimarer Reichsverfassung von 1919 mit der Verabschiedung des Grundgesetzes in Beziehung setzt. Dass die Magie der Chronologie sich der Demokratieerinnerung in naher Zukunft nicht weniger nachdrücklich bemächtigen wird als bisher allein der Diktaturerinnerung, deutet nicht nur die sich für die kommenden Jahre abzeichnende Fülle an Buchtiteln und Ausstellungsvorhaben zum Thema Weimar an.[52] Selbst das zeitverschlafene ehemalige Residenzstädt-

---

52 Gleichsam im Vorgriff tourt seit November 2015 eine Wanderausstellung zur Geschichte der Weimarer Republik durch Deutschland, die bis 2018 an 80 Orten gezeigt wird und die auf »die Aktualität der Weimarer Republik« abhebt. »Die multimediale Wanderausstellung ›Die Weimarer Republik. Deutschlands erste Demokratie‹ ist am 17. Februar 2016 von Oberbürgermeister Dr. Albrecht Schröter im Einkaufszentrum ›Neue Mitte‹ eröffnet worden. […] Vor Jahren wäre das ein eher akademisches Thema gewesen – heute besticht es durch eine hohe politische Brisanz. Auch deshalb kommt die Wanderausstellung genau zur richtigen Zeit.« Die Wanderausstellung zur Weimarer Republik kommt nach Jena, http://www.weimarer-republik.net/418-0-Die-Wanderausstellung-zur-Weimarer-Republik-kommt-nach-Jena.html (letzter Aufruf: 17.6.2016); Wanderausstellung zur Weimarer Republik im Atrium, in: Thüringische Landeszeitung, 9.11.2015.

chen Schwarzburg nutzt die 100. Wiederkehr des Tages, an dem hier der Reichspräsident die Verfassungsurkunde unterzeichnete, um sich als nationaler Erinnerungsort zu präsentieren.[53]

---

[53] »Im thüringischen Schwarzburg unterzeichnete Reichspräsident Friedrich Ebert am 11. August 1919 die Weimarer Reichsverfassung. An dieses wichtige Ereignis erinnert demnächst ein Gedenkort für Menschen- und Bürgerrechte: Auf den Schwarzburger Schlossterrassen werden die wichtigsten Verfassungsartikel in den Boden eingelassen, zusätzlich informieren Tafeln über die erste in Kraft getretene gesamtdeutsche demokratische Verfassung. Am 24. September erfolgt im Beisein des Thüringer Landtagspräsidenten Christian Carius die Einweihung. Der Weimarer Republik e. V. unterstützt das Projekt aus Mitteln des Bundesministeriums der Justiz und für Verbraucherschutz. Zudem wurde mit dem Förderverein Schloss Schwarzburg e. V. eine enge Kooperation im Hinblick auf das Jubiläumsjahr 2019 vereinbart. Der 100. Geburtstag der ersten deutschen Demokratie soll mit vereinten Kräften gewürdigt werden.« Eröffnung des Gedenkortes »Menschen- und Bürgerrechte in der Weimarer Verfassung« in Schwarzburg, 24.9.2015, http://www.weimarer-republik.net/index.php?article_id=315 (letzter Aufruf: 17.6.2016).

Dank

Der Band »Erinnern an Demokratie in Deutschland« wäre ohne die tatkräftige Unterstützung zahlreicher Kolleginnen und Kollegen, Institutionen und Gremien nicht zustande gekommen. Die an diesem Band beteiligten Wissenschaftlerinnen und Wissenschaftler haben sich ausnahmslos auf das noch wenig erkundete Feld der Demokratieerinnerung eingelassen, sich auf Reisen quer durch die Republik begeben, die jeweiligen Häuser und Ausstellungen besucht und schließlich ihre Beobachtungen und Analysen in lesbare Texte gegossen. Die Direktorinnen und Direktoren der hier behandelten Museen und Ausstellungshäuser haben den Beiträgern ihre Pforten bereitwillig geöffnet und sie bei ihren Feldforschungen auf jegliche Weise unterstützt. Die Vorstände, Geschäftsführer und wissenschaftlichen Beiräte der fünf Politikergedenkstiftungen des Bundes haben das Projekt von Beginn an engagiert begleitet und mit vorangetrieben. Die Beauftragte der Bundesregierung für Kultur und Medien hat nicht nur die diesem Band vorangegangene Leipziger Konferenz, sondern auch die Redaktion und Drucklegung auf großzügige Weise mit Projektmitteln gefördert. Das Zeitgeschichtliche Forum Leipzig unter der Leitung seines damaligen Direktors Prof. Dr. Rainer Eckert hat uns in kollegialer Gastfreundschaft alles zur Verfügung gestellt, was man für die Durchführung einer wissenschaftlichen Konferenz benötigt: schöne Räume, eine hervorragende Infrastruktur sowie nette Kolleginnen und Kollegen. Für einen reibungslosen Ablauf der Konferenz sorgte Julia Hornig von der Bundeskanzler-Willy-Brandt-Stiftung Berlin. Mit Expertise, Präzision und Sprachgefühl hat sich Dr. Jörn Retterath der Mühe der redaktionellen Bearbeitung unterzogen und uns auf vielfache Weise entlastet. Last not least haben wir in dem Verlag Vandenhoeck & Ruprecht, namentlich in Herrn Daniel Sander, einen Partner gefunden, der uns die Publikation des Bandes auf ebenso professionelle wie angenehme Weise ermöglicht hat. All diesen Personen und Institutionen danken wir herzlich für ihre Unterstützung und die gute Kooperation bei der Arbeit an diesem Buch.

Stuttgart, Friedrichsruh und Lübeck im März 2016
Thomas Hertfelder, Ulrich Lappenküper, Jürgen Lillteicher

Herausgeber und Autoren

Prof. Dr. *Michele Barricelli*, geb. 1966, ist Historiker, Professor für Didaktik der Geschichte und Public History an der Ludwig-Maximilians-Universität München.

Dr. *Andreas Biefang*, geb. 1962, ist Historiker bei der Kommission für Geschichte des Parlamentarismus und der politischen Parteien in Berlin.

Prof. Dr. *Frank Bösch*, geb. 1969, ist Historiker, Professor für europäische Geschichte des 20. Jahrhunderts an der Universität Potsdam und Direktor des Zentrums für Zeithistorische Forschung in Potsdam.

Dr. *Bernd Braun*, geb. 1963, ist Historiker, stellvertretender Geschäftsführer der Stiftung Reichspräsident-Friedrich-Ebert-Gedenkstätte in Heidelberg und Lehrbeauftragter am Historischen Seminar der Universität Heidelberg.

Dr. *Thomas Hertfelder*, geb. 1959, ist Historiker, Geschäftsführer und Mitglied des Vorstands der Stiftung Bundespräsident-Theodor-Heuss-Haus in Stuttgart.

Prof. Dr. *Ulrich Lappenküper*, geb. 1959, ist Historiker, Geschäftsführer und Mitglied des Vorstands der Otto-von-Bismarck-Stiftung in Friedrichsruh sowie außerplanmäßiger Professor für Neuere Geschichte an der Helmut-Schmidt-Universität der Bundeswehr in Hamburg.

Dr. *Jürgen Lillteicher*, geb. 1968, ist Historiker und Leiter des Willy-Brandt-Hauses Lübeck, einer Zweigstelle der Bundeskanzler-Willy-Brandt-Stiftung.

Prof. Dr. *Thomas Lindenberger*, geb. 1955, ist Historiker, Professor für Neuere Geschichte an der Universität Potsdam und Leiter der Abteilung »Kommunismus und Gesellschaft« am Zentrum für Zeithistorische Forschung in Potsdam.

Dr. *Andrea Mork*, geb. 1959, ist Historikerin und Chefkuratorin am Haus der Europäischen Geschichte in Brüssel.

Prof. Dr. *Paul Nolte*, geb. 1963, ist Historiker und Professor für Neuere Geschichte mit dem Schwerpunkt Zeitgeschichte an der Freien Universität Berlin.

Prof. Dr. *Martin Sabrow*, geb. 1954, ist Historiker, Professor für Neueste Geschichte und Zeitgeschichte an der Humboldt-Universität zu Berlin und Direktor des Zentrums für Zeithistorische Forschung in Potsdam.

Dr. *Harald Schmid*, geb. 1964, ist Politikwissenschaftler, Zeithistoriker und wissenschaftlicher Mitarbeiter der Bürgerstiftung Schleswig-Holsteinische Gedenkstätten.

Prof. Dr. *Richard Schröder*, geb. 1943, ist emeritierter Professor für Philosophie in Verbindung mit der Systematischen Theologie an der Theologischen Fakultät der Humboldt-Universität zu Berlin.

Dr. *Irmgard Zündorf*, geb. 1968, ist Historikerin, Referentin für Hochschulkooperation und Wissenstransfer am Zentrum für Zeithistorische Forschung in Potsdam sowie Koordinatorin des Studiengangs Public History an der Freien Universität Berlin.

Bildnachweis

Die Herausgeber und Autoren danken den Museen und Erinnerungsstätten für die freundliche Erlaubnis zur Anfertigung der in diesem Band verwendeten Fotografien.

Beitrag von Andrea Mork
Abb. 1: © E. Young/AACMA-JSWD
Abb. 2–10: ACCIONA Producciones y Diseño S. A. © European Union

Beitrag von Frank Bösch
Abb. 1: © Wikimedia Commons, CC by SA 3.0
Abb. 2: © Deutsches Historisches Museum/ Ulrich Schwarz
Abb. 3, 7, 8, 10, 13, 14: © Thomas Hertfelder
Abb. 4, 5, 12: © Deutsches Historisches Museum, Berlin/I. Desnica
Abb. 6: © Frank Bösch
Abb. 9, 11: © Axel Thünker, Stiftung Haus der Geschichte der Bundesrepublik Deutschland, Bonn

Beitrag von Irmgard Zündorf
Abb. 1–9: © Irmgard Zündorf 2014
Abb. 10: © Bundeskanzler-Willy-Brandt-Stiftung, Fotograf: Eric Strelow

Beitrag von Thomas Lindenberger
Abb. 1: © Dieter Kramer
Abb. 2: © S·T·E·R·N Gesellschaft der behutsamen Stadterneuerung mbH

Beitrag von Thomas Hertfelder
Abb. 1, 2: © Thomas Hertfelder; Foto mit freundlicher Genehmigung von M + M (Weis/De Mattia)
Abb. 3, 6, 7, 10: © Deutsches Historisches Museum, Berlin/ I. Desnica
Abb. 4, 5, 8, 9, 11–22, 24, 25: © Thomas Hertfelder
Abb. 23: © Thorn Werbeagentur, Leipzig

Beitrag von Andreas Biefang
Abb. 1–5, 7–10: © Andreas Biefang, Mai 2014
Abb. 6: Bildarchiv Preußischer Kulturbesitz, Bildnummer 00023091

Beitrag von Michele Barricelli
Abb. 1–5: © Michele Barricelli 2014
Abb. 6: © Bundeskanzler-Willy-Brandt-Stiftung, Fotograf: Uli Kunz

Beitrag von Bernd Braun
Abb. 1–7, 9, 11–13: © Bernd Braun
Abb. 8, 10: © Hambacher Schloss

Beitrag von Harald Schmid
Abb. 1–3: © Norbert Pauls/Haus der Geschichte Baden-Württemberg

Beitrag von Jürgen Lillteicher
Abb. 1–9: © Jürgen Lillteicher

Personenregister

Abresch, Johann Philipp 240
Adenauer, Konrad 23, 60, 68, 81, 83, 96–98, 102, 104, 133, 151, 158, 212–215, 218, 239, 264, 272 f., 277, 323 f.
Aischylos 220
Andresen, Knud 27
Apel, Linde 27
Arendt, Hannah 47, 179
Aristoteles 251, 309
Asmus, Burkhard 270
Assmann, Aleida 39
Assmann, Jan 39
Augustus 199

Baader, Andreas 245
Bahners, Patrick 76
Bahro, Rudolf 171
Baring, Arnulf 141
Barricelli, Michele 27 f.
Barschel, Uwe 76
Barzel, Rainer 281
Bauman, Zygmunt 135
Baumann, Maria 281
Bebel, August 89, 148 f.
Becker, Boris 76
Becker, Jurek 294
Benjamin, Walter 196
Berger, Stefan 121
Biefang, Andreas 22
Biermann, Wolf 77 f., 171, 310
Bismarck, Johanna von 230
Bismarck, Malwine von 230
Bismarck, Otto von 24, 81, 83–90, 94, 99, 104, 107, 149, 204–208, 210, 213, 220, 230, 239, 243, 264, 320
Blobner, Heinrich 274
Blum, Robert 243, 263
Bockhofer, Reinhard 239, 250
Borodziej, Włodzimierz 327
Bösch, Frank 15, 277
Bourdieu, Pierre 201
Bouvier, Beatrix 10
Bracher, Karl Dietrich 125
Brandt, Hartwig 263

Brandt, Willy 24, 73, 81, 83, 99–103, 133, 216–218, 221, 239, 264, 277, 281, 323
Braun, Bernd 28
Braun, Wernher von 73
Brecht, Bertolt 240
Brenner, Karsten 84
Breschnew, Leonid Iljitsch 307
Brinck, Christine 292
Brüsewitz, Oskar 171
Büchner, Georg 229
Burdeau, Georges 249
Buschkowsky, Heinz 114
Buschmann, Heike 17
Bush, George (sen.) 318

Carius, Christian 333
Cauer, Karl 146
Clark, Christopher 121
Conze, Eckart 132
Cremer, Fritz 322
Crouch, Colin 168
Czech, Hans-Jörg 154

Dahrendorf, Ralf 123, 156
Darnstädt, Thomas 245
Dean, James 152
Demnig, Gunter 263
Dirschka, Steffen 256
Doering-Manteuffel, Anselm 19, 132
Dowe, Christopher 256
Düspohl, Martin 112, 116

Eastman, George 37
Ebert, Friedrich 24, 81, 83 f., 88–92, 94, 99, 208–211, 221, 239, 264, 272, 317, 333
Ebert, Georg 210
Ebert, Heinrich 210
Eichmann, Adolf 266, 322
Elieser, Israel ben 308
Elsenhans, Ernst 28, 243–246
Erhard, Ludwig 199, 323
Erzberger, Matthias 247 f., 254, 256–261, 320

Fechter, Peter 315
Feistkorn, Sieglinde 292

Fenske, Hans 230 f.
Fischer, Joschka 305, 331
Fontane, Theodor 315
Foucault, Michel 135
Fraenkel, Ernst 161
François, Etienne 121, 248, 253
Fricke, Dieter 249
Friedrich Wilhelm IV. von Preußen 146
Fröhlich, Claudia 13, 250
Fulda, Daniel 20

Gagern, Heinrich von 254
Gaulle, Charles de 213
Genscher, Hans-Dietrich 281, 291
Geyer, Michael 18–20
Gies, Ludwig 149 f.
Giordano, Ralph 279, 328
Glasewald, Heinrich 241 f.
Globke, Hans 165, 322
Goodnight, Veryl 316
Gorbatschow, Michail 245, 291, 307, 309
Grab, Walter 249
Grabert, Horst 281
Grey, Edward 49
Grütters, Monika 10
Grützke, Johannes 186 f.

Habermas, Jürgen 17, 59, 123, 134
Halbwachs, Maurice 8, 39
Hartung, Olaf 269, 271 f.
Havemann, Robert 171
Hecker, Friedrich 254
Heffter, Heinrich 128
Hegel, Georg Wilhelm Friedrich 302
Heine, Heinrich 304
Heinemann, Gustav 10, 133, 232–235, 245, 262, 318
Heinsohn, Kirsten 27
Heise, Thomas 290
Henseler, Ernst 149
Herbert, Ulrich 131, 133, 167
Herder, Johann Gottfried 302
Herodot 43
Hertfelder, Thomas 21 f., 81 f., 96, 284, 290
Herzberg, Wilhelm 232
Heuss, Theodor 24, 81, 83, 93–97, 99, 102, 133, 151, 210–214, 221, 239, 264, 272 f., 323
Heuss-Knapp, Elly 211
Hildebrandt, Dieter 279
Hindenburg, Paul von 247, 272

Hitler, Adolf 30, 94, 204, 210, 212, 279 f., 325
Hockerts, Hans Günter 135
Hoesch, Jan 84
Holtzendorff, Hermann von 224
Honecker, Erich 301, 310, 331
Hosemann, Theodor 241
Hugo, Victor 46

Jahn, Roland 309
Janeke, Kristiane 13
Jarausch, Konrad H. 16, 20, 117, 131, 328
Jenninger, Philipp 76
Jesus von Nazareth 302, 315
Judt, Tony 53
Jureit, Ulrike 320

Kant, Immanuel 147, 309
Karisch, Karl-Heinz 292
Kaufmann, Theodor 242
Keane, John 139
Kennan, George F. 47
Kennedy, John F. 169, 214, 321
Kierkegaard, Sören 225
Kies, Hans 235
Kirchberg, Volker 63
Klein, Hans-Joachim 156
Knigge, Volkhard 9, 13
Kocka, Jürgen 154, 268, 271 f., 275
Koeppel, Matthias 174 f.
Kohl, Helmut 58, 60 f., 76–78, 268, 275, 291
Kohlstruck, Michael 250
Koselleck, Reinhart 8, 331
Kraus, Dorothea 280
Kraus, Karl 49
Krenz, Anita 281
Kressmann, Willy 114
Kühn, Carl Ludwig 224
Kuntermann, Edeltraud 281

Lammert, Norbert 7, 234, 320
Leggewie, Claus 329
Lehmann-Grube, Hinrich 292, 294 f.
Lenin, Wladimir Iljitsch 302
Lensky, Gustav von 226
Leonhard, Jörn 121
Lepsius, M. Rainer 123
Liebknecht, Karl 235, 261
Liebknecht, Wilhelm 89
Lillteicher, Jürgen 29
Lincoln, Abraham 210

Lindenberg, Udo 331
Lindenberger, Thomas 15
Lindner, Bernhard 286 f., 289 f.
Loest, Erich 279, 328
Loewe, Lothar 279, 328
Lübbe, Hermann 7
Ludwig II. von Bayern 191
Ludwig XIV. von Frankreich 302
Lukasch, Mike 280, 290
Lutum-Lenger, Paula 256 f.
Luxemburg, Rosa 261

Macdonald, Sharon 200
Mänicke, Udo 285–289
Mann, Michael 136
Manow, Phlip 161 f.
Marshall, George C. 114, 162
Marx, Karl 68, 73, 210, 302, 309
Mattia, Martin de 141 f.
Maunz, Theodor 193
Mazower, Mark 136
McFalls, Laurence 286
Meckel, Markus 78
Meier, Christian 306 f.
Meinhof, Ulrike 245
Menzel, Adolph von 207
Merkel, Angela 143, 214, 325
Metternich, Klemens von 145
Michelet, Jules 174
Mielke, Erich 169
Mitterrand, François 307
Mohammed 316
Mommsen, Hans 123
Mommsen, Wolfgang J. 123
Momper, Walter 182
Monnet, Jean 52
Montesquieu, Charles de 147
Mork, Andrea 14
Müller, Heiner 294
Münkler, Herfried 32, 141, 320, 324
Muschg, Adolph 39
Mussolini, Benito 307

Napoleon I. von Frankreich 16, 275
Neumann, Bernd 81, 143
Niethammer, Lutz 112, 289
Nietzsche, Friedrich 7
Nipperdey, Thomas 19, 124, 129, 204
Nolte, Paul 21, 139, 177
Nora, Pierre 39, 121, 220

O'Brien, Mary 264
Oberländer, Judith 280
Orlowsky, Werner 114 f.
Ottomeyer, Hans 141, 143, 270

Pahl, Henning 235
Pieck, Wilhelm 171
Pietsch, Fritz-Dieter 281
Plato, Alexander von 267
Pohl, Karl Heinrich 276
Poljakow, Leonid 7
Pöttering, Hans-Gert 37
Powers, John C. 83
Probst, Manfred 292, 294 f.

Rathenau, Walther 320
Reichel, Peter 7, 317
Renan, Ernest 302
Reuter, Ernst 169
Rigney, Ann 20
Roosevelt, Franklin D. 23
Rossi, Aldo 269
Rousseau, Jean-Jacques 147
Rovan, Joseph 304
Rüdiger, Hartmut 155
Rüdiger, Ingeborg 155
Ruf, Sep 199
Rüsen, Jörn 202, 220

Sabrow, Martin 16, 26, 30, 175, 261, 266, 288, 290
Santayana, George 308
Schäfer, Hermann 165, 276
Scheidemann, Philipp 320
Schildt, Axel 126, 131
Schiller, Friedrich 154
Schlögel, Karl 53
Schlüter, Andreas 143, 155
Schmid, Carlo 212
Schmid, Harald 13, 28, 239
Schmorell, Alexander 239
Schneider, Michael 10
Scholl, Hans 239
Scholl, Sophie 239
Schröder, Richard 29 f.
Schröter, Albrecht 332
Schukies, Emma 281
Schulz, Werner 245
Schulze, Gerhard 156
Schulze, Hagen 121, 248, 253

Schumpeter, Joseph 161
Schürer, Gerhard 313
Schwarz, Rudolf 184
Schwelling, Birgit 13
Schwippert, Hans 151
Seggern, Andreas von 87
Seiters, Rudolf 281
Siebenpfeiffer, Philipp Jakob 238, 240
Smith, Adam 147
Solon 316
Sontheimer, Kurt 125, 128
Stalin, Josef 48, 50, 68, 136, 264, 310 f.
Stauffenberg, Claus Schenk Graf von 274
Steinmeier, Frank-Walter 325
Stern, Carola 279 f., 328
Stölzl, Christoph 269 f.
Strauß, Franz Josef 281
Struve, Amalie 254
Struve, Gustav 254

Thalhofer, Elisabeth 235
Thiemeyer, Thomas 144
Treitschke, Heinrich von 24, 231
Turenne, Henri 255

Uhl, Heidemarie 324
Ulbricht, Walter 171, 235, 272

Veit, Philipp 160
Vogel, Bernhard 233
Voigt, Gerhard 281

Wagner, Heinz 242
Walser, Martin 322
Wehler, Hans-Ulrich 17, 123 f., 127–130, 133, 204, 321
Weis, Marc 141 f.
Welzer, Harald 321
Werner, Anton von 89, 148 f.
Warburg, Aby 144
Weizsäcker, Richard von 281, 323 f.
White, Hayden 125, 174
Wierling, Dorothee 26, 266
Wilhelm I. (Deutsches Reich) 320, 326
Wilhelm II. (Deutsches Reich) 149
Wilms, Dorothee 279
Winkler, Heinrich August 19, 122 f., 125, 130, 133
Wirth, Johann Georg August 224, 238–240, 245 f., 250
Wirth, Regina 240 f.
Wolfrum, Edgar 19, 132
Wright, Jordan M. 57
Wüsthoff-Schäfer, Barbara 156

Zinna, Ernst 28, 240–242, 245 f.
Zündorf, Irmgard 15, 175